Anton Tschechow
Die besten Geschichten

Anton Tschechow

DIE BESTEN GESCHICHTEN

Aus dem Russischen
von Reinhold Trautmann

Anaconda

Textgrundlage dieser Ausgabe ist der als Band 54 der Sammlung
Dieterich erschienene Titel Anton Tschechow: *Meistererzählungen*.
Aus dem Russischen von Reinhold Trautmann. Leipzig:
Dieterich'sche Verlagsbuchhandlung, 7. Auflage 1983.

Die Deutsche Bibliothek verzeichnet diese Publikation
in der Deutschen Nationalbibliographie; detaillierte bibliographische
Daten sind im Internet unter http://dnb.d-nb.de abrufbar.

Lizenzausgabe mit freundlicher Genehmigung

Umschlagmotiv: Franz Laskoff (1869–1918), »Number 127« (ca. 1902),
Museum of Fine Arts, Boston, Massachusetts, USA / Bridgeman Images
Umschlaggestaltung: www.katjaholst.de
Printed in Czech Republic 2017
ISBN 978-3-7306-0480-9
www.anacondaverlag.de
info@anacondaverlag.de

INHALT

A.P. TSCHECHOW

Anton Pawlowitsch Tschechow ist am 17. Januar 1860 in Taganrog, einem südrussischen Städtchen am Asowschen Meer, geboren, wo sein Vater Pawel Jegorowitsch einen Kram- und Lebensmittelladen besaß. Der Großvater Jegor Michailowitsch ist noch Leibeigener des reichen Gutsbesitzers Tschertkow in der Nähe von Woronesh gewesen und hat erst in vorgerücktem Alter seinen und seiner Familie Loskauf von den Fesseln der Leibeigenschaft ermöglichen können. Pawel Jegorowitsch führte in seinem Hause ein hartes Regiment und war seinen Kindern und seiner sanften Frau gegenüber ein wahrer Haustyrann. Im Jahre 1889 ermahnte Anton Tschechow seinen älteren Bruder Alexander, seine Herrschsucht und seinen Jähzorn, unter denen seine Familienangehörigen zu leiden hatten, zu mäßigen: ›Despotismus und Lüge haben die Jugend Deiner Mutter vergällt. Erinnere Dich doch der Entrüstung und des Widerwillens, die wir fühlten, als Vater einer zu stark gesalzenen Suppe wegen ein Geschrei erhob und unsere Mutter eine Törin schalt.‹

Dieser starrsinnige und tyrannische Vater fühlte in sich jedoch ein dunkles Streben nach künstlerischer Betätigung: als sogenannter ›Bogomas‹ malte er primitive Heiligenbilder und erlernte als Autodidakt das Geigenspiel. Vor allem aber galt seine leidenschaftliche Vorliebe dem Kirchengesang des griechisch-orthodoxen Rituals, den er in einem eigens von ihm geschaffenen Kirchenchor mit fanatischem Eifer und beträchtlichem Zeitaufwand pflegte. Anton Pawlowitsch mußte als kleiner Chorsänger an zahlreichen Proben und an ermüdenden Liturgien des Gottesdienstes teilnehmen; an Feiertagen wurden die Kinder von dem zelotischen Vater oft schon um drei Uhr morgens geweckt. Die Folge dieses religiösen Zwangssystems war freilich die, daß Anton und seine Brüder einen Haß gegen Heuchelei und kirchlichen Gewissenszwang faßten; sie kamen sich als ›kleine Zwangsarbeiter‹ vor und besaßen im späteren Leben, wie Tschechow rückblickend sagt, ›keinen positiven religiösen Glauben‹ mehr.

Außerdem waren die Jungen verpflichtet, dem Vater beim Verkauf von Lebensmitteln vom frühen Morgen bis elf Uhr abends zu helfen und Botengänge zu verrichten. Nur der angeborene bezwingende Humor Tschechows vermochte es, über bigotten Starrsinn und philiströse Kleinbürgerlichkeit seiner Umwelt zu triumphieren, wobei ihm sein mimisches Talent und seine frühzeitig entwickelte Beobachtungsgabe wirksam zu Hilfe kamen. So soll er zum Beispiel einen ungebildeten Diakon, einen tanzenden höheren Beamten, einen zum Gottesdienst in der Kirche erscheinenden Polizeimeister und einen Zahnarzt mit drastischer Anschaulichkeit dargestellt haben. Seine Ausbildung am Taganroger Gymnasium fiel in die Zeit, als der Minister Graf Dimitri Tolstoi (1823—1889) sich angelegen sein ließ, mit Hilfe eines seelenlosen Drills in den alten Sprachen der Ausbreitung freiheitlicher Tendenzen unter Lehrenden und Lernenden zu steuern. So konnte natürlich bei den Schülern nur eine Abneigung gegen ein derartiges didaktisches System und das gesamte Schulwesen großgezogen werden. Tschechow hat in seiner Erzählung ›Der Mensch im Futteral‹ den Typus eines derartigen verknöcherten Pädagogen in der Persönlichkeit Belikows schonungslos an den Pranger gestellt.

Etwas freier konnte der aufgeweckte sechzehnjährige Gymnasiast aufatmen, als der Vater infolge finanzieller Schwierigkeiten seinen Laden aufgeben mußte und auf der Flucht vor seinen Gläubigern nach Moskau übersiedelte, während Anton Pawlowitsch das Gymnasium von Taganrog weiter besuchte und sich drei Jahre lang von kümmerlich bezahlten Privatstunden ernährte.

In diesem Zeitalter bürokratischer Willkür und drükkender Zensurschranken konnte von einer mehr oder minder unabhängigen Literatur und öffentlichen Meinung keine Rede sein. So nimmt es uns denn nicht wunder, daß feinorganisierte und tiefempfindende Naturen in dieser trostlosen Zeit ihren Halt verloren bzw. an dem Widerstand der stumpfen Welt zerbrachen, wie zum Beispiel der ehrlich strebende Darsteller russischen Bauernlebens Gleb Uspenki (1843—1902), der in geistige Umnachtung fiel, wie der von Tschechow geschätzte Verfasser düsterer Novellen, Wsewolod Garschin (1855—1888), der in einer Anwandlung schwärzester Melancholie seinem Leben ein Ende machte, oder der mit Tschechow befreundete Landschaftsmaler Levitan, der ebenfalls am Leben verzweifelte und einen Selbstmordversuch unternahm.

Eine schüchterne Kritik gewisser Übelstände des gesellschaftlichen Lebens konnte nur in beschränktem Maße in den damaligen recht philiströsen und zahmen Witzblättern ihren Ausdruck finden. Als ständig wiederkehrende Zielscheiben mehr oder minder witziger Persiflage wurden stereotype Gestalten, wie betrunkene Händler und Hausknechte, kleinbürgerliche Hochzeitsgäste, geplagte Gatten putzsüchtiger Damen des Mittelstandes, geschwätzige Friseure, gutmütige Köchinnen mit ihren Galanen, schale Gecken und andere dankbare Typen aufs Korn genommen. Schon mit neunzehn Jahren wurde Tschechow Mitarbeiter an solchen humoristischen Zeitschriften, insbesondere an dem von dem findigen Journalisten N. Leikin geleiteten Witzblatt ›Oskolki‹ (›Die Splitter‹). Denn er mußte damit die Kosten für sein geliebtes Medizinstudium an der Moskauer Universität selbst bestreiten und zum Unterhalt seiner Eltern und jüngeren Geschwister wesentlich beitragen, da der durch Bankrott in Taganrog verarmte Vater nur subalterne Arbeit verrichtete, für die er dreißig Rubel monatlich erhielt. Tschechows feuilletonistische Beiträge bestanden aus kleinen Erzählungen, Anekdoten und flüchtig hingeworfenen Skizzen aus dem obenerwähnten eisernen Repertoire groß- und kleinstädtischen Spießbürgertums.

In seinem späteren Leben hat er diese literarischen Bagatellen als bezahlte Zweck- und Fronarbeit unwillig verurteilt, obwohl sich unter den eine oder zwei Seiten umfassenden Kleinigkeiten bereits Perlen Tschechowscher Ironie und Beobachtungsgabe finden, wie zum Beispiel der bei jeder Gelegenheit das Volk anherrschende abgedankte Unteroffizier Prischibejew oder der Schutzmann, der sein Benehmen proteusartig zu wandeln vermag, je nachdem, mit wem er es im jeweiligen Augenblick zu tun hat (›Das Chamäleon‹). Und wenn auch diese bestellte Produktion neben einigen Weizenkörnern recht viel Spreu zeitigte, so kam Tschechow gerade in jener Zeit zu der heilsamen Überzeugung, daß ›die Kunst des Schreibens in der Kunst des Kürzens bestehe‹. Aus der Gefahr, zum Vielschreiber herabzusinken, rettete ihn außer seinem Talent seine schon damals ausgeprägte unerbittliche Selbstkritik und schonungslose Wahrheitsliebe. In einem Brief schildert Tschechow auf drastische Weise die Umwelt, in der er damals seine Kurzgeschichten schrieb: ›Vor mir liegt meine literarische Arbeit, die erbarmungslos an mein Gewissen pocht; im Nebenzimmer schreit ein Sprößling verwandtschaftlicher Provenienz; im anderen Nebenzimmer liest mein Vater laut aus einer Erzählung Leskows vor ... Irgend jemand hat eine Spieluhr aufgezogen, und ich lausche den Klängen aus der ‚Schönen Helena‘ ... Mein Bett ist besetzt von einem bei uns abgestiegenen lieben Anverwandten, der ständig zu mir kommt und mit mir medizinische Fragen erörtert‹ (an N. Leikin, 20. August 1883).

Die Mitarbeit an den populären satirischen Zeitschriften, die im Grunde nichts anderes waren als billige Boulevardblätter, brachte es mit sich, daß Tschechow genötigt wurde, mit fragwürdigen Vertretern der literarischen Boheme zu verkehren, die er nicht achten konnte. Unter ihnen stand ihm der etwas ältere gutmütige Dichter Paljmin am nächsten, der indessen von seiner liederlichen Umwelt allmählich aufgesogen wurde und sich dem Trunk ergab, ebenso wie die beiden älteren Brüder Tschechows, der Publizist Alexander und der Maler Nikolai, die der charakterfeste Anton Pawlowitsch vergebens zu stützen und zu zügeln versuchte. Der im letzten Viertel des 19. Jahrhunderts einflußreiche Literarhistoriker und Kritiker Skabitschewski, ein pedantischer russischer Gelehrter, sagte Anton Tschechow, in völliger Verkennung von dessen standhaftem Naturell, einen frühen Tod ›in betrunkenem Zustand unter einem Zaun‹ voraus.

Einen Markstein und gleichzeitig eine Wende in Tschechows literarischer Laufbahn bedeutete im Frühjahr 1886 ein aufmunterndes Schreiben des alten russischen Schriftstellers D. Grigorowitsch (gestorben 1900), der noch mit dem berühmten Kritiker W. Belinski und später mit Turgenjew und Dostojewski befreundet gewesen war. Er wurde auf die Erzählungen des jungen Autors aufmerksam, die in den Jahren 1883—1885 erschienen waren, wie ›Der Tod des Beamten‹, ›Der Dicke und der Dünne‹, ›Eine Tochter Albions‹, ›Ein Delinquent‹ und andere. Er riet Tschechow, sein Talent nicht in Kleinigkeiten zu verzetteln, sondern seine Kräfte für ›wirklich künstlerische Werke‹ aufzusparen. Mit bewegten Worten dankte

Tschechow für das warmherzige Interesse, das ihm der beliebte Romanschriftsteller entgegenbrachte: ›Ich brach fast in Tränen aus und fühle, daß der Brief tiefe Spuren in meiner Seele hinterlassen hat ... Denn ich habe meine Gaben — wenn ich solche besitze — bisher nur wenig geachtet.‹ Zu den ersten bedeutenden Kurzerzählungen ernsten Inhalts gehört dann ›Das Leid‹: Der Drechsler Petrow, ein alter Trunkenbold, bringt seine kranke Frau Matrjona ins Kreiskrankenhaus; aber sie stirbt unterwegs auf dem Schlitten; er kehrt wieder um, schläft, von Müdigkeit übermannt, ein und friert sich Hände und Füße ab. Nun kommt er selber als ein dem Tode geweihter Mann ins Krankenhaus und philosophiert über das Thema: ›Wie rasch doch alles in dieser Welt geschieht!‹ Bei Betrachtung des Schicksals des alten Petrow und seiner rührend anspruchslosen Frau, einer wahren Märtyrerin, kommt der Verfasser am Schluß zu der Überzeugung, daß ›im Leben alles durcheinandergemischt ist, das Tiefe mit dem Flachen, das Große mit dem Nichtigen, das Tragische mit dem Lächerlichen‹. Die andere, fast gleichzeitig erschienene Erzählung ›Kummer‹ handelt vom alten Moskauer Nachtfuhrmann Jona, dem ein hoffnungsvoller Sohn gestorben ist und der sich danach sehnt, seinen Kummer einem mitfühlenden Menschen unter seinen Fahrgästen mitzuteilen, dabei aber nur auf Gleichgültigkeit stößt. Und er erzählt abends im Stall sein großes Leid seinem Pferdchen, weil kein Mensch etwas von seinem Jammer wissen will und nur sein treuer Gefährte ihn geduldig anhört.

Dem Realisten Tschechow kam für seine Menschen- und Sachkenntnis wie für seine nach Vorurteilslosigkeit strebende Weltanschauung der Umstand zugute, daß er als Arzt von 1885 an mehrere Sommer bei Woskressensk im Moskauer Kreise verlebte und bei dieser Gelegenheit

Bauern, Dorfschullehrer, Gutsbesitzer, Beamte, Landräte und andere Vertreter der ländlichen Bevölkerung Mittelrußlands kennenlernte; eine Zeitlang verwaltete er das Kreiskrankenhaus von Swenigorod und war dort unter anderem von Amts wegen verpflichtet, Obduktionen der Leichen von Selbstmördern und unter verdächtigen Umständen verstorbenen Personen vorzunehmen.

In den Jahren 1886/87 nimmt das künstlerische Schaffen Tschechows, teilweise unter dem Einfluß von Grigorowitschs gütigem Zuspruch, einen mächtigen Aufschwung. Gorki bekennt in seinen Erinnerungen an Tschechow, daß er ›keinen Menschen gekannt habe, der so tief die Bedeutung der Arbeit als Grundlage jeglicher Kultur empfand wie Tschechow‹. Sein unablässige Selbstzucht und Beharrlichkeit sagte ihm jetzt, daß er ›als Literat ein glatter Ignorant‹ sei, der ›lernen und zwar alles von den Anfängen an lernen müsse‹. ›Unzufriedenheit mit sich selber bildet ein Grundelement jedes echten Talents‹ (an A. Suworin 1889). Und obwohl er von sich behaupten konnte, daß er die ›zermürbende Prosa des alltäglichen Kampfes ums Dasein‹ kennengelernt habe, ›der einem die Lebensfreude raubt und eine bleierne Apathie erzeugt‹ (an Suworin), so hörte man von ihm keine Klage, und sein bezwingender, eigentümlicher Humor blieb ihm bis zuletzt zu Gebot.

Seine Brüder Nikolai und Alexander vertrottelten allmählich, weil sie es an Selbstbeherrschung und Selbstzucht fehlen ließen; vergebens versuchte Tschechow, sie vor dem Niedergang zu retten, indem er sie mehrfach ermahnte, den Mangel an guter Erziehung durch unerbittliche Disziplin des Willens und der täglichen Gewohnheiten wettzumachen. In diesem Zusammenhang ist die Erzählung ›Das Talent‹ charakteristisch, die Tschechow bezeichnenderweise seinem Bruder Nikolai gewidmet hat und die schließt: ›Die Kameraden‹ (es handelt sich um drei junge Maler) ›schritten, wie Wölfe in einem Zwinger, von einer Ecke in die andere hin und her. Sie sprachen ununterbrochen, sie sprachen aufrichtig und leidenschaftlich; alle drei waren aufgeregt, begeistert. Wenn man sie anhörte, konnte man meinen, in ihren Händen läge eine ruhmreiche und gesicherte Zukunft. Und keinem kam es in den Sinn, daß die Zeit dahinfliegt und das Leben unaufhaltsam seinem Ende zueilt.‹

Tschechow wird allmählich berühmt und befreundet sich mit Männern wie Rußlands großem Komponisten Peter Tschaikowski (1840—1893) und dem bedeutenden Landschaftsmaler Levitan. Aus dieser Zeit berichtet der Schriftsteller Wladimir Korolenko über ihn, sein intelligentes Gesicht habe etwas Schlichtes, Bäuerliches. ›Die blauen Augen leuchteten von Gedankenfülle und zugleich von kindlicher Unmittelbarkeit ... Er machte einen lebensfrohen Eindruck.‹ Und doch schrieb Tschechow damals, kurz nach dem Tode seines Bruders Nikolai (1889) in schwermütiger Stimmung, das ›öde Dasein‹ sei ›höllisch‹; im Leben gebe es ›nicht für einen Groschen Poesie‹. Er könne ›buchstäblich nicht ohne Gäste leben‹ und fürchte sich vor der Einsamkeit.

In derartigen Stimmungen findet er nicht einmal an seinem wachsenden Ruhm Gefallen; ja, ihm scheint es manchmal, daß er den Leser ›hinters Licht führe‹, da er ja doch ›die wichtigsten Fragen nicht zu beantworten vermag‹. Die besten Schriftsteller hätten ›ein bestimmtes Ziel‹, zu dem sie ihre Leser nach sich ziehen. ›Und wir?‹ fragt er weiter, ›wir zeichnen nur das Leben, wie es ist, und tun weiter keinen Schritt ...‹ Er macht in diesen Jahren das Gefühl der Leere und Zwecklosigkeit des Daseins, der müden Fin-de-siècle-Stimmung durch und glaubt in ihnen vorübergehend, daß sein Geschlecht

›weder ein nahes noch ein entferntes Ziel‹ habe, weil ›die Seelen völlig leer‹ seien. Damals bahnten sich auch Tschechows Beziehungen zu dem wendigen, regierungstreuen Journalisten und Verleger Aleksei Suworin an, dem Herausgeber der in bürokratischen Kreisen bis zum ersten Weltkrieg vielgelesenen Zeitung ›Nowoje Wremja‹ (›Neue Zeit‹), die während der Regierungen Alexanders III. und Nikolaus' II. immer unaufhaltsamer in das Fahrwasser gesinnungsloser Reaktion geriet. Suworin hielt Tschechows Geringschätzung der damaligen Vordergrundspolitik mit ihren sozialen Rezepten und Pflastern, die den tieferen Ursachen der sozialen Mißstände nicht auf den Grund ging, zu Unrecht für unpolitisch und suchte ihn zu bereden, das Leben so zu nehmen, wie es sich ihm darbiete, ohne nach höheren Zielen Ausschau zu halten. Dabei stieß er jedoch auf Tschechows klaren Widerspruch. Tschechow hat viele Beiträge für Suworins Zeitung beigesteuert, die dieser in klarer Erkenntnis des Ansehens und der Beliebtheit des Verfassers gut honorierte. Während seiner kurzen Reisen nach Petersburg stieg Tschechow oft im Hause Suworins ab und korrespondierte mit ihm in der übrigen Zeit eifrig über seine literarischen Pläne sowie über das Wesen der zeitgenössischen russischen und französischen Literatur, soweit ihm diese bekannt wurde. Die Beziehungen zu Suworin nahmen erst 1898 ein Ende, als dessen Zeitung an der Seite offizieller Kreise die mannhafte Stellungnahme Émile Zolas im Dreyfusprozeß verurteilte, dessen Verlauf Tschechow während seines Kuraufenthaltes 1897/98 in Nizza aufmerksam verfolgt hatte.

Obwohl Tschechow als Arzt im Moskauer Gouvernement seine praktische Tätigkeit ausgeübt und einen tiefen Einblick in das Leben, die Leistung und das Leiden weiter Bevölkerungsschichten erworben hatte, fand er, daß er als

Schriftsteller ein zu eng begrenztes, beschauliches Dasein führe, und sehnte sich nach einer tatkräftigen vita activa zum Besten der Mitmenschen. Damals, kurz vor 1890, lenkten die haarsträubenden Zustände, die auf der Insel Sachalin unter den Deportierten, aber auch unter den Beamten und Wachmannschaften herrschten, die Aufmerksamkeit der russischen Gesellschaft auf sich und ließen dem Gewissen Tschechows keine Ruhe. Er beschloß, die beschwerliche Reise quer durch Sibirien mit der Pferdepost zu unternehmen, da damals mit dem Bau der Transsibirischen Eisenbahn erst begonnen wurde. Auf diese Weise wollte Tschechow ›seine Schuld an seine legitime Frau, die Medizin, abzahlen‹, der er ›um einer Geliebten willen, der Literatur, untreu geworden war‹. Die erforderlichen eingehenden Vorbereitungen nahm er sehr ernst und vertiefte sich in das Studium der einschlägigen Literatur über Sachalin und das Deportationswesen, indem er das notwendige juridische und statistische Material sich allerorts zu verschaffen wußte. Er faßte die damit verbundene mühevolle Arbeit als eine Art ›Training‹ für Körper und Geist auf, da er ›zu faulenzen begonnen habe‹. Die Reise quer durch Asien, die Tschechow im Frühling 1890 antrat, dauerte mehrere Wochen. Die Schneeschmelze war infolge des sibirischen kontinentalen Klimas noch lange nicht beendet, die Straßen waren unwegsam, während die wasserreichen Ströme, wie der Irtysch, der Ob und der Jenissei aus den Ufern getreten und mehrere Kilometer breit waren. Die Strapazen der endlosen Reise gestalteten sich infolge des angegriffenen Gesundheitszustandes Tschechows nur noch beschwerlicher und riskanter; denn seit 1889 meldeten sich bei ihm die ersten Anzeichen von Lungentuberkulose, die ihn von nun an nicht mehr verlassen hat und sein frühzeitiges Lebensende herbeiführen sollte.

Der Anblick der schweigsamen Wälder und Steppen sowie das Erlebnis der Bevölkerung Sibiriens haben den Reisenden zu mehreren treffsicheren Charakteristiken, Skizzen und Erzählungen angeregt. Besonders beeindruckt war er von der mehrere Tage währenden Dampferfahrt auf dem mächtigen Amur, dessen malerische Ufer und verschwiegenen, von menschlicher Zivilisation kaum berührten Zauber er rühmt. Auf Sachalin, der Insel menschlichen Leidens und Schweigens, entwickelte Tschechow eine fieberhafte Tätigkeit, da ihm nur die drei Sommermonate für seine statistischen Arbeiten zur Verfügung standen. In einer Kartei hat er die Personalien und Schicksale sämtlicher Sträflinge, der Männer, Frauen und Kinder, aufgezeichnet, nachdem er sie eingehend über ihre Lebensumstände befragt hatte. Diese Aufzeichnungen stellen in ihrer scheinbar leidenschaftslosen Nüchternheit, welche in Wahrheit flammende Empörung und Anklage gegen das Regierungssystem der Selbstherrschaft ist, unter anderem die grauenhafte Tatsache fest, daß jede weibliche Strafgefangene, sogar kleine Mädchen, unentrinnbar der Prostitution verfallen waren.

Die Rückreise führte ihn auf dem Seewege über Japan, Singapur, Ceylon, Port Said, Konstantiopel, Odessa. Das Erlebnis der ›paradiesischen‹ Tropenwelt Ceylons nach dem Aufenthalt in der ›Hölle‹ Sachalins machte einen tiefen Eindruck auf Tschechow. Aber trotz der schweren Eindrücke, die er in der sibirischen Einöde, in den Kasematten und Sträflingslagern der unwirtlichen Insel menschlicher Verkommenheit und unsäglichen Leidens empfangen hatte, fand er, daß es überall in der Welt gute und schlimme Menschen gebe, und schrieb in einem Brief von seiner Reise: ›Herrgott, wie reich ist Rußland an guten Menschen!‹ Ähnlich wie Dostojewski, der ab 1850 über vier Jahre in der sibirischen Einöde als Zwangsarbeiter und danach als Soldat unter unerhörten Entbehrungen verbracht und seine Erlebnisse in den erschütternden ›Aufzeichnungen aus einem Totenhaus‹ niedergelegt hatte, kam auch Tschechow zu der Überzeugung, daß die Schergen und Polizeiorgane der Sträflingskolonien und Zuchthäuser — gleichfalls Opfer des herrschenden Systems — auf keiner höheren ethischen Stufe standen als die von ihnen überwachten deportierten Sträflinge, weil die ihnen verliehene, willkürlich gehandhabte Macht sie von Grund aus demoralisierte. Indem Tschechow diese Tatsache mit nüchterner Unparteilichkeit, sozusagen protokollarisch, verbuchte, wirkte er erminent fortschrittlich und trug zu einer Revision der von ihm geschilderten himmelschreienden Zustände wesentlich bei, wenn auch das zaristische System natürlich keinen radikalen Wandel zu schaffen vermochte. Daß die Reise und der Aufenthalt auf Sachalin für Tschechow eine gewaltige Erweiterung des Gesichtskreises und des Blickes für die wesentlichen Züge seines Zeitalters bedeutete, bezeugt er in einem Brief mit den Worten:

›Welch ein sauertöpfischer Geselle würde ich jetzt sein, wenn ich in meinen vier Wänden geblieben wäre. *Vor* der Reise erschien mir zum Beispiel die ‚Kreutzersonate' Tolstois als ein wichtiges Ereignis; jetzt dagegen kommt sie mir komisch und widersinnig vor. Bin ich etwa durch die Reise männlicher geworden oder aber verrückt — der Teufel mag es wissen!‹

Sehr bald danach trat Tschechow erneut eine Reise an. Der Weg führte ihn in sechs Wochen über Wien nach Italien, wo er in Venedig, Bologna, Florenz, Rom, Neapel einen kurzen Aufenthalt nahm und daran einen Ausflug nach Paris knüpfte. Störend war dabei der Umstand, daß er nicht Italienisch konnte und Französisch nur ganz mangelhaft verstand; erst in den letzten Jahren vor seinem Tode hat er sich eine geläufigere Kenntnis des Französischen angeeignet.

Rastlos war er bestrebt, sein literarisches Schaffen durch den Anschluß an eine praktische Tätigkeit zu untermauern, um eine Loslösung von der realen Welt zu verhüten und den Kreis seines Wollens und Vollbringens zu erweitern, obwohl seine Einkünfte aus schriftstellerischer Arbeit nunmehr genügt hätten, um ihm ein materiell gesichertes Dasein zu verschaffen. Um seinen Eltern, die sich in der Großstadt Moskau noch immer nicht einleben konnten, eine geeignete Wohnstätte zu schaffen und um die Bindung an das russische Land nicht zu verlieren, erwarb Tschechow in der Nähe von Moskau das Gehöft Melichowo. Hier arbeitete er eifrig literarisch, empfing Freunde, wirkte aber daneben unermüdlich als praktizierender Arzt, bekämpfte die Cholera, indem er den Bau von Isolierbaracken in die Wege leitete, und war Kurator der Dorfschule. Wie klar erkennt er — dessen frühere Bemerkungen über die Ziellosigkeit des Lebens manche fälschlich für unpolitisch hielten — jetzt die Aufgabe des Schriftstellers, verantwortlich für sein Volk in die Öffentlichkeit zu wirken und an dieser Öffentlichkeit nunmehr mit fortschrittlichen Zielen teilzunehmen: ›Wenn ich Arzt bin, so brauche ich Kranke und ein Krankenhaus; wenn ich Schriftsteller sein will, so muß ich mitten im Volk leben und nicht in einer Straße Moskaus. Dazu braucht man ein wenn auch nur geringes Stück eines politischen oder öffentlichen Daseins; dagegen ist dies Leben zwischen vier Wänden, ohne Natur, ohne erdverbundene Menschen, ohne Vaterland, ohne Gesundheit und Appetit — überhaupt kein Leben ...‹ In Melichowo entstand die Erzählung ›Der Irrwisch‹ (1892), in der Tschechow den Scheingrößen der Künstler, denen Olga Iwanowna nachjagt, in ihrem Gatten, dem Arzt Dymow, den wirklich bedeutenden Mann gegenüberstellt, der sich dem Fortschritt der Wissenschaft opfert.

Dort, auf dem Lande, in Melichowo, weilte auch öfters mehrere Tage lang zu Besuch Lydia (Lika) Stachijewna Misinowa, ein schönes, lebhaftes Mädchen, das eine tiefe Neigung zu Tschechow faßte; der Briefwechsel, den er mit ihr führte, ist indessen in einem ironisierenden Ton gehalten, als wenn sich Tschechow vor einem tieferen Gefühl scheu in sich zurückgezogen hätte. Bei näherer Kenntnis seines Lebenslaufs und besonders der Korrespondenz mit seinen Freunden scheint es fast, als wäre dieser vielseitige und feinfühlige Schriftsteller, der so tief in die menschliche Gefühlswelt geblickt und menschliche Leidenschaften und Verirrungen mit unbestechlicher Wahrheitsliebe dargestellt hat, selber frei geblieben von den Wirren des Liebeserlebens. Für Lika Misinowa, die nach eigenem Geständnis zweimal von Tschechow verschmäht worden war, lief die Beziehung zu ihm daher auf eine bittere Enttäuschung hinaus, die dazu führte, daß sie ihre Neigung nunmehr dem verheirateten Schriftsteller Potapenko zuwandte, der ebenfalls als Gast in Melichowo weilte. Tschechow hat diese Episode, die sein Inneres nur flüchtig berührt hatte, in seinem Drama ›Die Möwe‹ (1895) verwertet.

Das *dramatische* Schaffen Tschechows fällt in seine letzten sieben Lebensjahre, in denen auch die späten seiner erzählenden Meisterschöpfungen, so ›Das Haus mit dem Giebelzimmer‹, ›Die Stachelbeeren‹, ›In der Schlucht‹, ›Der Mensch im Futteral‹ und andere, entstanden sind. In rascher Folge achuf er nach der ›Möwe‹ die Dramen ›Onkel Wanja‹ (1897), ›Drei Schwestern‹ (1901) und seinen Schwanensang, die Komödie ›Der Kirschgarten‹ (1903). Sie gehen uns in diesem Zusammenhang nur an als Zeugnisse dafür, daß in Tschechow immer deutlicher der Glaube aufbrach: die Zeit der ›Adelsnester‹ mit ihren schwächlich gewordenen Tugenden, ihrem höflich oder poetisch verkleideten engen Egoismus, der in Wahrheit mit dem Glück der Bauern bezahlt wird, die Zeit der Ausländerei und verschuldeten Güter ist vorüber; der egoistische Schmerz des Adels ist im Angesicht der Zukunft, der Zeit der Arbeit, in welcher Schönheit und Wahrheit zusammenfallen werden und in der jeder eine ernste Aufgabe für alle haben wird, nur noch ein unernster, beinahe unwirklicher Schmerz, ein Schmerz des Abschieds vor einem Neuen.

Als Tschechow in den neunziger Jahren und um die Jahrhundertwende zu diesen Einsichten vordrang, war er schon ein körperlich kranker Mann. Er sah sich auf dringendes Anraten seiner ärztlichen Kollegen genötigt, seinen Wohnsitz in den Süden zu verlegen, um dem Fortschreiten der Lungentuberkulose Einhalt zu gebieten; und da sein Vater im Oktober 1898 gestorben war, verkaufte er Melichowo und siedelte nach Jalta auf der Halbinsel Krim über, wo er sich ein Landhaus bauen ließ. Dort suchten ihn zahlreiche Freunde und Bekannte, aber auch neugierige Fremde auf. Ein paarmal besuchte er Leo Tolstoi (1828—1910), der als Rekonvaleszent in der schloßähnlichen Villa der Gräfin Panin in der Nähe von Jalta wohnte; sein Verhalten zu dem greisen Tolstoi ist durch eine achtungsvolle Behutsamkeit gekennzeichnet, ohne daß ihm einfiel, sich die eigenwillige Lebensanschauung des Weisen von Jasnaja Poljana anzueignen, während dieser nach Gorkis Bericht in Tschechow einen ›prächtigen, bescheidenen und stillen Menschen‹ schätzte.

Um dem kranken Tschechow eine Freude und Ehrung zu bereiten, kam das gesamte Ensemble des hervorragenden Moskauer Künstlertheaters im Jahre 1900 nach Sewastopol und Jalta und führte in Gastvorstellungen sein

Schauspiel ›Onkel Wanja‹ auf; mit dessen Regisseur und geschäftsführendem Intendanten, dem hervorragenden Schauspieler K. S. Stanislawski, war er durch Bande einer ungetrübten Freundschaft und die gemeinsame ›demokratische‹ Auffassung verbunden, daß das Kunstwerk in ›unsichtbarer Strömung‹ und ›Wechselbeziehung‹ aller Teile aufeinander die Gewöhnlichkeit des Alltäglichen bis ins Kleinste und Zarteste hinein wahrheitsgetreu wiedergeben solle. Noch enger gestaltete sich die Bindung Tschechows an die Truppe dieses Theaters, als er sich mit deren talentvoller Schauspielerin Olga Knipper 1901 vermählte. Auch in den uns bekannt gewordenen Briefen an seine Braut und Gattin zeigt Tschechow kein leidenschaftliches Gefühl, sondern den ihm eigenen Ton verhaltener Neigung und schalkhafter Ironie. In Jalta traf Tschechow seit 1901 auch mehrfach mit dem dreiunddreißigjährigen Maxim Gorki zusammen, der sich nach einem schweren Leben in vielerlei Berufen durch seine Erzählungen bekannt gemacht hatte und gerade damals mit seinem Gedicht ›Der Sturmvogel‹ Aufsehen erregte. Die gemeinsamen Interessen des Schriftstellers, die schwere Jugend, die Kenntnis des Lebens, die Überzeugung von der Unhaltbarkeit, Ungerechtigkeit und Unwürdigkeit der herrschenden Zustände, die Hochschätzung der Arbeit und die Hoffnung, daß durch sie dereinst die Gesellschaft genesen würde, führten sie zusammen, und bald verband beide innige Sympathie. Wir verdanken Gorki Erinnerungen an Tschechow, die den liebenswerten, bescheidenen Menschen mit dem Lächeln wissender Ironie vor uns aufsteigen lassen.

Aber der Aufenthalt an der russischen Riviera konnte den Fortgang seiner Tuberkulose nur verzögern, nicht zum Stillstand bringen. Im Jahre 1900 erlebte der Kranke die Freude, zum Ehrenmitglied der Klasse für schöne Literatur an der Petersburger Akademie der Wissenschaften gewählt zu werden. Aber schon zwei Jahre später legte er zugleich mit W. Korolenko die Ehrenmitgliedschaft nieder, weil die Wahl M. Gorkis dessen radikaler Gesinnung wegen von der reaktionären Regierung rückgängig gemacht worden war, und schrieb an die Akademie, daß er eine Ablehnung Gorkis wegen ›politischer Anklage‹ nicht anerkennen könne. In seiner letzten Erzählung ›Die Braut‹ bricht, ebenso wie gleichzeitig in der Komödie ›Der Kirschgarten‹, ein heller Strahl zuversichtlichen Vertrauens auf eine bessere Zukunft durch das monotone Dunkel der gedrückten Gegenwart. Diese bessere Zukunft wird anbrechen, ›wenn man imstande sein wird, kühn und gerade seinem Schicksal ins Gesicht zu schauen, auf seinem Recht zu bestehen, froh und frei zu sein! Und solch ein Leben wird uns früher oder später aufgehen!‹ Aber diese Hoffnung sprach ein vom Tode bereits Gezeichneter aus. Im Mai 1904 mehren sich die bedrohlichen Symptome seiner Krankheit; auf den Rat der Ärzte begibt er sich wiederum, um Linderung von seinen Leiden zu suchen, ins Ausland, begleitet von seiner Frau. Im Luftkurort Badenweiler im Schwarzwald stirbt Tschechow am 1. Juli 1904.

Sein erzählendes und sein dramatisches Werk lebt fort durch die wirklichkeitshaltige, bald zum Typischen vorgedrungene Gestaltung der Menschen und Schicksale seiner Zeit und durch den Aufblick zu einem besseren, kommenden Zeitalter, in dem es keine übernommene Unwahrheit oder Halbheit in den Beziehungen der Menschen, keine Unterdrückung mehr geben soll, in dem die Arbeit alle Menschen heilt und verbindet und so Wahrheit und Schönheit zusammenfallen.

Für Tschechows Wirklichkeitskunst ist bezeichnend, daß er von Anfang an nur Menschen, Handlungen und

Probleme *seiner* Zeit dargestellt hat, niemals historische, sagenhafte, utopische oder ›allgemein menschliche‹. Er wußte dabei wohl, daß sein genauer, naturwissenschaftlich geschulter Blick, seine Vorliebe für Schlichtheit und Kürze und seine besondere, immer nuancenreicher auf das Bezeichnende am Sichtbaren gerichtete Sprache in der sinnfälligen Gestaltung seiner *Gegenwartsmenschen* das Höchste leisten mußte. ›Als Stilist ist Tschechow unerreicht, und der künftige Literarhistoriker wird, wenn er über das Wachstum der russischen Sprache nachdenkt, sagen, diese Sprache ist von Puschkin, Turgenjew und Tschechow geschaffen worden‹, schrieb Gorki schon 1900.

Aber auch Tschechows Gegenwartsmenschen selbst sind anderer Art als die berühmten Gestalten Puschkins oder Turgenjews in ihrer Zeit: es sind nicht mehr, wie etwa Eugen Onegin oder Rudin, außergewöhnliche Einzelmenschen, die, auf ihren überlegenen Geist oder Charakter hörend, den Vorurteilen ihrer adligen Gutsbesitzerklasse gegenübertreten, sondern großenteils alltägliche Durchschnittsmenschen oder gewöhnliche ›kleine Leute‹, deren Komödien und Tragödien sich innerhalb des engen Rahmens ihrer Klasse abspielen und die mit Tschechows fortschreitender Meisterschaft immer mehr zu für diese Klassen typischen Gestalten werden. Literargeschichtlich knüpft er mit dieser Stoffwahl wohl an Gogols ›Mantel‹, an Pomjalowskis, Dostojewskis und Garschins Erzählungen von Kleinbürgern und Großstadtmenschen an, wie auf seine Darstellungskunst, sobald er über diese nachdachte, wohl am ehesten Turgenjews ›Aufzeichnungen eines Jägers‹ und Leo Tolstois Meistererzählungen der fünfziger Jahre gewirkt haben mögen. Wir wissen darüber wenig; wir wissen aber, daß Tschechow in seinen literarischen Entwicklungsjahren durch sein unablässiges Schaffen, das den größten Teil seiner Zeit beanspruchte, nur wenig zum Lesen kam und daß er mit der Leichtigkeit des Genies seinen Weg und Stil auf Grund des Erlebnisses seiner Zeit im wesentlichen selbst fand. Als er schon berühmt war, schrieb er 1888 über seine großen Vorgänger in der russischen Prosa, die den Leserkreisen damals schon nicht mehr ganz zeitgemäß vorkommen wollten, daß Gogol, Tolstoi, Turgenjew und Grigorowitsch nicht ›vergessen werden könnten, solange in Rußland Wälder und Schluchten existieren, solange Strandläufer rufen und Kiebitze klagen‹.

Tschechows Entwicklung als Dichter ist im wesentlichen ein Entfaltungsprozeß eines von Anfang an sicheren, großen Talents, dem die Gabe der Erfindung und Erzählung angeboren scheint, ein menschlicher und künstlerischer Reifungsprozeß ehne große Brüche. War er durch burleske mimische Szenen bereits in der Jugend aufgefallen, so galt es für den Studenten Tschechow, in den Witzblättern, vor allem in Leikins ›Splittern‹, auf knappstem Raume durch groteske Anekdoten, Geschichten, Dialoge und andere literarische Kleinigkeiten das städtische Bürgertum immer neu zu amüsieren. Tschechow macht aus der Raumnot für sich sehr bald eine Tugend. Die Dichte und Treffsicherheit seines Ausdrucks, die Gabe, eine komische Handlung zu erfinden, die man auf knappstem Raume unter Weglassung alles Entbehrlichen wirkungsvoll erzählen kann, nimmt immer mehr zu. Seine Lebenskenntnis erweitert sich. Aus den herkömmlichen Witzblattfiguren werden hier und dort durch einige neu gesehene, bezeichnende Züge schon wirkliche Menschen. Tschechows Erfindungsgabe ist erstaunlich. Bald richten so anspruchslos scheinende Grotesken wie ›Der Tod des Beamten‹, ›Der Dicke und der Dünne‹, ›Das Chamäleon‹, ›Unteroffizier Prischibejew‹, das Herkömmliche hinter sich lassend, mutig den Blick in die Zeit und zeigen die knechtische Unterwürfigkeit und Kommandoseligkeit der Ära Popjedonoszews. Aus dem literarischen Hinterhofe der Witzblätter ist Tschechow in die eigentliche Literatur vorgestoßen.

Da trifft den siebenundzwanzigjährigen, von der Nichtigkeit seines Geschreibsels durchdrungenen Tschechow, als er jahrelang in kümmerlichen Verhältnissen für diese Zeitschriften gewerkelt und vom Lohn seiner Arbeiten sein Medizinstudium bezahlt hat, wie wir gesehen haben, 1886 Grigorowitschs, des humanen Bauernnovellisten, rettender Brief, die erste Anerkennung seines Schaffens durch einen bedeutenden Schriftsteller und zugleich eine Mahnung, sein Talent nicht zu verschleudern. Hatte Tschechow bisher geschrieben, wie es ihm gerade einfiel, so beginnt er jetzt, bewußt an seiner Erzählungskunst zu arbeiten, und der junge Arzt *versucht* es wenigstens, seine Schriftstellerei ernst zu nehmen — wenn er auch noch fast ein Jahrzehnt lang an seiner Berufung zweifeln sollte.

Seine ärztliche Tätigkeit in Woskressensk bei Moskau, die Sommeraufenthalte in dem nahmen Babkino, die Reise nach Petersburg erweitern seine Kenntnis russischer Menschen. Es entstehen Erzählungen wie ›Die Feinde‹ (1887), jene erste Abrechnung des ernsten, arbeitsamen Menschen, des Kreisarztes Kirilow, mit dem müßiggehenden, innerlich unwahren Schöngeist Abogin, dessen Schmerz nicht einmal überzeugt. In der gedanklich verwandten Erzählung ›Die Fürstin‹ (1889) sagt ein Arzt der aristokratischen Millionärin, die von ihrer Güte unerschütterlich überzeugt ist, im Zorn, sie und ihre Schmarotzer hätten im Umkreis von Tausenden von Deßjatinen alles, was kräftig, gesund und schön war, zu Heiducken, Lakaien, Kutschern erniedrigt und es seines menschlichen Antlitzes beraubt. Fast gleichzeitig, auf Grund von Eindrücken einer Reise in seine südrussische Heimat, schreibt Tschechow ›Die Steppe‹ (1888), in der er den Knaben Jegoruschka auf der Fahrt zum Gymnasium die Steppenlandschaft in ihrer großartigen Einförmigkeit, in ihrer berauschenden Blüte, Schönheit und Zukunftsträchtigkeit mit ihren starken Menschen wie einen Hymnus auf die Heimat erleben läßt. Wir sehen in diesen und anderen Erzählungen der achtziger Jahre: Aus dem grotesken Kurzgeschichtenautor, der unter dem Amüsiernamen Antoscha Tschechonte für die Witzblätter geschrieben hatte, ist der tiefernste Anton Tschechow geworden, dem der Humor von nun an nicht mehr Selbstzweck, sondern ein der Tragikomödie des Lebens bewußt eingefügter Zug neben anderen Zügen ist. Von der Kurzform, in der es nicht selten Überspitzungen geben mußte, ist er zur größeren Form der Erzählung übergegangen, hat jedoch seinen erstaunlichen Sinn für die Auswahl der jeweils bezeichnendsten Eigenschaft des Menschen oder Dinges und für deren kürzesten, treffendsten Ausdruck beibehalten, ja gesteigert, so daß die Wirklichkeitshaltigkeit dieser Erzählungen, beruhend auf nunmehr größerer Kenntnis Rußlands, seiner Menschen und Probleme, nun noch bedeutend gewachsen ist, wodurch es Tschechow jetzt mehr und mehr gelang, die Handlung eines Romans, ja eines ganzen Lebens in eine einzige Erzählung zusammenzudrängen. Seine Kenntnis der Zeit und seine künstlerische Sicherheit größeren Aufgaben gegenüber entwickeln sich miteinander und durchdringen sich, sind eigentlich kaum voneinander zu trennen.

Über die Form als solche hat der mit genialer Leichtigkeit Schaffende schwerlich viel nachgedacht. Schon 1886 forderte er in einem Brief an seinen Bruder Alexander Knappheit und Anschaulichkeit des Stils und der Darstellung und sucht bewußt ›Beschreibungen seelischer Zustände zu vermeiden‹, die ›durch Handlungen begreiflich gemacht werden sollen‹. Seine Naturbeschreibungen ziehen sich gegenüber Turgenjews lyrischem Schwung auf die Nennung weniger, ausgezeichnet charakteristischer Einzelzüge zurück, ja in dem Bestreben, jede Einmischung des Autors in die Erzählung tunlichst überhaupt zurücktreten zu lassen, zeichnete Tschechow die Natur mit Vorliebe bald nur noch in derjenigen Auswahl und Färbung, in der sie seine Personen erleben. Rückblickend hat er seinen Schaffensvorgang in die Sätze zusammengefaßt:

›Ich schreibe, wie der Vogel singt; setze mich hin und schreibe. Ich brauche kaum nachzudenken, es geht von selbst.‹ Allerdings müsse er Abstand zu seinem Stoff gewinnen; daher sei nötig, daß sein ›Gedächtnis erst den Stoff durchsiebe und nur das aufbewahre, was wesentlich bzw. typisch ist‹ (an F. Batjuschkow, 15. 12. 1897).

Tschechow mochte sich in den achtziger Jahren als Schriftsteller wohl zuweilen wie ›ein Kleinbürger in adliger Umwelt‹ vorkommen und bei seiner rastlosen Arbeit und seinem beginnenden Lungenleiden glauben, daß es ›solche Menschen nicht lange aushalten, wie eine Saite es nicht aushält, wenn man sie zu eilig spannt‹ (an A. Lasarew-Grusinski, 20. 10. 1888). Dennoch ist es unrichtig, seinem Schaffen in dieser Zeit die Hoffnungslosigkeit der Fin-de-siècle-Stimmung, die für ihn nur ein Durchgang war, vorzuwerfen, wie die genannten Erzählungen ja bewiesen. So läßt er es auch nicht gelten, daß man ihm damals wegen seiner nüchtern scheinenden Sachlichkeit, die jede subjektive Einmischung des Autors zu vermeiden strebt, aus herkömmlicher Sicht ›Gleichgültigkeit gegen gut und böse, Mangel an Idealen und Ideen‹ vorwirft, und vertraut darauf, daß ›der Leser die in der Erzählung fehlenden subjektiven Elemente selbst ergänzen werde‹. ›Ein bewußtes Leben ohne eine bestimmte Weltanschauung ist kein Leben, sondern eine Last, ein Schrecken‹, schreibt er im November 1888 und gestaltet über dieses entscheidende Thema gleichzeitig das Meisterwerk ›Eine langweilige Geschichte‹ (1889), in der er mit der Lauheit abrechnet, die das Leben nicht einem großen Ziele zu unterstellen versteht.

An das Ende der achtziger und in die ersten neunziger Jahre, also in die Jahre vor und nach der Sachalin-Reise, in die Zeit der Erwerbung von Melichowo, fällt auch Tschechows in diesem Zusammenhang höchst bezeichnende innere Auseinandersetzung mit Leo Tolstoi, dem er menschlich zwar bis zu seinem Tode in verehrender Freundschaft verbunden blieb, dessen kulturphilosophische Heilslehren er jedoch als ein Exponent der neuen, naturwissenschaftlich, fortschrittlich denkenden Generation verwarf. Er liest ›Krieg und Frieden‹ 1891 zum zweitenmal ›mit Neugier und naivem Staunen‹, aber er zuckt als wissenschaftlicher Mensch die Achseln über die Stellen, in denen Tolstoi mit ›allerlei Finten‹ beweisen wolle, daß Napoleon ›dümmer sei, als er wirklich war‹ (an Suworin, 25. 10. 1891). Tolstois Nachwort über die geringfügige Rolle der Persönlichkeit in der Geschichte hält Tschechow, der von der Wichtigkeit der persönlichen Entscheidung und Mitarbeit jedes einzelnen am Fortschritt durchdrungen ist, sogar für ›törichter‹ als Gogols bigotten ›Briefwechsel mit Freunden‹, weil er hinter beiden Schriften den konservativen, zur Flucht aus der Verantwortung und zum alten Schlendrian verführenden Duft zu spüren meint. Er, der überall die bewiesenen, wissenschaftlichen Tatsachen sucht, sich nur diesen beugt und sie für Rußlands Zukunft nutzbar gemacht sehen möchte, ruft hier unwillig aus: ›Der Teufel hole die Philosophie der Großen dieser Welt! Alle großen Weisen sind despotisch wie Generäle und unhöflich wie Generäle, da sie von ihrer Straflosigkeit überzeugt sind.‹ Bei aller Bewunderung des *Dichters* Tolstoi ärgert sich Tschechow, daß dieser in seinen lebensreformerischen Traktaten ›die Ärzte nichtsnutzige Schufte schimpft und mit wichtigen Problemen wie ein Ignorant verfährt‹ (an Suworin, 8. 9. 1891). Er überwindet Tolstois Lehre von der ›passiven Resistenz gegenüber dem Bösen‹, indem er neue Stagnation als deren politische Auswirkung erkennt, und erklärt sich klar und deutlich gegen Tolstois Verachtung jedes wissenschaftlichen und kulturellen Aufstiegs der Menschheit: ›Von Jugend auf habe ich an den Fortschritt geglaubt ... nüchterne Überlegung und Gerechtigkeit sagen mir, daß in der Elektrizität und im Dampf mehr Liebe zum Menschen liegt als in der Keuschheit und im Fasten ...‹ (1894).

Die Erzählungen, die dann im neunten Jahrzehnt und um die Jahrhundertwende entstanden sind, enthüllen auf Grund einer wiederum erweiterten und vertieften Weltkenntnis, wofür vor allem die Reise nach Sachalin mit ihrer Durchquerung Sibiriens und ihrer Berührung der Tropen fruchtbar wurde, immer schärfer die unverantwortliche Illusionsbefangenheit und schreiende Ungerechtigkeit des herrschenden Systems und seiner führenden Kreise und lassen dahinter die tröstende Hoffnung auf ein kommendes besseres Zeitalter immer deutlicher aufsteigen. Es sind dies unter anderen solche Erzählungen wie ›Gussew‹ (1890, ›Krankenstation Nr. 6‹, ›Irrwisch‹ (beide 1892), ›Das Haus mit dem Giebelzimmer‹ (1896), ›Die Bauern‹ (1897), ›Jonytsch‹, ›Die Stachelbeeren‹, ›Der Mensch im Futteral‹ (alle 1898), ›In der Schlucht‹ (1900), ›Die Braut‹ (1903), in denen Tschechow die Höhe seiner einmaligen, verhaltenen, wahrhaftigen, sparsamen Erzählungskunst erreicht und die Vision seines Zeitalters, das doch nicht ausweglos war, in gewaltigen oder zarten Bildern an die Zukunft weitergab.

Erst in den letzten Jahren war ihm das Erlebnis Maupassants, des zehn Jahre älteren kongenialen Meisters der französischen Kurzgeschichte, beschieden, also zu einer Zeit, als er schon längst für sich seine einmalige Form gefunden hatte. Tschechow lernte ihn in russischer Übersetzung kennen und nahm darauf, noch als schwerkranker Mann, seine mangelhaften Kenntnisse des Französischen wieder vor. Es hat etwas Ergreifendes, wenn wir hören, daß er noch 1897 beabsichtigte, ihn ins Russische zu übertragen, und erklärte, Maupassant stelle als ›Künstler des menschlichen Wortes ungeheure Forderungen‹, so daß es einem strebenden Schriftsteller nun nicht mehr möglich sei, ›in alter Manier‹ zu schreiben.

Tschechow hätte dies ohne weiteres auch von sich selbst, von seiner eigenen Bedeutung für die russische Literatursprache, sagen können. Mit ihm, mit seinem Schaffen, das der Not und Krankheit abgerungen ist und trotz allen Dunkels den Wert des Lebens und ein neues Bild des Menschen verkündete, beginnt im russischen Schrifttum die Gegenwart.

J. F. *R. M.*

A. P. TSCHECHOW

MEISTERERZÄHLUNGEN

DIE AUSTERN

Ich brauche mein Gedächtnis nicht besonders anzustrengen, um mich in allen Einzelheiten an den regnerischen, dämmerigen Herbstabend zu erinnern: Ich stehe mit meinem Vater in einer der belebten Straßen Moskaus und fühle, wie sich meiner allmählich eine eigentümliche Krankheit bemächtigt. Ich habe keine Schmerzen, doch die Beine versagen mir den Dienst, die Worte bleiben mir in der Kehle stecken, der Kopf fällt matt zur Seite ..., Allem Anschein nach muß ich sofort umsinken und das Bewußtsein verlieren.

Wäre ich damals ins Krankenhaus gekommen, so hätten die Ärzte auf meine Tafel schreiben müssen: Fames — eine Krankheit, die es in medizinischen Lehrbüchern nicht gibt. Neben mir auf dem Trottoir steht mein Vater im abgetragenen Sommermantel und mit einer Trikotmütze, aus der ein Stück weißer Watte hervorguckt. Seine Füße stecken in großen, schweren Galoschen. Damit die Leute nicht sehen, daß er die Galoschen an den bloßen Füßen trägt, hat dieser eitle Mensch alte Stiefelschäfte über seine Schienbeine gezogen.

Dieser arme, etwas einfältige Sonderling, den ich um so lieber habe, je zerrissener und schmutziger sein stutzerhafter Sommermantel wird, kam vor fünf Monaten in die Hauptstadt, um eine Stellung als Schreiber zu suchen. Die ganzen fünf Monate ist er in der Stadt umhergelaufen und hat um Arbeit gebeten — und erst heute hat er sich entschlossen, auf die Straße zu gehen und um Almosen zu bitten ...

Uns gegenüber steht ein dreistöckiges Haus mit einem blauen Aushängeschild: ›Restaurant‹. Ich biege meinen Kopf etwas zurück und zur Seite, und so sehe ich unwillkürlich hinauf zu den erleuchteten Fenstern des Restaurants. In den Fenstern tauchen hin und wieder menschliche Gestalten auf. Ich sehe die rechte Seite eines Orchestrions, zwei Öldrucke, Hängelampen ... Indem ich aufmerksam in eins dieser Fenster schaue, sehe ich einen weiß schimmernden Fleck. Dieser Fleck ist unbeweglich und hebt sich mit seinen geradlinigen Konturen von dem einheitlich dunkelbraunen Grund ab. Ich strenge meine Augen an und stelle fest, daß der Fleck ein weißes Plakat ist. Auf ihm steht etwas geschrieben, was ich nicht entziffern kann ...

Eine halbe Stunde lang kann ich meine Augen nicht von dem Plakat losreißen. Seine weiße Farbe zieht meine Augen an und hypnotisiert förmlich mein Gehirn. Ich bemühe mich, es zu lesen, aber meine Bemühungen sind vergeblich.

Schließlich tritt die seltsame Krankheit in ihre Rechte.

Der Lärm der Equipagen beginnt mir als Donner zu erscheinen, im Straßengestank unterscheide ich tausenderlei Gerüche, die Lampen des Gasthauses und die Straßenlaternen werden in meinen Augen zu blendenden Blitzen. Meine fünf Sinne sind gespannt und übernormal empfänglich. Ich beginne das zu sehen, was ich bisher nicht sah.

›Austern‹ entziffere ich jetzt auf dem Aushängeschild.

Seltsames Wort! Genau acht Jahre und drei Monate habe ich auf der Erde gelebt und das Wort nie gehört. Was bedeutet es? Ist es der Name des Wirtes? Aber man hängt doch die Schilder mit dem Namen an den Türen auf und nicht an den Wänden!

»Papa, was bedeutet: Austern?« frage ich mit heiserer Stimme und bemühe mich, mein Gesicht meinem Vater zuzuwenden.

Mein Vater hört nicht. Aufmerksam verfolgt er die Bewegungen der Menge und begleitet jeden Vorübergehenden mit seinen Blicken ... Ich sehe es seinen Augen an, daß er den Vorübergehenden etwas sagen will, doch hängt das entscheidende Wort wie ein schweres Gewicht an seinen zitternden Lippen und kann sich nicht losreißen. Einem Vorübergehenden ging er sogar einige Schritte nach und berührte ihn am Ärmel, aber als der sich umdrehte, sagte er nur »Entschuldigen Sie!«, ward verlegen und zog sich zurück. »Papa, was bedeutet: Austern?« wiederhole ich.

»Das ist ein Tier ... Es lebt im Meere ...«

Augenblicklich stelle ich mir dies unbekannte Seetier vor. Vermutlich ist es etwas zwischen einem Fisch und einem Krebs. Weil es ein Seetier ist, bereitet man natürlich eine schmackhafte heiße Fischsuppe aus ihm mit duftigem Pfeffer und Lorbeerblättern, eine säuerliche Soljanka mit Knörpelchen, eine Krebssoße, eine Fischgallerte mit Meerrettich ... Lebhaft stelle ich mir vor, wie man das Tier vom Markte heimbringt, es rasch ausnimmt, rasch in den Topf wirft ... rasch — rasch, weil alle essen wollen ... weil alle schrecklichen Hunger haben! Aus der Küche riecht es nach gebratenem Fisch und Krebssuppe.

Ich fühle, wie dieser Duft mir Gaumen und Nase kitzelt, wie er sich allmählich meines ganzen Körpers bemächtigt ... Das Gasthaus, mein Vater, das Plakat, meine Ärmel — alles strömt diesen Geruch aus, riecht so stark, daß ich zu kauen beginne. Ich schlucke, als hätte ich wirklich ein Stück dieses Seetieres im Munde ...

Meine Beine knicken von dem unglaublichen Genuß zusammen, den ich dabei empfinde, und um nicht umzufallen, fasse ich meinen Vater am Ärmel und schmiege mich an seinen nassen Sommermantel. Der Vater zittert und krümmt sich — ihn friert ...

»Papa, sind Austern eine Fasten- oder eine Fleischspeise?« frage ich ihn.

»Man ißt sie lebendig«, sagt mein Vater. »Sie stecken in Schalen wie Schildkröten, aber ... bestehen aus zwei Hälften.«

Der angenehme Geruch hört sogleich auf, meine Sinne zu kitzeln, die Illusion verschwindet ... Jetzt begreife ich alles! »Wie ekelhaft«, flüstere ich, »wie ekelhaft!«

Das also sind Austern! Ich stelle mir ein Tier vor, das einem Frosche ähnelt. Der Frosch sitzt in einer Muschel, schaut mit großen, glänzenden Augen aus ihr hervor und bewegt seine abscheulichen Kinnladen. Ich stelle mir vor, wie man dies Tier in der Muschel vom Markt bringt mit Scheren, glänzenden Augen und schleimiger Haut ... Alle Kinder verstecken sich, aber die Köchin faßt, verächtlich die Stirn runzelnd, das Tier an einer Schere, legt es auf den Teller und bringt es ins Speisezimmer. Die Erwachsenen essen es ... essen es bei lebendigem Leibe samt Augen, Zähnen, Pfoten! Das Tier piepst und versucht, in die Lippen zu beißen ...

Ich runzele die Stirn, aber ... aber warum beginnen meine Lippen zu kauen? Das Tier ist garstig, eklig, schrecklich, und doch esse ich es, esse es gierig, aus Angst, seinen Geschmack und Geruch festzustellen. Ein Tier habe ich schon verzehrt, ich sehe noch die glänzenden Augen des zweiten, dritten ... Auch diese esse ich ... Endlich verzehre ich die Serviette, den Teller, Vaters Galoschen, das weiße Plakat ... Ich esse alles, was mir in die Augen fällt, weil ich fühle, daß nur durch Essen meine Krankheit geheilt werden kann. Die Austern sehen mich mit ihren Augen so schrecklich an und sind so abstoßend, ich zittere beim Gedanken an sie, aber ich will essen! essen! »Gebt mir Austern! Gebt mir Austern!« entringt sich meiner Brust ein Schrei, und ich strecke meine Hände aus.

»Helfen Sie, meine Herrschaften!« höre ich in diesem Augenblick die hohle, gepreßte Stimme meines Vaters. — »Ich schäme mich, zu betteln, aber — mein Gott! — ich habe keine Kraft mehr!«

»Gebt mir Austern!« schreie ich und zerre den Vater am Ärmel.

»Ißt du denn etwa Austern? So ein kleiner Kerl!« höre ich neben mir lachen. Vor uns stehen zwei Herren in Zylinderhüten und schauen mir lachend ins Gesicht.

»Du, kleiner Knirps, ißt Austern? Wirklich? Das ist ja interessant! Wie ißt du sie denn?«

Ich erinnere mich, daß eine kräftige Hand mich in das beleuchtete Restaurant hineinschleppte. Einen Augenblick später hat sich um uns eine Menge Leute versammelt und sieht mich neugierig und lachend an. Ich sitze am Tisch und esse etwas Schleimiges, Salziges, das nach Feuchtigkeit und Schimmel schmeckt. Ich esse gierig, ohne zu kauen, ohne zu sehen und ohne mir bewußt zu werden, was ich esse. Mir scheint: sobald ich aufsehe, erblicke ich unbedingt die glänzenden Augen, die Scheren und spitzen Zähne ...

Plötzlich beginne ich etwas Hartes zu kauen. Man hört das Knirschen der Zähne.

»Ha — ha — ha! Er ißt ja die Schalen!« lacht die Menge. »Kleiner Dummkopf, kann man die denn essen?«

Dann entsinne ich mich eines fürchterlichen Durstes. Ich liege in meinem Bett und kann vor Sodbrennen und dem seltsamen Geschmack, den ich in meinem heißen Munde spüre, nicht einschlafen. Mein Vater geht aus einer Ecke in die andere und gestikuliert.

»Ich habe mich anscheinend erkältet«, murmelt er. »Ich fühle so etwas im Kopf ... wie wenn jemand drin säße ... Vielleicht kommt das nur daher, daß ich ... wirklich ... heute nichts gegessen habe ... Ich bin wirklich absonderlich und dumm ... Ich sehe, daß diese Herren für Austern zehn Rubel zahlen, warum kann ich denn nicht an sie herantreten und sie um einige bitten ... auf Borg? Sicherlich würden sie etwas geben ...«

Gegen Morgen schlafe ich ein und träume von einem Frosch mit Scheren, der in einer Muschel sitzt und die Augen bewegt. Mittags wache ich vor Durst auf und suche mit meinen Augen nach dem Vater: immer noch geht er auf und ab und gestikuliert ...

DER TOD DES BEAMTEN

Eines Abends saß der nicht gerade schöne Exekutor Iwan Dmitritsch Tscherwjakow in der zweiten Reihe des Parketts und sah sich durchs Opernglas die ›Glocken von Corneville‹ an. Er schaute zu und fühlte sich auf dem Gipfel der Glückseligkeit. Aber plötzlich ... In Erzählungen kommt häufig dies ›Aber plötzlich‹ vor. Die Autoren haben recht: das Leben ist so voll von Plötzlichkeiten! Aber plötzlich verzog sich sein Gesicht, die Augen gingen ihm über, der Atem stockte ... er nahm das Glas von den Augen, krümmte sich und ... hatschi! Er nieste, wie man sieht. Niesen ist niemandem irgendwo verboten. Die Bauern niesen und die Polizeidirektoren und zuweilen sogar Geheimräte. Alle niesen. Tscherwjakow wurde auch nicht im geringsten verlegen, wischte sich die Nase mit dem Taschentuch ab, und als höflicher Mensch blickte er sich um, ob er nicht jemanden durch sein Niesen gestört habe? Aber da mußte er nun doch verlegen werden. Er sah, daß der alte Herr in der ersten Parkettreihe vor ihm sich sorgfältig mit seinem Handschuh Glatze und Hals abrieb und etwas murmelte. Tscherwjakow erkannte in ihm den Zivilgeneral Brisshalow vom Verkehrsministerium.

›Ich habe ihn bespritzt!‹ dachte Tscherwjakow. ›Es ist nicht mein Chef, es ist ein fremder Chef, aber peinlich bleibt es doch. Ich muß mich entschuldigen.‹

Tscherwjakow hüstelte einmal, beugte sich mit dem Körper vor und flüsterte dem General ins Ohr: »Verzeihung, Exzellenz, ich habe Sie bespritzt ... es war nicht meine Absicht ...«

»Tut nichts, tut wirklich nichts ...«

»Um Gottes willen, entschuldigen Sie! Ich habe es nicht gewollt!«

»Ach, sitzen Sie bitte still! Lassen Sie mich zuhören!«

Tscherwjakow wurde verlegen, lächelte dumm und begann auf die Bühne zu sehen. Er sah wohl hin, fühlte aber keine Glückseligkeit mehr. Unruhe begann ihn zu quälen. In der Pause trat er an Brisshalow heran, ging ein paar Schritte neben ihm her und murmelte, seine Schüchternheit überwindend: »Ich habe Exzellenz bespritzt ... Verzeihung ... Ich wollte es nicht ...«

»Ach, schon gut ... Ich hatte es schon vergessen, und Sie reden immer ein und dasselbe!« sagte der General und zuckte ungeduldig mit der Unterlippe.

›Er hat's vergessen, aber die Bosheit sitzt in seinen Augen‹, dachte Tscherwjakow, mißtrauisch den General musternd. ›Er will nicht einmal sprechen. Ich müßte ihm auseinandersetzen, daß ich es durchaus nicht gewollt habe ..., daß es ein Naturgesetz ist; sonst wird er denken, daß ich ihn bespucken wollte. Wenn er's auch jetzt nicht denkt, später kann er's denken! ...‹

Zu Hause erzählte Tscherwjakow seiner Frau von seiner Unhöflichkeit. Seine Frau nahm die Sache, wie ihm schien, gar zu leicht; sie erschrak wohl zuerst, beruhigte sich aber, als sie hörte, Brisshalow sei ein ›fremder Chef‹.

»Du kannst dennoch hingehen und dich entschuldigen«, sagte sie. »Sonst wird er denken, daß du dich in der Öffentlichkeit nicht zu benehmen verstehst!«

»Das ist es ja eben! Ich habe mich entschuldigt, aber er war so sonderbar ... Nicht ein ordentliches Wort hat er erwidert. Es war auch keine Zeit zur Unterhaltung.«

Am folgenden Tage zog Tscherwjakow seine neue Extrauniform an, stutzte seine Haare zurecht und ging zu Brisshalow, um ihn aufzuklären ... Im Empfangszimmer des Generals sah er viele Bittsteller, und inmitten der Bittsteller den General selbst, der mit der Entgegennahme der Gesuche schon begonnen hatte. Nachdem der General einige Bittsteller befragt hatte, hob er den Blick und sah Tscherwjakow an.

»Gestern in der ›Arkadia‹, wenn Ew. Exzellenz sich erinnern«, begann der Exekutor seinen Bericht, »mußte ich niesen und ... habe Sie unabsichtlich bespritzt ... Verz ...«

»Was für ein Unsinn ... Herrgott, was soll das heißen! — Was wünschen Sie?« wandte sich der General an den nächsten Bittsteller.

›Nicht einmal sprechen will er!‹ dachte Tscherwjakow und wurde blaß. — ›Er ist also ärgerlich ... Nein, das kann man nicht so lassen ... ich werde es ihm auseinandersetzen ...‹

Als der General seine Unterhaltung mit dem letzten Bittsteller beendet hatte und sich in die inneren Gemächer begeben wollte, ging Tscherwjakow ihm nach und murmelte: »Exzellenz! Wenn ich es wage, Exzellenz zu stören, so geschieht das, aufrichtig gesagt, aus einem Gefühl der Reue! ... Es geschah nicht absichtlich, wie Sie selbst wissen!«

Der General machte ein weinerliches Gesicht und winkte mit der Hand.

»Sie machen sich einfach über mich lustig, verehrter Herr!« sagte er und verschwand in der Tür.

›Ich soll mich über ihn lustig machen?‹ dachte Tscherwjakow. ›Davon kann gar nicht die Rede sein! Ein General, und kann es nicht begreifen! Wenn es so steht, werde ich mich bei diesem Wichtigtuer nicht entschuldigen! Hol ihn der Teufel! Ich werde ihm einen Brief schreiben, aber ich gehe nicht mehr hin! Bei Gott, ich gehe nicht mehr hin!‹

So dachte Tscherwjakow auf dem Wege nach Hause. Aber den Brief an den General schrieb er nicht. Er dachte nach, dachte nach und wurde mit dem Brief nicht fertig.

Und so mußte er am folgenden Tage wieder persönlich hingehen, um seine Erklärung abzugeben.

»Ich habe Exzellenz gestern inkommodiert«, murmelte er, als der General ihn fragend ansah, »nicht, um mich lustig zu machen, wie Sie zu sagen beliebten. Ich wollte mich dafür entschuldigen, daß ich Sie beim Niesen bespritzte ... Ich habe nicht daran gedacht, mich lustig zu machen. Wie soll ich das wagen? Wenn wir uns lustig machen wollten, wo bliebe dann der Respekt vor den Standespersonen ... das kann nicht sein ...«

»Mach, daß du rauskommst!« brüllte plötzlich der General, blau vor Wut und am ganzen Körper bebend.

»Wie?« stammelte Tscherwjakow leise, vor Schreck vergehend.

»Mach, daß du rauskommst!« wiederholte der General und stampfte mit den Füßen.

In Tscherwjakows Leib riß etwas. Ohne zu hören und zu sehen, wich er zur Tür zurück, eilte auf die Straße und schleppte sich mühsam davon ... Ganz mechanisch langte er zu Hause an, legte sich, ohne die Extrauniform ausgezogen zu haben, auf das Sofa und ... starb.

EIN BEKANNTER HERR

Die allerliebste Wanda oder, wie sie im Paß hieß, die ›Ehrenbürgerin‹ Nastassja Kanawkina, befand sich bei ihrer Entlassung aus dem Krankenhaus in einer Lage, in der sie früher nie gewesen war: Sie war ohne Unterkunft und ohne einen Pfennig Geld. Was sollte sie anfangen?

Das erste, was sie tat, war, daß sie sich ins Leihhaus begab und dort ihren Türkisring versetzte — ihren einzigen Wertgegenstand. Für den Ring bekam sie einen Rubel, aber ... was kann man für einen Rubel kaufen?

Für diese Summe kann man weder ein kurzes modernes Jackett noch einen hohen Hut, noch bronzefarbene Schuhchen kaufen, und ohne diese Sachen fühlte sie sich so gut wie nackt. Ihr schien, daß nicht nur die Menschen, sondern sogar die Pferde und Hunde sie anschauten und über die Einfachheit ihrer Kleidung lachten. Und sie dachte nur an ihre Kleidung, die Frage aber, was sie essen und wo sie übernachten würde, beunruhigte sie nicht im geringsten.

›Wenn ich wenigstens einen bekannten Herrn träfe‹, dachte sie. ›Ich würde Geld annehmen ... Mir wird es niemand abschlagen, weil ...‹

Aber bekannte Herren begegneten ihr nicht. Es ist nicht schwer, sie abends in der ›Renaissance‹ anzutreffen, aber in diesem einfachen Kleide und ohne Hut würde man sie in die ›Renaissance‹ gar nicht hineinlassen. Was sollte sie anfangen? Nach langem, qualvollem Hin und Her, als sie des Gehens und Sitzens und Nachdenkens schon müde geworden war, beschloß Wanda, das letzte Mittel zu ergreifen: zu irgendeinem bekannten Herrn direkt in die Wohnung zu gehen und um Geld zu bitten.

›Zu wem könnte ich wohl gehen?‹ überlegte sie. ›Zu

Mischa geht es nicht — er ist verheiratet ... Der rothaarige Alte hat jetzt Dienst ...‹

Wande fiel der Zahnarzt Finkel ein, ein getaufter Jude, der ihr vor drei Monaten ein Armband geschenkt und dem sie einmal beim Abendessen im Deutschen Klub ein Glas Bier auf den Kopf gegossen hatte. Als ihr Finkel einfiel, freute sie sich sehr.

›Er wird mir sicherlich etwas geben, wenn ich ihn nur zu Hause treffe ...‹, dachte sie auf dem Wege zu ihm. ›Wenn er mir nichts gibt, zerschlage ich bei ihm alle Lampen.‹

Als sie sich der Tür des Zahnarztes näherte, hatte sie schon ihren Plan fertig: Sie wird lachend die Treppe hinauflaufen, in das Kabinett des Arztes stürzen und fünfundzwanzig Rubel verlangen ... Als sie aber nach der Klingel griff, entschwand dieser Plan wie von selbst aus ihrem Kopf. Wanda bekam plötzlich Angst und wurde aufgeregt, was mit ihr früher nie geschehen war. Dreist und frech war sie nur in bezechter Gesellschaft, jetzt aber, in gewöhnlicher Kleidung und in der Rolle einer gewöhnlichen Bittstellerin, die man nicht zu empfangen braucht, fühlte sie sich schüchtern und gedemütigt. Sie schämte sich und wurde ängstlich.

›Vielleicht hat er mich schon vergessen‹, dachte sie und konnte sich nicht entschließen, die Klingel zu ziehen. ›Und wie soll ich in einem solchen Kleide zu ihm gehen? Ganz wie eine Bettlerin oder Kleinbürgerin.‹

Und sie läutete zaghaft.

Hinter der Tür vernahm man Schritte; es war der Portier. »Ist der Doktor zu Hause?« fragte sie.

Es wäre ihr jetzt lieber gewesen, wenn der Portier ›nein‹ gesagt hätte, aber statt zu antworten, ließ er sie in die Tür hinein und nahm ihr den Mantel ab. Die Treppe erschien ihr luxuriös und großartig, aber von all dem Luxus fiel ihr besonders ein großer Spiegel auf, in dem sie ein abgerissenes Ding ohne hohen Hut, modernes Jackett und bronzefarbene Schuhchen erblickte. Und Wanda kam es seltsam vor, daß jetzt, da sie ärmlich gekleidet war und wie eine Näherin oder Wäscherin aussah, das Schamgefühl in ihr sich meldete, und sie weder Dreistigkeit noch Frechheit fühlte und in Gedanken sich schon nicht mehr Wanda nannte, sondern wie früher Nastja Kanawkina ...

»Bitte!« sagte das Zimmermädchen und führte sie in das Kabinett. »Der Doktor kommt sofort ... Setzen Sie sich!«

Wanda setzte sich in einen weichen Lehnstuhl.

›Ich werde so sagen: Leihen Sie mir was!‹ dachte sie. ›Das ist anständig; denn er ist ja mit mir bekannt. Wenn nur das Mädchen hinausginge. In ihrer Gegenwart ist es peinlich ... Und wozu steht sie denn hier?‹

Nach etwa fünf Minuten öffnete sich die Tür, und Finkel trat ein, ein großer, brünetter Jude mit dicken Backen und starren Augen. Backen, Augen, Bauch, die dikken Hüften — alles war an ihm so satt, widerlich, grob. In der ›Renaissance‹ und im Deutschen Klub war er gewöhnlich angeheitert, gab viel für Frauen aus und ertrug geduldig ihre Späße (als Wanda ihm zum Beispiel das Bier auf den Kopf goß, lächelte er nur und drohte mit dem Finger), jetzt aber sah er finster und schläfrig aus, schaute wichtig und kalt drein wie ein Vorgesetzter und kaute etwas.

»Was wünschen Sie?« fragte er, ohne Wanda anzusehen.

Wanda sah das ernste Gesicht des Zimmermädchens und die satte Gestalt Finkels an, der sie anscheinend gar nicht erkannt hatte, und errötete ...

»Was wünschen Sie?« wiederholte der Zahnarzt, bereits gereizt.

»Die — die Zähne tun mir weh«, stammelte Wanda.

»Aha ... Welche Zähne? Wo?«

Wanda erinnerte sich, daß sie einen hohlen Zahn habe.

»Unten rechts«, sagte sie.

»Hm! ... Machen Sie den Mund auf!«

Finkel runzelte die Stirn, hielt den Atem an und begann, den kranken Zahn zu untersuchen.

»Schmerzt es?« fragte er, im Zahn mit einem Eisen herumstochernd.

»Es schmerzt«, log Wanda. ›Ich müßte ihn daran erinnern‹, dachte sie, ›dann würde er mich gewiß erkennen ... Aber ... das Zimmermädchen! Warum steht sie nur da?‹

Finkel begann plötzlich, wie eine Lokomotive ihr direkt in den Mund zu schnaufen, und sagte: »Ich rate Ihnen ab, ihn plombieren zu lassen ... Dieser Zahn wird Ihnen sowieso nichts nützen.«

Nachdem er noch ein wenig im Zahn herumgestochert und Wandas Lippen und Zahnfleisch mit seinen Tabakfingern beschmiert hatte, hielt er wiederum seinen Atem an und fuhr ihr mit etwas Kaltem in den Mund ... Wanda fühlte plötzlich einen furchtbaren Schmerz, schrie auf und griff nach Finkels Arm.

»Tut nichts, tut nichts ...«, murmelte er. »Seien Sie nicht bange ... Von diesem Zahn hätten Sie wenig Nutzen. Man muß tapfer sein.«

Und seine mit Blut besudelten Tabaksfinger hielten ihr den ausgerissenen Zahn vor die Augen, das Zimmermädchen kam und setzte eine Schale an ihren Mund.

»Spülen Sie zu Hause mit kaltem Wasser den Mund ...«, sagte Finkel, »dann wird das Bluten aufhören ...«

Er stand in der Haltung eines Menschen vor ihr, der wartet, daß man endlich weggehen und ihn in Ruhe lassen werde ...

»Leben Sie wohl«, sagte sie und wandte sich zur Tür.

»Hm! ... Und wer wird mir meine Arbeit bezahlen?« fragte Finkel lachend.

»Ach ja«, erinnerte sich Wanda, errötete und gab dem Juden den Rubel, den sie für ihren Türkisring erhalten hatte. Als sie wieder auf die Straße gelangt war, schämte sie sich noch mehr als vordem, aber jetzt schämte sie sich schon nicht mehr ihrer Armut. Sie nahm schon nicht mehr wahr, daß sie nicht in hohem Hut und modernem Jackett war. Sie ging über die Straße, spuckte Blut, und jeder rote Blutfleck sprach ihr von ihrem Leben, von ihrem schlechten und schweren Leben, von all den Kränkungen, die sie erduldet hatte und weiterhin, morgen, nach einer Woche, nach einem Jahre — ihr ganzes Leben über bis zum Tode hin würde erdulden müssen ...

»Oh, wie ist das schrecklich!« flüsterte sie. »Wie entsetzlich, mein Gott!«

Übrigens war sie am folgenden Tage bereits in der ›Renaissance‹ und tanzte dort. Sie trug einen riesigen roten Hut, ein neues modernes Jackett und bronzefarbene Schuhchen. Und beim Abendessen traktierte sie ein junger, neu zugereister Kaufmann aus Kasan.

WANJKA

Wanjka Shukow, ein neunjähriger Knabe, den man vor drei Monaten zum Schuster Aljachin in die Lehre gegeben hatte, legte sich am Weihnachtsabend nicht schlafen. Er wartete, bis die Wirtsleute und Gesellen zum Frühgottesdienst gegangen waren, holte aus des Meisters Schrank das Tintenfaß, den Federhalter mit der verrosteten Feder hervor, legte einen zerknüllten Bogen Papier vor sich und begann zu schreiben. Ehe er den ersten Buchstaben hinsetzte, schaute er sich einige Male ängstlich nach Tür und Fenstern um, schielte nach dem dunklen Heiligenbild hin, zu dessen beiden Seiten sich Wandbretter mit den Leisten hinzogen, und seufzte tief auf. Das Papier lag auf der Bank, und er selbst kniete vor der Bank.

›Liebes Großväterchen Konstantin Makarytsch!‹ schrieb er. ›Ich schreibe Dir einen Brief. Ich gratuliere Euch zu Weihnachten und wünsche Dir alles Gute vom Herrgott. Ich habe weder Vater noch Mutter, nur Du allein bist mir geblieben.‹

Wanjka ließ die Augen zum dunklen Fenster gleiten, in dem sich seine Kerze widerspiegelte, und stellte sich lebhaft seinen Großvater Konstantin Makarytsch vor, der als Nachtwächter bei den Herrschaften Shiwarjow diente. Er ist ein kleiner, hagerer, aber ungewöhnlich behender und beweglicher Greis von fünfundsechzig Jahren, mit einem ewig lächelnden Gesicht und Trinkeräuglein. Tagsüber schläft er in der Leuteküche oder schäkert mit den Köchinnen, nachts aber geht er, mit einem weiten Schafpelz umgetan, um das Gutsgehöft herum und schlägt sein Klopfholz. Hinter ihm laufen mit gesenktem Kopf die alte Kaschtanka und der junge ›Wjun‹. Dieser ›Wjun‹ ist ungewöhnlich höflich und freundlich, betrachtet die eigenen

Leute und Fremde mit gleichem Wohlgefallen, erfreut sich aber keiner Sympathie. Unter seiner Höflichkeit und Demut verbirgt sich eine vollkommen jesuitische Tücke. Niemand versteht es besser als er, sich im rechten Augenblick heranzustehlen und einen beim Bein zu packen, sich in den Eiskeller einzuschleichen oder dem Bauern ein Huhn zu stehlen. Schon manches Mal hat man ihm die Hinterbeine fast zerschlagen, zweimal hat man ihn aufgehängt, hat ihn allwöchentlich halb zu Tode geprügelt, aber er lebte immer wieder auf.

Jetzt steht sicherlich Großväterchen am Tor, blinzelt zu den hell erleuchteten Fenstern der Dorfkirche hinüber und schwatzt lustig mit dem Hofgesinde, indem er dabei mit seinen Filzstiefeln von einem Fuß auf den andern tritt. Sein Klopfholz hat er an den Gürtel gebunden. Er schlägt die Arme zusammen, krümmt sich vor Kälte und kneift, greisenhaft kichernd, bald das Stubenmädchen, bald die Köchin.

»Wollen wir nicht etwas Tabak schnupfen?« fragt er und hält den Weibern seine Tabaksdose hin.

Die Weiber schnupfen und niesen. Großvater gerät in unbeschreibliches Entzücken, bricht in ein fröhliches Gelächter aus und schreit: »Das ist ja wirklich zum Totlachen!«

Auch den Hunden geben sie Tabak zu schnupfen. Kaschtanka niest, zieht die Schnauze zusammen und geht beleidigt fort. Wjun niest aus Höflichkeit nicht und wedelt mit dem Schwanz. Das Wetter ist wundervoll, die Luft still, durchsichtig und frisch. Die Nacht ist dunkel, doch kann man das ganze Dorf mit seinen weißen Dächern unter den Rauchwölkchen sehen, die aus den Schornsteinen aufsteigen, sowie die vom Reif versilberten Bäume und die großen Schneehaufen. Der ganze Himmel ist mit hell blinkenden Sternen übersät, und die Milchstraße zeichnet sich so deutlich ab, als hätte man sie vor den Feiertagen gewaschen und mit Schnee abgerieben …

Wanjka seufzte auf, tauchte die Feder ein und fuhr mit Schreiben fort: ›Aber gestern wurde ich tüchtig durchgeprügelt. Der Meister schleppte mich an den Haaren auf den Hof hinaus und verwalkte mich mit dem Spannriemen deswegen, weil ich, als ich sein Kind in der Wiege schaukelte, aus Versehen eingeschlafen war. Und in der vorigen Woche ließ mich die Meisterin einen Hering reinigen, und ich fing beim Schwanz an, und sie nahm den Hering und begann, mir mit seiner Schnauze in die Fresse zu stoßen. Die Gesellen machen sich über mich lustig, schicken mich in die Schenke nach Schnaps und lassen mich bei den Wirtsleuten Gurken stehlen, und der Meister schlägt mich mit allem, was ihm in die Hände fällt. Richtiges Essen ist aber gar keines da. Morgens gibt es Brot, zum Mittag Brei und zum Abend ebenfalls Brot; Tee aber oder Kohlsuppe, die fressen die Wirtsleute allein. Und schlafen läßt man mich im Flur, und wenn ihr Kind weint, schlafe ich überhaupt nicht, sondern muß die Wiege schaukeln. Liebes Großväterchen! Sei um Gottes willen so lieb und nimm mich von hier nach Hause, ins Dorf … Hier ist's mir nicht möglich … Ich verneige mich tief vor Dir und werde ewig Gott bitten, nimm mich hier weg, sonst muß ich sterben …‹

Wanjka verzog den Mund, rieb mit seiner schwarzen Faust die Augen und schluchzte auf.

›Ich werde für Dich Tabak reiben‹, fuhr er fort, ›ich will zu Gott beten, und wenn was vorkommt, so verprügele mich mordsmäßig. Und wenn Du denkst, daß es für mich keinen Dienst gibt, so will ich um Christi willen den Verwalter bitten, die Stiefel putzen zu dürfen; oder will an Fedjkas Stelle Hirtenjunge werden. Liebes Großväterchen! Hier ist's gar nicht möglich, es ist rein zum Sterben.

Ich wollte schon zu Fuß ins Dorf laufen, aber ich habe keine Stiefel und fürchte mich vor dem Frost. Aber wenn ich groß geworden bin, so will ich Dich zum Dank dafür ernähren und lasse Dir von niemandem ein Leid tun, und wenn Du stirbst, werde ich für Dein Seelenheil beten, genau wie für Mutter Pelageja.

Und Moskau ist eine große Stadt. Die Häuser sind ganz herrschaftlich, und es gibt viele Pferde, aber keine Schafe, und die Hunde sind nicht böse. Mit dem Stern ziehen die Kinder hier nicht herum, und man läßt niemanden zum Singen auf den Chor, und einmal sah ich in einem Ladenfenster Haken, die verkauft man gleich mit der Angelschnur zusammen und für jeden Fisch ganz passende, es gibt sogar einen Haken, der einen pudschweren Wels hält. Und ich habe auch Läden gesehen, wo es verschiedene Flinten, wie die des gnädigen Herrn, zu kaufen gibt, jede vielleicht hundert Rubel wert ... Und in den Fleischerläden gibt es Birkhühner und Haselhühner und Hasen, aber wo man die schießt, das erzählen die Handlungsdiener nicht.

Liebes Großväterchen, und wenn es bei den Herrschaften den Weihnachtsbaum mit Naschwerk gibt, so nimm für mich eine vergoldete Nuß und verwahre sie im grünen Kästchen. Bitte darum das Fräulein Olga Ignatjewna, sage, daß sie für Wanjka ist.‹

Wanjka seufzte krampfhaft auf und blickte wiederum das Fenster an ... Er erinnerte sich, daß der Großvater immer in den Wald ging, um für die Herrschaften den Weihnachtsbaum zu holen, und daß er seinen Enkel dabei mitnahm. Das war eine lustige Zeit! Und der Großvater ächzte, und der Frost ächzte, und wenn er das merkte, ächzte auch Wanjka ... Ehe er den Weihnachtsbaum fällte, pflegte der Großvater sein Pfeifchen auszurauchen, umständlich Tabak zu schnupfen und sich über den verfrorenen Wanjka lustig zu machen ... Vom Reif ganz eingehüllt, stehen die jungen Tannen unbeweglich da und warten, welche von ihnen sterben muß. Und ehe man sich's versieht, läuft pfeilgeschwind ein Hase über die Schneehaufen dahin. Großvater kann nicht umhin, loszuschreien: »Halt, halt ... halt! Ach, du kurzschwänziger Teufel!«

Die gefällte Tanne schleppte Großvater ins Herrenhaus, und dort machte man sich daran, sie zu putzen ... Am meisten bemühte sich darum Fräulein Olga Ignatjewna, die Wanjka besonders liebte. Als noch Wanjkas Mutter, Pelageja, lebte und bei den Herrschaften Stubenmädchen war, fütterte Olga Ignatjewna Wanjka mit Kandiszucker und lehrte ihn aus Langeweile lesen, schreiben, bis hundert zählen und sogar Quadrille tanzen. Als aber Pelageja starb, brachte man das Waisenkind Wanjka zum Großvater in die Leuteküche und aus der Küche nach Moskau zum Schuster Aljachin ...

›Komm her, liebes Großväterchen‹, fuhr Wanjka fort, ›in Christi Namen flehe ich Dich an, nimm mich von hier fort. Erbarme dich über mich unglückliches Waisenkind; denn hier schlagen mich alle, und ich möchte so gern essen, und ich habe solch eine Sehnsucht, daß es schwer zu sagen ist, ich weine immer. Und neulich schlug mir der Meister mit einem Leisten über den Kopf, so daß ich hinfiel und nur mit Mühe wieder zur Besinnung kam. Mein Leben ist unrettbar hin, schlimmer als ein Hundeleben ... Ich grüße noch Aljona, den einäugigen Jegorka und den Kutscher, aber meine Harmonika verschenke an niemanden. Ich bleibe Dein Enkel Iwan Shukow, liebes Großväterchen, komm her ...‹

Wanjka faltete das beschriebene Blatt Papier vierfach zusammen und steckte es in einen Umschlag, den er am Abend vorher für eine Kopeke gekauft hatte ... Dann dachte er ein wenig nach, tauchte die Feder ein und schrieb die Adresse:

›Ins Dorf für Großväterchen.‹

Darauf kratzte er sich, dachte nach und fügte hinzu: ›An Konstantin Makarytsch.‹ Zufrieden darüber, daß man ihn im Schreiben nicht gestört hatte, setzte er seine Mütze auf und lief im Hemd, ohne seinen kleinen Pelz überzuwerfen, auf die Straße ...

Die Angestellten des Fleischerladens, die er tags zuvor ausfragte, hatten ihm gesagt, daß man Briefe in die Postkästen stecke, und aus den Postkästen würden sie auf der ganzen Erde in Posttroikas mit betrunkenen Fuhrleuten und hellklingenden Glöckchen verteilt. Wanjka lief zum ersten Postkasten hin und steckte den kostbaren Brief in den Spalt ...

Eingewiegt von süßen Hoffnungen schlief er nach einer Stunde fest ... Er sah im Traume den Ofen. Auf dem Ofen sitzt der Großvater, läßt die bloßen Füße herunterhängen und liest den Köchinnen den Brief vor ... Am Ofen geht Wjun auf und ab und wedelt mit dem Schwanz ...

KASCHTANKA

Schlechtes Benehmen

Ein junger fuchsroter Hund, eine Kreuzung von Dackel und Bauernköter, dessen Schnauze der eines Fuchses sehr ähnlich war, lief auf dem Trottoir hin und her und schaute sich unruhig nach allen Seiten um. Von Zeit zu Zeit blieb er stehen, zog winselnd bald die eine erfrorene Pfote, bald die andere empor und versuchte sich Rechenschaft darüber abzulegen, wie es geschehen konnte, daß er sich verirrt hatte!

Er erinnerte sich sehr gut daran, wie er den Tag verbracht hatte und wie er schließlich auf dieses unbekannte Trottoir geraten war.

Der Tag hatte damit begonnen, daß sein Herr, der Tischler Luka Aleksandrytsch, die Mütze aufsetzte, irgendeinen hölzernen Gegenstand, der in ein rotes Tuch eingewickelt war, unter den Arm nahm und ihm zurief: »Kaschtanka, komm!«

Als sie ihren Namen rufen hörte, kroch diese Kreuzung von Dackel und Bauernköter unter der Hobelbank, wo sie auf Hobelspänen geschlafen hatte, hervor, reckte ihre Glieder und lief hinter ihrem Herrn her. Die Kunden von Luka Aleksandrytsch wohnten alle sehr weit entfernt, so daß der Tischler, bevor er sie alle aufgesucht hatte, mehrere Male in ein Wirtshaus gehen und sich stärken mußte. Kaschtanka erinnerte sich weiter, daß sie sich unterwegs höchst unanständig aufgeführt habe. Aus Freude darüber, daß man sie auf den Spaziergang mitgenommen hatte, sprang sie hin und her, fiel mit Gebell die Pferdebahnwagen an, lief in fremde Höfe hinein und jagte hinter andern Hunden her. Der Tischler verlor sie mehr als einmal aus den Augen, blieb dann stehen und schrie sie ärgerlich an. Einmal packte er sogar mit einem Ausdruck von Wut im Gesicht ihr Fuchsohr, schüttelte es und sagte mit Nachdruck: »Krepieren sollst du Aas!«

Als er bei allen Kunden gewesen war, stattete Luka Aleksandrytsch erst seiner Schwester einen kurzen Besuch ab, trank bei ihr Tee und nahm einen Imbiß; von der Schwester ging er zu einem bekannten Buchbinder, vom Buchbinder in ein Wirtshaus, vom Wirtshaus zum Gevatter und zu anderen. Mit einem Wort, als Kaschtanka auf das unbekannte Trottoir geraten war, dämmerte es bereits, und der Tischler war betrunken wie ein Schuster. Er fuchtelte mit den Armen und murmelte, tief aufseufzend: »In Sünden hat mich meine Mutter geboren! Ach, die Sünden, die Sünden! Jetzt gehen wir unseres Weges dahin und schauen die Laternen an, aber wenn wir sterben, werden wir im höllischen Feuer brennen müssen.«

Oder aber er verfiel in einen gutmütigen Ton, rief Kaschtanka zu sich heran und sagte zu ihr: »Du, Kaschtanka, bist in meinen Augen ein Insekt und weiter nichts. Im Vergleich zu einem Menschen bist du genausoviel wie ein Zimmermann im Vergleich zum Tischler ...«

Während er so mit ihr redete, erklang plötzlich Musik. Kaschtanka sah sich um und entdeckte, daß auf der Straße ein Regiment Soldaten gerade auf sie zukam. Da sie Musik, die ihr auf die Nerven ging, nicht ertrug, lief sie hin und her und fing an zu heulen. Zu ihrem großen Erstaunen erschrak aber der Tischler nicht, fing auch nicht an zu winseln und zu heulen, sondern lachte über das ganze Gesicht, stellte sich in Positur und legte alle fünf Finger salutierend an die Mütze. Als sie sah, daß ihr Herr nicht protestierte, begann Kaschtanka noch lauter zu heulen und stürzte, außer sich vor Angst, über die Straße auf das andere Trottoir hinüber.

Als sie wieder zu sich kam, spielte die Musik nicht mehr, und das Regiment war nicht mehr da. Sie lief wieder über die Straße zu der Stelle hin, wo sie ihren Herrn gelassen hatte, aber, o weh! der Tischler war nicht mehr da. Kaschtanka lief nach vorn, lief wieder zurück, jagte noch einmal über die Straße hinüber, aber der Tischler war wie in die Erde versunken ... Kaschtanka fing an, das Trottoir zu beschnuppern in der Hoffnung, dem Geruch nach die Spuren ihres Herrn zu entdecken, aber kurz vorher war ein Taugenichts in neuen Gummigaloschen vorübergegangen, und nun mischten sich alle feinen Gerüche mit scharfem Kautschukgestank, so daß man nichts feststellen konnte.

Kaschtanka lief hin und her und konnte ihren Herrn nicht finden, und mittlerweile wurde es dunkel. Auf beiden Straßenseiten wurden die Laternen angezündet, und in den Fenstern der Häuser blitzten Lichter auf. Großer flaumiger Schnee fiel und färbte das Straßenpflaster weiß, die Pferderücken, die Mützen der Droschkenkutscher, und je dunkler die Luft wurde, um so weißer wurden die Gegenstände. Unaufhörlich gingen unbekannte ›Kunden‹ an Kaschtanka vorüber, verdeckten ihr das Gesichtsfeld und stießen sie mit den Füßen (Kaschtanka teilte die Menschheit in zwei ungleiche Teile, in Meister und in Kunden, ein. Zwischen ihnen bestand ein wesentlicher Unterschied: Die ersteren hatten das Recht, sie zu schlagen, den andern aber durfte sie selbst an die Beine fahren). Die Kunden eilten alle irgendwohin und schenkten ihr keine Aufmerksamkeit.

Als es vollends dunkel geworden war, überfiel Kaschtanka Verzweiflung und Entsetzen. Sie kauerte sich an einer Hauseinfahrt hin und begann kläglich zu winseln. Die Wanderung während des ganzen Tages mit Luka Aleksandrytsch hatte sie stark ermüdet, Ohren und Pfoten waren durchfroren, und außerdem war sie entsetzlich hungrig. Während des ganzen Tages bekam sie nur zweimal etwas zu kauen: sie hatte bei einem Buchbinder ein wenig Kleister geschmeckt und in einem der Wirtshäuser am Ladentisch eine Wursthaut gefunden — das war alles. Wäre sie ein Mensch gewesen, so hätte sie wahrscheinlich gedacht: ›Nein, so kann ich unmöglich weiter leben! Ich muß mich erschießen!‹

Der geheimnisvolle Unbekannte

Aber Kaschtanka dachte über nichts nach und winselte nur. Als der weiche, flaumige Schnee ihr Rücken und Kopf ganz bedeckt hatte und sie vor Mattigkeit in einen schweren Halbschlaf versunken war, knackte plötzlich die Einfahrttüre, quietschte und versetzte ihr einen Stoß in die Seite. Sie sprang auf. Aus der geöffneten Tür kam ein Mensch, der zur Gruppe der ›Kunden‹ gehörte. Da Kaschtanka aufwinselte und ihm unter die Füße geriet, konnte dieser nicht umhin, sie zu bemerken. Er bückte sich zu ihr nieder und fragte: »Hündchen, wo kommst du denn her? Hab' ich dich gestoßen? Ach, du armes, armes ... Nun, sei nicht bös, sei nicht bös ... entschuldige schon ...«

Kaschtanka blickte den Unbekannten durch die Schneeflocken, die ihre Augenwimpern verklebten, an und sah vor sich ein kurzes und dickes Männchen mit glattrasiertem, pausbäckigem Gesicht, im Zylinderhut und in einem Pelz, der aufgeknöpft war.

»Was winselst du denn?« fuhr er fort und strich ihr mit dem Finger den Schnee vom Rücken. »Wo ist Herrchen? Du hast dich wohl verlaufen? Ach, du armes Hündchen! Was werden wir nun machen?«

Kaschtanka, die in der Stimme des Unbekannten einen

warmen, herzlichen Ton erhascht hatte, leckte ihm die Hand und fing noch kläglicher zu winseln an.

»Du bist ein gutes drolliges Tierchen!« sagte der Unbekannte. »Ganz wie ein Fuchs! Nun, was ist da zu machen? Komm nur mit! Vielleicht taugst du zu etwas ... Nun, komm!«

Er schnalzte mit den Lippen und machte Kaschtanka mit der Hand ein Zeichen, das nur eines bedeuten konnte: ›Gehn wir!‹ Kaschtanka ging mit.

Nach einer halben Stunde saß Kaschtanka bereits in einem großen hellen Zimmer auf dem Fußboden und schaute, den Kopf auf die Seite geneigt, sehnsüchtig und neugierig dem Fremden zu, der am Tisch saß und seine Mahlzeit verzehrte. Er aß und warf ihr ab und zu einen Bissen hin ... Zuerst gab er ihr Brot und eine grüne Käserinde, dann ein Stückchen Fleisch, einen halben Piroshok, einige Hühnerknochen; und sie fraß heißhungrig all das so schnell auf, daß sie gar nicht dazu kam, den verschiedenartigen Geschmack zu unterscheiden. Und je mehr sie fraß, um so stärker machte sich der Hunger bemerkbar.

»Deine Herrschaft scheint dich aber schlecht zu füttern«, sagte der Unbekannte, als er sah, mit welch wilder Gier sie unzerkaut die Bissen verschlang. »Und wie mager du bist! Nur Haut und Knochen ...«

Kaschtanka fraß viel, fraß sich aber nicht satt und war nur wie berauscht vom Essen. Nach dem Mahle legte sie sich mitten im Zimmer hin, streckte die Pfoten aus und begann, da sie im ganzen Körper eine angenehme Mattigkeit verspürte, mit dem Schwanz zu wedeln. Während ihr neuer Herr, der es sich in seinem Lehnstuhl bequem gemacht hatte, eine Zigarre rauchte, wedelte sie immerfort mit dem Schwanz und suchte die Frage zu entscheiden: Wo ist es besser, bei dem Unbekannten oder beim Tischler? Die Wohnungseinrichtung bei dem Fremden ist arm und häßlich; außer Lehnstühlen, einem Sofa, einer Lampe und Teppichen hat er nichts, und das Zimmer kommt einem leer vor; beim Tischler aber ist die ganze Wohnung mit Sachen angefüllt: er hat einen Tisch, eine Hobelbank, einen Haufen Hobelspäne, Schlichthobel, Stemmeisen, Sägen, einen Käfig mit einem Zeisig, einen Spülichteimer ... Beim Fremden riecht es nach gar nichts, in der Wohnung des Tischlers aber steht immer ein wahrer Dunst, und es riecht wunderbar nach Leim, Lack und Hobelspänen. Dafür hat der Unbekannte einen sehr wichtigen Vorzug — es gibt viel zu fressen, und man muß ihm alle Gerechtigkeit widerfahren lassen, als Kaschtanka vor dem Tisch saß und ihn sehnsüchtig anblickte, gab er ihr nicht einen einzigen Schlag, stampfte auch nicht mit dem Fuß auf und schrie nicht ein einziges Mal: »Geh fort, du verdammtes Biest!«

Als der neue Herr seine Zigarre geraucht hatte, ging er hinaus, kehrte aber nach einem Augenblick zurück, eine kleine Matratze in der Hand.

»He, du, Hund, komm mal her!« sagte er und legte die Matratze in den Winkel neben das Sofa. »Leg dich da hin und schlaf!«

Dann löschte er die Lampe aus und ging fort. Kaschtanka legte sich auf die Matratze und schloß die Augen; von der Straße her erklang Hundegebell, und Kaschtanka wollte darauf antworten, aber plötzlich und ganz unerwartet überfiel sie die Sehnsucht: Sie mußte an Luka Aleksandrytsch denken, sein Söhnchen Fedjuschka, an das gemütliche Plätzchen unter der Hobelbank ... Sie dachte auch daran, wie an den langen Winterabenden, wenn der Tischler hobelte oder die Zeitung laut vorlas, Fedjuschka mit ihr zu spielen pflegte ... Er zog sie an den Hinterpfoten unter der Hobelbank hervor und machte mit ihr solche Kunststückchen, daß es ihr ganz grün vor den Augen wurde und ihr alle Gelenke weh taten. Er ließ sie auf den Hinterfüßen gehen, ließ sie eine Glocke vorstellen, das heißt, Fedjuschka zog sie heftig am Schwanz, so daß sie winselte und heulte, er gab ihr Schnupftabak zu riechen ... Besonders quälend war folgendes Kunststück: Fedjuschka band ein Stück Fleisch an einen Faden und ließ es Kaschtanka nehmen; wenn sie es aber verschluckte, zog es Fedjuschka unter lautem Gelächter wieder aus ihrem Magen heraus. Und je lebhafter diese Erinnerungen wurden, um so lauter und sehnsüchtiger winselte Kaschtanka.

Bald aber trugen Ermüdung und Wärme den Sieg über den Kummer davon ... Kaschtanka schlief ein. Im Traume sah sie Hunde an sich vorbeilaufen; unter anderm lief der alte struppige Pudel mit dem starkranken Auge und den Haarbüscheln an der Nase vorbei, den sie heute auf der Straße gesehen hatte. Fedjuschka, ein Stemmeisen in der Hand, jagte hinter dem Pudel her, wurde dann plötzlich selbst mit einem struppigen Fell bedeckt, fing lustig zu bellen an und stand auf einmal neben Kaschtanka. Kaschtanka und er beschnupperten einander gutmütig die Nasen und liefen auf die Straße hinaus ...

Eine neue, sehr angenehme Bekanntschaft

Als Kaschtanka erwachte, war es schon hell, und von der Straße drang Lärm herein, wie man ihn nur am Tage zu hören bekommt. Im Zimmer befand sich keine Seele. Kaschtanka streckte sich, gähnte und ging mürrisch und übellaunig im Zimmer umher. Sie beschnupperte die Zimmerecken und die Möbel, schaute in den Flur und fand nichts Interessantes. Außer der Tür, die in den Flur ging, gab es noch eine andere. Nach kurzer Überlegung kratzte Kaschtanka mit beiden Pfoten an dieser Tür, öffnete sie und ging in das anstoßende Zimmer. Mit einer Wolldecke zugedeckt, schlief hier im Bett ein ›Kunde‹, in dem Kaschtanka den Fremden von gestern erkannte.

»Rrrr«, begann sie zu knurren, doch bei der Erinnerung an das gestrige Mahl wedelte sie mit dem Schwanz und fing an zu schnuppern.

Sie beschnupperte Kleidung und Stiefel des Unbekannten und fand, daß sie stark nach Pferden röchen. Aus dem Schlafzimmer führte eine ebenfalls geschlossene Tür irgendwohin. Kaschtanka kratzte an dieser Tür, drückte mit der Brust an sie, öffnete die Tür und bemerkte alsbald einen seltsamen, sehr verdächtigen Geruch. Auf eine unangenehme Begegnung gefaßt, knurrend und sich immerfort umblickend, trat Kaschtanka in eine kleine Stube mit schmutzigen Tapeten, wich aber erschrocken zurück. Sie erblickte etwas Unerwartetes und Furchtbares. Hals und Kopf zur Erde senkend, die Flügel spreizend und zischend fuhr ein grauer Gänserich auf sie los. Etwas abseits vom Gänserich lag auf einer kleinen Matratze ein weißer Kater; als der Kaschtanka zu Gesicht bekam, fuhr er empor, machte einen Buckel, erhob den Schwanz, sträubte das Haar und begann ebenfalls zu zischen. Der Hund erschrak ernstlich, da er aber seine Furcht verbergen wollte, fing er laut zu bellen an und stürzte sich auf den Kater. Der Kater krümmte seinen Rücken noch mehr, begann zu fauchen und versetzte Kaschtanka mit der Pfote einen Schlag auf den Kopf. Kaschtanka wich zurück, legte sich auf alle vier Pfoten hin und brach, die Schnauze dem Kater zugewandt, in ein lautes, winselndes Gebell aus. In diesem Augenblick trat der Gänserich von hinten heran und versetzte ihr mit dem Schnabel einen schmerzhaften Hieb in den Rücken, Kaschtanka sprang auf und warf sich auf den Gänserich ... »Was ist denn hier los?« ließ sich eine laute, ärgerliche Stimme vernehmen, und im Schlafrock, mit einer Zigarre im Munde, kam der Unbekannte ins Zimmer.

»Was bedeutet das? An den Platz!«

Er ging auf den Kater zu, knipste ihn auf den Buckel und sagte: »Fjodor Timofeitsch, was bedeutet das? Ihr habt eine Schlägerei begonnen? Ach, du alte Kanaille! Leg dich hin!«

Und zum Gänserich gewendet, rief er: »Iwan Iwanytsch, auf deinen Platz!«

Der Kater legte sich gehorsam auf seine Matratze nieder und schloß die Augen. Nach dem Ausdruck seiner Schnauze und seines Schnurrbartes war er selbst damit unzufrieden, daß er sich ereifert und in eine Schlägerei eingelassen hatte. Kaschtanka winselte gekränkt, der Gänserich streckte seinen Hals aus und begann rasch, hitzig und eindringlich, aber ganz unverständlich irgend etwas zu erzählen.

»Gut, gut!« sagte gähnend der Herr. »Ihr müßt friedlich und freundschaftlich leben.« Er streichelte Kaschtanka und fuhr fort: »Du aber, Füchslein, hab keine Furcht. Das ist ein gutes Publikum, das dir nichts tun wird. Aber halt, wie werden wir dich nennen? Ohne Namen geht es nicht, Freundchen!«

Der Unbekannte dachte etwas nach und sagte: »Da hab ich's ... Du wirst — Tante heißen ... Verstehst du? Tante!«

Und das Wort ›Tante‹ einige Male wiederholend, ging er hinaus. Kaschtanka setzte sich und begann zu beobachten. Der Kater saß unbeweglich auf der Matratze und tat so, als ob er schliefe. Der Gänserich trippelte mit vorgestrecktem Hals auf ein und derselben Stelle und fuhr fort, irgend etwas rasch und hitzig zu erzählen. Anscheinend war es ein sehr kluger Gänserich; nach jeder langen Tirade trat er jedesmal verwundert etwas zurück und sah über seine Rede ganz entzückt aus. Kaschtanka hörte ihm eine Weile zu und antwortete ihm mit »rrr ...«, dann machte sie sich daran, die Winkel zu durchschnüffeln. In einem Winkel stand ein kleiner Trog, in dem sie eingeweichte Erbsen und aufgeweichte Brotrinden vorfand. Sie probierte die Erbsen — sie schmeckten nicht, sie probierte die Rinden — und begann zu fressen. Der Gänserich war gar nicht beleidigt, daß ein fremder Hund sein Futter verspeiste, im Gegenteil, er begann noch hitziger zu reden und trat, um sein Vertrauen zu zeigen, selber an den Trog heran und fraß ein paar Erbsen.

Erstaunliche Wunder

Nach einer Weile trat der Fremde wieder ein und brachte ein seltsames Ding mit, das Ähnlichkeit mit einem Tor und dem Buchstaben Pi hatte. An der Querstange dieses hölzernen, groß gezimmerten Pi hing eine Glocke, und eine Pistole war angebunden; von der Glockenzunge und dem Pistolenhahn hingen Schnürchen herab. Der Unbekannte stellte das Pi in die Mitte des Zimmers, band längere Zeit etwas auf und wieder zu, sah dann den Gänserich an und sagte: »Iwan Iwanytsch, ich bitte!«

Der Gänserich kam zu ihm und blieb in erwartungsvoller Pose stehen.

»Nun«, sagte der Fremde, »fangen wir ganz von vorn an. Vor allem verneige dich und mache eine Reverenz! Schnell!«

Iwan Iwanytsch streckte den Hals vor, nickte nach allen Seiten und machte einen Kratzfuß.

»So, braves Tier ... Jetzt stirb!«

Iwan Iwanytsch legte sich auf den Rücken und streckte die Beine in die Luft. Nachdem er noch einige ähnliche leichtere Kunststücke gemacht hatte, griff sich der Unbekannte plötzlich an den Kopf, drückte auf seinem Gesicht Entsetzen aus und rief: »Zu Hilfe! Feuer! Wir brennen!«

Iwan Iwanytsch lief zu dem Pi, nahm eine Schnur in den Schnabel und begann die Glocke zu läuten.

Der Fremde war sehr zufrieden. Er streichelte dem Gänserich den Hals und sagte: »Brav, Iwan Iwanytsch! Jetzt stelle dir vor, daß du ein Juwelier bist und mit Gold und Brillanten handelst. Stelle dir jetzt vor, du kommst in deinen Laden und entdeckst dort Diebe. Wie würdest du in diesem Falle handeln?«

Der Gänserich nahm die andere Schnur in den Schnabel und zog daran, worauf ein betäubender Schuß fiel. Kaschtanka hatte schon das Glockenläuten sehr gefallen, der Schuß aber entzückte sie so, daß sie um das Pi herumzulaufen und zu bellen begann.

»Tante, auf den Platz!« rief ihr der Fremde zu. »Willst du ruhig sein!«

Iwan Iwanytschs Arbeit war mit dem Schuß noch nicht zu Ende. Eine ganze Stunde lang jagte der Fremde ihn an der Kordel im Kreise herum und knallte mit der Peitsche; dabei mußte der Gänserich über eine Barriere und durch einen Reifen springen, Männchen machen, das heißt sich auf den Schwanz setzen und die Füße bewegen. Kaschtanka konnte ihre Augen von Iwan Iwanytsch gar nicht losreißen, heulte vor Entzücken und lief mehrmals mit lautem Gebell hinter ihm drein. Nachdem der Fremde den Gänserich und sich selbst ermüdet hatte, wischte er sich den Schweiß von der Stirn und rief: »Marja, bring jetzt Chawronja Iwanowna her!«

Nach einem Augenblick hörte man ein Grunzen, Kaschtanka begann zu knurren, nahm eine sehr tapfere Haltung an und ging für alle Fälle etwas näher zum Fremden hin. Die Tür ging auf, eine alte Frau sah ins Zimmer, sagte etwas und ließ ein schwarzes häßliches Schwein ins Zimmer. Ohne sich um Kaschtankas Knurren zu bekümmern, hob das Schwein seinen Rüssel in die Höhe und begann fröhlich zu grunzen. Augenscheinlich war es sehr erfreut darüber, daß es seinen Herrn, den Kater und Iwan Iwanytsch sah. Als es an den Kater heranging, ihn leicht mit dem Rüsselchen unter den Bauch stieß und dann über irgend etwas mit dem Gänserich zu sprechen begann, lag in seinen Bewegungen, in seiner Stimme und im Wippen des Schwänzchens viel Gutmütigkeit. Kaschtanka begriff sofort, daß es zwecklos sei, solche Subjekte anzuknurren und anzubellen.

Der Herr räumte das Holzgestell fort und rief: »Fjodor Timofeitsch, bitte!«

Der Kater erhob sich, reckte sich träge und ging widerwillig, als täte er jemandem damit einen großen Gefallen, zum Schwein.

»Nun, beginnen wir mit der ›Ägyptischen Pyramide‹«, begann der Herr.

Er erklärte längere Zeit etwas, dann kommandierte er: »Eins — zwei — drei!« Beim Wort ›drei‹ begann Iwan Iwanytsch mit den Flügeln zu schlagen und schwang sich auf den Rücken des Schweins. Nachdem er, mit Flügeln und Hals balancierend, auf dem borstigen Rücken das Gleichgewicht gewonnen hatte, kletterte Fjodor Timofeitsch langsam und träge mit unverkennbarer Mißachtung und mit einer Mine, als ob er seine Kunst verachte und gar nicht schätze, auf den Rücken des Schweines und dann unlustig auf den Gänserich, wo er sich auf die Hinterpfoten stellte. So kam das zustande, was der Fremde die ›Ägyptische Pyramide‹ nannte. Kaschtanka quietschte vor Entzücken auf, aber in diesem Augenblick gähnte der alte Kater, verlor das Gleichgewicht und fiel vom Gänserich herunter. Iwan Iwanytsch kam ins Schwanken und fiel ebenfalls. Der Fremde begann zu schreien, mit den Armen herumzufuchteln und wiederum etwas zu erklären. Nachdem er sich eine ganze Stunde mit der Pyramide abgemüht hatte, machte sich der unermüdliche Herr daran, Iwan Iwanytsch das Reiten auf dem Kater zu lehren, dann begann er dem Kater das Rauchen beizubringen und anderes mehr.

Der Unterricht endete damit, daß der Fremde sich den Schweiß von der Stirn wischte und hinausging. Fjodor Timofeitsch schnaufte verächtlich, legte sich auf seine Matratze und schloß seine Augen, Iwan Iwanytsch ging an seinen Trog, und das Schwein wurde von der Alten wieder weggebracht. Dank der Menge neuer Eindrücke verging der Tag für Kaschtanka, ehe sie sich's versah. Abends aber wurde sie mit ihrem Matratzchen in der kleinen Stube mit den schmutzigen Tapeten untergebracht und übernachtete in Gesellschaft von Fjodor Timofeitsch und des Gänserichs.

Talent! Talent!

Ein Monat war vergangen.

Kaschtanka hatte sich bereits daran gewöhnt, daß sie jeden Abend ein schmackhaftes Mahl erhielt und Tante genannt wurde. Sie hatte sich auch an den Fremden gewöhnt und an ihre neuen Hausgenossen. Das Leben floß angenehm dahin.

Alle Tage begannen auf die gleiche Weise. Gewöhnlich wachte Iwan Iwanytsch am frühesten auf, kam sofort zu Tante oder zum Kater heran, reckte seinen Hals aus und begann etwas eifrig und überzeugend, aber in alter Weise unverständlich zu erzählen. Manchmal reckte er seinen Kopf in die Höhe und hielt lange Monologe. In den ersten Tagen der Bekanntschaft dachte Kaschtanka, daß er darum so viel spreche, weil er sehr klug sei, aber es dauerte nicht lange, und sie verlor jeden Respekt vor ihm; wenn er mit seinen langen Reden zu ihr kam, wedelte sie nicht mehr mit dem Schwanz, sondern behandelte ihn als lästigen Schwätzer, der niemanden schlafen läßt, und antwortete ihm ohne viel Umstände mit ›rrr ...‹

Fjodor Timofeitsch war von anderer Art. Wenn er aufgewacht war, gab er keinen Laut von sich, regte sich nicht und öffnete nicht einmal die Augen. Am liebsten wäre er gar nicht aufgewacht, denn, es war unverkennbar, er hatte am Dasein kein Gefallen mehr. Nichts erregte sein Interesse, allem gegenüber verhielt er sich müde und geringschätzig, alles verachtete er, und sogar wenn er sein schmackhaftes Mittagessen verzehrte, schnaufte er verächtlich.

Sobald Kaschtanka erwacht war, begann sie durch alle Zimmer zu wandern und in jedem Winkel zu schnüffeln. Nur sie und der Kater durften in der ganzen Wohnung herumgehen; der Gänserich hatte nicht das Recht, die Schwelle der kleinen Stube mit den schmutzigen Tapeten zu überschreiten. Chawronja Iwanowna aber lebte irgendwo in einem Schuppen auf dem Hof und erschien nur während der Unterrichtsstunden.

Der Hausherr wachte spät auf und machte sich, nachdem er Tee getrunken hatte, sofort an seine Kunststücke heran. Jeden Tag brachte er das Holzgestell, die Peitsche und die Reifen in die Stube, und tagtäglich wurden fast ein und dieselben Kunststücke vollführt. Der Unterricht dauerte drei bis vier Stunden, so daß Fjodor Timofeitsch manchmal vor Ermüdung wie ein Betrunkener taumelte.

Iwan Iwanytsch öffnete dann seinen Schnabel und atmete chwer, der Herr aber wurde rot im Gesicht und konnte sich gar nicht genug den Schweiß von der Stirn wischen.

Der Unterricht und das Mittagessen machten die Tage sehr interessant, die Abende dagegen waren recht langweilig. Meistens fuhr der Herr des Abends irgendwohin fort und nahm Gänserich und Kater mit. Tante blieb allein, legte sich auf die Matratze und ergab sich der Melancholie. Irgendwie unbemerkt beschlich sie die Traurigkeit, sie breitete sich allmählich immer mehr und mehr aus, wie die Dunkelheit im Zimmer. Es fing damit an, daß Kaschtanka jede Lust zu bellen, zu fressen, durch die Zimmer zu laufen, ja sogar etwas zu sehen verging; dann entstanden in ihrer Einbildung zwei undeutliche Gestalten — sie wußte nicht, ob es Hunde oder Menschen waren — mit sympathischen, freundlichen, doch unverständlichen Gesichtern; bei ihrem Erscheinen wedelte Tante mit dem Schwanz, und es schien ihr, als hätte sie sie irgendwo einstmals gesehen und geliebt ... Und im Einschlafen fühlte sie jedesmal, daß von diesen Gestalten ein Geruch von Leim, Hobelspänen und Lack ausging.

Als sie sich schon völlig an ihr neues Leben gewöhnt hatte und aus einem mageren, knochigen Köter ein satter und wohlgepflegter Hund geworden war, streichelte sie einstmals vor dem Unterricht ihr Herr und sagte: »Jetzt ist's für uns an der Zeit, Tante, an die Arbeit zu gehen. Jetzt hast du genug gefaulenzt. Ich will aus dir eine Künstlerin machen ... Willst du Künstlerin werden?« Und er fing an, ihr allerhand Kunststücke beizubringen. In der ersten Stunde lernte sie auf den Hinterpfoten stehen und gehen, was ihr schrecklich gefiel. In der zweiten Stunde mußte sie auf den Hinterfüßen springen und nach Zucker schnappen, den ihr Lehrer hoch über sie hielt. In den folgenden Stunden tanzte sie, lief an der Kordel, heulte nach Musik, läutete und schoß, und nach einem Monat konnte sie bereits erfolgreich in der ›Ägyptischen Pyramide‹ Fjodor Timofeitsch vertreten. Sie lernte sehr gern und war selbst mit ihren Fortschritten zufrieden; das Laufen an der Kordel mit heraushängender Zunge, das Springen durch den Reifen und das Reiten auf dem alten Fjodor Timofeitsch bereiteten ihr das größte Vergnügen. Jedes gelungene Kunststück begleitete sie mit lautem, begeistertem Bellen, und der Lehrer wunderte sich gleichfalls, geriet auch in Entzücken und rieb sich die Hände.

»Ein Talent! Ein Talent!« sagte er. »Ein unzweifelhaftes Talent! Du wirst entschieden Erfolg haben!«

Und Tante gewöhnte sich so an das Wort ›Talent‹, daß sie jedesmal, wenn ihr Herr es aussprach, aufsprang und sich umsah, wie wenn es ihr Rufname wäre.

Eine unruhige Nacht

Kaschtanka hatte einen Hundetraum: Der Hausknecht jagte mit einem Besen hinter ihr her, und vor Angst erwachte sie.

Im Stübchen war es still, dunkel und sehr schwül. Die Flöhe bissen. Tante hatte früher niemals die Dunkelheit gefürchtet, jetzt aber wurde es ihr irgendwie unheimlich zumute, und sie hatte Lust zu bellen. Im Nebenraum seufzte der Herr einmal laut auf, dann grunzte nach einer kleinen Weile in seinem Schuppen das Schwein, und wiederum war alles still. Wenn man ans Essen denkt, wird es einem leichter ums Herz, und Tante dachte darüber nach, wie sie heute Fjodor Timofeitsch ein Hühnerbeinchen wegstibitzt und es dann im Salon zwischen Schrank und Wand, wo es sehr viel Spinngewebe und Staub gab, versteckt hatte. Es könnte jetzt nichts schaden, hinzugehen und nachzusehen, ob dies Beinchen noch da ist oder nicht. Es wäre ja möglich, daß der Herr es gefunden und aufgegessen hat. Aber vor Tagesanbruch durfte man aus der Stube nicht herausgehen — so war einmal die Hausordnung. Kaschtanka schloß die Augen, um so rasch wie möglich einzuschlafen, weil sie aus Erfahrung wußte, daß der Morgen um so rascher kam, je rascher man einschlief. Plötzlich aber ertönte nicht weit von ihr ein sonderbarer Schrei, der sie zusammenfahren und aufspringen ließ. Es war Iwan Iwanytsch, der so schrie, und sein Schrei war nicht der sonstige, schwatzhafte und überzeugende, sondern wild, durchdringend und unnatürlich, wie das Knarren eines sich öffnenden Tores. Da sie in der Dunkelheit nichts sehen und begreifen konnte, fühlte Kaschtanka einen noch heftigeren Schreck und knurrte: »Rrrr ...«

Es verging so viel Zeit, als man braucht, um einen guten Knochen abzunagen; der Schrei wiederholte sich nicht. Tante beruhigte sich allmählich und begann zu schlummern. Sie träumte von zwei großen schwarzen Hunden mit Büscheln vorjährigen Haares an Schenkeln und Seiten; sie fraßen gierig aus einem großen Bottich Küchenabfälle, denen weißer Dampf und ein appetitanregender Geruch entströmte; bisweilen sahen sie sich nach Kaschtanka um, fletschten die Zähne und knurrten: »Dir geben wir nichts!« Aber aus dem Hause kam ein Bauer im Pelz herausgelaufen und verjagte sie mit der Peitsche; da ging Kaschtanka an den Bottich heran und begann zu fressen; sobald aber der Bauer hinter dem Tor verschwunden war, stürzten die beiden schwarzen Hunde heulend über sie her, und plötzlich ertönte wiederum der durchdringende Schrei: »K-che! K-che!« schrie Iwan Iwanytsch.

Kaschtanka erwachte, sprang auf und brach, ohne die

Matratze zu verlassen, in ein heulendes Gebell aus. Ihr schien es, daß nicht Iwan Iwanytsch schrie, sondern jemand anderes, jemand Fremdes. Und wiederum grunzte aus irgendeinem Grunde im Schuppen das Schwein.

Doch da hörte man das Schlurfen von Pantoffeln, und in die Stube trat der Herr im Schlafrock mit einer Kerze. Das flackernde Licht begann an den schmutzigen Tapeten und der Zimmerdecke zu hüpfen und vertrieb die Dunkelheit. Kaschtanka sah, daß in der Stube niemand Fremdes anwesend war. Iwan Iwanytsch saß auf dem Fußboden und schlief nicht. Seine Flügel waren ausgebreitet, und sein Schnabel stand offen, und überhaupt sah er aus, als ob er sehr ermüdet sei und trinken wolle. Der alte Fjodor Timofeitsch schlief auch nicht. Gewiß hatte auch ihn der Schrei geweckt.

»Iwan Iwanytsch, was hast du?« fragte der Herr den Gänserich. »Was schreist du? Bist du krank?«

Der Gänserich schwieg. Der Herr befühlte seinen Hals, streichelte seinen Rücken und sagte: »Du bist ein putziger Kerl! Schläfst selbst nicht und läßt andere nicht schlafen.«

Als der Herr hinausgegangen war und das Licht mitgenommen hatte, trat wieder Dunkelheit ein. Kaschtanka war voller Angst. Der Gänserich schrie nicht mehr, aber Kaschtanka schien es so, daß jemand Fremdes in der Dunkelheit dastand. Am schrecklichsten war, daß man diesen Fremden nicht beißen konnte, weil er unsichtbar war und keine Gestalt hatte. Und Kaschtanka dachte — weiß Gott warum —, daß sich in dieser Nacht unbedingt etwas sehr Schlimmes ereignen müsse. Fjodor Timofeitsch war auch unruhig. Kaschtanka hörte, wie er sich auf seinem Matratzchen herumbewegte, gähnte und den Kopf schüttelte.

Irgendwo auf der Straße begann man an ein Tor zu

klopfen, und im Schuppen grunzte das Schwein. Kaschtanka begann leise zu wimmern, streckte die Vorderpfoten von sich und legte den Kopf darauf. Im Pochen am Tore, im Grunzen des aus irgendeinem Grunde nicht schlafenden Schweines, in der Dunkelheit und der Stille schien ihr etwas ebenso Trauriges und Schreckliches zu liegen, wie in dem Schreien von Iwan Iwanytsch. Alles war aufgeregt und unruhig, aber warum? Wer war der Fremde, den man nicht sehen konnte? Auf einmal, für einen Augenblick, blitzten zwei düstere grüne Funken auf: zum ersten Male während der ganzen Zeit ihrer Bekanntschaft näherte sich ihr Fjodor Timofeitsch. Was wollte er? Kaschtanka leckte ihm die Pfote und fing, ohne zu fragen, warum er gekommen sei, leise und in verschiedenen Stimmen zu heulen an.

»K-che!« schrie Iwan Iwanytsch. »K-che! K-che!«

Die Tür öffnete sich wieder, und herein kam der Herr, eine Kerze in der Hand. Der Gänserich saß in der früheren Haltung da, mit aufgesperrtem Schnabel und ausgebreiteten Flügeln. Seine Augen waren geschlossen.

»Iwan Iwanytsch!« rief der Herr.

Der Gänserich rührte sich nicht. Der Herr setzte sich auf der Diele vor ihm hin, blickte ihn einen Augenblick schweigend an und sagte: »Iwan Iwanytsch! Was ist denn los? Du willst mir doch nicht sterben? Ach, jetzt fällt es mir ein, fällt es mir ein!« rief er plötzlich aus und griff sich an den Kopf. »Ich weiß jetzt, woher das kommt! Das kommt daher, weil dich heute das Pferd getreten hat! Mein Gott, mein Gott!«

Kaschtanka begriff nicht, was ihr Herr sagte, erkannte aber an seinem Gesicht, daß auch er etwas Schreckliches erwartete. Sie wandte ihre Schnauze dem dunklen Fenster zu, durch das, wie ihr schien, jemand Fremdes hereinschaute, und heulte auf.

»Er stirbt, Tante!« sagte der Herr und schlug die Hände zusammen. »Ja, ja, er stirbt. In eure Stube ist der Tod gekommen. Was sollen wir nun tun?«

Bleich und aufgeregt, seufzend und kopfschüttelnd kehrte der Herr in sein Schlafzimmer zurück. Kaschtanka war es unheimlich, in der Dunkelheit allein zu bleiben, und sie ging ihm nach. Der Herr setzte sich auf das Bett und wiederholte einige Male: »Mein Gott, was soll ich tun?«

Kaschtanka ging um seine Beine herum, konnte nicht begreifen, warum sie so traurig sei und weswegen sich alle so beunruhigten, und verfolgte in dem Bemühen, das alles zu begreifen, jede seiner Bewegungen. Fjodor Timofeitsch, der selten sein Matratzchen zu verlassen pflegte, kam auch in das Schlafzimmer des Herrn und begann sich an seinen Beinen zu reiben. Er schüttelte immerzu den Kopf, als wollte er daraus die schweren Gedanken verscheuchen, und sah argwöhnisch unter das Bett.

Der Herr nahm ein Tellerchen, goß aus der Waschkanne Wasser hinein und ging wieder zum Gänserich.

»Trink, Iwan Iwanytsch!« sagte er zärtlich und stellte das Tellerchen vor ihn hin. »Trink, du liebes Kerlchen!«

Aber Iwan Iwanytsch rührte sich nicht und öffnete die Augen nicht. Der Herr bog den Kopf zum Tellerchen und tauchte den Schnabel ins Wasser, aber der Gänserich trank nicht, spreizte seine Flügel noch weiter auseinander, und der Kopf blieb auf dem Tellerchen liegen.

»Nein, da hilft nichts mehr!« seufzte der Herr. »Alles ist aus. Iwan Iwanytsch ist tot!«

Und über seine Wangen flossen langsam glänzende Tröpfchen herab, wie man sie an Fenstern während des Regens sehen kann. Kaschtanka und Fjodor Timofeitsch, die nicht begriffen, was geschehen war, drängten sich an ihren Herrn und schauten voll Entsetzen den Gänserich an.

»Armer Iwan Iwanytsch!« sagte der Herr und seufzte traurig. »Und ich träumte davon, dich im Frühjahr aufs Land mitzunehmen und mit dir auf der grünen Wiese spazierenzugehen. Liebes Tierchen, mein guter Kamerad, nun bist du tot! Wie werde ich jetzt ohne dich auskommen.«

Kaschtanka kam es so vor, als ob auch mit ihr dasselbe geschehen würde, daß auch sie — ohne ersichtlichen Grund — die Augen schließen, die Pfoten von sich strecken und das Maul aufreißen würde und daß alle sie entsetzt ansehen würden. Ähnliche Gedanken gingen offenbar auch Fjodor Timofeitsch durch den Kopf. Noch nie war der alte Kater so mürrisch und finster gewesen wie jetzt.

Es begann zu dämmern, und der Fremde, der Kaschtanka so sehr erschreckt hatte, war aus dem Stübchen verschwunden. Nachdem es ganz hell geworden war, kam der Hausknecht, nahm den Gänserich bei den Füßen und trug ihn irgendwohin hinaus. Eine kleine Weile danach erschien der Alte und nahm das Tröglein weg. Kaschtanka ging in den Salon und schaute hinter den Schrank: der Herr hatte das Hühnerknöchlein nicht aufgegessen, es lag an seinem alten Platz in Staub und Spinngewebe. Aber Kaschtanka war sehr verzagt und betrübt und wollte weinen. Sie roch nicht einmal an dem Knöchlein und schlüpfte unter den Diwan, setzte sich dort hin und fing an, leise und mit dünnem Stimmchen zu heulen: »Sku — sku — sku ...«

Das verunglückte Debüt

Eines schönen Abends kam der Herr ins Stübchen mit den schmutzigen Tapeten hinein und sagte, die Hände reibend: »Nun, meine Liebe ...«

Er wollte noch etwas sagen, tat es aber nicht, und ging hinaus. Kaschtanka, die während der Unterrichtsstunden Gesicht und Tonfall ihres Herrn studiert hatte, erriet, daß er aufgeregt, besorgt und anscheinend ärgerlich war. Nach einer kleinen Weile kam er zurück und sagte: »Heute nehme ich Tante und Fjodor Timofeitsch mit. In der ›Ägyptischen Pyramide‹ wirst du, Tante, heute den verstorbenen Iwan Iwanytsch ersetzen. Weiß der Teufel! Nichts ist fertig, nichts recht einstudiert, es gab zu wenig Repetitionen! Wir werden uns blamieren und durchfallen!«

Dann ging er wieder hinaus und kam gleich darauf in Pelz und Zylinder zurück. Er trat an den Kater heran, ergriff ihn bei den Vorderpfoten, hob ihn hoch und verbarg ihn an seiner Brust unter dem Pelz, wobei Fjodor Timofeitsch ganz gleichgültig schien, sich nicht einmal die Mühe gab, die Augen zu öffnen. Ihm war augenscheinlich alles vollkommen gleichgültig: ob er lag oder an den Beinen in die Höhe gehoben wurde, ob er auf der Matratze oder an der Brust des Herrn unter dem Pelze lag ...

»Tante, komm!« sagte der Herr.

Nichts ahnend und mit dem Schwanz wedelnd, folgte Kaschtanka ihm nach. Einen Augenblick später saß sie bereits im Schlitten zu Füßen ihres Herrn und hörte, wie er, vor Kälte und Erregung schauernd, immer wieder murmelte: »Wir werden uns blamieren und durchfallen!«

Der Schlitten hielt vor einem großen, sonderbaren Hause, das einer umgestülpten Suppenschüssel ähnlich war. Die langgestreckte, mit drei Glastüren versehene Anfahrt dieses Hauses war von einem Dutzend hell brennender Laternen erleuchtet. Die Türen öffneten sich geräuschvoll und verschlangen wie große Mäuler die Menschen, die vor der Anfahrt hin- und herwogten.

Menschen gab es dort viel, häufig kamen auch Pferde zur Anfahrt gelaufen, doch Hunde waren nicht zu sehen.

Der Herr nahm Kaschtanka auf den Arm und schob sie unter den Pelz auf seine Brust, wo sich auch Fjodor Timofeitsch befand. Hier war es dunkel und beklemmend, aber warm. Einen Augenblick blitzten zwei düstere grüne Funken auf, das geschah, als der Kater, durch die kalten, rauhen Pfoten seiner Nachbarin aufgestört, die Augen öffnete. Kaschtanka leckte ihm ein Ohr, und da sie sich möglichst bequem hinsetzen wollte, rückte sie unruhig hin und her, drückte den Kater mit den kalten Pfoten unter sich und steckte zufällig ihren Kopf aus dem Pelz heraus, knurrte aber sofort einmal ärgerlich und schlüpfte wieder unter den Pelz. Ihr schien es, als habe sie ein ungeheuer großes, schlecht beleuchtetes Zimmer, das voller Ungetüme war, erblickt; hinter den Bretterverschlägen und Gittern, die sich zu beiden Seiten des Zimmers hinzogen, schauten schreckliche Fratzen hervor: Pferdegesichter, gehörnte, langohrige Gesichter und ein dicker, ungeheurer Kopf mit einem Schwanz statt der Nase und mit zwei langen, abgenagten Knochen, die aus dem Maule hervorragten.

Der Kater fing unter Kaschtankas Pfoten zu miauen an, doch gerade da wurde der Pelz zurückgeschlagen, der Herr sagte »hopp!«, und beide, Fjodor Timofeitsch und Kaschtanka, sprangen auf den Boden. Sie waren in einem kleinen Raum mit grauen Bretterwänden; dort gab es außer einem Tischchen mit Spiegel, einem Hocker und in den Ecken aufgehängten alten Kleidern keine andern Gegenstände, und statt einer Lampe oder Kerze leuchtete ein helles, fächerförmiges Flämmchen, das an einem in der Wand befestigten Röhrchen brannte. Fjodor Timofeitsch leckte sich seinen von Kaschtanka zerknüllten Pelz, kroch unter den Hocker und legte sich dort hin. Der

Herr, der immer noch aufgeregt war und sich die Hände rieb, begann sich zu entkleiden. Er zog sich so aus, wie er es gewöhnlich zu Hause zu tun pflegte, wenn er sich unter die Wolldecke legen wollte, das heißt, er legte bis auf die Wäsche alles ab, setzte sich dann auf den Hocker, sah in den Spiegel und begann dann, sonderbare Dinge mit sich zu treiben. Zuerst setzte er sich eine Perücke mit Scheitel und zwei hörnerähnlichen Haarbüscheln auf den Kopf, dann beschmierte er sein Gesicht dick mit etwas Weißem und malte auf die weiße Farbe noch Augenbrauen, einen Schnurrbart und rote Tupfen ins Gesicht. Damit aber war sein schnurriges Beginnen noch nicht beendet. Nachdem er sich Gesicht und Hals so beschmiert hatte, begann er sich in ein ganz ungewöhnliches, mit nichts zu vergleichendes Kostüm zu kleiden, wie es Tante noch nie in den Häusern oder auf der Straße gesehen hatte. Man stelle sich ganz weite Beinkleider vor aus großblumigem Kattun, wie er in kleinbürgerlichen Häusern für Vorhänge und zum Möbelbezug gebraucht wird, Beinkleider, die bis zu den Achselhöhlen hinaufgingen; ein Bein bestand aus braunem Kattun, das andere aus hellgelbem. Nachdem der Herr in diese Hosen hineingeschlüpft war, zog er noch eine Baumwolljacke mit großem gezacktem Kragen und einem goldenen Stern auf dem Rücken, verschiedenfarbige Strümpfe und graue Schuhe an.

Kaschtanka fing es vor den Augen und in der Seele zu flimmern an. Diese weißgesichtige, schwerfällige Gestalt roch wohl nach ihrem Herrn, ihre Stimme war auch die bekannte des Herrn, aber es gab auch Augenblicke, wo Kaschtanka Zweifel ankamen, und dann verspürte sie große Lust, von dieser bunten Gestalt wegzulaufen und sie anzubellen. Der neue Ort, das fächerähnliche Flämmchen, der Geruch, die Verwandlung, die mit ihrem Herrn vor sich gegangen war — alles das erfüllte sie mit unbestimmter Angst und dem Vorgefühl, daß sie unbedingt irgend etwas Fürchterlichem begegnen würde, wie etwa jener dicken Fratze mit dem Schwanz an Stelle der Nase. Zu alledem spielte noch irgendwo entfernt hinter der Wand die verhaßte Musik, auch drang zeitweilig ein rätselhaftes Gebrüll zu ihr herüber. Nur eines beruhigte sie — die Kaltblütigkeit von Fjodor Timofeitsch. Er schlummerte seelenruhig unter dem Hocker und öffnete nicht einmal die Augen, wenn der Hocker weitergeschoben wurde.

Ein Mensch in Frack und weißer Weste guckte in das Zimmer hinein und sagte: »Gleich tritt Miß Arabella auf. Nach ihr kommen Sie.«

Der Herr erwiderte nichts. Er zog unter dem Tisch ein kleines Köfferchen hervor, setzte sich und begann zu warten. An seinen Lippen und Händen konnte man erkennen, daß er aufgeregt war, und Tante hörte, wie sein Atem bebte.

»Mr. George, bitte!« rief jemand hinter der Tür.

Der Herr stand auf, bekreuzigte sich dreimal, holte dann unter dem Hocker den Kater hervor und steckte ihn in den Koffer.

»Komm, Tante!« sagte er leise.

Tante, die nichts von allem begriff, näherte sich seiner Hand; der Herr küßte sie auf den Kopf und legte sie neben Fjodor Timofeitsch in den Koffer. Darauf trat Dunkelheit ein ... Tante trat auf dem Kater herum, kratzte an den Wänden des Koffers und konnte vor Entsetzen nicht einen Laut von sich geben, der Koffer aber schaukelte hin und her, wie von Wellen getragen, und zitterte ...

»Da bin ich ja!« rief laut der Herr. »Da bin ich ja!«

Tante fühlte, daß nach diesem Schrei der Koffer auf etwas Hartes aufschlug und zu schwanken aufhörte. Man hörte ein lautes, tiefes Brüllen: auf jemanden schlug man ein, und dieser Jemand — wahrscheinlich die Fratze mit dem Schwanz an Stelle der Nase — brüllte und lachte so laut, daß die Schlösser am Koffer erzitterten. Als Antwort auf dieses Gebrüll ertönte ein durchdringendes quietschendes Gelächter des Herrn, wie man ihn zu Hause niemals lachten hörte.

»Ha!« rief er und bemühte sich, das Brüllen zu überschreien. »Hochverehrtes Publikum! Ich komme direkt vom Bahnhof! Meine Großmutter ist krepiert und hat mir eine Erbschaft hinterlassen! Im Koffer ist etwas sehr Schweres — augenscheinlich Gold ... Ha, passen Sie auf, es ist eine Million! Sofort will ich öffnen und nachsehn!«

Am Koffer knackte das Schloß. Grelles Licht schlug Tante in die Augen; sie sprang aus dem Koffer heraus und, von dem Gebrüll betäubt, lief sie in größter Geschwindigkeit um ihren Herrn herum und bellte laut.

»Ha!« rief der Herr. »Onkelchen Fjodor Timofeitsch! Teures Tantchen! Ihr geliebten Anverwandten, daß euch der Teufel hole!«

Er fiel mit dem Bauch in den Sand, ergriff den Kater und Tante und umarmte sie einmal um das andere. Während er sie drückte und umarmte, schaute sich Tante flüchtig diese Welt an, in die sie das Schicksal verschlagen hatte, und von ihrer Großartigkeit überrascht, erstarrte sie für einen Augenblick vor Verwunderung und Entzücken, dann entriß sie sich den Umarmungen des Herrn und drehte sich, von der Wucht des Eindruckes ganz benommen, wie ein Kreisel an ein und derselben Stelle herum. Die neue Welt war groß und voll von grellem Licht; wohin man auch sah, überall vom Fußboden bis zur Decke sah man nur Gesichter, Gesichter, Gesichter und sonst nichts.

»Tantchen, bitte, setzen Sie sich!« rief der Herr.

Tante erinnerte sich daran, was das bedeutete, sprang

auf den Stuhl und setzte sich. Sie schaute den Herrn an. Seine Augen blickten ernst und freundlich wie immer, das Gesicht aber, besonders Mund und Zähne, waren durch ein breites, unbewegliches Lachen entstellt. Er lachte schallend, sprang umher, zuckte die Achseln und tat so, als ob ihn die Gegenwart von Tausenden von Menschen hoch erfreue. Tante glaubte an diese seine Lustigkeit, fühlte plötzlich mit ihrem ganzen Leibe, daß diese Tausende von Gesichtern sie anblickten, und sie hob ihre Fuchsschnauze empor und fing freudig zu bellen an.

»Sie, Tantchen, bleiben sitzen«, sagte der Herr zu ihr, »mittlerweile will ich mit Onkelchen den Kamárinskij tanzen.«

Fjodor Timofeitsch, in Erwartung des Augenblicks, in dem man ihn zwingen würde, Dummheiten zu machen, stand da und blickte gleichmütig nach allen Seiten. Er tanzte schläfrig, nachlässig, mürrisch, und an seinen Bewegungen, seinem Schwanz und seinem Schnurrbart konnte man sehen, daß er die Menge und das grelle Licht und den Herrn und sich selbst tief verachtete ... Nachdem er seine Portion abgetanzt hatte, gähnte er und setzte sich.

»Nun, liebes Tantchen«, sagte der Herr, »zuerst will ich mit Ihnen etwas singen, dann wollen wir tanzen. Gut?« Er nahm aus der Tasche eine Pfeife heraus und blies darauf. Tante, die Musik nicht ertrug, rückte unruhig auf dem Stuhl hin und her und begann zu heulen. Von allen Seiten war Brüllen und Beifall zu hören. Der Herr verbeugte sich und fuhr, als alles wieder still geworden war, zu spielen fort. Während er eine sehr hohe Note blies, hörte man oben inmitten des Publikums ein lautes »Ach!«

»Papa!« rief eine Kinderstimme, »das ist doch Kaschtanka!«

»Ja, das ist Kaschtanka!« antwortete bestätigend ein etwas angeheiterter, zitternder Tenor. »Kaschtanka! Fedjuschka, Gott strafe mich, das ist Kaschtanka!«

Auf der Galerie stieß jemand einen Pfiff aus, und zwei Stimmen, eine kindliche und eine männliche, riefen laut: »Kaschtanka! Kaschtanka!«

Tante fuhr zusammen und sah dorthin, wo man rief. Zwei Gesichter, eines behaart und lächelnd, das andere voll und rund, rotbackig und erschrocken, fielen ihr in die Augen, so wie vordem das grelle Licht. Eine Erinnerung überkam sie, sie fiel vom Stuhl, zappelte im Sand, dann sprang sie auf und stürzte mit fröhlichem Gewinsel auf die Gesichter zu. Ein ohrenbetäubendes Gebrüll erscholl, von Pfiffen und dem durchdringenden Ruf einer Kinderstimme durchdrungen: »Kaschtanka! Kaschtanka!«

Tante sprang über die Barriere, dann über die Schulter irgendeines Menschen und befand sich plötzlich in einer Loge; um den nächsten Rang zu erreichen, mußte man über eine hohe Wand springen. Tante sprang, sprang aber nicht hoch genug und purzelte an der Wand herunter. Darauf ging sie von Hand zu Hand, leckte Hände und Gesichter irgendwelcher Leute, kam immer höher und höher und gelangte endlich auf die Galerie ...

Nach einer halben Stunde ging Kaschtanka auf der Straße den Leuten nach, die nach Kleister und Lack rochen. Luka Aleksandrytsch taumelte und trachtete, durch Erfahrung belehrt, instinktiv danach, sich vom Straßengraben möglichst entfernt zu halten.

»Im Pfuhle meiner Sünden gehe ich umher«, murmelte er. »Und du, Kaschtanka — bist ein Mißverständnis. Im Vergleich zum Menschen bist du soviel wie ein Zimmermann im Vergleich zum Tischler.«

Neben ihm ging Fedjuschka, die Mütze des Vaters auf

dem Kopf. Kaschtanka blickte die Rücken der beiden an, und es war ihr, als ob sie schon lange hinter ihnen dreinginge und sich freue, daß ihr Leben auch nicht einen Augenblick lang unterbrochen war.

Sie erinnerte sich wohl an ihr Stübchen mit den schmutzigen Tapeten, an den Gänserich, Fjodor Timofeitsch, die schmackhaften Mahlzeiten, den Unterricht, den Zirkus — aber all dies erschien ihr jetzt nur als ein langer, wirrer, schwerer Traum ...

IM ALTER

Der Architekt Staatsrat Uselkow fuhr in seine Vaterstadt, wohin man ihn zur Restaurierung der Friedhofskirche gerufen hatte. In dieser Stadt war er geboren und aufgewachsen, war dort zur Schule gegangen und hatte geheiratet; als er aber den Zug verlassen hatte, erkannte er die Stadt kaum wieder. Alles hatte sich verändert ... Als er vor achtzehn Jahren nach Petersburg übersiedelte, fingen zum Beispiel an der Stelle, wo jetzt der Bahnhof steht, die Knaben Ziesel; jetzt erhebt sich an der Einfahrt zur Hauptstraße das vierstöckige Hotel ›Wien‹, doch damals zog sich hier ein häßlicher grauer Zaun hin. Aber noch mehr als die Zäune und Häuser hatten sich die Menschen verändert. Vom Zimmerkellner erfuhr Uselkow, daß mehr als die Hälfte der Menschen, an die er sich erinnerte, gestorben, verarmt, vergessen waren.

»Aber an Uselkow erinnerst du dich?« fragte er den alten Kellner nach sich selbst. »An Uselkow, den Architekten, der sich von seiner Frau scheiden ließ ... Er besaß doch ein Haus in der Swirebejewstraße ... Sicherlich erinnerst du dich an ihn!«

»Nein, ich erinnere mich nicht.«

»Nun, wie kannst du dich nicht daran erinnern! Die Sache war doch überall bekannt, sogar alle Droschenkutscher kannten sie. Denke etwas nach! Der Anwalt Schapkin, der Lump, führte die Scheidung durch, der bekannte Falschspieler, den man im Klub verprügelte ...«

»Iwan Nikolaitsch?«

»Nun, ja, ja ... Was, lebt er noch? Ist er tot?«

»Er lebt, gottlob. Er ist jetzt Notar und hat ein Büro. Es geht ihm recht gut. Zwei Häuser in der Ziegelstraße. Vor kurzem hat er eine Tochter verheiratet.«

Uselkow ging aus einer Ecke in die andere, dachte nach und nahm sich vor, aus Langeweile Schapkin zu besuchen. Als er das Hotel verließ und langsam zur Ziegelstraße schlenderte, war es Mittag. Er traf Schapkin im Büro und erkannte ihn kaum wieder. Aus dem einst so schlanken, gewandten Anwalt Schapkin mit seiner beweglichen, frechen, ewig betrunkenen Physiognomie war ein bescheidener, grauhaariger, hinfälliger Greis geworden.

»Sie erkennen mich wohl nicht und haben mich vergessen«, begann Uselkow. »ich bin Ihr ehemaliger Klient Uselkow ...«

»Uselkow? Was für ein Uselkow? Ach!«

Schapkin erinnerte sich, erkannte ihn und geriet ganz außer sich. Ausrufe und Fragen wurden laut, Erinnerungen ausgetauscht.

»Das habe ich wirklich nicht erwartet! Daran habe ich nicht gedacht!« gackerte Schapkin. »Was kann ich Ihnen vorsetzen? Wünschen Sie Champagner? Wollen Sie vielleicht Austern? Mein Lieber, ich habe Ihnen seinerzeit so viel Geld abgenommen, daß ich gar nicht weiß, womit ich Sie bewirten soll ...«

»Bitte bemühen Sie sich nicht«, sagte Uselkow. »Ich habe keine Zeit. Ich muß sofort auf den Friedhof fahren, um die Kirche zu besichtigen. Ich habe einen Auftrag erhalten.«

»Ausgezeichnet! Wir wollen einen Imbiß nehmen, etwas trinken und fahren dann zusammen. Ich habe vortreffliche Pferde! Ich bringe Sie hin und mache Sie mit dem Kirchenvorsteher bekannt ... werde alles einrichten ... Was halten Sie sich, mein Lieber, von mir so fern, als fürchteten Sie mich? Rücken Sie doch etwas näher! Jetzt brauchen Sie mich nicht mehr zu fürchten ... He-he! ... Früher war ich tatsächlich ein fixer Junge, ein geriebener Kerl ... Niemand durfte mir zu nahe kommen, aber jetzt bin ich stiller als Wasser, niedriger als Gras ..., bin alt und Familienvater geworden ..., habe Kinder. Zeit zu sterben!«

Die Freunde nahmen einen Imbiß, tranken etwas und fuhren im zweispännigen Schlitten zur Stadt auf den Friedhof hinaus.

»Ja, das war eine Zeit!« sagte Schapkin in Erinnerungen vertieft, als er im Schlitten saß. »Man glaubt's kaum, wenn man daran denkt. Und erinnern Sie sich, wie Sie sich von Ihrer Gattin scheiden ließen? Es sind schon fast zwanzig Jahre her, und wahrscheinlich haben Sie alles vergessen, aber ich weiß alles noch so genau, als hätte ich Sie erst gestern geschieden. Mein Gott, wieviel böses Blut hat es damals gegeben! Ich war ein fixer Junge, ein Kasuist, ein Rechtsverdreher, ein verteufelter Bursche. Wie bemühte ich mich, einen ungewöhnlichen Fall in die Hand zu bekommen, besonders wenn das Honorar gut war, wie zum Beispiel in Ihrem Prozeß. Was haben Sie mir doch damals gezahlt? Fünf- oder sechstausend! Nun, wie soll das kein böses Blut geben? Sie fuhren damals nach Petersburg und legten die ganze Sache in meine Hände: mach's, wie du es verstehst! Und Ihre verstorbene Gattin Sofja Michailowna war, wenn sie auch aus einem Kaufmannshause stammte, stolz und selbstbewußt. Sie zu bestechen, daß sie die Schuld auf sich nahm, war schwer ... schrecklich schwer! Manchmal, wenn ich zu ihr zu Verhandlungen ging, kam es vor, daß sie bei meinem Anblick dem Mädchen zurief: ›Mascha, ich habe dir doch befohlen, keinen Halunken einzulassen!‹ Ich versuchte es auf diese und jene Weise ..., schrieb ihr Briefe und legte alles darauf an, sie unerwartet irgendwo zu treffen — sie biß nicht an! Ich mußte durch einen Mittelsmann unterhandeln. Lange habe ich mich mit ihr abgeplagt, und erst als Sie bereit waren, ihr zehntausend zu geben, ergab sie sich ... Zehntausend gegenüber hielt sie nicht stand ... Sie fing an zu weinen, spie mir ins Gesicht, stimmte aber doch zu und nahm die Schuld auf sich!«

»Sie bekam, glaube ich, von mir nicht zehntausend, sondern fünfzehntausend«, sagte Uselkow.

»Ja, ja ... fünfzehntausend, ich habe mich versprochen!« sagte Schapkin verwirrt. — »Übrigens ist ja alles vorbei und verjährt, was soll ich die Sünde verheimlichen! Ich gab ihr zehntausend, die übrigen fünftausend habe ich mir gutgeschrieben. Euch beide habe ich betrogen ... Das alles ist längst verjährt, kein Anlaß, sich zu schämen ... Ja, und von wem hätte ich denn nehmen sollen, Boris Petrowitsch, wenn nicht von Ihnen, urteilen Sie selbst ... Sie waren ein reicher, satter Mann ... Aus Übermut haben Sie geheiratet, aus Übermut ließen Sie sich scheiden ... Sie verdienten eine Unmenge ... Ich erinnere mich, bei einem Unternehmen schluckten Sie zwanzigtausend. Von wem hätte ich es nehmen sollen, wenn nicht von Ihnen? Und aufrichtig gesagt, auch der Neid plagte mich ... Wenn Sie etwas erwischten, nahm man den Hut vor Ihnen ab, mich aber verprügelte man für einige Rubel und ohrfeigte mich im Klub ... Nun, was soll man daran noch denken! Es wird Zeit, es zu vergessen.«

»Sagen Sie, bitte, wie lebte später Sofja Michailowna?«

»Mit den zehntausend Rubeln? Schlechtissime ... Gott weiß, ob sie eine Wut gepackt hatte oder Gewissen und Stolz sie zu quälen begannen, weil sie sich für Geld verkauft hatte, oder vielleicht, ob sie Sie geliebt hatte, nur, wissen Sie, fing sie zu trinken an ... Kaum hatte sie das Geld erhalten, begann sie auf Troikas mit Offizieren herumzufahren. Trinken, Ausschweifung, Laster ... Wenn sie mit den Offizieren ins Gasthaus kam, trank sie nicht etwa Portwein oder sonst etwas Leichteres, nein, sie war darauf aus, Kognak zu nehmen, daß es brannte und sie betäubte.«

»Ja, sie war sehr exzentrisch ... Ich habe genug durch sie zu leiden gehabt. Wie oft war sie über etwas gekränkt und bekam Nervenanfälle ... Und was geschah später?«

»So vergingen eine Woche und zwei ... Ich sitze einmal zu Hause und schreibe etwas. Plötzlich öffnet sich die Tür, und sie tritt herein — betrunken. ›Nehmen Sie‹, sagte sie, ›Ihre verfluchten Gelder zurück!‹ und warf mir das Päckchen ins Gesicht. Sie hielt es also nicht aus! Ich las das Geld auf und zählte nach. Es fehlten fünfhundert. Erst fünfhundert hatte sie durchzubringen vermocht.«

»Wo ließen Sie denn das Geld?«

»Das alles ist ja verjährt ... ich brauche es nicht zu verheimlichen ... Natürlich behielt ich es für mich! Was sehen Sie mich so an? Warten Sie, was weiter kommt ... Ein ganzer Roman, die reinste Psychiatrie! So etwa nach zwei Monaten komme ich einmal nachts nach Hause, betrunken, in garstigem Zustande ... Ich mache Licht und sehe: Auf dem Sofa sitzt Sofja Michailowna, auch betrunken, aufgewühlt, wild, wie aus dem Tollhaus entsprungen ... ›Geben Sie‹, sagte sie, ›mir mein Geld zurück, ich habe es mir anders überlegt. Soll man sinken, dann schon, wie es sich gehört, in den tiefsten Schlamm! Tummeln Sie sich, Sie Lump, geben Sie das Geld her!‹ Garstige Geschichte!«

»Und Sie ... gaben es ihr?«

»Ich gab, erinnere ich mich, zehn Rubel ...«

»Ach, ist das möglich?« sagte Uselkow und runzelte die Stirn. »Wenn Sie selbst es ihr nicht geben konnten oder wollten, so hätten Sie mir doch schreiben sollen ... Ich habe das gar nicht gewußt! Ah? Ich habe das gar nicht gewußt!«

»Mein Lieber, wozu sollte ich denn schreiben, da sie doch selber an Sie schrieb, als sie hernach im Krankenhause lag?«

»Übrigens war ich damals so mit meiner neuen Ehe beschäftigt, wirbelte nur so herum, daß mir nicht nach Briefen zumute war ... Sie aber, ein fremder Mensch, Sie konnten gegenüber Sofja keine Antipathie empfinden ... Warum reichten Sie ihr nicht die Hand?«

»Mit jetzigem Maß darf man nicht messen, Boris Petrowitsch. Jetzt denken wir so, aber damals waren wir ganz anderer Ansicht ... Jetzt würde ich ihr vielleicht auch tausend Rubel geben, aber damals gab ich auch diese zehn ... nicht umsonst. Schmutzige Geschichte! Wäre besser, sie zu vergessen ... Nun, da sind wir angelangt ...«

Der Schlitten hielt am Friedhofstor. Uselkow und Schapkin stiegen aus, gingen durch das Tor hinein und schritten eine lange, breite Allee hinunter. Entlaubte Kirschbäume und Akazien, die grauen Kreuze und Grabsteine waren silbrig von Reif. In jeder Schneeflocke spiegelte sich der klare Sonnentag wider. Es roch, wie auf allen Friedhöfen überhaupt: nach Weihrauch und frisch aufgegrabener Erde ...

»Einen hübschen Friedhof haben wir«, sagte Uselkow. »Ganz wie ein Garten!«

»Ja, nur schade, daß Diebe die Denkmäler stehlen ... Da rechts, hinter jenem Denkmal aus Eisen, ist Sofja Michailowna begraben. Wollen Sie das Grab sehen?«

Die Freunde bogen rechts ein und gingen durch den tiefen Schnee zum Denkmal hin.

»Hier ist es ...«, sagte Schapkin und wies auf einen kleinen Grabstein aus weißem Marmor. »Ein Fähnrich hat ihn auf ihrem Grabe aufstellen lassen.«

Uselkow nahm langsam seine Mütze ab und zeigte der

Sonne seine Glatze. Auch Schapkin, der ihn anblickte, nahm seine Mütze ab, und eine zweite Glatze glänzte in der Sonne auf. Es herrschte ringsumher Grabesstille, als wäre die Luft auch tot. Die Freunde sahen den Grabstein an, schwiegen und waren in Gedanken versunken.

»So schläft sie nun!« unterbrach Schapkin das Schweigen. »Und sie hat keinen Kummer mehr davon, daß sie die Schuld auf sich genommen und Kognak getrunken hat. Geben Sie es zu, Boris Petrowitsch!«

»Was?« fragte düster Uselkow.

»Nun, das ... Wie häßlich auch die Vergangenheit ist, sie ist immer besser als dieses hier ...«

Und Schapkin wies auf sein graues Haar.

»Früher dachte ich niemals an die Sterbestunde ... Wäre ich dem Tode begegnet, so hätte ich ihm zehn Punkte voraus gegeben, aber jetzt ... Nun, lassen wir's!«

Uselkow erfaßte tiefer Gram. Ihn verlangte plötzlich danach zu weinen und genau so leidenschaftlich, wie ihn einst nach Liebe verlangt hatte ... Und er fühlte, daß dies Weinen auf ihn beruhigend und erfrischend gewirkt hätte. Seine Augen wurden feucht, und es schnürte ihm schon die Kehle zusammen, aber ... neben ihm stand Schapkin, und Uselkow schämte sich, vor einem Zeugen kleinmütig zu sein. Er kehrte sich hastig um und ging zur Kirche hin.

Erst zwei Stunden später, nachdem er mit dem Kirchenvorsteher verhandelt und die Kirche besichtigt hatte, erhaschte er einen Augenblick, als Schapkin sich mit dem Geistlichen unterhielt, und ging zum Grabe, um zu weinen ... Er schlich sich heimlich wie ein Dieb an das Denkmal heran, jeden Augenblick sich umschauend. Der kleine weiße Leichenstein sah ihn nachdenklich, traurig an und so unschuldsvoll, als läge unter ihm ein kleines Mädchen, und nicht eine vom Wege abgeirrte, geschiedene Frau.

›Weinen, weinen!‹ dachte Uselkow.

Aber der Augenblick zum Weinen war schon vorbei. Sosehr der Alte mit den Augen blinzelte, sosehr er sich in Stimmung zu setzen versuchte, die Tränen flossen nicht, und die Kehle schnürte sich nicht mehr zusammen ... Nachdem er etwa zehn Minuten dagestanden hatte, machte Uselkow resigniert eine Handbewegung und ging, um Schapkin aufzusuchen.

KUMMER

Wem klage ich mein Leid? ...

Abenddämmerung. Große nasse Schneeflocken wirbeln träge um die soeben angezündeten Laternen und legen sich in dünner, weicher Schicht auf die Dächer, Pferderücken, Schultern, Mützen. Der Droschkenkutscher Jona Potapow ist ganz weiß wie ein Gespenst. Zusammengekrümmt, soweit sich ein lebendiger Körper zusammenkrümmen kann, sitzt er auf dem Bock und rührt sich nicht. Wenn auf ihn ein ganzer Haufen Schnee fiele, auch dann, scheint es, würde er es nicht für nötig halten, den Schnee von sich abzuschütteln. Auch sein Pferdchen ist weiß und unbeweglich. In seiner Unbeweglichkeit, der Eckigkeit der Formen und der stockähnlichen Geradheit seiner Beine hat es sogar, in der Nähe betrachtet, Ähnlichkeit mit einem Pfefferkuchenpferdchen, das ein paar Kopeken kostet. Es ist aller Wahrscheinlichkeit nach in Gedanken versunken. Wen man vom Pfluge, von den gewöhnlichen Bildern des grauen Einerleis weggerissen und in diesen Mahlstrom ungeheuerlicher Lichter, nie aufhörenden Gerassels und hastender Menschen hineingeschleudert hat, der kann nicht anders: er muß in Gedanken versinken.

Jona und sein Pferdchen stehen schon lange auf demselben Fleck. Bereits am Vormittag sind sie ausgefahren, aber noch immer wollen keine Fahrgäste kommen. Doch nun senkt sich bereits das Abenddunkel auf die Stadt. Das bleiche Laternenlicht macht lebhaften Farben Platz, und auf den Straßen wird das Getriebe lärmender.

»Kutscher, nach der Wiborger Seite!« hört Jona rufen. »Kutscher!«

Jona fährt zusammen und sieht durch seine mit Schnee verklebten Wimpern einen Herrn im Militärmantel mit Kappe. »Nach der Wiborger!« wiederholt der Herr. »Du schläfst wohl, was? Nach der Wiborger!«

Zum Zeichen seines Einverständnisses zieht Jona die Leine an, und dadurch fallen vom Pferderücken und von seinen Schultern die Schneeschichten herab. Der Offizier setzt sich in den Schlitten. Der Kutscher schnalzt mit den Lippen, streckt den Hals vor wie ein Schwan, erhebt sich und schwenkt mehr gewohnheitsmäßig als nötigerweise die Peitsche. Auch das Pferdchen streckt seinen Hals vor, krümmt seine stockähnlichen Beine und setzt sich unentschlossen in Bewegung ...

»Wohin lenkst du denn, Teufel!« hört Jona sofort im ersten Augenblick aus der dunklen, hin und her wogenden Menge rufen. »Wohin führen dich die Teufel? Halte nach rechts!«

»Du verstehst nicht zu fahren! Halte doch nach rechts!« sagt ärgerlich der Offizier.

Der Kutscher einer Equipage schimpft; ein Fußgänger, der die Straße überquert und mit der Schulter an das Maul des Pferdchens gestoßen ist, schaut ihn wütend an und schüttelt sich den Schnee vom Ärmel. Jona rutscht auf dem Bock hin und her, als ob er auf Nadeln säße, stößt mit den Ellenbogen immerfort seitwärts und rollt, ganz außer sich, mit den Augen, als begreife er gar nicht, wo er sich befindet und warum er hier ist.

»Was das alles für gemeine Kerle sind!« witzelt der Offizier. »Sie legen es geradezu darauf an, mit dir zusammenzustoßen oder unters Pferd zu geraten. Sie haben sich geradezu verabredet.«

Jona schaut sich nach seinem Fahrgast um und bewegt die Lippen. Er will offenbar etwas sagen, aber seiner Kehle entringt sich nichts als ein Krächzen.

»Wie?« fragt der Offizier.

Jona verzieht den Mund zu einem Lächeln, strengt seine Kehle an und spricht heiser: »Mir ist, Herr, in dieser Woche ... mein Sohn gestorben.«

»Hm! Woran ist er denn gestorben?«

Jona wendet sich mit dem ganzen Körper zum Fahrgast um und sagt:

»Wer kann das wissen! Wahrscheinlich am Fieber ... Drei Tage lag er im Krankenhaus, dann ist er gestorben ... Gottes Wille war's.«

»Weich doch aus, zum Teufel!« ertönt es in der Dunkelheit. »Bist du blind, alter Hund?«

»Fahr zu, fahr zu«, sagt der Fahrgast. »Auf diese Weise kommen wir auch bis morgen nicht hin. Treib's ein bißchen an!«

Der Kutscher streckt wieder den Hals vor, richtet sich empor und schwingt mit schwerer Grazie die Peitsche. Dann schaut er sich einige Male nach seinem Fahrgast um, aber der hat die Augen geschlossen und ist allem Anschein nach nicht aufgelegt, weiter zuzuhören. Nachdem er ihn auf der Wiborger Seite abgesetzt hat, bleibt er vor einem Wirtshaus stehen, krümmt sich auf dem Bock zusammen und rührt sich wiederum nicht ... Feuchter Schnee färbt ihn und das Pferdchen von neuem weiß. Eine Stunde vergeht, eine zweite ...

Auf dem Bürgersteig kommen drei junge Leute daher, die laut mit ihren Galoschen poltern und sich zanken: zwei von ihnen sind groß und schlank, der dritte ist klein und bucklig.

»Kutscher, zur Polizeibrücke!« ruft mit kreischender Stimme der Bucklige. »Wir sind drei ... Zwanzig Kopeken!«

Jona zieht kräftig die Leine an und schnalzt. Zwanzig Kopeken ist eigentlich ein Spottpreis, aber es kommt ihm darauf nicht an ... Ob ein Rubel oder fünf Kopeken — ihm ist jetzt alles gleich, wenn er nur Fahrgäste hat ... Die jungen Leute treten, einander stoßend und Zoten reißend, an den Schlitten heran, und alle drei wollen auf einmal die Sitzplätze einnehmen. Es beginnt die Entscheidung der Frage, wer von ihnen sitzen und wer als dritter stehen soll? Nach langem Gezänk, eigensinnigem Hin und Her und gegenseitigen Vorwürfen einigen sie sich dahin, daß der Bucklige als der Kleinste stehen soll.

»Nun, fahr los!« kreischt der Bucklige, indem er sich fest hinstellt und Jona in den Nacken atmet. »Hau ihm eins über! Na, und eine Mütze hast du, Freundchen! Eine schlechtere ist in ganz Petersburg nicht aufzutreiben ...«

»Hi-hi, hi-hi«, lacht Jona. »So ist sie nun mal.«

»Nun du ›So-ist-sie-nun-mal‹, fahr rasch! So willst du den ganzen Weg fahren? Ja? Willst wohl eins ins Genick?«

»Mir brummt der Schädel«, sagt einer der beiden Langen. »Gestern habe ich mit Wassjka zu zweit bei Dukmassows vier Flaschen Kognak ausgetrunken.«

»Versteh nicht, warum du so schwindelst!« sagt ärgerlich der andere Lange. »Er lügt ganz bestialisch.«

»Straf mich Gott, es ist wahr ...«

»Ebenso wahr, wie daß die Laus husten kann.«

»Hi-hi-hi!« lacht Jona. »Lustige Herren sind das!«

»Pfui, daß dich die Teufel holen!« regt sich der Bucklige auf. »Willst du fahren, altes Ekel, oder nicht! Fährt man etwa so? Hau ihm eins mit der Peitsche über! Hüh, zum Teufel! Hüh! Gib's ihm!«

Jona spürt in seinem Rücken den sich hin und her bewegenden Körper und das Vibrieren der Stimme des Buckligen. Er hört die ihm geltenden Schimpfereien, sieht die Menschen um sich, und langsam beginnt sich das Gefühl der Einsamkeit von seiner Brust zu lösen. Der Bucklige schimpft so lange, bis er sich an einem gesuchten, sechsstöckigen Schimpfwort verschluckt und zu husten anfängt. Die beiden Langen beginnen sich über eine gewisse Nadeshda Petrowna zu unterhalten. Jona schaut sich nach ihnen um. Er paßt eine kurze Gesprächspause ab, blickt sich noch einmal um und murmelt: »Mir ist in dieser Woche ... mein Sohn gestorben!«

»Wir müssen alle sterben ...«, seufzt der Bucklige und wischt sich die vom Husten noch feuchten Lippen ab. »Nun, fahr zu, fahr zu! Herrschaften, ich kann entschieden nicht mehr so weiterfahren! Wann wird er uns denn hinbringen?«

»Dann muntere ihn ein bißchen auf ... gib ihm eins ins Genick!«

»Hörst du, altes Ekel? Ich geb dir tüchtig was ins Genick! ... Wenn man mit euch Brüdern lange fackelt, kann man zu Fuß laufen! Hörst du, alter Drachen? Oder spuckst du auf unsere Worte?«

Und Jona hört mehr den Klang von den Genickstößen, als daß er sie fühlt.

»Hi-hi«, lacht er. »Lustige Herrschaften sind das! Gott schenke ihnen Gesundheit!«

»Kutscher, bist du verheiratet?« fragt jetzt einer der Langen.

»Ich? Hi-hi ... lustige Herrschaften! Ich hab' jetzt nur eine Frau — die feuchte Erde ... hihihi ... das Grab, mein' ich! ... Mein Sohn ist gestorben, aber ich lebe ... Wunderlich, der Tod hat sich in der Türe geirrt ... Anstatt zu mir zu kommen, kam er zum Sohn ...«

Und Jona dreht sich um und will erzählen, wie sein Sohn gestorben ist, als der Bucklige leicht aufseufzt und erklärt, daß sie, Gott sei Dank, endlich angekommen sind.

Nachdem er sein Zwanzigkopekenstück bekommen hat, blickt Jona lange den Herumtreibern nach, die in einem dunklen Torweg verschwinden.

Wieder ist er allein, und wieder umfängt ihn Stille ...

Der Gram, der sich auf kurze Zeit beruhigt hatte, erhebt sich von neuem und bedrückt seine Brust mit noch größerer Gewalt. Jonas Augen eilen unruhig und gequält über die Menschenmenge hin, die zu beiden Seiten der Straße vorüber hastet: Ist unter all den Tausenden nicht ein einziger, der ihn anhören möchte? Doch die Menschen eilen dahin und bemerken ihn und seinen Kummer nicht ... Sein Kummer aber ist riesengroß und grenzenlos. Würde plötzlich Jonas Brust zerreißen und der Kummer aus ihr ausströmen, so würde er wohl die ganze Welt überschwemmen — aber dennoch sieht man ihn nicht. Er hat es verstanden, in einer so winzigen Schale Platz zu finden, daß man ihn selbst bei Tage mit einem Lichte nicht sehen kann ...

Jona sieht einen Hausknecht mit einem Mattensäckchen stehen und entschließt sich, mit ihm ein Gespräch anzuknüpfen.

»Wie spät mag es wohl sein, mein Lieber?« fragt er ihn.

»Bald zehn ... Was bleibst du hier stehen? Fahr weiter!«

Jona fährt einige Schritte weiter, krümmt sich wieder zusammen und überläßt sich seinem Gram ... Sich an die Menschen zu wenden, erscheint ihm bereits zwecklos. Aber es sind noch keine fünf Minuten vergangen, da richtet er sich auf, schüttelt den Kopf, wie wenn er einen stechenden Schmerz verspürte, und zieht die Leine an ... Es geht über seine Kraft.

›Nach Hause‹, denkt er. ›Nach Hause!‹

Und das Pferdchen, als verstünde es seine Gedanken, beginnt im Trab zu laufen. Nach anderthalb Stunden sitzt Jona bereits an einem großen, schmutzigen Ofen. Auf dem

Ofen, auf der Diele, auf den Bänken schnarcht das Volk. Es herrscht eine entsetzliche Stickluft ... Jona betrachtet die Schlafenden, kratzt sich und bedauert, daß er so früh nach Hause gekommen ist ...

›Nicht einmal Geld für Hafer habe ich verdient‹, denkt er. ›Daher kommt auch mein Kummer. Ein Mensch, der sein Geschäft versteht ... der selbst satt ist, und dessen Pferd satt ist, ist immer ruhig ...‹

In einem Winkel richtet sich ein junger Kutscher auf, stöhnt schlaftrunken und langt nach dem Wassereimer.

»Willst wohl trinken?« fragt Jona.

»Natürlich.«

»Nun ... dann zur Gesundheit ... Und mir, mein Lieber, ist mein Sohn gestorben ... Hast du gehört? Diese Woche im Krankenhaus ... So eine Geschichte!«

Jona schaut, was für einen Eindruck seine Worte hervorrufen, aber er kann nichts bemerken. Der junge Kutscher hat sich die Decke über den Kopf gezogen und schläft bereits. Der Alte seufzt und kratzt sich ... Wie der Junge trinken wollte, so will er reden. Es ist bald eine Woche her, daß sein Sohn starb, und er hat noch mit niemandem so richtig darüber gesprochen ... Man muß darüber vernünftig und mit Pausen sprechen ... Man muß erzählen, wie der Sohn erkrankt ist, wie er sich quälte, was er vor dem Tode sagte, wie er starb ... Man muß das Begräbnis beschreiben und die Fahrt ins Krankenhaus, um die Kleider des Verstorbenen zu holen. Im Dorf ist noch seine Tochter Anissja zurückgeblieben ... Auch von ihr muß man etwas sagen ... Ist es etwa wenig, wovon er jetzt zu sprechen hat? Der Zuhörer muß dabei ächzen, seufzen und zu klagen beginnen ... Und mit Weibern zu reden, wäre am allerbesten. Wenn die auch dumm sind, so heulen sie doch beim zweiten Wort.

›Ich muß noch nach dem Pferd schauen‹, denkt Jona.

›Zum Schlafen ist immer noch Zeit ... Wirst dich noch genug ausschlafen können ...‹

Er zieht sich an und geht in den Stall, wo sein Pferd steht. Er denkt dabei an Hafer, an Heu, an das Wetter. An seinen Sohn kann er nicht denken, wenn er allein ist. Mit jemandem von ihm sprechen, das kann er, aber allein an ihn denken und sich sein Bild vorstellen ist unerträglich qualvoll.

»Kaust du?« fragt Jona sein Pferd und sieht seine glänzenden Augen. »Nun, kau nur, kau ... Wenn wir für Hafer nichts verdient haben, müssen wir Heu fressen ... Ja ... Ich bin zum Fahren schon zu alt geworden ... Mein Sohn müßte jetzt fahren, aber nicht ich ... Das war ein echter Kutscher!... Er müßte nur leben ...«

Jona schweigt eine Weile und fährt dann fort:

»So ist's, mein liebes Stutchen ... Kusjma Jonytsch lebt nicht mehr ... Er hat das Zeitliche gesegnet ... Ganz plötzlich ist er gestorben ... Sagen wir mal, du hättest ein Füllchen, und du bist die leibliche Mutter deines Füllchens ... Und sagen wir mal, plötzlich müßte eben dies Füllchen sterben ... Das ist doch traurig?«

Das Pferdchen kaut, hört zu und atmet auf die Hände seines Herrn ...

Jona läßt sich hinreißen und erzählt alles seinem Pferdchen ...

DIE TOTENMESSE

In der Kirche der Mutter Gottes Odigitria, die sich im Dorfe Werchnije-Zaprudy befindet, war die Messe soeben zu Ende gegangen. Das Volk kam in Bewegung und strömte aus der Kirche. Nur der Krämer Andrei Andreitsch, gebildeter, alter Einwohner von Werchnije-Zaprudy, rührt sich nicht. Er hat sich auf die Brüstung des rechten Chores gelehnt und wartet. Sein glattrasiertes, feistes, von früheren Pickeln unebenes Gesicht drückt heute zwei entgegengesetzte Gefühle aus: Demut vor dem unerforschlichen Geschick und grenzenlosen, dummen Hochmut gegenüber den an ihm vorübergehenden Röcken und bunten Kopftüchern der Bauernweiber. Aus Anlaß des Sonntags ist er wie ein Geck gekleidet. Er trägt einen Tuchpaletot mit gelben Hornknöpfen, blaue Hosen mit Bortenbesatz und solide Galoschen, wie sie nur solide, vernünftige und religiös-überzeugte Leute zu tragen pflegen.

Seine verquollenen, trägen Augen sind auf den Ikonostas gerichtet. Er sieht die vertrauten Antlitze der Heiligen, den Kirchendiener Matwei, der die Backen aufbläst und die Kerzen löscht, er sieht die verdunkelten Fensterläden, den abgenutzten Teppich, den Küster Lopuchow, der schnell hinter dem Altar hervorläuft und dem Kirchenältesten eine Hostie bringt ... Alles dies hat er schon häufig gesehen und immer wieder gesehen, so wie seine fünf Finger ... Ein wenig sonderbar übrigens und ungewöhnlich ist nur eines: An der nördlichen Türe steht Priester Grigorij, der seinen Ornat noch nicht abgenommen hat und ärgerlich mit seinen dichten Augenbrauen blinkt.

›Wem mag er nur zublinken?‹ denkt der Krämer. ›Nun winkte er sogar mit dem Finger und stampfte mit dem Fuß, sieh einer an! … Was ist denn los, Himmelskönigin? Wem gilt denn das?‹

Andrei Andreitsch blickt sich um und sieht, daß die Kirche schon ganz leer geworden ist. An den Türen drängen sich noch etwa zehn Menschen, aber die stehen mit dem Rücken zum Altar.

»Komm doch, wenn man dich ruft! Was stehst du da wie eine Bildsäule?« hört er die ärgerliche Stimme des Priesters Grigorij. »Dich rufe ich!«

Der Krämer sieht das gerötete, zornige Gesicht des Vaters Grigorij, und nun erst reimt er sich zusammen, daß das Blinken der Augenbrauen und das Winken des Fingers sich auf ihn beziehen kann. Er fährt zusammen, entfernt sich vom Chor und geht zögernd, mit seinen soliden Galoschen polternd, zum Altar.

»Andrei Andreitsch, du hast wohl für ein Offertorium zur Ruhe der seligen Marija gegeben?« fragt der Geistliche und richtet ärgerlich seinen Blick auf das feiste, schwitzende Gesicht.

»Das ist richtig.«

»Also du hast dies geschrieben? Du?«

Und Priester Grigorij hält ihm ärgerlich einen Zettel vor die Augen. Und auf diesem Zettel, den Andrei Andreitsch wegen eines Offertoriums* mit Hostie übergeben hat, steht in großen, gleichsam schwankenden Buchstaben geschrieben: ›Für die Ruhe der Magd Gottes, der Buhlerin Marija.‹

»Jawohl … ich habe das geschrieben …«, antwortet der Krämer.

»Wie konntest du wagen, dies zu schreiben?« flüstert, die Worte dehnend, der Geistliche, und Zorn und Schrecken klingen aus seinem heiseren Flüstern.

* lat., Opferhandlung.

Der Krämer blickt ihn mit stumpfsinniger Verwunderung an, ist unschlüssig und erschrickt selbst: Noch niemals hat Priester Grigorij in diesem Tone mit einem Gebildeten von Werchnije-Zaprudy gesprochen! Beide schweigen einen Augenblick und sehen einander in die Augen. Die Unentschlossenheit des Krämers ist so groß, daß sein feistes Gesicht nach allen Seiten wie vergossener Teig auseinanderfließt.

»Wie konntest du das wagen?« wiederholt der Geistliche.

»Was ... was denn?« fragt verwundert Andrei Andreitsch. »Du begreifst das nicht?« flüstert Priester Grigorij, tritt erstaunt einen Schritt zurück und schlägt die Hände zusammen. »Was trägst du denn auf deinen Schultern: einen Kopf oder einen andern Gegenstand? Du gibst einen Zettel zum Opferaltar und schreibst auf ihn ein Wort, das sogar auf der Straße auszusprechen sich nicht ziemt! Was sperrst du die Augen auf? Weißt du denn nicht, welchen Sinn dies Wort hat?«

»Sie meinen das Wort ›Buhlerin‹?« murmelt der Krämer, errötend und mit den Augen zwinkernd. »Aber der Herr in Seiner Gnade ... ebendasselbe, er verzieh der Buhlerin ... er bereitete ihr einen Platz, und auch aus der Lebensbeschreibung der heiligen Maria von Ägypten ist zu ersehen, in welchem Sinn ebendies Wort gebraucht ist, verzeihen Sie ...«

Der Krämer will noch ein Argument zu seiner Rechtfertigung anführen, aber er erschrickt und wischt seinen Mund mit dem Ärmel ab.

»So also faßt du das auf!« ruft der Priester Grigorij und schlägt die Hände zusammen. »Aber Gott verzieh ja — verstehst du? — verzieh, während du verurteilst, verunglimpfest und mit einem unanständigen Wort benennst, und noch dazu wen, die verstorbene leibliche Tochter!

Nicht nur aus der Heiligen Schrift, nicht einmal aus einer weltlichen Schrift kannst du eine solche Sünde herauslesen! Ich wiederhole dir, Andrei: Man soll nicht klügeln! Ja, mein Lieber, man soll nicht klügeln! Wenn Gott dir einen prüfenden Verstand gab, und du kannst ihn nicht anwenden, dann grüble du lieber gar nicht... Grüble nicht und schweig still!«

»Aber sie war ja doch ... verzeihen Sie, sie war doch Schauspielerin!« sagt verwirrt Andrei Andreitsch.

»Schauspielerin! Was sie auch gewesen sein mag, du mußt nach ihrem Tode alles vergessen und das nicht auch noch auf den Zettel schreiben!«

»Das ist richtig! ...« stimmt der Krämer zu.

»Man müßte dir eine Kirchenbuße auferlegen«, ruft aus der Tiefe des Altars der Diakon und blickt verächtlich in das verwirrte Gesicht von Andrei Andreitsch, »dann würdest du aufhören herumzuklügeln! Deine Tochter war eine bekannte Künstlerin. Über ihren Tod schreiben sogar die Zeitungen ... du Philosoph!«

»Es ist natürlich ... wirklich ...« murmelt der Krämer, »kein passendes Wort, aber ich wollte es nicht als Verurteilung, Priester Grigorij, sondern in göttlicher Weise gebrauchen, daß es Ihnen ersichtlicher wäre, für wen Sie bitten sollen. In den Verzeichnissen für die Seelenmessen sind ja verschiedene Namen aufgezeichnet, in der Art des Knaben Johannnes, der ertrunkenen Pelageja, Georg des Kriegers, des ermordeten Paulus und manches der Art ... So meinte auch ich das.«

»Wie töricht, Andrei ... Gott wird dir verzeihen, aber ein anderes Mal nimm dich in acht. Vor allem, klügle nicht und folge im Denken dem Beispiel der übrigen. Mache zehn Verbeugungen und geh.«

»Ich tue so«, sagt der Krämer, froh, daß der Verweis sein Ende gefunden hat, und gibt seinem Gesicht wieder den

Ausdruck der Würde und Gesetztheit ... »Zehn Verbeugungen? Sehr gut, ich begreife. Und jetzt, Väterchen, erlauben Sie, Sie zu bitten ... Weil ich doch ihr Vater bin ... Sie wissen selbst, und sie ist doch, was sie auch gewesen sein mag, meine Tochter, so will ich ... verzeihen Sie, will ich Sie bitten, heute eine Seelenmesse abzuhalten. Erlauben Sie mir, Sie darum zu bitten, Vater Diakon!«

»So, das ist gut!« sagte Priester Grigorij und zieht sich den Ornat ab. »Dafür lobe ich dich. Das kann man billigen ... Nun, so geh! Wir kommen sofort heraus.«

Andrei Andreitsch schreitet würdig vom Altar fort und bleibt geröteten Gesichtes mit feierlicher Trauermiene in der Mitte der Kirche stehen. Der Kirchendiener Matwei stellt das Tischchen mit der Totengrütze vor ihm auf, und bald danach beginnt die Totenmesse.

In der Kirche ist es ganz still. Man hört nur den metallenen Klang des Weihrauchbeckens und das langgezogene Singen ... Neben Andrei Andreitsch stehen der Kirchendiener Matwei, die Hebamme Makarjewna und ihr Söhnchen Mitjka mit dem verdorrten Arm. Sonst ist niemand zugegen. Der Künster singt schlecht, mit unangenehmem, dumpfem Baß, aber die Melodie und die Worte sind so traurig, daß der Krämer nach und nach den Ausdruck der Gesetztheit verliert und in Trauer versinkt. Er denkt an seine Maschutka ... Er erinnert sich, daß sie ihm geboren wurde, als er noch Diener bei den Herrschaften von Werchnije-Zaprudy war. Bei all der Hast seines Dienerdaseins bemerkte er nicht, wie das Mädchen heranwuchs. Diese lange Zeit, in der sie sich zu einem graziösen Wesen mit hellblondem Köpfchen und großen nachdenklichen Augen entwickelte, ging an ihm unvermerkt vorbei. Sie wurde wie überhaupt alle Kinder der Lieblingsdiener in der Nähe der Fräuleins verwöhnt erzogen. Die Herrschaften lehrten sie aus Langeweile lesen, schreiben und tanzen, und er mischte sich nicht in ihre Erziehung ein. Hin und wieder nur, wenn er zufällig mit ihr irgendwo am Tor oder auf dem Treppenabsatz zusammentraf, kam ihm der Gedanke, daß sie ja seine Tochter sei, und er begann, soweit er dazu Muße hatte, ihr Gebete und die Heilige Geschichte beizubringen. Oh, schon damals galt er als Kenner der Kirchenordnung und der Heiligen Schrift! Das Mädchen hörte ihn bereitwillig an, so düster und solid das Gesicht des Vaters auch war. Die Gebete sprach sie ihm gähnend nach, dafür aber wurde sie ganz Ohr, wenn er stotternd und bemüht, sich möglichst bilderreich auszudrücken, ihr Geschichten zu erzählen begann. Das Linsengericht Esaus, Sodoms Vernichtung und die Leiden des kleinen Jungen Joseph ließen sie erbleichen, und sie öffnete weit die blauen Augen.

Als er hernach seine Stellung als Diener aufgab und für das gesparte Geld im Dorf einen Laden einrichtete, fuhr Maschutka mit den Herrschaften nach Moskau ...

Drei Jahre vor ihrem Tode besuchte sie den Vater. Er erkannte sie kaum wieder. Sie war eine junge schlanke Frau geworden mit den Manieren einer Dame und damenhaft gekleidet. Sie sprach sehr klug, fast wie ein Buch, rauchte Zigaretten und schlief bis Mittag. Als Andrei Andreitsch sie fragte, womit sie sich beschäftigte, antwortete sie, ihm kühn in die Augen blickend: »Ich bin Schauspielerin!« Diese Offenheit erschien dem früheren Diener als der Gipfel des Zynismus. Maschutka wollte beginnen, mit ihren Erfolgen, ihrem Schauspielerleben zu prahlen, als sie aber sah, daß der Vater purpurrot wurde und die Achseln zuckte, verstummte sie. Und schweigend, sich einander nicht ansehend, verlebten sie etwa zwei Wochen, bis unmittelbar vor ihrer Abreise. Da bat sie ihren Vater, mit ihr am Ufer spazierenzugehen. So peinlich es ihm war, am hellen Tag vor den Augen des ganzen ehrbaren Volkes mit einer Tochter, die Schauspielerin war, spazierenzugehen, gab er ihren Bitten doch nach ...

»Was für eine wunderbare Gegend«, rief sie beim Spaziergang entzückt aus. »Was für Schluchten und Sümpfe! Mein Gott, wie schön meine Heimat ist!«

Und sie brach in Tränen aus.

›Diese Landschaft nimmt nur Platz fort ...‹, dachte Andrei Andreitsch, blickte stumpfsinnig die Schluchten an — er begriff das Entzücken der Tochter nicht ... ›Man hat von ihnen so viel Nutzen wie Milch vom Ziegenbock.‹

Und sie weinte, weinte und atmete gierig mit voller Brust, als wenn sie fühlte, daß ihr nicht mehr viel Zeit zum Atmen geblieben sei ...

Andrei Andreitsch schüttelte seinen Kopf wie ein gebissenes Pferd, und um die schweren Erinnerungen zu betäuben, beginnt er sich rasch zu bekreuzigen ... »Gedenke, Herr«, murmelte er, »deiner verstorbenen Magd, der Buhlerin Marija, und verzeih ihr die freiwillige und unfreiwillige Sünde ...«

Das unanständige Wort ringt sich wieder von seiner Zunge, aber er bemerkt das nicht: Was sich im Bewußtsein festgesetzt hat, kann man bekanntlich nicht durch die Belehrungen des Priesters Grigorij, aber auch mit einem Nagel nicht herauskratzen! Die Makarjewna seufzt und flüstert etwas, indem sie die Luft einzieht, und Mitjka mit dem verdorrten Arm sinnt über irgend etwas nach ...

»... allwo es nicht Krankheit, Kummer und Seufzen gibt ...«, dröhnt die Stimme des Küsters, der mit der Hand die rechte Wange bedeckt.

Aus dem Weihrauchbecken steigt bläulicher Rauch auf und badet sich in dem breiten, schrägen Sonnenstrahl, der die düstere, leblose Öde der Kirche durchschneidet. Und es ist, als schwebe, zusammen mit dem Rauch, in dem Sonnenstrahl die Seele der Verstorbenen. Die kleinen Ströme des Rauchs, Kinderlocken ähnlich, wirbeln umher, werden in die Höhe zum Fenster getragen: sie weichen gleichsam der Verzagtheit und Trauer aus, mit denen diese arme Seele erfüllt ist ...

GUSSEW

1

Es ist schon ganz dunkel geworden, bald bricht die Nacht herein.

Der Reservist Gussew erhebt sich in seiner Koje und spricht halblaut: »Hörst du, Pawel Iwanytsch? In Sutschan erzählte mir ein Soldat: Ihr Schiff fuhr unterwegs auf einen großen Fisch auf und trieb sich den Boden ein.«

Der Mann, an den er sich wendet, dessen Stand niemand kennt und den alle im Schiffslazarett Pawel Iwanytsch nennen, schweigt, als höre er nicht.

Und wiederum tritt Stille ein ... Der Wind saust in der Takelage, die Schiffsschraube klappert, die Wellen schlagen an, die Kojen knarren, aber an all das ist das Ohr längst gewöhnt, und es scheint, als schlafe und schweige alles rundherum. Es ist langweilig. Die drei Kranken — zwei Soldaten und ein Matrose —, die den ganzen Tag Karten gespielt haben, schlafen bereits und sprechen im Traum.

Es beginnt zu schaukeln. Die Koje hebt sich unter Gussew und senkt sich, als seufze sie — einmal, zweimal, dreimal ... Irgend etwas fällt zu Boden und klirrt: wahrscheinlich ein Krug.

»Der Wind hat sich von seiner Kette losgerissen ...«, sagt Gussew und lauscht.

Diesmal hustet Pawel Iwanytsch und antwortet gereizt: »Bald ist bei dir das Schiff auf einen Fisch gefahren, bald hat sich der Wind von der Kette losgerissen ... Ist etwa der Wind ein Tier, daß er sich von der Kette losreißt?«

»So sagen die Christenmenschen.«

»Die Christenmenschen sind ebensolche Ignoranten wie

du ... Was reden die alles zusammen ... Man muß seinen eigenen Kopf auf den Schultern haben und überlegen. Du bist ohne Sinn und Verstand.«

Pawel Iwanytsch leidet an der Seekrankheit. Wenn es schaukelt, ist er gewöhnlich gereizt und ärgert sich über die geringste Kleinigkeit. Aber nach Gussews Meinung ist zum Ärgern gar kein Grund vorhanden. Was ist an dem Fisch oder an dem Wind, der sich von der Kette losreißt, Sonderbares oder Unverständliches? Nehmen wir an, der Fisch sei so groß wie ein Berg und sein Rücken so hart wie bei einem Stör, nehmen wir weiter an, dort am Weltende stünden dicke Steinmauern, und die bösen Winde seien an die Mauern angeschmiedet ... Wenn sie sich von der Kette nicht losgerissen haben, warum toben sie denn wie besessen über das ganze Meer und rasen wie Hunde? Wenn man sie nicht anschmiedet, wo bleiben sie, wenn es still ist?

Gussow denkt über die Fische, die groß wie ein Berg sind, und über die dicken, verrosteten Ketten lange nach, dann befällt ihn Schwermut, und er beginnt, an die Heimat zu denken, in die er jetzt nach fünfjährigem Dienst im Fernen Osten zurückkehrt. Er sieht einen großen schneebedeckten Teich vor sich ... Auf dem einen Ufer des Teiches steht eine ziegelfarbene Porzellanfabrik mit hohem Schornstein und Wolken schwarzen Rauches; auf dem anderen Ufer liegt das Dorf ... Aus dem fünften Hofe vom Ende des Dorfes fährt sein Bruder Aleksei im Schlitten; hinter ihm sitzen sein Söhnchen Wanjka in großen Filzstiefeln und die kleine Akuljka, die auch Filzstiefel anhat. Aleksei ist etwas angetrunken, Wanjka lacht, Akuljkas Gesicht ist nicht zu sehen, so eingemummelt, wie sie ist.

›Ungelegene Zeit, er wird die Kinder noch erfrieren lassen‹, denkt Gussew. — »Gott gebe ihnen«, flüstert er,

»Sinn und Verstand, daß sie die Eltern ehren, und sie nicht klüger als Vater und Mutter sein wollen ...«

»Hier müssen neue Sohlen drankommen«, spricht im Schlaf mit tiefer Baßstimme der Matrose. »Jawohl!«

Gussews Gedankengang wird unterbrochen, und an Stelle des Teiches sieht er auf einmal einen großen Stierkopf ohne Augen vor sich; Pferd und Schlitten fahren schon nicht mehr, sondern wirbeln in schwarzem Rauch. Aber er ist dennoch froh, daß er seine Angehörigen gesehen hat. Die Freude raubt ihm den Atem, wie Ameisen läuft es ihm über den Körper, seine Finger zittern.

»Gott hat uns ein Wiedersehen beschert!« phantasiert er, sofort aber öffnet er die Augen und sucht im Dunkeln nach dem Wasser.

Er trinkt und legt sich nieder — und wieder fährt der Schlitten, dann sieht er wieder den Stierkopf, Rauch, Wolken ... Und so bis zum Tagesanbruch.

2

Zuerst zeichnet sich in der Dunkelheit ein blauer kleiner Kreis ab — das ist das runde Fensterchen; dann beginnt Gussew allmählich seinen Kojennachbar Pawel Iwanytsch zu unterscheiden. Pawel Iwanytsch schläft im Sitzen, weil er im Liegen nicht atmen kann. Sein Gesicht ist grau, die Nase lang und spitz, seine Augen scheinen, da er entsetzlich abgemagert ist, ungewöhnlich groß; die Schläfen sind eingefallen, der Bart ist ganz dünn, die Haare auf dem Kopf sind lang... Aus seinem Gesicht kann man nicht erkennen, was für einen Stand er hat; ob er Edelmann ist oder Kaufmann oder Bauer? Dem Gesichtsausdruck und den langen Haaren nach sieht er wie ein Klosternovize aus, hört man aber auf seine Worte, so macht er nicht den

Eindruck, Mönch zu sein. Durch Husten, durch die Stickluft und seine Krankheit ist er ganz von Kräften gekommen, er atmet schwer und bewegt seine ausgetrockneten Lippen. Als er bemerkt, daß Gussew ihn anschaut, kehrt er ihm sein Gesicht zu und sagt: »Jetzt beginne ich zu ahnen ... Ja ... Jetzt verstehe ich alles sehr gut.«

»Was verstehen Sie denn, Pawel Iwanytsch?«

»Das da ... Mir schien es immer sonderbar, daß ihr, die ihr schwerkrank seid, anstatt euch an einem ruhigen Platz zu befinden, hier auf dem Dampfer seid, wo Stickluft, Hitze, Schaukeln, kurz, alles euch mit dem Tode bedroht, jetzt aber ist mir alles klar ... Ja ... Eure Ärzte haben euch auf dem Dampfer abgeliefert, um euch loszuwerden. Sie wurden es überdrüssig, sich mit euch Viehzeug abzugeben ... Geld zahlt ihr ihnen nicht, man hat viel Plackerei mit euch, und ihr verderbt die Statistik mit euren Todesfällen — also das reine Vieh! Aber euch loszuwerden ist nicht schwer ... Dazu braucht man nur erstens kein Gewissen und keine Menschenliebe zu haben und zweitens die Schiffsverwaltung zu betrügen. Die erste Bedingung braucht man gar nicht zu erwägen, in dieser Beziehung sind wir Künstler, und die zweite läßt sich bei einiger Routine immer erfüllen. In einer Menge von vierhundert gesunden Soldaten und Matrosen fallen fünf Kranke nicht auf; nun, man trieb euch auf den Dampfer, mit den Gesunden vermischt, zählte rasch ab, und in dem Wirrwarr hat man nichts Übles gemerkt; als der Dampfer abgegangen war, da sah man: Auf dem Schiffsverdeck liegen Paralytiker und Schwindsüchtige im letzten Stadium herum ...«

Gussew begreift Pawel Iwanytsch nicht; da er meint, daß man ihm einen Vorwurf mache, sagt er zu seiner Rechtfertigung: »Ich lag deswegen auf dem Deck, weil ich keine Kräfte hatte; als man uns von der Barke auf den Dampfer auslud, war ich rasch ganz durchfroren.«

»Empörend!« fährt Pawel Iwanytsch fort. »Vor allem weiß man ganz genau, daß ihr diese weite Schiffsreise nicht überstehen werdet, und dennoch bringt man euch hierher! Nun, nehmen wir an, bis zum Indischen Ozean werdet ihr gelangen, aber was dann? Schrecklich, daran zu denken ... Und das ist der Dank für treuen und untadligen Dienst!«

Pawel Iwanytsch blickt böse drein, macht eine verächtliche Miene und sagt, nach Atem ringend: »Man müßte diese Leute in den Zeitungen so vornehmen, daß die Federn fliegen!«

Die beiden kranken Soldaten und der Matrose sind aufgewacht und spielen bereits Karten. Der Matrose sitzt halb liegend auf der Koje, die Soldaten sitzen daneben auf der Diele in den unbequemsten Stellungen. Der eine Soldat trägt den rechten Arm in einer Binde, und um die Hand ist ein ganzes Bündel Leinwand gewickelt, so daß er die Karten entweder in der rechten Achselhöhle oder im Armgelenk hält; mit der linken Hand spielt er aus.

Es schaukelt heftig. Man kann weder aufstehen noch Tee trinken noch Medizin einnehmen.

»Du hast als Bursche gedient?« fragt Pawel Iwanytsch Gussew.

»Jawohl, als Bursche.«

»Mein Gott, mein Gott!« ruft Pawel Iwanytsch und schüttelt traurig den Kopf. — »Einen Menschen aus dem heimatlichen Nest zu reißen, ihn fünfzehntausend Werst weit zu schleppen, ihm dann eine Schwindsucht auf den Hals zu jagen und ... und wozu das alles? kann man wohl fragen. Um aus ihm den Burschen eines Kapitäns Kopeikin oder eines Midshipman Dyrko zu machen. Wie sinnvoll!«

»Es ist kein schwerer Dienst, Pawel Iwanytsch. Man steht frühmorgens auf, putzt die Stiefel, macht den Samowar zurecht, räumt das Zimmer auf und hat dann nichts mehr zu tun. Der Leutnant zeichnet den ganzen Tag Pläne, und wenn man Lust hat, kann man beten — wenn man will, kann man lesen oder auf die Straße gehen. Gott gebe jedem so ein Leben!«

»Ja, ausgezeichnet! Der Leutnant zeichnet Pläne, und du sitzt den ganzen Tag in der Küche und bangst dich nach der Heimat ... Pläne ... Nicht auf Pläne kommt es an, sondern auf das Menschenleben! Das Leben wiederholt sich nicht, und man muß es schonen.«

»Das ist natürlich so, Pawel Iwanytsch; ein schlechter Mensch wird nirgends geschont, weder zu Hause noch im Dienst, aber wenn man rechtlich lebt und gehorcht, wer hat es da nötig, einem Böses zu tun? Die Herrschaften sind ja gebildet und begreifen das ... Während der fünf Jahre habe ich kein einziges Mal im Karzer gesessen, und geschlagen wurde ich, soweit ich mich entsinne, nicht mehr als einmal ...« — »Weswegen denn?«

»Wegen einer Prügelei. Ich habe eine schwere Hand, Pawel Iwanytsch. Zu uns auf den Hof kamen vier Chinesen, sie brachten Holz — genau erinnere ich mich nicht. Nun, mir gefiel das nicht, ich begann sie zu verdreschen, einem dieser verfluchten Kerle kam Blut aus der Nase ... Der Leutnant sah das vom Fenster aus, wurde ärgerlich und gab mir eine Ohrfeige.«

»Ein dummer, jämmerlicher Mensch bist du ...«, flüsterte Pawel Iwanytsch. »Nichts kannst du begreifen.«

Das Schaukeln hat ihn ganz schwach gemacht, und er schließt die Augen; sein Kopf fällt bald zurück, bald sinkt er auf die Brust. Einige Male versucht er, sich niederzulegen, aber es wird nichts daraus: die Atemnot hindert ihn daran.

»Und warum hast du die vier Chinesen verprügelt?« fragt er nach einem Weilchen.

»Nur so. Sie waren in den Hof gekommen, da verprügelte ich sie.«

Und es wird still ... Die Kartenspieler spielen noch fast zwei Stunden erregt und schimpfend, aber das Schaukeln ermüdet auch sie; so werfen sie die Karten hin und legen sich nieder. Wiederum erblickt Gussew den großen Teich, die Fabrik, das Dorf ... Wiederum fährt der Schlitten, wieder lacht Wanjka, die kleine Akuljka macht den Pelz auf und streckt ihre Beine heraus: seht doch nur, ihr guten Leute, ich habe nicht solche Filzstiefel wie Wanjka, sondern ganz neue.

»Sechs Jahre ist sie schon alt, aber noch immer hat sie keine Vernunft!« phantasiert Gussew. »Anstatt die Beine in die Luft zu strecken, geh lieber und bringe deinem Onkel Soldaten etwas zu trinken. Ich geb dir was zu naschen.«

Dort geht Andron mit der Feuersteinflinte auf der Schulter und trägt einen geschossenen Hasen, und der alte Jude Issaitschik geht hinter ihm her und bietet ihm an, den Hasen gegen ein Stück Seife einzutauschen ... dort steht das schwarze Kälbchen im Flur, da näht Domna ein Hemd und weint über irgend etwas ... und wieder erscheint der Stierkopf ohne Augen, der schwarze Rauch ...

Oben schrie irgend jemand laut, einige Matrosen liefen vorüber; man schleppte anscheinend etwas sehr Schweres über Deck, oder irgend etwas brach entzwei. Wieder lief man vorüber ... Ob nicht ein Unglück passiert ist? Gussew hebt den Kopf in die Höhe, lauscht angestrengt und sieht: Die beiden Soldaten und der Matrose spielen wieder Karten; Pawel Iwanytsch sitzt da und bewegt die Lippen. Es ist schwül, man kann nicht atmen und möchte trinken, aber das Wasser ist warm und widerlich ... Das Schaukeln läßt nicht nach.

Plötzlich geschieht mit dem einen kartenspielenden Soldaten etwas Sonderbares. Er nennt Cœur Karo, irrt sich in der Rechnung und läßt die Karten fallen, lächelt dann erschrocken und blöd und schaut alle mit großen Augen an.

»Ich werde sofort wieder, meine Lieben«, sagt er und legt sich auf den Boden.

Alle sind erstaunt. Man ruft ihn an, er antwortet nicht.

»Stepan, ist dir nicht wohl? He?« fragt der andere Soldat mit dem Arm in der Binde. »Soll man vielleicht den Priester rufen? He?«

»Trink Wasser, Stepan«, sagte der Matrose. »Nun, mein Lieber, trink.«

»Weshalb schlägst du ihm denn mit dem Krug an die Zähne«, sagt ärgerlich Gussew. — »Siehst du denn nicht, du Schafskopf?«

»Was denn?«

»Was!« äfft Gussew nach. »Er atmet ja nicht mehr, er ist gestorben. Da hast du dein: Was! Was ist das für ein dummes Volk, du lieber Gott! ...«

3

Das Schaukeln hat aufgehört, und Pawel Iwanytsch ist munterer geworden. Er ägert sich nicht mehr. Sein Gesichtsausdruck wird prahlerisch, verwegen und spöttisch. Es ist, als wollte er sagen: ›Nun, sofort werde ich euch ein solches Geschichtchen erzählen, daß euch allen vor Lachen die Bäuche platzen.‹ Das runde Fensterchen steht offen, und ein sanfter Luftzug trifft Pawel

Iwanytsch. Man vernimmt Stimmen und das Aufschlagen von Rudern auf das Wasser ... Unmittelbar unter dem Fenster beginnt jemand mit dünner, widerwärtiger Stimme zu heulen: wahrscheinlich singt ein Chinese.

»Wir liegen auf der Reede«, sagt Pawel Iwanytsch und lächelt spöttisch. »Noch etwa ein Monat, und wir sind in Rußland. Jawohl, meine hochverehrten Herrn Soldaten. Ich fahre nach Odessa und von da direkt nach Charkow. In Charkow bin ich mit einem Schriftsteller befreundet. Zu dem gehe ich dann und sage zu ihm: ›Laß mal für eine Weile deine garstigen Sujets sein, die Weibergeschichten und die Naturschönheiten, und stelle einmal das zweibeinige Geschmeiß dar ... Da hast du Stoff ...‹«

Einen Augenblick denkt er über irgend etwas nach, dann sagt er: »Gussew, weißt du, wie ich sie angeführt habe?«

»Wen, Pawel Iwanytsch?«

»Nun, eben diese ... Verstehst du, hier auf dem Dampfer gibt es doch nur eine erste und eine dritte Klasse, wobei in der dritten Klasse nur Bauern fahren dürfen, das heißt nur Pack. Wenn man aber ein Jackett anhat und auch nur von weitem wie ein Herr der Bourgeois aussieht, so muß man erster Klasse fahren. Mach, was du willst, aber fünfhundert Rubel mußt du zahlen. ›Warum‹, frage ich, ›haben Sie eine solche Ordnung eingeführt? Wollt ihr dadurch das Prestige der russischen Intelligenz heben?‹ — ›Durchaus nicht. Wir lassen Sie einfach darum nicht, weil ein anständiger Mensch in der dritten Klasse nicht reisen kann; es ist gar zu dreckig und ekelhaft.‹ — ›So? Ich danke Ihnen, daß Sie sich so um die anständigen Menschen bemühen. Aber gleichgültig, ob es dort ekelhaft oder angenehm ist, fünfhundert Rubel habe ich nicht. Den Fiskus habe ich nicht bestohlen, die Fremdvölker habe ich nicht ausgeplündert, mit Schmuggel habe ich mich nicht befaßt, niemanden habe ich zu Tode geprügelt, und darum sagen Sie selbst: Habe ich ein Recht, in der ersten Klasse zu residieren und, besonders, mich zur russischen Intelligenz zu rechnen?‹ Aber mit Logik kommt man bei ihnen nicht durch ... Ich mußte zu einem Betrug greifen. Ich zog einen Bauernrock an und große Stiefel, machte eine besoffene Bauernvisage und ging zum Agenten hin: ›Geben Sie mir, Euer Hochwohlgeboren, ein Billett ...‹«

»Was haben Sie eigentlich für einen Stand?« fragt der Matrose.

»Ich stamme aus einer geistlichen Familie. Mein Vater war ein ehrlicher Pope. Er hat den Großen dieser Welt immer die Wahrheit ins Gesicht gesagt und dafür viel zu leiden gehabt.«

Pawel Iwanytsch ist vom Sprechen müde geworden und bekommt Atembeschwerden, aber er fährt doch fort: »Ja, ich sage jedem die Wahrheit ins Gesicht ... Ich fürchte niemand und nichts. In dieser Hinsicht ist zwischen mir und euch ein gewaltiger Unterschied. Ihr seid ungebildet, blind, eingeschüchtert, ihr seht nichts, und was ihr seht, versteht ihr nicht ... Man erzählt euch, daß sich der Wind von der Kette losreißt, daß ihr Vieh und Lumpenpack seid, und ihr glaubt es auch; prügelt man euch den Rücken, so küßt ihr die Hand, plündert euch ein Biest im Waschbärenpelz aus und schmeißt euch dann ein Fünfzehnkopekenstück als Trinkgeld hin, so sagt ihr noch: ›Küß die Hand, gnädiger Herr.‹ Parias seid ihr, traurige Wichte ... Ich bin ein ganz anderer Kerl. Ich lebe voller Bewußtsein, ich sehe alles, wie es der Adler sieht oder der Habicht, wenn er über die Erde dahinfliegt, und ich begreife alles. Ich bin der verkörperte Protest. Sehe ich Willkür — protestiere ich, sehe ich einen Frömmler oder Heuchler — protestiere ich, sehe ich ein triumphierendes Schwein — protestiere ich. Und ich bin unbesiegbar, keine spanische Inquisition kann mich zum Schweigen zwingen. Ja ...

Schneidet man mir die Zunge ab — so werde ich durch Mimik protestieren, mauert man mich in einen Keller ein — so werde ich so schreien, daß man es eine Werst weit hört, oder ich werde mich durch Hunger umbringen, damit auf ihrem schwarzen Gewissen ein Zentner mehr lastet, tötet man mich — so werde ich als Gespenst erscheinen. Alle Bekannten sagen zu mir: ›Sie sind der unausstehlichste Mensch, Pawel Iwanytsch!‹ Ich bin stolz auf diesen Ruf. Drei Jahre habe ich im Fernen Osten gedient, und ein Andenken auf hundert Jahre hinterlassen: mit allen habe ich mich verzankt. Meine Freunde schreiben mir aus Rußland: ›Komm ja nicht zurück.‹ Und nun fahre ich gerade hin, zum Trotz ... Ja ... Das ist Leben, das verstehe ich. Das kann man Leben nennen.«

Gussew hört gar nicht zu und blickt zum Fensterchen hinaus. Auf dem durchsichtigen, zart-türkisfarbenen Wasser schaukelt ein Boot, von der blendenden und heißen Sonne ganz überflutet. In ihm stehen nackte Chinesen, heben Käfige mit Kanarienvögeln hoch und schreien: »Er singt! Er singt!«

An das Boot stößt ein anderes an: ein Dampfkutter fährt vorbei. Noch ein Boot ist da: in ihm sitzt ein dicker Chinese und ißt mit Stäbchen Reis. Träge schaukelt das Wasser, träge schweben über ihm weiße Möwen.

›Könnte man doch diesem fetten Kerl eine hinter die Ohren hauen‹, denkt Gussew, schaut den dicken Chinesen an und gähnt.

Er schlummert ein wenig, und es kommt ihm vor, als schlummere auch die ganze Natur. Die Zeit läuft schnell dahin. Unvermerkt vergeht der Tag, unvermerkt setzt die Dämmerung ein ... Der Dampfer steht nicht mehr still, sondern fährt weiter, irgendwohin ...

4

Es vergehen zwei Tage. Pawel Iwanytsch sitzt nicht mehr, sondern liegt; seine Augen sind geschlossen, seine Nase scheint noch spitzer geworden zu sein.

»Pawel Iwanytsch!« ruft ihn Gussew an. »He, Pawel Iwanytsch!«

Pawel Iwanytsch öffnet die Augen und bewegt die Lippen.

»Fühlen Sie sich schlecht?«

»Durchaus nicht«, antwortet Pawel Iwanytsch, schwer atmend. »Nein, ganz im Gegenteil ... besser ... Siehst du, ich kann sogar schon liegen ... Mir ist leichter geworden.«

»Nun, Gott sei Dank, Pawel Iwanytsch.«

»Wenn ich mich mit euch vergleiche, tut ihr mir leid ... Ihr armen Kerle. Meine Lungen sind gesund, das ist nur Magenhusten .. Ich kann die Hölle aushalten, nicht nur das Rote Meer. Dazu verhalte ich mich auch zu meiner Krankheit und den Arzneien kritisch. Ihr aber ... Ihr seid ja wie blind ... Schwer ist's für euch, sehr, sehr schwer!«

Es schaukelt nicht, das Meer ist still, aber dafür ist es schwül und heiß, wie in der Badstube; nicht nur das Sprechen, sondern sogar das Hören fällt einem schwer. Gussew hat die Arme um die Knie geschlungen, seinen Kopf auf sie gelegt und denkt an die Heimat. Mein Gott, was für ein Genuß, bei solcher Schwüle an Schnee und Kälte zu denken! Man fährt Schlitten; plötzlich erschrecken die Pferde vor etwas und gehen durch ... Ohne auf Wege, Gräben, Schluchten zu achten, jagen sie wie rasend dahin, durch das ganze Dorf, über den Teich, an der Fabrik vorbei, dann über das Feld ... »Halt!« schreien die Fabrikarbeiter und Entgegenkommenden aus vollem Halse. — »Halt!« Doch warum soll man sie halten! Mag auch der scharfe, kalte Wind ins Gesicht schlagen und an die Hände beißen, mögen von den Hufen aufgeworfene Schneeklumpen auf die Mütze, hinter den Kragen, auf Hals und Brust fallen, mögen die Schlittenkufen kreischen und die Stränge samt den Schwengeln reißen, hol' sie alle der Teufel! Und was für ein Genuß, wenn der Schlitten umkippt und man in vollem Schwunge auf einen Schneehaufen fliegt, direkt mit dem Gesicht in den Schnee, und man danach ganz weiß, mit Eiszapfen am Schnurrbart aufsteht, ohne Mütze und Handschuhe, mit aufgegangenem Gürtel ... Die Leute lachen schallend, die Hunde bellen ...

Pawel Iwanytsch öffnet ein Auge halb, blickt mit ihm Gussew an und fragt leise: »Gussew, stahl dein Kommandeur?«

»Wer kann das wissen, Pawel Iwanytsch! Wir wissen das nicht, es dringt nicht bis zu uns!«

Und wieder vergeht eine lange Zeit im Schweigen. Gussew denkt, phantasiert und trinkt immerzu Wasser, ihm fällt das Sprechen und Zuhören schwer, und er fürchtet, daß man mit ihm zu sprechen beginnt. Es vergeht eine Stunde, eine zweite, eine dritte; der Abend bricht herein, dann ist es Nacht, aber er bemerkt das nicht, sondern sitzt immer da und denkt an den Frost ... Es ist, als ob jemand ins Lazarett kommt. Stimmen erschallen — einige Minuten vergehen, und alles ist wieder still ...

»Ewige Glückseligkeit, ewiger Frieden«, sagt der Soldat mit dem Arm in der Binde. »Er war ein unruhiger Mensch!«

»Was gibt's?« fragt Gussew. »Wer denn?«

»Er ist gestorben. Soeben brachte man ihn hinauf.«

»Nun, was ist zu machen«, murmelt Gussew und gähnt.

»Ewige Glückseligkeit.«

»Was meinst du, Gussew? ...«, fragt nach einiger Zeit

der Soldat mit der Binde. »Wird er ins Himmelreich kommen oder nicht?«

»Wen meinst du?«

»Sicherlich ... er hat lange gelitten. Und dann stammt er aus einer geistlichen Familie, und die Popen haben eine große Verwandtschaft. Sie werden seine Sünden abbeten.«

Der Soldat mit der Binde setzt sich zu Gussew auf die Koje und sagt halblaut: »Auch du, Gussew, wirst es nicht mehr lange machen. Du kommst nicht nach Rußland heim.«

»Hat dir das der Doktor oder Feldscher gesagt?« fragt Gussew.

»Nicht gerade, daß es jemand gesagt hat, aber man kann es sehen ... Einen Menschen, der bald sterben wird, erkennt man sogleich. Du ißt und trinkst nicht mehr, bist ganz mager geworden — ein schrecklicher Anblick. Kurz gesagt: Schwindsucht. Ich sage das nicht, um dich zu beunruhigen, sondern ... vielleicht willst du das Abendmahl und die Letzte Ölung bekommen. Und wenn du Geld hast, übergib es dem ältesten Offizier.«

»Ich habe nicht nach Hause geschrieben ...«, seufzt Gussew. »Sterbe ich, so werden sie es nicht erfahren.«

»Das werden sie«, sagt mit Baßstimme der kranke Matrose. »Stirbst du, wird es ins Logbuch eingetragen; in Odessa gibt man einen Auszug dem Bezirkskommando, und das schickt ihn zur Dorfgemeinde oder sonstwohin.«

Gussew wird es von diesem Gespräch bänglich zumute, und ein unklarer Wunsch beginnt ihn zu quälen. Er trinkt Wasser — aber das war es nicht; er schleppt sich zum runden Fensterchen und atmet die heiße feuchte Luft ein — das war es auch nicht; er gibt sich Mühe, an die Heimat und den Frost zu denken — auch das wollte er nicht ... Endlich fühlte er, daß er, wenn er auch nur einen Augenblick noch im Lazarett bleibt, unbedingt ersticken wird.

»Mir ist so schwer, meine Lieben ...«, sagt er. »Ich gehe nach oben. Führt mich um Christi willen hinauf!«

»Gut«, stimmt der Soldat mit der Binde zu. »Du wirst es nicht schaffen, ich will dich tragen. Halt dich am Halse fest.«

Gussew umarmt den Soldaten, und der umfaßt ihn mit seinem gesunden Arm und trägt ihn hinauf. Auf dem Deck schlafen hingestreckt die Reservisten und Matrosen; es sind ihrer so viele, daß man kaum durchkommen kann.

»Stell dich auf den Boden«, sagt leise der Soldat mit der Binde. »Komm mir ganz langsam nach, halte dich am Hemd.«

Es ist dunkel. Weder auf dem Deck noch auf den Masten noch ringsum auf dem Meer sind Lichter. Am Bug steht unbeweglich wie eine Statue die Schildwache, aber es macht den Eindruck, als schlafe auch sie. Es ist, als ob der Dampfer sich selbst überlassen wäre und gehe, wohin er wolle.

»Jetzt wird man Pawel Iwanytsch ins Meer werfen ...«, sagt der Soldat mit der Binde. »Man steckt ihn in einen Sack ... und dann ins Wasser.«

»Ja. So ist die Ordnung.«

»Aber es ist besser, zu Hause in der Erde zu liegen. Immerhin besucht einen einmal die Mutter und weint über dem Grabe.«

»Sicherlich.«

Es riecht nach Dung und Heu. Mit gesenkten Köpfen stehn an Bord die Ochsen. Eins, zwei, drei ... acht Stück! Und da steht auch ein kleines Pferdchen. Gussew streckt die Hand aus, um es zu streicheln, aber es schüttelt den Kopf, fletscht die Zähne und will ihn in den Ärmel beißen.

»Du verfluchtes ...«, schimpft Gussew.

Sie gehen beide langsam zum Bug des Schiffes, stellen

sich an der Reling auf und blicken schweigend bald hinauf, bald hinab. Oben ist der blaue Himmel, sind leuchtende Sterne, Ruhe und Stille — genauso wie zu Hause im Dorf, unten aber herrscht das Dunkel und das Chaos. Hohe Wellen rauschen, man weiß nicht, warum. Jede von ihnen, auf die man blickt, will sich höher als die anderen erheben und drängt und treibt die andere; auf sie stürmt brausend, mit weißer Mähne schimmernd, eine dritte ein, ebenso wild und unförmig.

Das Meer hat keine Vernunft und kein Mitleid. Wäre der Dampfer kleiner und nicht aus dickem Eisen, so würden die Wellen ihn mitleidlos zertrümmern und alle Menschen verschlingen, ohne Unterschied zwischen Heiligen und Sündern. Auch der Dampfer macht einen sinnlosen und grausamen Eindruck. Dies Ungeheuer mit seinem großen Schnabel drängt vorwärts und durchschneidet auf seinem Wege Millionen Wogen; es fürchtet nicht Dunkelheit, Wind, Raum, Einsamkeit, ihm ist alles gleich, und wenn der Ozean seine Menschen hätte, würde das Ungeheuer sie zermalmen, gleichfalls ohne Unterschied zwischen Heiligen und Sündern.

»Wo sind wir jetzt?« fragt Gussew.

»Ich weiß es nicht. Wahrscheinlich im Ozean.«

»Es ist kein Land zu sehen.«

»Aber wo! Man sagt, wir würden es erst nach sieben Tagen zu sehen bekommen ...«

Die beiden Soldaten blicken auf den weißen phosphoreszierenden Schaum, schweigen und denken. Zuerst bricht Gussew das Schweigen.

»Es ist nichts Schreckliches dabei«, sagt er. »Nur unheimlich, so als ob man im dunkeln Walde säße. Wenn aber, nehmen wir an, jetzt eine Schaluppe ins Wasser gesetzt würde, und der Offizier würde befehlen, hundert Werst weit ins Meer hinauszufahren, um Fische zu fangen — ich würde fahren. Oder, sagen wir, ein Christenmensch fiele jetzt eben ins Wasser — ich würde ihm nachspringen. Einen Deutschen oder einen Chinesen würde ich nicht retten, aber einem Christen würde ich nachspringen.«

»Fürchtest du den Tod?«

»Ja. Mir tut es um die Wirtschaft leid. Mein Bruder zu Hause, weißt du, ist nicht ordentlich: er trinkt, schlägt ohne Grund seine Frau, ehrt nicht die Eltern. Ohne mich wird alles verkommen, und Vater und Mutter werden am Ende noch betteln müssen. Jedoch, mein Lieber, mich tragen meine Beine nicht mehr, es ist auch schwül hier ... Gehn wir schlafen.«

5

Gussew kehrt ins Lazarett zurück und legt sich in seine Koje. So wie früher quält ihn ein unbestimmter Wunsch, und er kann durchaus nicht begreifen, was ihm fehlt. Es drückt ihn in der Brust, hämmert im Kopf, der Mund ist so trocken, daß er kaum die Zunge bewegen kann. Er schlummert und phantasiert; von Alpdruck, Husten und Stickluft zerquält, schläft er gegen Morgen fest ein. Er träumt, daß man in der Kaserne soeben das Brot aus dem Ofen herausgenommen habe, er aber sei in den Ofen hineingekrochen, nehme dort ein Schwitzbad und schlage sich mit Birkenquasten. Er schläft zwei Tage lang, am dritten aber kommen zwei Matrosen von oben und tragen ihn aus dem Lazarett heraus.

Man näht ihn in Segelleinwand und legt, damit er schwerer würde, zwei Eisenstäbe neben ihn. In das Segeltuch eingenäht, sieht er wie eine Möhre oder ein Rettich aus: oben am Kopf breit, an den Füßen schmal ... Vor Sonnenuntergang bringt man ihn auf Deck und legt ihn auf ein Brett; ein Brettende liegt auf der Reling, das andere auf einer Kiste, die auf einen Schemel gestellt ist. Ringsum stehen barhäuptig Reservisten und das Kommando.

»Gesegnet sei unser Herr«, beginnt der Geistliche, »immerdar, jetzt und immer und in alle Ewigkeit!«

»Amen!« singen drei Matrosen.

Die Reservisten und das Kommando bekreuzigen sich und blicken seitwärts auf die Wellen. Wie seltsam, daß ein Mensch ins Segeltuch genäht ist und er sofort in die Wellen fliegen wird. Kann das wirklich einem jeden passieren?

Der Geistliche streut über Gussew eine Handvoll Erde aus und verneigt sich. Das Requiem wird gesungen.

Der wachhabende Offizier hebt das eine Ende des Brettes hoch, Gussew gleitet von ihm herab, fliegt mit dem Kopf voran, dreht sich in der Luft um und plumpst ins Wasser. Der Schaum bedeckt ihn, einen Augenblick scheint er wie in Spitzen gehüllt, aber der Augenblick ist vorbei — und er verschwindet in den Wellen.

Er sinkt rasch dem Grunde zu. Wird er hinabgelangen? Bis zum Grund, sagt man, sind vier Werst. Nachdem er etwa acht oder zehn Klafter gesunken ist, geht es langsamer und langsamer, er schaukelt gemächlich, als überlege er, und von einer Strömung erfaßt, wird er rascher seitwärts als nach unten getragen.

Aber da begegnet ihm auf dem Wege eine Herde kleiner Fische, die man Lotsenfische nennt. Als sie den dunklen Körper sehen, bleiben sie wie angewurzelt stehn, und plötzlich machen alle auf einmal kehrt und verschwinden. Nach weniger als einer Minute schießen sie wieder auf Gussew zu und beginnen, im Zickzack um ihn herumzuschwimmen ...

Darauf zeigt sich ein andrer dunkler Körper. Das ist ein Hai. Stolz und teilnahmslos, als ob er Gussew nicht bemerke, schwimmt er erst unter ihm durch, und Gussew legt sich dem Hai auf den Rücken. Danach kehrt sich der Fisch mit dem Bauch nach oben, spielt in dem warmen durchsichtigen Wasser und öffnet träge den Rachen mit den zwei Zahnreihen. Die Lotsenfische sind entzückt; sie haben haltgemacht und sehen zu, was weiter geschehen wird. Nachdem der Hai ein wenig mit der Leiche gespielt hat, bringt er träge seinen Rachen an sie heran, berührt sie vorsichtig mit den Zähnen, und das Segeltuch zerreißt der ganzen Länge der Leiche nach, vom Kopf bis zu den Füßen; ein Eisenstab fällt heraus, erschreckt die Lotsenfische, versetzt dem Hai einen Schlag in die Seite und sinkt rasch zu Grund.

Oben aber verdichten sich unterdessen auf der Seite, wo die Sonne untergeht, die Wolken; ein Wolke sieht einem Triumphbogen gleich, eine andere einem Löwen, eine dritte einer Schere ... Hinter den Wolken hervor kommt ein breiter grüner Strahl und dehnt sich ganz bis zur Mitte des Himmels aus; nach einem Weilchen legt sich neben diesen ein violetter Strahl, neben ihn ein goldener, dann ein rosafarbener ... Der Himmel wird von zarter Fliederfarbe überzogen. Als er diesen großartigen, bezaubernden Himmel erblickt, macht der Ozean zuerst ein mürrisches Gesicht, bald aber nimmt er selbst freundliche, fröhliche, leidenschaftliche Farben an, wie sie die menschliche Sprache nicht wiederzugeben vermag.

Der alte Semjon, mit dem Beinamen ›der Vernünftige‹, und ein junger Tatar, dessen Namen niemand kannte, saßen am Flußufer beim Wachfeuer; die übrigen drei Fährleute befanden sich in der Hütte. Semjon, ein hagerer und zahnloser, aber breitschultriger und anscheinend noch gesunder alter Mann von sechzig Jahren, war betrunken; er wäre längst schon schlafen gegangen, aber er hatte in seiner Tasche noch eine halbe Flasche Schnaps und fürchtete, daß ihn in der Hütte die jungen Männer um Schnaps bitten würden. Der Tatar war krank, er hatte Schmerzen, und fest in seine Lumpen eingehüllt, erzählte er, wie schön es im Gouvernement Simbirsk sei, und was er für eine schöne und kluge Frau zu Hause habe. Er war nicht älter als fünfundzwanzig Jahre, und jetzt beim Scheine des Wachfeuers sah er mit seinem bleichen, traurigen und kränklichen Gesicht wie ein Knabe aus.

»Natürlich ist es hier kein Paradies«, sagte der Vernünftige. »Du siehst selbst: Wasser, kahle Ufer, ringsumher Lehm und weiter nichts ... Ostern ist längst vorbei, aber auf dem Fluß noch Treibeis, und heute morgen gab es sogar Schnee.«

»Es ist schlecht, sehr schlecht!« sagte der Tatar und blickte sich erschauernd um.

Etwa zehn Schritt von ihm entfernt, floß der dunkle kalte Strom; er brauste, schlug klatschend an das ausgewaschene lehmige Ufer und strömte schnell dahin ins ferne Meer ... Unmittelbar am Ufer lag dunkel eine große Barke, die die Fährleute ›Karbas‹ nennen. Fern, am andern Ufer, krochen, verlöschend und flackernd, züngelnde Flammen: dort wurde das vorjährige Gras verbrannt. Und hinter den züngelnden Flammen lag wieder tiefe

Dunkelheit. Man hörte, wie kleine Eisschollen an die Barke schlugen ... Es war feucht und kalt ...

Der Tatar sah zum Himmel auf. Sterne sind ebensoviel dort, wie bei ihm zu Hause, ringsherum ebenso tiefe Dunkelheit, und doch fehlt etwas. Zu Hause, im Gouvernement Simbirsk, gibt es ganz andere Sterne und einen ganz anderen Himmel.

»Es ist schlecht! Sehr schlecht!« wiederholte er.

»Wirst dich gewöhnen!« sagte der Vernünftige und fing an zu lachen. »Jetzt bist du noch jung und dumm, die Milch auf deinen Lippen ist noch nicht trocken geworden, und in deiner Dummheit scheint es dir, daß es einen unglücklicheren Menschen als dich nicht gibt; und doch wird die Zeit kommen, da du selbst sagen wirst: Gebe Gott jedem ein solches Leben. Sieh mich an. Nach einer Woche ist der Fluß eisfrei, dann werden wir hier die Fähre einrichten, ihr alle werdet in Sibirien herumwandern, nur ich werde hier bleiben und von einem Ufer zum andern fahren. Schon zweiundzwanzig Jahre fahre ich so hin und her. Tag und Nacht. Hecht und Lachsforelle schwimmen unter dem Wasser, ich aber auf dem Wasser. Und Gott sei Dank dafür. Mehr brauche ich nicht, gebe Gott jedem so ein Leben.«

Der Tatar legte Reisig ins Feuer, rückte näher heran und sagte: »Ich habe zu Hause einen kranken Vater. Wenn er stirbt, kommen Mutter und Frau hierher. Sie haben es mir versprochen.«

»Was brauchst du Mutter und Frau?« fragte der Vernünftige. »Das ist reine Torheit, mein Guter. Der Teufel verwirrt dich, folge ihm nicht. Höre nicht auf ihn, den Verfluchten. Tu ihm nicht den Willen. Er wird dich mit dem Weibe locken, aber du sage ihm zum Trotz: Ich will nicht! Er wird dich mit der Freiheit locken, doch du widerstehe ihm: ich will nicht! Man braucht nichts!

Weder Vater noch Mutter noch Frau noch Freiheit noch Hof noch Haus! Man braucht nichts, hol all das der Henker!«

Er tat einen Schluck aus der Flasche und fuhr dann fort: »Ja, Freundchen, ich bin kein einfacher Bauer, stamme nicht aus dem Bauernstand, sondern bin Küsterssohn, und als ich noch frei in Kursk lebte, trug ich einen Rock, aber jetzt habe ich mich so weit abgehärtet, daß ich auf der bloßen Erde schlafen und Gras essen kann. Und Gott gebe jedem so ein Leben. Ich brauche nichts und fürchte mich vor niemandem und bin von mir der Meinung, daß es einen reicheren und freieren Menschen nicht gibt. Als man mich aus Rußland hierherschickte, wehrte ich mich vom ersten Tage an: ich will nichts mehr! Der Teufel sprach mir von der Frau, von Verwandten und von Freiheit, aber ich trotzte ihm: Ich brauche nichts! Ich bestand auf dem Meinen, und wie du siehst, lebe ich gut und beklage mich nicht. Aber wenn jemand dem Teufel nachgibt und ihm auch nur einmal folgt, so ist er verloren, es gibt keine Rettung für ihn: er versinkt bis an den Hals im Sumpf und kann nicht mehr heraus. Nicht nur Leute wie ihr dummen Bauern, auch adlige und gebildete Leute verderben. Vor etwa fünfzehn Jahren schickte man aus Rußland einen Herren hierher. Er hatte dort das Erbe mit seinen Brüdern geteilt und im Testament etwas gefälscht. Man sagte, er sei Fürst oder Baron, vielleicht war er auch einfach ein Beamter — wer kann das wissen! Nun, der Herr kam hierher, und das erste, was er tat, war, daß er sich im Muchortinschen Gebiet Haus und Land kaufte. ›Ich will‹, sagte er, ›von meiner Hände Arbeit leben, weil ich jetzt‹, so sagte er, ›nicht Herr, sondern Ansiedler bin.‹ — ›Nun was‹, sage ich darauf, ›helfe Ihnen Gott, es ist eine gute Sache.‹ Er war damals noch jung, geschäftig, fürsorglich: er pflegte selbst zu mähen und Fische zu fangen und ritt seine sechzig Werst am Tage. Nur das war der Fehler: Vom ersten Jahre an begann er, nach Gyrino ins Postkontor zu fahren. Er stand dann neben mir auf der Fähre und seufzte: ›Ach, Semjon, warum schickt man mir so lange kein Geld von zu Hause!‹ ›Sie brauchen kein Geld, Wassilij Sergeitsch‹, sage ich. ›Wozu brauchen Sie es? Lassen Sie das Alte sein, vergessen Sie es, so als ob es überhaupt nicht gewesen wäre, als ob Sie es nur geträumt hätten, und fangen Sie ein neues Leben an. Hören Sie nicht auf den Teufel‹, sage ich, ›er wird Sie zu nichts Gutem führen, er wird Sie nur in der Schlinge fangen. Jetzt wollen Sie Geld‹, sage ich, ›aber nach ganz kurzer Zeit werden Sie etwas anderes begehren, und dann noch etwas und noch etwas. Wenn Sie‹, sage ich, ›glücklich sein wollen, so fangen Sie damit an, nichts zu wollen. Ja ... Wenn‹, sage ich zu ihm, ›das Schicksal mir und Ihnen schlimm mitgespielt hat, so dürfen wir es nicht um Gnade anflehen und vor ihm in die Knie fallen, sondern wir müssen es verachten und verlachen. Sonst wird es uns verlachen.‹ So also spreche ich zu ihm ... Nach etwa zwei Jahren fahre ich ihn auf diese Seite hinüber, und er reibt sich die Hände und lacht. ›Ich fahre‹, sagt er, ›nach Gyrino, meine Frau abzuholen. Sie hat Mitleid mit mir gehabt‹, sagt er, ›und ist hierher gekommen. Brav ist sie und gut.‹ Er war vor Freude ganz außer Atem. Tatsächlich kommt er nach einem Tage mit seiner Frau gefahren. Eine junge, schöne Dame, sie hat einen Hut auf; auf dem Arm ein kleines Mädchen. Und eine Menge Gepäck. Und mein Wassilij Sergeitsch bemüht sich dauernd um sie, kann sich nicht satt sehen und sie nicht genug loben. ›Ja, Freund Semjon, auch in Sibirien leben Menschen.‹ — ›Nun‹, denke ich, ›gut, wirst keine Freude erleben.‹ Und seitdem fuhr er fast jede Woche nach Gyrino, sich zu erkundigen, ob nicht aus Rußland Geld gekommen sei. Geld nämlich brauchte er eine Menge. ›Meinetwegen‹, sagte er, ›vergeudet sie hier in Sibirien ihre Jugend und Schönheit und teilt‹, so sagte er, ›mit mir mein bitteres Los, und darum‹, sagte er, ›muß ich ihr jedes Vergnügen verschaffen ...‹ Damit es für die gnädige Frau unterhaltsamer wäre, schloß er Bekanntschaften mit Beamten und allerlei Pack. Aber dieser ganzen Bande muß man bekanntlich zu essen und zu trinken geben; auch ein Klavier mußte dasein und auf dem Sofa ein zottiges Hündchen — krepieren soll es ... Mit einem Wort: Luxus, Verwöhnung. Die gnädige Frau blieb nicht lange bei ihm. Wie sollte sie auch? Lehm, Wasser, Kälte, kein Gemüse hat man, kein Obst, rundherum nur ungebildete und betrunkene Menschen, kein richtiger Verkehr, und sie ist eine verwöhnte Großstädterin ... Natürlich fing sie an, sich zu langweilen. Und ihr Mann, was man auch sagen mag, ist nun kein Herr mehr, sondern ein Ansiedler — keine große Ehre.

Nach ungefähr drei Jahren, erinnere ich mich, nachts gerade vor Mariä Himmelfahrt, höre ich vom anderen Ufer her rufen. Ich fuhr mit der Fähre hinüber und sehe — die gnädige Frau, ganz vermummt, und mit ihr ein junger Herr, einer von den Beamten ... Eine Troika ... Ich brachte sie herüber, sie setzten sich — und weg waren sie! Nur ich habe sie gesehen. Gegen Morgen kommt Wassilij Sergeitsch mit zwei Pferden angefahren. — ›Semjon, ist hier nicht meine Frau mit einem Herrn, der eine Brille trägt, durchgefahren?‹ — ›Ja, das ist sie‹, sage ich, ›suche den Wind im Felde!‹ Er eilte, um sie einzuholen, und jagte fünf Tage und Nächte hinter ihnen her. Als ich ihn danach auf das andere Ufer übersetzte, stürzte er auf den Boden nieder und begann, mit dem Kopf gegen die Bretter zu schlagen und zu heulen. ›Das eben‹, sage ich, ›ist es ja.‹ Ich lache und erinnere ihn daran, ›auch in Sibirien leben Menschen!‹ Er aber schlägt nur immer mehr um sich ...

Dann wünschte er die Freiheit zu erlangen. Seine Frau war nach Rußland zurückgekehrt, und so zog es auch ihn dorthin, um sie wiederzusehen und von ihrem Geliebten zu trennen. Und nun, mein Lieber, begann er fast täglich zur Post zu fahren oder in die Stadt zu den Behörden. Fortwährend reichte er Bittgesuche ein oder sandte sie ab — man möge ihn begnadigen und nach Hause zurückkehren lassen; für Telegramme allein, so erzählte er, gab er an die zweihundert Rubel aus ... Das Land verkaufte er, das Haus verpfändete er den Juden. Er wurde zusehends grau und gebückt, gelb im Gesicht, als wäre er schwindsüchtig. Sprach er mit dir, so hustete er: kche-kche-kche ... und Tränen standen in seinen Augen. So quälte er sich fast acht Jahre mit Bittgesuchen ab, doch dann lebte er wieder auf und wurde fröhlich: er hatte sich eine neue Zerstreuung ausgedacht. Seine Tochter war nämlich herangewachsen. Er blickt sie an und kann sich an ihr nicht satt sehen. Und sie ist auch wirklich nett: hübsch, schwarzäugig und lebhaften Wesens. Jeden Sonntag fährt er mit ihr nach Gyrino zur Kirche. Beide stehen auf der Fähre nebeneinander; sie lacht, und er läßt kein Auge von ihr. ›Ja‹, sagt er, ›Semjon, auch in Sibirien leben Menschen. Auch in Sibirien gibt es ein Glück. Schau her‹, sagt er, ›was für eine Tochter ich habe! Nicht wahr, tausend Werst kannst du suchen und findest keine solche wieder!‹ — ›Das Töchterchen‹, sage ich, ›ist hübsch, das ist wahr, tatsächlich ...‹ Und bei mir denke ich: ›Warte du nur ab ... Sie ist ein junges Ding, das Blut pulsiert in ihr, sie verlangt zu leben, und was ist das hier für ein Leben!‹ Und bald, mein Lieber, begann sie zu kränkeln ... Sie siechte und siechte dahin, sie wurde ganz schwach, bettlägerig und ist jetzt völlig von Kräften gekommen. Schwindsucht. Da hast du das sibirische Glück, hol's der Teufel — so leben in Sibirien die Menschen ... Er fing an, immerzu bei den Ärzten herumzufahren und sie zu sich zu bringen. Sobald er hört, daß auf zwei- oder dreihundert Werst ein Doktor oder Quacksalber lebt, holt er ihn ... Schrecklich, wieviel Geld für die Doktoren wegging, nach meiner Meinung vertränke man lieber das Geld ... Sie muß ja doch sterben ... Sie wird unbedingt sterben, und dann ist er ganz verloren. Entweder erhängt er sich aus Gram oder flieht nach Rußland — das ist ganz sicher. Wenn er zu entfliehen versucht, so greift man ihn: dann kommt das Gericht, Zwangsarbeit, er wird die Peitsche kennenlernen ...«

»Es ist gut, gut«, murmelte der Tatar, der sich vor Kälte zusammenkrümmte.

»Was ist gut?« fragte der Vernünftige.

»Frau ... Tochter ... soll Zwangsarbeit kommen und Kummer, dafür hat er seine Frau und seine Tochter gesehen ... Du sagst, man brauche nichts. Aber nichts ist schlimm. Seine Frau hat drei Jahre mit ihm zusammen gelebt — das war ein Geschenk Gottes. Nichts ist schlimm, aber drei Jahre ist gut. Wie begreifst du das nur nicht?«

Zitternd, angestrengt nach den russischen Worten suchend, von denen er nur wenige kannte, stammelnd, begann der Tatar davon zu sprechen, daß Gott ihn davor behüten möge, im fremden Lande zu erkranken, zu sterben und in der kalten rostfarbenen Erde verscharrt zu werden; daß, wenn seine Frau auch nur auf einen Tag zu ihm kommen würde, er gern für ein solches Glück alle erdenklichen Qualen auf sich nehmen und Gott dafür danken würde. Besser ein Tag des Glücks als nichts.

Darauf erzählte er wieder, eine wie schöne und kluge Frau er habe; dann griff er sich mit beiden Händen an den Kopf, begann zu weinen und Semjon zu versichern, daß er ganz unschuldig sei und vergebens leide. Seine beiden Brüder und sein Onkel hätten einem Bauern Pferde gestohlen und den alten Mann halbtot geschlagen, aber das Gericht hätte nicht nach Treu und Glauben entschieden und das Urteil dahin ausgesprochen, daß alle drei Brüder nach Sibirien gehen mußten, der Onkel aber, ein reicher Mann, zu Hause bleiben konnte.

»Wirst dich gewöhnen!« sagte Semjon.

Der Tatar verstummte und starrte mit verweinten Augen in das Feuer; sein Gesicht drückte Verwunderung und Schrecken aus, als ob er immer noch nicht verstünde, warum er sich hier in der Dunkelheit und Feuchtigkeit neben fremden Menschen befand und nicht im Gouvernement Simbirsk. Semjon legte sich am Feuer nieder, lächelte über etwas und stimmte halblaut ein Lied an.

»Was kann ihr das für eine Freude bereiten, mit dem Vater zu leben?« begann er wieder nach einem Weilchen. »Er liebt sie, hat an ihr seine Freude, das ist wahr; doch, mein Lieber, man darf ihm nicht zu sehr trauen: er ist ein strenger, rauher alter Mann. Und junge Mädchen brauchen keine Strenge ... Sie brauchen Zärtlichkeit, cha-cha-cha und chi-chi-chi, Parfüm und Pomade. Ja ... Ach, das sind so Sachen!« seufzte Semjon und erhob sich schwerfällig. »Der Schnaps ist ganz zu Ende, also ist es Zeit zu schlafen ... Nun? Ich gehe, mein Lieber ...«

Allein zurückgeblieben, legte der Tatar etwas Reisig ins Feuer und streckte sich hin; ins Feuer schauend, begann er an das Heimatdorf zu denken und an seine Frau. Käme doch seine Frau nur auf einen Monat, ja, nur auf einen Tag, später könnte sie, wenn sie wollte, wieder zurückfahren! Besser ein Monat oder auch nur ein Tag als nichts. Wenn aber seine Frau ihr Versprechen hielte und käme, womit würde er sie ernähren? Wo würde sie hier wohnen können?

»Wenn man gar nichts zu essen hat, wovon soll man leben?« fragte laut der Tatar.

Dafür, daß er jetzt Tag und Nacht mit dem Ruder arbeitete, zahlte man ihm nur zehn Kopeken pro Tag; die Fahrgäste gaben freilich Trinkgelder, aber seine Kameraden teilten alle Einnahmen unter sich und gaben dem Tataren nichts, ja, sie lachten nur über ihn. Und aus der Not wird Hunger, Kälte, Angst geboren ... Jetzt, wenn der ganze Körper zittert und schmerzt, müßte man in die Hütte gehen und sich schlafen legen, aber er hatte nichts zum Zudecken, und dann war's dort kälter als am Ufer; auch hier hat er nichts zum Zudecken, aber wenigstens kann man das Feuer schüren ...

Wenn nach einer Woche das Wasser ganz gefallen sein wird; und man die Fähre einrichtet, sind alle Fährleute außer Semjon nicht mehr nötig, und der Tatar wird von Dorf zu Dorf wandern und um Almosen und Arbeit betteln müssen. Seine Frau ist erst siebzehn Jahre alt, sie ist schön, verwöhnt, schüchtern — soll sie etwa ebenfalls mit unverhülltem Gesicht durch die Dörfer wandern und um Almosen betteln? Nein, es ist schrecklich, daran auch nur zu denken ...

Es ward bereits hell; die Barke, die Weidenbüsche am Wasser und die leichten Wellen zeichneten sich deutlich ab; wenn man sich umblickte — da war der lehmige Steilabsturz, unten das mit braunem Stroh bedeckte Hüttchen, oben hingen wie angeklebt Bauernhütten ... Im Dorf krähten die Hähne ...

Der rote lehmige Steilabsturz, die Barke, der Fluß, die fremden, bösartigen Menschen, Hunger, Kälte, Krankheiten — all dies existierte vielleicht tatsächlich gar nicht. ›Wahrscheinlich träume ich das alles nur‹, dachte der Tatar. Er fühlte, daß er schlafe und hörte sein eigenes Schnarchen ... Natürlich ist er zu Hause im Gouvernement Simbirsk, und er braucht nur seine Frau bei Namen zu nennen, und sie wird antworten; im Nebenzimmer ist seine Mutter ... Aber was für schreckliche Träume es doch gibt! Wozu sind sie da? Der Tatar lächelte und öffnete die Augen. Was ist das für ein Fluß? Die Wolga?

Schnee fiel.

»Hol über!« schrie jemand vom jenseitigen Ufer. »Karba-a-as!«

Der Tatar erwachte und ging die Gefährten wecken, um zum andern Ufer zu fahren. Die Fährleute zeigten sich am Ufer, im Gehen ihre zerrissenen Schafpelze anziehend, schimpften mit heiseren, verschlafenen Stimmen und krümmten sich vor Kälte. Nach dem Schlaf erschien ihnen der Fluß, von dem durchdringende Kälte herwehte, abscheulich und unheimlich. Sie sprangen in den Karbas, ohne sich zu beeilen ... Der Tatar und die drei Fährleute ergriffen die langen breitschaufligen Ruder, die in der Dunkelheit großen Krebsscheren glichen. Semjon drückte mit seinem Leibe gegen das lange Steuerruder. Auf dem jenseitigen Ufer aber rief man immer noch und schoß zweimal mit dem Revolver, da man wahrscheinlich dachte, daß die Fährleute schliefen oder zum Dorf in die Schenke gegangen seien.

»Gut, gut, kommst schon zur Zeit!« sagte Semjon im Ton eines Menschen, der davon überzeugt ist, daß man sich in dieser Welt nicht zu beeilen brauche — da doch alles ganz gleich sei und Gescheites dabei nicht herauskomme.

Die schwere ungefüge Barke löste sich vom Ufer los und schwamm zwischen den Weidensträuchern, und nur daran, daß das Weidengebüsch langsam zurückblieb, konnte man bemerken, daß die Barke nicht stillstand, sondern sich bewegte. Gleichmäßig, im Takt, ruderten die Fährleute; Semjon lag mit seinem Leib auf dem Steuerruder und flog von einer Seite des Bootes zur andern, indem er in der Luft einen Bogen beschrieb. In der Dunkelheit sah das so aus, als ob die Leute auf einem vorsintflutlichen Tiere mit langen Beinen säßen und auf ihm in ein kaltes trauriges Land wegschwämmen, wie man es bisweilen bei Alpdruck träumt. Das Weidengebüsch blieb zurück, und die Fähre kam ins offene Wasser hinaus. Am andern Ufer konnte man das Anschlagen und gleichmäßige Plätschern der Ruder hören und schrie: »Schneller! Schneller!« Nach zehn Minuten stieß die Barke schwer an die Anlegestelle.

»Es schüttet immerzu, immerzu schüttet es!« brummte Semjon und wischte sich den Schnee vom Gesicht. »Gott weiß, woher all der Schnee kommt!«

Am andern Ufer wartete ein kleiner, hagerer alter Mann in kurzem Fuchspelz und mit einer Mütze aus weißem Lammfell. Er stand abseits von den Pferden und rührte sich nicht; sein Gesichtsausdruck war mürrisch und angestrengt, als gebe er sich Mühe, sich an etwas zu erinnern, als müsse er sich über sein ungehorsames Gedächtnis ärgern. Als Semjon zu ihm herantrat und lächelnd die Mütze abnahm, sagte er: »Ich eile nach Anastassjewka. Der Tochter geht es wieder schlechter, und in Anastassjewka, sagt man, gibt es einen neuen Arzt.«

Man schleppte den Tarantas auf die Barke und fuhr zurück. Der Mann, den Semjon Wassilij Sergejewitsch genannt hatte, stand während der ganzen Fahrt unbeweglich, preßte seine dicken Lippen fest aufeinander und starrte in eine Richtung; als der Kutscher ihn um die Erlaubnis bat, in seiner Gegenwart rauchen zu dürfen, antwortete er nicht, als ob er gar nicht höre. Aber Semjon, der mit dem Leib auf dem Steuerruder lag, sah ihn spöttisch an und sagte: »Auch in Sibirien leben Menschen. Le-e-ben!«

Semjons Gesicht trug einen triumphierenden Ausdruck, als habe er etwas bewiesen und freue sich, daß es gerade so eingetroffen sei, wie er vermutete. Das unglückliche, hilflose Aussehen des Mannes im kurzen Fuchspelz bereitete ihm augenscheinlich großes Vergnügen.

»Es ist jetzt schlecht zu fahren, Wassilij Sergejewitsch«, sagte er, als man am Ufer die Pferde anspannte. »Hätten noch zwei Wochen warten sollen, bis es trockener wird. Oder Sie hätten überhaupt nicht fahren sollen ... Wenn die Fahrt noch irgendeinen Sinn hätte, aber Sie wissen es ja selbst, die Leute fahren jahraus, jahrein, Tag und Nacht, und es kommt nichts dabei heraus. Wirklich!«

Wassilij Sergejewitsch gab ihm schweigend ein Trinkgeld, setzte sich in den Tarantas und fuhr weiter.

»Da fährt er nun nach dem Doktor!« sagte Semjon, sich vor Kälte krümmend. »Such nur den rechten Doktor, hole den Wind im Felde ein, erwisch den Teufel beim Schwanz! Ach, diese seltsamen Käuze, Herr Gott, verzeihe mir Sünder!«

Der Tatar trat an Semjon heran, blickte ihn voller Haß und Abscheu an und sagte, zitternd und tatarische Worte in seine gebrochene Rede mischend: »Er ist gut ... gut, aber du bist schlecht! Du bist schlecht! Der Herr ist eine gute Seele, er ist vortrefflich, aber du bist ein Tier, du bist schlecht! Der Herr lebt, du bist tot ... Gott schuf den Menschen, daß er lebe, daß auch Freude da wäre und Kummer und Schmerz, aber du willst nichts, also lebst du nicht, sondern bist ein Stein, bist Lehm! Der Stein braucht nichts, und auch du brauchst nichts ... Du bist ein Stein — und Gott liebt dich nicht, aber den Herrn liebt er!«

Alle fingen an zu lachen; der Tatar runzelte voll Verachtung die Stirn, bewegte resigniert die Hand, wickelte sich in seine Lumpen und ging zum Wachfeuer. Die Fährleute und Semjon schleppten sich in die Hütte.

»Kalt ist's«, sagt mit heiserer Stimme ein Fährmann und streckte sich auf dem Stroh aus, mit dem der kalte Lehmboden bedeckt war.

»Ja, es ist nicht warm!« stimmte der andere ein. »Eine richtige Katorga!«

Alle legten sich nieder. Der Wind öffnete die Tür, und Schnee wehte in die Hütte. Niemand wollte aufstehen und die Tür schließen: es war zu kalt, und sie waren zu träge.

»Aber mir geht es gut!« sagte einschlummernd Semjon. »Gott gebe jedem so ein Leben.«

»Du bist ja auch ein ganz schwerer Bursche. Dich nehmen nicht einmal die Teufel.«

Von draußen hörte man Laute wie Hundegeheul.

»Was ist das? Wer ist das?«

»Der Tatar weint.«

»Sieh einer an ... Seltsamer Kauz!«

»Wird sich gewöh-nen!« sagte Semjon und schlief sofort ein.

Bald schliefen auch die übrigen. Die Tür blieb offenstehen.

DIE DAME MIT DEM HÜNDCHEN

1

Man erzählte, daß am Badestrand ein neues Gesicht aufgetaucht sei; eine Dame mit einem Hündchen. Dmitrij Dmitritsch Gurow, der schon zwei Wochen in Jalta lebte und sich hier bereits eingewöhnt hatte, begann sich ebenfalls für neue Gesichter zu interessieren. Als er im Pavillon bei Vernet saß, sah er, wie eine junge Dame über den Strand ging, eine Blondine mittleren Wuchses, im Barett; ein weißer Spitz lief ihr nach.

Und dann begegnete er ihr einige Male am Tage im Stadtpark und auf dem Square. Sie ging allein spazieren, immer mit ein und demselben Barett, mit dem weißen Spitz: niemand wußte, wer sie sei; man nannte sie einfach: die Dame mit dem Hündchen.

»Wenn sie ohne ihren Mann und ohne Bekannte hier ist«, dachte Gurow bei sich, »so wäre es nicht überflüssig, ihre Bekanntschaft zu machen.«

Er war noch nicht vierzig Jahre alt, aber er hatte bereits eine zwölfjährige Tochter und zwei Söhne, die ins Gymnasium gingen. Man hatte ihn früh verheiratet, als er noch Student im zweiten Semester war, und jetzt schien seine Frau fast doppelt so alt zu sein wie er. Sie war eine hochgewachsene Frau mit dunklen Augenbrauen, von aufrechter Haltung, stattlich, solid und, wie sie selbst sich nannte, eine denkende Frau. Sie las viel, gebrauchte in den Briefen nicht das ›harte Zeichen‹, nannte ihren Mann nicht Dmitrij, sondern Dimitrij, aber insgeheim hielt er sie für beschränkt, engstirnig und unvornehm, fürchtete sich vor ihr und war nicht gern zu Hause. Schon lange hatte er angefangen, ihr untreu zu werden, er hinterging sie häufig und sprach wahrscheinlich deshalb fast immer schlecht von den Frauen; und wenn man in seiner Gegenwart von ihnen sprach, so nannte er sie: »Ein erbärmliches Geschlecht!«

Er meinte durch bittere Erfahrung genügend belehrt zu sein, um die Frauen beliebig betiteln zu können, aber doch hätte er ohne das ›erbärmliche Geschlecht‹ auch nicht zwei Tage leben können. In der Gesellschaft von Männern war es ihm langweilig, er fühlte sich dort unbehaglich, ihnen gegenüber war er ungesprächig und kalt; wenn er sich aber unter Frauen befand, so fühlte er sich frei und wußte, worüber er mit ihnen zu sprechen und wie er sich zu benehmen hatte, und sogar mit ihnen zu schweigen war ihm leicht. In seinem Äußeren, seinem Charakter, in seinem ganzen Wesen lag etwas Anziehendes, Ungreifbares, was ihm die Frauen gewann und sie anlockte; er wußte das, und auch ihn selbst zog eine unbekannte Kraft zu ihnen hin.

Häufige und tatsächlich bittere Erfahrung hatte ihn schon längst gelehrt, daß jede Annäherung, die anfangs eine so angenehme Abwechslung in das Leben bringt und als ein liebes, angenehmes Abenteuer erscheint, bei ordentlichen Menschen, und besonders bei den schwerfälligen, unentschlossenen Moskauern, sich unvermeidlich zu einer aufreibenden und ungemein schwierigen Aufgabe auswächst und schließlich eine kritische Lage verursacht. Aber bei jeder neuen Begegnung mit einer interessanten Frau war diese Erfahrung irgendwie dem Gedächtnis entschwunden, und im Verlangen nach Leben schien alles so einfach und unterhaltend zu sein.

Und so speiste er denn einmal gegen Abend im Park, und die Dame im Barett kam langsamen Schrittes heran, um sich an den Nebentisch zu setzen. Ihr Gebaren und Gang, ihre Kleidung und Frisur sagten ihm, daß sie aus guter Gesellschaft sei, verheiratet, zum ersten Male in Jalta und allein, daß sie sich hier langweile ... An den Erzählungen über die Unkeuschheit der Sitten auf Jalta war viel Unwahres,er verachtete sie und wußte, daß derartige Erzählungen meist von Leuten erfunden wurden, die selbst gern gesündigt hätten, wenn sie es verstanden hätten; als sich aber die Dame drei Schritte von ihm an den Nebentisch setzte, fielen ihm diese Erzählungen von leichten Siegen und von Ausflügen ins Gebirge ein, und der verführerische Gedanke an eine rasche, flüchtige Liaison, an eine Liebesgeschichte mit einer unbekannten Frau, deren Namen man nicht weiß, wurde plötzlich in ihm mächtig.

Freundlich lockte er den Spitz zu sich heran, und als er herangekommen war, drohte er ihm mit dem Finger. Der Spitz fing zu knurren an. Gurow drohte noch einmal.

Die Dame blickte ihn an und senkte sofort die Augen.

»Er beißt nicht«, sagte sie und errötete.

»Darf ich ihm einen Knochen geben?« Und als sie bejahend mit dem Kopf nickte, fragte er freundlich: »Sie sind schon lange in Jalta?«

»Etwa fünf Tage.«

»Und ich verbringe hier schon die zweite Woche.«

Sie schwiegen ein Weilchen.

»Die Zeit vergeht rasch, und doch ist es hier so langweilig!« sagte sie, ohne ihn anzublicken.

»Es ist üblich zu sagen, daß es hier langweilig sei. Der Spießbürger lebt irgendwo in einem Nest wie Beljow oder Shisdra — und dort langweilt er sich nicht; wenn er aber hierherkommt, heißt es: ›Ach, wie langweilig! Ach, welcher Staub!‹ Man könnte annehmen, er sei aus Granada hergekommen.«

Sie lachte auf. Dann aßen sie beide schweigend weiter wie Unbekannte, aber nach dem Essen gingen sie nebeneinanderher — und es begann ein scherzhaftes, leichtes

Gespräch, wie es freie und zufriedene Menschen führen, denen es gleichgültig ist, wohin sie gehen und worüber sie sprechen. Sie promenierten auf und ab und sprachen darüber, wie seltsam das Meer beleuchtet sei: das weiche und warme Wasser war fliederfarben, und vom Mond ging ein goldener Streifen darüber hin. Sie sprachen davon, wie schwül es nach dem heißen Tage sei. Gurow erzählte, daß er Moskauer und seiner Ausbildung nach Philologe, jetzt aber bei einer Bank angestellt sei; daß er sich einst darauf vorbereitet habe, auf einer privaten Opernbühne aufzutreten, es aber aufgegeben habe; daß er in Moskau zwei Häuser besitze ... Und von ihr erfuhr er, daß sie in Petersburg aufgewachsen sei, aber nach Ss. geheiratet habe, wo sie bereits zwei Jahre lebe, daß sie in Jalta noch etwa einen Monat bleiben und ihr Mann vielleicht herkommen werde, der sich auch erholen wolle. Sie war nicht imstande zu erklären, wo ihr Mann tätig sei — in der Gouvernementsverwaltung oder im Landschaftsamt, und das erschien ihr selbst komisch. Und Gurow erfuhr noch, daß sie Anna Sergejewna heiße.

Später in seinem Hotelzimmer dachte er, daß sie ihm morgen sicherlich begegnen werde. So mußte es sein. Als er zu Bett ging, überlegte er bei sich, daß sie noch vor kurzer Zeit Schülerin gewesen sei, genauso wie jetzt seine Tochter. Es fiel ihm ein, wieviel Schüchternheit, Eckigkeit in ihrem Lachen, in ihrem Gepräch mit einem Unbekannten gewesen sei — und zweifellos war sie zum erstenmal in ihrem Leben allein, in einer solchen Situation, wo man ihr nachging, sie ansah und mit ihr sprach, immer nur mit dem einen heimlichen Ziele, das sie doch erraten mußte. Er dachte an ihren feinen und dünnen Hals, die schönen grauen Augen.

›Sie hat etwas Rührendes an sich‹, dachte er und schlief ein.

2

Eine Woche war vergangen, seitdem sie sich kennengelernt hatten. Es war Feiertag. In den Zimmern drückte die Schwüle, auf den Straßen aber wirbelte der Wind den Staub auf und riß die Hüte von den Köpfen. Den ganzen Tag über empfand man Durst, und Gurow ging häufig in den Pavillon und bot Anna Sergejewna bald Wasser mit Sirup, bald Eis an. Man wußte nicht, wo man bleiben sollte.

Abends, als es etwas stiller geworden war, gingen sie auf die Mole, um zuzusehen, wie der Dampfer ankam. An der Anlegestelle waren viele Spaziergänger, die sich versammelt hatten, um jemand zu empfangen, sie hatten Blumensträuße in den Händen. Und deutlich fielen zwei Besonderheiten des eleganten Jaltaer Publikums in die Augen: Die alten Damen waren wie junge gekleidet, und man sah viele Generäle.

Da stürmische See herrschte, kam der Dampfer spät, nachdem die Sonne schon untergegangen war, und er mußte lange lavieren, ehe er an der Mole anlegte. Anna Sergejewna betrachtete den Dampfer und die Passagiere durch ihre Lorgnette, so als ob sie nach Bekannten suchte — und jedesmal, wenn sie sich Gurow zuwandte, glänzten ihre Augen. Sie sprach viel, und ihre Fragen waren abgerissen — sie selbst vergaß im Augenblick, wonach sie gefragt hatte; dann verlor sie in der Menge ihre Lorgnette.

Das elegante Publikum zerstreute sich, Menschen waren nicht mehr zu sehen, der Wind hatte sich gänzlich gelegt; Gurow und Anna Sergejewna standen da, als erwarteten sie, daß noch jemand aus dem Dampfer aussteige. Anna Sergejewna schwieg jetzt und roch an den Blumen, ohne Gurow anzusehen.

»Das Wetter hat sich gegen Abend etwas gebessert«, sagte er. »Wohin gehen wir jetzt? Sollten wir nicht irgendwohin fahren?«

Sie antwortete nichts.

Da blickte er sie aufmerksam an, und plötzlich umarmte er sie und küßte sie auf den Mund; ihn umgab der Duft und die Feuchte ihrer Blumen; sofort blickte er sich ängstlich um, ob sie jemand gesehen hätte.

»Gehen wir zu Ihnen ...«, sagte er leise.

Und beide gingen rasch.

In ihrem Zimmer war es schwül, es roch nach dem Parfüm, das sie im japanischen Laden gekauft hatte. Gurow dachte, indem er sie jetzt betrachtete: ›Was gibt es im Leben für Begegnungen!‹ Aus der Vergangenheit war ihm die Erinnerung an sorglose, gutmütige Frauen geblieben, die die Liebe fröhlich machte und die ihm dankbar waren für das Glück, wenn es auch sehr kurz war; an solche Frauen, wie zum Beispiel seine Frau, die ohne Aufrichtigkeit liebten, mit überflüssigen Gesprächen, affektiert, hysterisch, mit einem Ausdruck, als ob es sich nicht um Liebe, nicht um Leidenschaft handelte, sondern um etwas Bedeutungsvolleres. Auch an zwei, drei Frauen erinnerte er sich, sehr schöne, kalte, über deren Antlitz plötzlich ein raubtierartiger Ausdruck flog, der eigensinnige Wunsch, mehr zu nehmen, dem Leben mehr zu entreißen, als es zu geben vermag — das waren Frauen, die nicht mehr ganz jung, launisch, nachdenklich, herrschsüchtig und nicht klug waren; und wenn Gurow ihnen gegenüber erkaltete, dann erregte ihre Schönheit in ihm Haß, und die Spitzen an ihrer Wäsche kamen ihm dann wie Schuppen vor ...

Hier aber war es immer dieselbe Schüchternheit, Eckigkeit unerfahrener Jugend, das Gefühl der Unsicherheit; und es entstand der Eindruck des Abwartens, als hätte jemand plötzlich an die Türe gepocht. Anna Sergejewna, diese ›Dame mit dem Hündchen‹, verhielt sich zu dem, was geschehen war, ganz eigenartig, sehr ernst, so als ob sie ›gefallen‹ wäre — so schien es, und das war seltsam und unangebracht. Ihre Züge verblichen und verwelkten, das lange Haar hing ihr traurig ins Gesicht — sie versank, wie die Sünderin auf dem alten Gemälde, ganz in eine Trauerpose.

»Das war nicht gut«, sagte sie. »Sie sind der erste, der mich jetzt nicht achten wird.«

Auf ihrem Tisch im Zimmer lag eine Melone. Gurow schnitt sich ein Stück ab und aß es langsam. Es verging wenigstens eine halbe Stunde im Schweigen.

Anna Sergejewna war rührend, die Reinheit einer anständigen, naiven, lebensunerfahrenen Frau ging von ihr aus; die einsame Kerze, die auf dem Tisch brannte, erhellte kaum ihr Gesicht, aber man konnte sehen, daß es ihr schwer ums Herz war.

»Wie könnte ich wohl aufhören, dich zu achten?« fragte Gurow. »Du weißt selbst nicht, was du sprichst.«

»Möge Gott mir verzeihen!« sagte sie, und ihre Augen füllten sich mit Tränen. »Das ist entsetzlich.«

»Es ist, als wolltest du dich rechtfertigen.«

»Womit könnte ich mich rechtfertigen? Ich bin eine schlechte und gemeine Frau, ich verachte mich und denke nicht an Rechtfertigung. Nicht meinen Mann habe ich betrogen, sondern mich selbst. Und nicht jetzt erst, sondern schon lange betrüge ich ihn. Mein Mann ist vielleicht ein ehrlicher, guter Mensch, aber er ist ein Lakai! Ich weiß nicht, was er dort tut, wie er dient, ich weiß nur, daß er ein Lakai ist. Als ich ihn heiratete, war ich zwanzig Jahre alt, mich verzehrte die Neugierde, ich verlangte nach etwas Besserem; es gibt ja doch — sagte ich mir — ein anderes Leben. Ich wollte leben. Leben und leben ...

Die Neugier brannte mich ... Sie können das nicht verstehen, aber ich schwöre bei Gott, ich konnte mich nicht mehr beherrschen, irgend etwas ging mit mir vor, man konnte mich nicht zurückhalten, ich sagte meinem Manne, daß ich krank sei, und reiste hierher ... Und hier ging ich immer herum wie betäubt, wie wahnsinnig ... und jetzt bin ich eine gemeine, schlechte Frau geworden, die jeder verachten kann.«

Gurow wurde es bereits zu langweilig, zuzuhören; ihn reizte der naive Ton, diese so unerwartete und unangebrachte Beichte; hätte sie nicht Tränen in den Augen gehabt, so hätte man denken können, daß sie scherze oder eine Rolle spiele.

»Ich verstehe nicht«, sagte er leise, »was ... willst du nur?«

Sie verbarg ihr Gesicht an seiner Brust und schmiegte sich an ihn.

»Glauben Sie, glauben Sie mir, ich beschwöre Sie ...«, sagte sie. »Ich liebe das ehrliche, saubere Leben, und die Sünde ist mir zuwider; ich weiß selbst nicht, was ich tue. Die einfachen Leute sagen: Der Böse hat sie verführt. Auch ich kann jetzt von mir sagen, daß der Böse mich verführt hat.«

»Genug, genug ...«, murmelte er.

Er blickte ihr in die starren, erschrockenen Augen, küßte sie, sprach still und freundlich, und allmählich beruhigte sie sich, und die Heiterkeit kehrte zu ihr zurück; beide begannen zu lachen.

Als sie dann hinausgingen, war am Strande kein Mensch mehr; die Stadt mit ihren Zypressen hatte ein völlig totes Aussehen, doch das Meer rauschte noch und schlug an das Ufer; eine Barkasse schaukelte auf den Wellen, und schläfrig blinkte ihre kleine Laterne.

Sie fanden eine Droschke und fuhren nach Oreanda.

»Ich habe eben unten im Vestibül deinen Familiennamen erfahren: auf der Tafel steht: von Diederitz«, sagte Gurow. »Dein Mann ist Deutscher?«

»Nein, sein Großvater, glaube ich, war Deutscher, er selbst ist rechtgläubig.«

In Oreanda saßen sie auf der Bank, nicht weit von der Kirche, blickten auf das Meer hinab und schwiegen. Jalta war durch den Morgennebel kaum zu sehen; auf den Gipfeln der Berge standen unbeweglich weiße Wolken. Das Laub an den Bäumen regte sich nicht; die Zikaden zirpten, und das einförmige, dumpfe Tosen des Meeres, das von unten heraufdrang, sprach von Ruhe, von dem ewigen Schlaf, der uns erwartet. So rauschte es unten, als es dort weder Jalta noch Oreanda gab, so rauscht es jetzt und wird ebenso gleichgültig und dumpf rauschen, wenn wir nicht mehr sein werden. Und in dieser Beständigkeit, der vollen Gleichgültigkeit gegenüber Leben und Tod eines jeden von uns, ist vielleicht das Pfand unsres ewigen Heils verborgen, der unaufhörlichen Bewegung des Lebens auf der Erde, der unaufhörlichen Vervollkommnung. Neben dieser jungen Frau sitzend, die in der Morgendämmerung so schön erschien, beruhigt und bezaubert angesichts dieser märchenhaften Szenerie — des Meeres, der Berge, der Wolken, des weiten Himmels, dachte Gurow daran, daß im Grunde, wenn man es recht überlege, alles in dieser Welt schön sei, alles, mit Ausnahme dessen, was wir selbst denken und tun, wenn wir die höheren Ziele des Daseins, wenn wir unsere menschliche Würde vergessen.

Es trat irgendein Mensch heran, augenscheinlich ein Wächter, sah sie an und ging fort. Und diese Einzelheit schien so geheimnisvoll und auch schön. Man konnte sehen, wie der Dampfer aus Feodossja kam, beleuchtet von der Morgenröte und bereits ohne Lichter.

»Es liegt Tau auf dem Gras«, sagte Anna Sergejewna nach langem Schweigen.

»Ja. Es ist Zeit, nach Hause zu fahren.«

Sie kehrten in die Stadt zurück.

Danach trafen sie sich jeden Mittag am Strande, frühstückten gemeinsam, aßen Mittag, promenierten, bewunderten das Meer. Sie klagte, daß sie schlecht schlafe und daß ihr Herz unruhig schlage, stellte immer ein und dieselben Fragen, bald von Eifersucht, bald von der Furcht gequält, daß er sie nicht genügend achte. Und auf dem Square oder im Park, wenn niemand in der Nähe war, zog er sie plötzlich an sich und küßte sie leidenschaftlich. Der vollkommene Müßiggang, diese Küsse am hellen Tage mit dem Umschauen und der Furcht, daß sie jemand gesehen hätte, die Hitze, der Geruch des Meeres und der beständige Anblick müßiger, geputzter, satter Menschen hatten ihn wie umgewandelt; er sprach zu Anna Sergejewna davon, wie schön, wie verführerisch sie sei, war ungeduldig, leidenschaftlich, ging auch nicht einen Schritt von ihr fort; sie aber versank häufig in Nachdenken und bat ihn beständig, einzugestehen, daß er sie nicht achte, durchaus nicht liebe und in ihr nur eine banale Frau sehe. Fast jeden Abend, ziemlich spät, fuhren sie irgendwohin aus der Stadt hinaus, nach Oreanda oder zum Wasserfall; und die Ausflüge gelangen immer gut, jedesmal war der Eindruck unveränderlich schön und großartig.

Sie warteten darauf, daß ihr Mann einträfe. Aber es kam ein Brief von ihm, in dem er mitteilte, daß er an einer Augenkrankheit leide, und er bat seine Frau, so rasch wie möglich nach Hause zurückzukehren. Anna Sergejewna begann sich zu beeilen.

»Es ist gut, daß ich abreise«, sagte sie zu Gurow. »Das ist ein Wink des Schicksals.«

Sie reiste im Wagen ab, und er begleitete sie. Sie fuhren

den ganzen Tag. Als sie in den Kurierzug einstieg, und das zweite Glockenzeichen ertönte, sagte sie: »Lassen Sie sich noch einmal anschauen ... Ich will Sie noch einmal sehen. So ...« Sie weinte nicht, war aber traurig, als wäre sie krank, und ihr Gesicht zuckte.

»Ich werde an Sie denken ... mich Ihrer erinnern«, sagte sie. »Gott sei mit Ihnen. Denken Sie nicht schlecht von mir. Wir sagen für immer Lebewohl, so muß es sein; denn wir hätten uns niemals begegnen dürfen. Nun, Gott sei mit Ihnen.«

Der Zug fuhr rasch ab, seine Lichter verschwanden bald, und schon nach einer Minute hörte man kein Geräusch mehr, als ob sich alles verschworen hätte, so rasch wie möglich diese süße Hingerissenheit, diesen Wahn zu zerstören. Auf dem Bahnsteig zurückgeblieben und in die dunkle Ferne starrend, hörte Gurow das Zirpen der Grillen und das Summen der Telegrafendrähte mit einem Gefühl, als wäre er soeben erst erwacht. Und er dachte daran, daß er nun in seinem Leben noch ein Erlebnis oder Abenteuer gehabt hätte und daß auch dies nun schon vorüber und jetzt nur die Erinnerung geblieben sei. Er war gerührt, traurig und fühlte eine leichte Reue; denn diese junge Frau, die er nicht mehr wiedersehen würde, war mit ihm nicht glücklich; er war freundlich und herzlich zu ihr gewesen, aber immer war in seinem Umgang mit ihr, in seinem Ton und in seinen Liebkosungen ein Schatten leichten Spottes, der etwas rohe Hochmut des glücklichen Mannes durchgekommen, der dazu noch fast doppelt so alt war wie sie. Die ganze Zeit über hatte sie ihn einen guten, ungewöhnlichen, erhabenen Menschen genannt; anscheinend kannte sie ihn nicht als den, der er in der Tat war; das heißt, unwillkürlich betrog er sie ...

Hier auf der Station roch es schon nach Herbst, der Abend war kühl.

›Auch für mich ist es an der Zeit, wieder in den Norden zurückzukehren‹, dachte Gurow, als er den Bahnsteig verließ. ›Es ist Zeit!‹

3

Zu Hause in Moskau war schon alles winterlich; man heizte die Öfen, und morgens, wenn sich die Kinder zur Schule fertig machten und Tee tranken, war es noch dunkel, und die Kinderfrau machte für einige Zeit Licht. Die Kälte hatte schon eingesetzt. Wenn der erste Schnee fällt, am ersten Tage der Schlittenfahrt ist es angenehm, die weiße Erde und die weißen Dächer zu sehen, es atmet sich weich und angenehm, und die jungen Jahre fallen einem ein. Die alten Linden und Birken, weiß vom Reif, sehen gutmütig aus, sie sind dem Herzen näher als die Zypressen und Palmen, und in ihrer Nähe mag man an Gebirge und Meer nicht denken.

Gurow war Moskauer. Er kehrte an einem schönen Frosttage in seine Heimatstadt zurück, und als er im Pelz und in warmen Handschuhen über die Petrowka ging, als er am Samstagabend das Glockenläuten hörte, da verloren die soeben beendete Reise und die Orte, in denen er gewesen war, für ihn jeden Reiz. Nach und nach tauchte er im Moskauer Leben unter, las täglich drei Zeitungen und behauptete, daß er grundsätzlich Moskauer Zeitungen nicht lese. Es zog ihn schon in die Restaurants und Klubs, zu Diners und Jubiläen, und es schmeichelte ihm schon wieder, daß bei ihm berühmte Advokaten und Künstler verkehrten und daß er im Klub der Doktoren mit einem Professor Karten spielte. Er konnte bereits eine ganze Portion Soljanka auf der Pfanne verspeisen ...

Es wird etwa ein Monat vergehen, und Anna Sergejewna, so vermeinte er, wird in seiner Erinnerung von einem Nebel zugedeckt werden, und nur zuweilen wird sie mit ihrem rührenden Lächeln im Traume erscheinen, wie auch die andern Frauen erschienen. Aber es war bereits mehr als ein Monat vergangen, der tiefe Winter war eingebrochen, und in seinem Gedächtnis blieb alles klar, deutlich, so als ob er sich erst gestern von Anna Sergejewna getrennt hätte. Und die Erinnerungen brannten immer stärker und stärker. Wenn in der abendlichen Stille die Stimmen der Kinder, die ihre Schularbeiten machten, in sein Zimmer drangen, wenn er eine Romanze oder das Orchestrion im Restaurant hörte, wenn der Schneesturm im Kamin heulte — so erstand in seiner Erinnerung alles; das, was auf der Mole geschehen war, der frühe Morgen mit dem Nebel auf den Bergen, der Dampfer aus Feodossja und die Küsse. Lange ging er im Zimmer auf und ab, dachte daran und lächelte, die Erinnerungen verwandelten sich in Träumereien, und die Vergangenheit vermischte sich in seiner Vorstellung mit dem Zukünftigen. Anna Sergejewna erschien ihm nicht als Traumbild, sondern folgte ihm wie ein Schatten überallhin und beobachtete ihn. Wenn er die Augen schloß, sah er sie lebend vor sich, und sie schien ihm schöner, jünger, zärtlicher, als sie es gewesen war, und auch er selbst kam sich besser vor, als er es damals in Jalta gewesen war. Sie blickte ihn abends aus dem Bücherschrank an, aus dem Kamin, aus der Ecke, er hörte ihren Atem, das liebliche Rauschen ihres Kleides. Auf der Straße verfolgte er die Frauen mit seinen Blicken und prüfte, ob nicht eine von ihnen ihr ähnelte.

Und schon begann ihn der heftige Wunsch zu quälen, mit irgend jemand seine Erinnerungen zu teilen. Aber zu Hause konnte er über seine Liebe nicht sprechen, und außerhalb des Hauses fand er niemand. Keinen unter den

Mietern und keinen in der Bank. Und was sollte er denn erzählen? Hatte er denn damals geliebt? War denn irgend etwas Schönes, Poetisches oder Lehrreiches oder einfach Interessantes in seinen Beziehungen zu Anna Sergejewna gewesen? Und wenn er unbestimmt über Liebe oder über Frauen sprach, so konnte niemand erraten, worum es sich handelte, und nur seine Frau bewegte ihre dunklen Augenbrauen und sagte: »Dimitrij, dir liegt die Rolle eines Don Juan durchaus nicht.«

Als er einmal nachts mit seinem Spielpartner, einem Beamten, aus dem Klub der Doktoren kam, konnte er sich nicht enthalten zu sagen. »Wenn Sie wüßten, was für eine bezaubernde Frau ich in Jalta kennengelernt habe!«

Der Beamte stieg in den Schlitten und fuhr ab, plötzlich aber drehte er sich um und rief: »Dmitrij, Dmitritsch!«

»Was gibt's?«

»Heute abend hatten Sie recht: das Störfleisch hatte einen Stich!«

Diese einfachen Worte empörten plötzlich Gurow und schienen ihm erniedrigend, unsauber. Was für rohe Sitten, was für Gesichter! Was für sinnlose Nächte, was für uninteressante, nichtige Tage! Das wüste Kartenspiel, üppige Essereien, Trunk, beständige Gespräche über ein und dasselbe. Die unnützen Geschäfte und die Gespräche über ein und dasselbe nehmen den besten Teil der Zeit, unsere besten Kräfte für sich in Anspruch, und zu guter Letzt bleibt ein schwanz-und flügelloses Leben zurück, ein reines Larifari; wir können ihm nicht entgehen und nicht entfliehen, so als säßen wir im Narrenhaus oder im Gefängnis!

Gurow schlief die ganze Nacht nicht und war aufgeregt, er hatte dann den ganzen Tag Kopfschmerzen. Auch in den folgenden Nächten schlief er schlecht, saß immer aufrecht im Bett und dachte hin und her, oder er ging aus einer Ecke in die andere. Die Kinder waren ihm zuwider, die Bank ebenfalls, er hatte nicht Lust, irgendwohin zu gehen oder über etwas zu sprechen.

Im Dezember in den Feiertagen machte er sich auf die Reise und sagte seiner Frau, daß er nach Petersburg fahre, um sich für einen jungen Menschen zu verwenden — und er reiste nach Ss. Warum? Er wußte es selbst nicht recht. Er wollte Anna Sergejewna wiedersehen und mit ihr sprechen, wenn möglich ein Wiedersehen mit ihr verabreden.

In Ss. kam er des Morgens an und nahm im Hotel das beste Zimmer, in dem der ganze Fußboden mit grauem Soldatentuch bezogen war; auf dem Tische stand ein verstaubtes Tintenfaß mit einem Reiter, dessen Kopf abgeschlagen war und dessen eine Hand einen Hut schwenkte. Der Portier gab ihm die nötigen Auskünfte: Von Diederitz wohne in der Alten Töpferstraße, im eigenen Hause, nicht weit vom Hotel, er wohne gut, reich, habe eigene Pferde, alle kennen ihn in der Stadt. Der Portier sprach den Namen Driederitz aus.

Gurow ging gemächlich zur Alten Töpferstraße und suchte das Haus auf. Gerade dem Haus gegenüber zog sich ein grauer, langer, oben mit Nägeln besetzter Zaun hin.

›Vor einem solchen Zaun kann man fliehen‹, dachte Gurow und schaute bald auf die Fenster, bald auf den Zaun.

Er überlegte: Heute ist Feiertag, und der Mann ist wahrscheinlich zu Haus. Aber in jedem Falle wäre es taktlos gewesen, ins Haus einzutreten und Verwirrung zu stiften. Wenn er ein Briefchen schicken würde, könnte es dem Mann in die Hände geraten, und dann wäre alles verdorben. Am besten wäre es, sich auf den Zufall zu verlassen. Und so ging er denn immerfort auf der Straße auf und ab und am Zaun entlang und wartete auf diesen Zufall. Er sah, wie ein Bettler ins Hoftor hineinging und die Hunde über ihn herfielen; dann, nach einer Stunde, hörte er Klavierspiel, und die Töne drangen schwach und undeutlich zu ihm hin. Es war wohl Anna Sergejewna, die spielte. Plötzlich öffnete sich die Haustür, und eine alte Frau kam heraus, der der bekannte weiße Spitz nachlief. Gurow wollte den Hund rufen, aber plötzlich begann sein Herz zu klopfen, und vor Erregung fiel ihm der Name des Spitzes nicht ein.

Er ging auf und ab und haßte immer mehr und mehr den grauen Zaun und dachte schon gereizt daran, daß Anna Sergejewna ihn vergessen habe und sich vielleicht bereits mit einem andern zerstreue — und das sei so natürlich in der Lage einer jungen Frau, die gezwungen sei, von morgens bis abends diesen verdammten Zaun anzusehen. Er kehrte in sein Hotelzimmer zurück und saß lange auf dem Sofa; was er tun sollte, wußte er nicht, dann aß er zu Mittag und schlief lange.

›Wie dumm und beunruhigend ist das alles‹, dachte er, als er aufgewacht war und die dunklen Fenster betrachtete; es war schon Abend. ›Da habe ich mich nun auch noch ausgeschlafen. Was werde ich jetzt nachts anfangen?‹

Er saß auf dem Bett, auf dem eine billige graue Decke wie in einem Krankenhause lag, und höhnte sich ärgerlich: »Da hast du die Dame mit dem Hündchen ... Da hast du nun das Abenteuer ... Nun kannst du hier sitzen.«

Morgens, auf dem Bahnhof, war ihm ein Plakat mit sehr großen Buchstaben aufgefallen: ›Geisha‹ wurde zum ersten Male gegeben. Es fiel ihm jetzt ein, und er fuhr ins Theater.

›Sehr wohl möglich, daß sie die Premieren besucht‹, dachte er.

Das Theater war voll besetzt. Auch hier, wie in allen Provinztheatern, hing über dem Kronleuchter ein Dunst, und die Galerie war sehr unruhig; in der ersten Reihe standen vor dem Beginn der Vorstellung die Elegants der Stadt, die Hände auf dem Rücken; auch hier saß in der Gouvernementsloge vorn die Tochter des Gouverneurs mit einer Boa, während der Gouverneur selbst sich bescheiden hinter einer Portiere verbarg, so daß nur seine Hände zu sehen waren; der Vorhang bewegte sich hin und her, im Orchester stimmte man anhaltend die Instrumente. Die ganze Zeit, während der das Publikum eintrat und die Plätze einnahm, suchte Gurow gespannt mit den Augen.

Auch Anna Sergejewna kam herein. Sie nahm in der dritten Reihe Platz, und als Gurow sie ansah, krampfte sich sein Herz zusammen, deutlich empfand er, daß für ihn jetzt auf der ganzen Welt kein Mensch näher, teurer und wichtiger sei. Diese kleine und durch nichts bemerkenswerte Frau, die sich in der provinziellen Menge verlor, mit einer gewöhnlichen Lorgnette in der Hand, erfüllte jetzt sein ganzes Leben, war sein Kummer, seine Freude, das einzige Glück, das er sich jetzt wünschte. Und bei den Tönen des schlechten Orchesters, der elenden, gewöhnlichen Geigen dachte er daran, wie schön sie sei. Er dachte an sie und träumte ...

Ein junger Mann mit kleinem Backenbart, groß und gebückt gehend, trat mit Anna Sergejewna zusammen ein und setzte sich neben sie. Bei jedem Schritt nickte er mit dem Kopf und schien sich beständig zu verneigen. Wahrscheinlich war das ihr Mann, den sie damals in Jalta in einer bitteren Gefühlsaufwallung einen Lakai genannt hatte. Und tatsächlich lag in seiner langen Gestalt, in seinem Backenbart, seiner kleinen Glatze etwas lakaienhaft Bescheidenes; er lächelte süß, und in seinem Knopfloch glänzte irgendein akademisches Abzeichen, wie die Nummer eines Kellners.

In der ersten Pause ging ihr Mann hinaus, um zu rauchen, während sie im Sessel sitzen blieb. Gurow, der ebenfalls im Parkett saß, ging zu ihr heran und sagte mit zitternder Stimme und gezwungenem Lächeln: »Guten Tag.«

Sie blickte ihn an und erbleichte, sah ihn noch einmal voller Entsetzen an und traute ihren Augen nicht; sie drückte mit ihren Händen fest den Fächer und die Lorgnette, augenscheinlich mit sich kämpfend, um nicht in Ohmacht zu fallen. Beide schwiegen. Sie saß, und er stand, erschrocken über ihre Verwirrung, und hatte nicht den Mut, neben ihr Platz zu nehmen. Geigen und Flöten wurden gestimmt. Plötzlich stockte beiden der Atem, und es schien, daß man aus allen Logen auf sie blickte. Da stand sie auf und ging rasch zum Ausgang; er folgte ihr, und so gingen sie ziellos über Korridore und Treppen, hinauf, hinunter; vor ihren Augen tauchten allerhand Leute in Uniformen auf, immer mit Abzeichen; sie sahen Damen und Pelze an den Garderoben; Zugwind wehte und umgab sie mit dem Geruch von Zigarrenresten. Und Gurow, dessen Herz heftig klopfte, dachte: ›Oh, mein Gott! Wozu sind diese Menschen, ist dies Orchester da ...‹

Und in diesem Augenblick erinnerte er sich plötzlich, wie er sich damals auf der Station, als er Anna Sergejewna begleitete, gesagt hatte, daß alles nun zu Ende sei und sie sich nie mehr sehen würden. Aber wie weit war es jetzt noch bis zum Ende!

Auf einer schmalen, finsteren Treppe mit der Aufschrift ›Eingang zum Amphitheater‹ blieb sie stehen.

»Wie haben Sie mich erschreckt!« sagte sie, schwer atmend, immer noch bleich und benommen. »Oh, wie haben

Sie mich erschreckt! Ich bin halb tot. Warum sind Sie hergekommen? Warum?«

»Aber begreifen Sie doch, Anna, begreifen Sie ...«, sagte er hastig und halblaut. »Ich flehe Sie an, begreifen Sie doch ...«

Sie sah ihn an, mit Furcht, mit Flehen, voll Liebe, sie sah ihn aufmerksam an, um seine Züge möglichst fest im Gedächtnis zu behalten.

»Ich leide so!« fuhr sie fort, ohne auf ihn zu hören. »Ich habe die ganze Zeit über nur an Sie gedacht, ich lebte nur in Gedanken an Sie. Ich wollte vergessen, vergessen — aber warum, warum sind Sie hergekommen!«

Etwas höher, auf dem Treppenabsatz, rauchten zwei Gymnasiasten und blickten herab, aber Gurow war es ganz gleich, er zog Anna Sergejewna an sich und begann ihr Gesicht, ihre Wangen, ihre Hände zu küssen.

»Was tun Sie, was tun Sie!« sagte sie entsetzt und schob ihn von sich. »Wir haben beide den Verstand verloren. Reisen Sie heute noch, reisen Sie sofort ... Ich beschwöre Sie bei allen Heiligen, ich flehe Sie an ... Man kommt hierher!«

Jemand kam die Treppe herauf.

»Sie müssen abreisen ...«, fuhr Anna Sergejewna flüsternd fort. »Hören Sie, Dmitrij, Dmitritsch? Ich werde zu Ihnen nach Moskau kommen. Ich bin niemals glücklich gewesen, jetzt bin ich unglücklich, und ich werde niemals glücklich sein, niemals! Lassen Sie mich nicht noch mehr leiden! Ich schwöre, daß ich nach Moskau komme. Und jetzt wollen wir uns trennen! Mein, Mein Lieber, Guter, Teurer, trennen wir uns!«

Sie drückte seine Hand und begann rasch hinabzusteigen, immerzu sich nach ihm umsehend; an ihren Augen konnte man erkennen, daß sie in der Tat nicht glücklich war. Gurow stand noch eine Weile da, lauschte — dann, als alles still geworden war, suchte er seine Garderobe und verließ das Theater.

4

Und Anna Sergejewna begann zu ihm nach Moskau zu fahren. Alle zwei, drei Monate reiste sie einmal von Ss. fort und erzählte ihrem Manne, sie fahre, sich mit dem Professor wegen ihres Frauenleidens zu beraten — ihr Mann glaubte und glaubte nicht. Als sie nach Moskau kam, stieg sie im ›Slawischen Bazar‹ ab und schickte sofort einen Dienstmann in roter Mütze zu Gurow hin. Gurow kam zu ihr, und niemand in Moskau wußte davon.

So war er an einem Wintermorgen zu ihr unterwegs — der Dienstmann hatte ihn am Abend vorher nicht angetroffen. Mit ihm ging seine Tochter, die er bis zum Gymnasium begleiten wollte, da das am Wege lag. Der Schnee fiel in großen, feuchten Flocken.

»Jetzt sind drei Grad Wärme, und doch fällt Schnee«, sagte Gurow zu seiner Tochter. »Jedoch diese Wärme ist nur auf der Erdoberfläche, in den höheren Schichten der Atmosphäre herrscht eine ganz andere Temperatur.«

»Papa, aber warum gibt es im Winter keinen Donner?«

Er erklärte auch dies. Er sprach und dachte daran, daß er jetzt zum Rendezvous gehe und keine lebende Seele davon wisse und wahrscheinlich nie auch davon wissen werde. Er hatte zwei Leben: ein öffentliches, das jeder, dem es darum zu tun war, sah und kannte, ein Leben voll konventioneller Wahrheit und konventionellen Betruges, dem seiner Bekannten und Freunde völlig ähnlich — und dazu ein anderes — das in Heimlichkeit dahinfloß. Und infolge eines seltsamen, vielleicht zufälligen Zusammentreffens der Umstände verlief alles, was für ihn wichtig, interessant, notwendig war, worin er aufrichtig war und sich selbst nicht täuschte, was den Kern seines Lebens bildete, heimlich vor den andern Menschen; alles aber, was an ihm Lüge, an ihm Hülle war, in die er sich versteckte, um die Wahrheit zu verbergen, wie zum Beispiel seine Stellung in der Bank, die Gespräche im Klub, seine ›niedere Rasse‹, die Teilnahme an Festmählern gemeinsam mit seiner Frau — alles das war öffentlich. Und von sich schloß er auf andere, er glaubte dem nicht, was er sah, und vermutete immer, daß bei jedem Menschen unter der Hülle des Geheimnisses wie unter der Hülle der Nacht sein wirkliches, sein wirklich interessantes Leben erst vor sich gehe. Jede persönliche Existenz ruht auf dem Grunde des Geheimnisses, und vielleicht bemüht sich der Kulturmensch zum Teil nur deswegen so nervös darum, daß das persönliche Geheimnis geachtet werde.

Nachdem Gurow seine Tochter zum Gymnasium gebracht hatte, begab er sich in den ›Slawischen Bazar‹. Er legte unten seinen Pelz ab, stieg hiauf und klopfte leise an die Tür. Anna Sergejewna, von Reise und Erwartung ermüdet, trug sein graues Lieblingskleid; seit dem Abend wartete sie auf ihn; sie war bleich, sah ihn an und lächelte nicht, und kaum war er eingetreten, sank sie schon an seine Brust. Als ob sie sich zwei Jahre nicht gesehen hätten, war ihr Kuß lang und anhaltend.

»Nun, wie geht es dir hier?« fragte er. »Was gibt es Neues?«

»Warte, ich will es dir sogleich sagen ... Jetzt kann ich es nicht.«

Sie konnte nicht reden, weil sie weinte. Sie wandte sich von ihm ab und drückte ihr Taschentuch an die Augen.

›Nun, soll sie sich nur ausweinen, ich werde warten‹, dachte er und setzte sich in einen Lehnstuhl.

Dann läutete er und bestellte sich Tee; noch während

er den Tee trank, stand sie immer noch, zum Fenster abgewandt, da ... Sie weinte vor Erregung, vor der niederschlagenden Erkenntnis, daß ihr Leben sich so traurig gestaltet hatte: nur heimlich können sie sich sehen, sie verstecken sich wie Diebe vor den Menschen! Ist also nicht ihr Leben zerschlagen?

»Nun, höre auf!« sagte er endlich.

Für ihn war es klar, daß diese ihre Liebe noch nicht so bald, wer weiß wann, ein Ende nehmen werde. Anna Sergejewna schloß sich immer stärker an ihn an, sie vergötterte ihn, und es wäre undenkbar gewesen, ihr zu sagen, daß alles dies einstmals ein Ende haben müsse; und sie hätte auch nicht daran geglaubt.

Er trat an sie heran und faßte sie an den Schultern, um sie zu liebkosen, und in diesem Augenblick sah er sich im Spiegel.

Sein Kopf fing schon an zu ergrauen. Und es schien ihm sonderbar, daß er in den letzten Jahren so alt geworden war und so verloren hatte. Die Schultern, auf denen seine Hände ruhten, waren warm und bebten. Er fühlte Mitleid mit diesem Leben, das noch so warm und schön, aber vielleicht schon nahe daran war zu verbleichen und zu verwelken, wie sein Leben. Warum liebte sie ihn so?

Immer war er den Frauen nicht als der erschienen, der er war, und sie liebten in ihm nicht ihn selbst, sondern den Menschen, den ihre Phantasie sich schuf und den sie in ihrem Leben gierig suchten; und wenn sie dann ihren Irrtum wahrnahmen, liebten sie ihn dennoch. Und keine von ihnen war mit ihm glücklich gewesen. Die Zeit ging dahin — er machte Bekanntschaften, kam mit Frauen zusammen und trennte sich von ihnen, aber niemals hatte er wahrhaft geliebt; es war alles mögliche, doch keine Liebe.

Und erst jetzt, da sein Kopf zu ergrauen begann, liebte

er, wie es sein mußte, ganz echt — das erstemal in seinem Leben.

Anna Sergejewna und er liebten einander, wie sehr nahe, verwandte Menschen, wie Mann und Frau, wie zärtliche Freunde; ihnen schien es, daß das Schicksal selbst sie füreinander vorausbestimmt hatte, und es war unverständlich, warum er an seine Frau und sie an ihren Mann gefesselt war. Es war, als seien sie zwei Zugvögel, Männchen und Weibchen, die man gefangen hatte und in getrennten Käfigen zu leben zwang. Sie hatten einander verziehen, wessen sie sich in ihrer Vergangenheit schämten, sie verziehen alles in der Gegenwart und fühlten, daß diese ihre Liebe sie beide verwandelt hatte.

Früher, in traurigen Augenblicken, pflegte er sich mit allen möglichen Betrachtungen zu beruhigen, wie sie ihm gerade in den Sinn kamen — jetzt aber war es ihm nicht um Betrachtungen zu tun, er fühlte tiefes Mitleid, er wollte aufrichtig, zärtlich sein ...

»Hör auf, meine Liebe«, sagte er. »Du hast geweint — und nun ist's genug ... Jetzt wollen wir uns besprechen und uns irgend etwas ausdenken.«

Dann berieten sie sich lange, sie sprachen davon, wie sie sich von der Notwendigkeit befreien könnten, sich zu verstecken, zu betrügen, in verschiedenen Städten zu leben, sich so lange nicht zu sehen. Wie könnte man sich von diesen unerträglichen Fesseln befreien?

»Wie? Wie?«, fragte er, sich an den Kopf greifend. »Wie?« Und es kam ihnen so vor, daß nur noch weniges fehle — und die Lösung würde sich finden lassen, und dann würde ein neues, schönes Leben beginnen; und beiden war es klar, daß es bis zum Ende noch weit, sehr weit sei und daß das Komplizierteste und Schwerste jetzt erst beginne.

JONYTSCH

1

Wenn sich in der Gouvernementsstadt Ss. die Zugereisten über die Langeweile und Eintönigkeit des Lebens beklagten, so pflegten die Einheimischen wie zu ihrer Rechtfertigung zu erwidern, daß es sich im Gegenteil in Ss. sehr gut leben lasse, daß es in Ss. eine Bibliothek, ein Theater, einen Klub gebe, daß Bälle stattfänden, daß schließlich kluge, interessante und angenehme Familien vorhanden seien, mit denen man verkehren könne. Und dann wiesen sie gewöhnlich auf die Familie Turkin als auf die am meisten gebildete und talentierte hin.

Diese Familie bewohnte in der Hauptstraße neben dem Gouverneur ein eigenes Haus. Iwan Petrowitsch Turkin selbst, ein wohlbeleibter, hübscher brünetter Mann mit einem Backenbart, arrangierte gern Liebhabervorstellungen mit wohltätigem Zweck, spielte selber in ihnen alte Generale und pflegte dabei sehr komisch zu husten. Er kannte viele Anekdoten, Scharaden, Redensarten, liebte Neckereien und Witze, und immer hatte er einen eigenartigen Gesichtsausdruck, so daß man nicht wußte, ob er scherze oder ernsthaft spreche. Seine Frau Wera Jossifowna, eine schlanke gutaussehende Dame mit einem Pincenez, schrieb Erzählungen und Romane und las sie bereitwillig ihren Gästen vor. Die Tochter Jekaterina Iwanowna, ein junges Mädchen, spielte Klavier. Mit einem Wort, jedes Familienmitglied besaß sein besonderes Talent. Die Turkins waren gastfreundlich und zeigten fröhlich und in der Einfalt des Herzens ihre Talente. In ihrem großen Steinhause war es geräumig und des Sommers kühl; die Hälfte der Fenster ging auf den alten schattigen Garten hinaus, wo im Frühjahr die Nachtigallen sangen. Wenn Gäste im Hause waren, so klopften in der Küche die Messer, auf dem Hof roch es nach gerösteten Zwiebeln — und das verhieß jedesmal ein reichliches und schmackhaftes Abendessen.

Auch dem Doktor Dmitrij Jonytsch Starzew sagte man, als er gerade zum Kreisarzt bestellt war und sich in Djalish, neun Werst von Ss., niedergelassen hatte, daß er als gebildeter Mann unbedingt sich mit den Turkins bekannt machen müsse. Und einst im Winter stellte man ihn auf der Straße Iwan Petrowitsch vor; sie unterhielten sich über dies und jenes, über das Wetter, das Theater, die Cholera, und dann folgte eine Einladung. Im Frühjahr an einem Feiertag — es war Himmelfahrt — begab sich Starzew nach seiner Sprechstunde in die Stadt, um sich etwas zu zerstreuen und bei der Gelegenheit das eine und das andere einzukaufen. Er ging, ohne sich zu beeilen, zu Fuß (eigene Pferde hatte er damals noch nicht) und summte die ganze Zeit vor sich hin: »Als aus des Daseins Kelch ich Tränen noch nicht trank ...«

Er aß in der Stadt zu Mittag, ging im Stadtpark spazieren, dann fiel ihm unversehens die Einladung von Iwan Petrowitsch ein, und er beschloß, die Turkins zu besuchen und zu sehen, was das für Menschen seien.

»Ich grüße Sie, bitte sehr«, sagte Iwan Petrowitsch, der ihm auf der Treppe entgegenkam, »sehr, sehr freue ich mich, einen so angenehmen Gast bei mir zu sehen. Gehen wir, ich will Sie meiner Frau vorstellen. Ich sage ihm immer, Werotschka«, fuhr er fort, indem er den Doktor seiner Frau vorstellte, »ich sage ihm immer, daß er nicht das geringste Recht habe, bei sich im Krankenhaus zu hocken, er müsse seine freie Zeit der Gesellschaft widmen. Das ist doch wahr, Herzchen?«

»Setzen Sie sich hierher«, sagte Wera Jossifowna und ließ

den Gast neben sich Platz nehmen. »Sie können mir den Hof machen. Mein Mann ist eifersüchtig wie Othello, aber wir werden uns bemühen, uns so zu benehmen, daß er nichts merkt.«

»Ach, du Küchlein, du Fratz ...« murmelte zärtlich Iwan Petrowitsch und küßte sie auf die Stirn. »Sie sind im rechten Augenblick zu uns gekommen«, wandte er sich wieder an den Gast. »Meine Frau hat einen mächtig großen Roman geschrieben und wird ihn heute vorlesen.«

»Jeanchen«, sagte Wera Jossifowna zu ihrem Mann, »dites que l'on nous donne du thé.«*

Man stellte Starzew dann Jekaterina Jossifowna vor; sie war achtzehn Jahre alt, der Mutter sehr ähnlich, ebenso schlank und gut aussehend. Ihr Gesichtsausdruck war noch kindlich, sie hatte eine schmale, feine Gestalt, und die jungfräuliche, schon entwickelte, schöne, gesunde Brust sprach vom Frühling, von einem wirklichen Frühling. Dann trank man Tee mit Warenje, Honig, Konfitüren und sehr schmackhaften, auf der Zunge schmelzenden Biskuits. Als der Abend gekommen war, versammelten sich nach und nach die Gäste, und an jeden wandte sich Pawel Petrowitsch mit lachenden Augen und sagte: »Ich grüße Sie, bitte sehr.«

Später saßen alle mit sehr ernsten Gesichtern im Salon, und Wera Jossifowna las ihren Roman vor. Sie fing damit an: »Der Frost wurde stärker und stärker ...« Die Fenster waren weit geöffnet, man konnte hören, wie in der Küche die Messer klopften, und der Geruch gerösteter Zwiebeln drang herein ... In den weichen tiefen Sesseln war es behaglich, die Kerzen schimmerten freundlich im Halbdunkel des Salons; und jetzt, am Sommerabend, als von

* frz., Sagen Sie, es möchte der Tee gereicht werden.

der Straße Stimmen und Lachen heraufkamen und Fliederduft von draußen hereinzog, war es schwer zu fassen, wie denn der Frost immer stärker und stärker werden und die untergehende Sonne mit ihren kalten Strahlen die schneebedeckte Ebene und den Wanderer beleuchten konnte, der einsam seines Weges ging; Wera Jossifowna las, wie die junge, schöne Gräfin in ihren Dörfern Schulen, Krankenhäuser, Büchereien einrichtete und wie sie den herumwandernden Künstler liebgewann — sie las von Dingen, die es im Leben niemals gibt und die anzuhören dennoch angenehm und leicht war; so schöne und beruhigende Gedanken kamen einem in den Sinn, daß man gar nicht aufstehen wollte.

»Nicht dümmlich ...« murmelte leise Iwan Petrowitsch.

Und ein Gast, der zuhörte und dessen Gedanken irgendwo sehr, sehr weit herumschweiften, sagte kaum hörbar: »Ja ... wirklich ...«

Es verging eine Stunde, eine zweite. Im benachbarten Stadtpark spielte das Orchester, und ein Sängerchor sang. Als Wera Jossifowna ihr Heft zuklappte, schwieg man einige Minuten und lauschte auf das ›Lied vom Kienspan‹, das der Chor sang, und dies Lied gab das wieder, was im Roman nicht stand, was es aber im Leben zu geben pflegt.

»Lassen Sie Ihre Erzählungen in Zeitschriften erscheinen?« fragte Starzew Wera Jossifowna.

»Nein«, antwortete sie, »ich veröffentliche sie niemals. Ich schreibe sie nieder und verwahre sie im Schrank. Warum soll ich sie drucken lassen?« fuhr sie fort. »Wir haben ja Mittel genug zum Leben.«

Und alle seufzten aus irgendeinem Grunde auf.

»Nun, Katerchen, spiel du uns etwas vor«, sagte Iwan Petrowitsch zu seiner Tochter.

Man hob den Klavierdeckel hoch und schlug die Noten auf, die schon bereitlagen. Jekaterina Iwanowna setzte sich und schlug mi beiden Händen auf die Tasten ein; und sie schlug wieder mit voller Kraft auf sie und immer wieder und wieder; ihre Schultern und ihre Brust bebten, sie hämmerte hartnäckig immer an ein und derselben Stelle darauf los, und es schien, sie wolle nicht aufhören, ehe sie die Tasten ins Klavier hineingeschlagen habe. Der Salon hallte von dem Donner wider, alles erdröhnte: der Fußboden, die Decke, die Möbel ... Jekaterina Iwanowna spielte eine schwierige Passage, interessant gerade durch ihre Schwierigkeit, lang und einförmig, und Starzew malte sich beim Zuhören aus, wie von einem hohen Berge Steine herabsausen und immerzu herabsausen, und er wünschte, daß sie so rasch wie möglich herabzusausen aufhörten — und gleichzeitig gefiel ihm Jekaterina Iwanowna sehr, die rot vor Anstrengung war, kräftig, energisch und mit Locken, die auf ihre Stirn fielen. Nach dem in Djalish unter Kranken und Bauern zugebrachten Winter hier im Salon zu sitzen, dies junge, schöne und wahrscheinlich ganz reine Wesen anzuschauen, diese lauten, aufdringlichen und doch kultivierten Töne anzuhören war so angenehm, so neu ...

»Nun, Katerchen, heute hast du wie noch nie gespielt«, sagte Iwan Petrowitsch mit Tränen in den Augen, als seine Tochter aufgehört hatte und aufgestanden war. »Stirb nun, Denis, etwas Besseres wirst du nicht schreiben.«

Alle umringten sie, beglückwünschten, bewunderten sie, versicherten, sie hätten schon lange keine solche Musik gehört — sie aber hörte schweigend, kaum lächelnd zu, und ihre ganze Gestalt drückte Triumph aus.

»Wunderschön! Ausgezeichnet!«

»Wunderschön!« sagte auch Starzew, von der allgemeinen Begeisterung mitgerissen. »Wo haben Sie Musik studiert?« fragte er Jekaterina Iwanowna. »Auf dem Konservatorium?«

»Nein, ich bereite mich jetzt erst aufs Konservatorium vor, bisher habe ich hier bei Madame Sawlowskaja gelernt.«

»Sie sind auf das hiesige Gymnasium gegangen?«

»O nein!« antwortete Wera Jossifowna für sie. »Wir ließen die Lehrer ins Haus kommen; im Gymnasium oder im Institut, das werden Sie zugeben, hätten schlechte Einflüsse sich geltend machen können; solange ein Mädchen heranwächst, muß es ausschließlich unter dem Einfluß der Mutter stehen.«

»Dennoch werde ich das Konservatorium besuchen«, sagte Jekaterina Iwanowna.

»Nein, Katerchen liebt seine Mama. Katerchen wird Papa und Mama nicht betrüben.«

»Nein, ich will es besuchen, ich will es besuchen!« sagte Jekaterina Iwanowna scherzend und eigensinnig und mit dem Füßchen aufstampfend.

Und während des Abendessens zeigte Iwan Petrowitsch seine Talente. Nur mit den Augen lachend, erzählte er Anekdoten, machte Witze, stellte komische Aufgaben, die er selbst löste, und sprach die ganze Zeit über seine ungewöhnliche Sprache, die durch lange Übung im Witzemachen ausgearbeitet und augenscheinlich bei ihm längst zur Routine geworden war: mächtig groß, dümmlich ... Aber das war noch nicht alles. Als sich die Gäste, satt und zufrieden, im Vorzimmer drängten und ihre Mäntel und Stöcke suchten, half ihnen der Diener Pawluscha oder, wie man ihn hier nannte, Pawa, ein vierzehnjähriger Junge mit kurzgeschorenem Kopf und Pausbacken.

»Nun, Pawa, produziere dich!« sagte Iwan Petrowitsch zu ihm.

Pawa nahm eine besondere Pose ein, hob einen Arm in die Höhe und sprach in tragischem Ton: »So stirb denn, Unglückliche!«

Alle begannen zu lachen.

›Interessant‹, dachte Starzew, als er auf die Straße trat.

Er ging noch in ein Restaurant, trank Bier und kehrte dann zu Fuß nach Djalish nach Hause zurück. Im Gehen sang er vor sich hin: »Wie lieb und schmachtend deine Stimme klingt ...«

Als er die neun Werst Weg hinter sich hatte und sich dann schlafen legte, spürte er nicht die geringste Ermüdung, im Gegenteil, ihm schien es, daß er mit Vergnügen noch zwanzig Werst wandern könnte.

›Nicht dümmlich ...‹ fiel ihm beim Einschlafen ein, und er mußte lachen.

2

Starzew hatte immer vor, die Turkins zu besuchen, aber im Krankenhaus gab es so viel zu tun, daß es nicht möglich war, eine freie Stunde zu erhaschen. So verging mehr als ein Jahr in Arbeit und Einsamkeit; doch da erhielt er aus der Stadt einen Brief im blauen Umschlag ...

Wera Jossifowna litt schon lange an Migräne, aber in der letzten Zeit, da Katerchen sie täglich mit der Abreise zum Konservatorium schreckte, wiederholten sich die Anfälle immer häufiger und häufiger. Die Turkins hatten nach und nach alle Ärzte der Stadt herangezogen, endlich kam die Reihe auch an den Kreisarzt. Wera Jossifowna schrieb ihm einen rührenden Brief, in dem sie bat, zu ihr zu kommen und ihre Leiden zu erleichtern. Starzew kam, und von nun an war er oft, sehr oft bei Turkins zu Gast ...

In der Tat konnte er Wera Jossifowna ein wenig helfen, und sie sprach es bereits allen Gästen gegenüber aus, daß Starzew ein ungewöhnlicher, bewunderungswürdiger Arzt sei. Aber er kam zu den Turkins schon nicht mehr der Migräne wegen ...

Es ist Feiertag. Jekaterina Iwanowna hat ihre langen und ermüdenden Exerzitien auf dem Klavier beendet. Danach saß man lange Zeit im Eßzimmer zusammen und trank Tee, wobei Iwan Petrowitsch irgend etwas Lustiges erzählte. Doch da ertönte die Glocke; man mußte ins Vorzimmer gehen, einen Gast zu begrüßen — diesen Augenblick benutzte Starzew, um flüsternd und sehr erregt Jekaterina Iwanowna zu sagen: »Um Gottes willen, ich flehe Sie an, quälen Sie mich nicht, gehen wir in den Garten!«

Sie zuckte die Achseln, so als ob sie unschlüssig sei und nicht begreife, was er von ihr haben wolle, stand aber auf und ging.

»Sie spielen drei, vier Stunden Klavier«, sagte er, ihr folgend, »dann sitzen Sie mit Ihrer Mama zusammen, und ich habe keine Möglichkeit, mit Ihnen zu sprechen. Ich bitte Sie dringend, gönnen Sie mir wenigstens eine Viertelstunde.«

Der Herbst nahte heran, und im alten Garten war es still und melancholisch, in den Alleen lag dunkles Laub. Schon früh dämmerte es.

»Ich habe Sie eine ganze Woche nicht gesehen«, fuhr Starzew fort, »wenn Sie wüßten, wie ich darunter leide! Setzen wir uns hin. Hören Sie mich an.«

Sie hatten im Garten einen Lieblingsplatz: eine Bank unter einem alten breitästigen Ahornbaum. Auch jetzt nahmen sie auf der Bank Platz.

»Was wünschen Sie?« fragte Jekaterina Iwanowna trocken, in geschäftsmäßigem Ton.

»Ich habe Sie die ganze Woche nicht gesehen und Ihre Stimme so lange nicht gehört. Ich möchte leidenschaftlich gern Ihre Stimme hören. Sprechen Sie doch!«

Sie entzückte ihn durch die Frische ihres Gesichts und den naiven Ausdruck ihrer Augen. Sogar im Sitz ihres Kleides sah er etwas ungewöhnlich Liebes, durch seine Schlichtheit und naive Grazie Rührendes. Und gleichzeitig, ungeachtet dieser Naivität, schien sie ihm sehr klug und über ihre Jahre hinaus entwickelt zu sein. Mit ihr konnte er über Literatur, Kunst, über alles mögliche sprechen, er konnte sich bei ihr über das Leben, die Menschen beklagen, obwohl es geschehen konnte, daß sie mitten in einem ernsten Gespräch auf einmal im unpassenden Augenblick zu lachen begann oder ins Haus lief. Wie fast alle jungen Mädchen in Ss. las sie viel (im allgemeinen freilich las man in Ss. sehr wenig, und in der dortigen Bibliothek pflegte man zu sagen, daß man die Bücherei schließen könne, wenn nicht die jungen Mädchen und die jungen Juden da wären); das gefiel Starzew sehr; aufgeregt erkundigte er sich jedesmal bei ihr, was sie in den letzten Tagen gelesen habe, und hörte bezaubert zu, wenn sie zu erzählen begann.

»Was haben Sie in dieser Woche gelesen, seit wir uns nicht sahen?« fragte er jetzt. »Erzählen Sie, bitte.«

»Ich las Pissemskij.«

»Und was denn?«

»Tausend Seelen«, antwortete das Katerchen. »Was für einen komischen Namen Pissemskij hatte: Aleksej Feofilaktytsch!«

»Wohin wollen Sie denn?« rief Starzew entsetzt aus, als sie auf einmal aufstand und zum Hause ging. »Ich muß unbedingt mit Ihnen reden, ich muß mich aussprechen ... Bleiben Sie wenigstens fünf Minuten! Ich beschwöre Sie!«

Sie hielt im Gehen inne, als ob sie etwas sagen wollte, dann schob sie ihm ungeschickt ein Briefchen in die Hand, lief ins Haus und setzte sich dort wieder ans Klavier.

›Seien Sie heute um elf Uhr abends‹, las Starzew, ›auf dem Friedhof beim Grabdenkmal Demetti.‹

›Nun, das ist durchaus nicht vernünftig‹, dachte er, nachdem er sich von seinem Staunen erholt hatte. ›Warum auf dem Friedhof? Warum nur?‹

Es war klar, Katerchen trieb Narrenpossen. Wem kann es denn ernsthaft in den Sinn kommen, ein Wiedersehen nachts, weit von der Stadt entfernt, auf dem Friedhof zu verabreden, wenn man es leicht auf der Straße oder im Stadtpark haben kann? Und schickt es sich für ihn, den Kreisarzt, einen klugen, soliden Mann, Seufzer auszustoßen, Briefchen zu bekommen, sich auf Friedhöfen herumzutreiben und Dummheiten zu machen, über die jetzt sogar die Gymnasiasten lachen? Was wird aus dieser Liebesgeschichte? Was werden seine Kollegen sagen, wenn sie es erfahren? So dachte Starzew, im Klub um die Tische herumwandernd — aber um halb elf entschloß er sich plötzlich und fuhr zum Friedhof hinaus.

Er besaß bereits sein eigenes Paar Pferde, und sein Kutscher Panteleimon trug eine Samtweste. Der Mond schien. Es war still, warm, aber herbstlich warm. In der Vorstadt beim Schlachthof heulten die Hunde. Starzew ließ die Pferde am Stadtrand in einer Seitengasse halten und ging zu Fuß allein auf den Friedhof.

›Jeder hat seine besonderen Eigenheiten‹, dachte er, ›Katerchen ist auch eigenartig und — wer weiß? — vielleicht hat sie nicht gescherzt und kommt wirklich.‹ — Und er ergab sich dieser schwachen, eitlen Hoffnung, die ihn berauschte.

Eine halbe Werst etwa ging er durch Feld. Der Friedhof zeichnete sich in der Ferne als dunkler Streifen wie ein Wald oder großer Garten ab. Dann zeigte sich die Umzäunung aus weißem Stein, das Tor ... Beim Mondlicht konnte man auf dem Tore lesen: Es kommt die Stunde, in der ... Starzew ging durch das Pförtchen, und das erste, was er erblickte, waren weiße Kreuze und Denkmäler zu beiden Seiten einer breiten Allee und schwarze Schatten, die sie und die Pappeln warfen; ringsherum sah man weithin Weißes und Schwarzes — die schlafenden Bäume neigten ihre Zweige über das Weiße. Hier schien es lichter als im Felde zu sein; die tatzenähnlichen Ahornblätter hoben sich scharf vom gelben Sand der Allee und von den Grabsteinen ab, und die Inschriften auf den Denkmälern konnte man lesen. Anfangs setzte Starzew das in Erstaunen, was er jetzt zum erstenmal in seinem Leben sah und was ihm wahrscheinlich nie mehr zu sehen beschieden sein würde: eine Welt, die mit keiner anderen zu vergleichen war — eine Welt, wo das Mondlicht so schön und weich war, als hätte es hier seine Wiege, wo es wohl kein Leben gibt, keineswegs — wo man aber in jeder dunklen Pappel, in jedem Grabe ein Geheimnis fühlt, das ein stilles, schönes, ewiges Leben verheißt. Aus den Grabsteinen und den verwelkten Blumen wie aus dem Herbstgeruch der Blätter weht Vergebung, Trauer und Frieden.

Ringsum tiefes Schweigen; feierlich blickten die Sterne vom Himmel herab, und Starzews Schritte hallten scharf und störend. Und erst, als in der Kirche die Uhr zu schlagen begann und er sich selbst als Toten auf ewig hier begraben vorstellte, schien es ihm, daß jemand ihn anblicke, und er dachte einen Augenblick, daß das nicht Friede und Stille sei, sondern die dumpfe Trauer des Nichtseins, die unterdrückte Verzweiflung ...

Das Grabdenkmal Demetti hatte die Gestalt einer mit einem Engel gekrönten Kapelle; einst hatte in Ss. auf der Durchreise eine italienische Operngesellschaft haltgemacht, und eine der Sängerinnen war hier gestorben; man hatte sie beerdigt und ihr dies Denkmal gesetzt. In der Stadt erinnerte sich ihrer niemand mehr, aber das Lämpchen über dem Eingang spiegelte das Mondlicht wider und schien zu brennen.

Niemand war da. Und wer sollte auch um Mitternacht hierher kommen? Aber Starzew wartete, und ganz so, als wenn das Mondlicht in ihm die Leidenschaft erhitzte, wartete er sehnsuchtsvoll und träumte von Küssen, Umarmungen. Etwa eine halbe Stunde saß er am Denkmal, dann ging er durch die Seitenalleen, den Hut in der Hand; wartete und dachte daran, wie viele Frauen und Mädchen hier in diesen Gräbern ruhten, die einst schön und bezaubernd waren, die liebten, die in den Nächten von Leidenschaft glühten und sich den Liebkosungen hingaben. Wie im Grunde die mütterliche Natur nicht freundlich mit dem Menschen umgehe, wie kränkend es sei, sich dessen bewußt zu werden! So dachte Starzew, und gleichzeitig hätte er aufschreien mögen, daß er Liebe wolle, daß er Liebe um jeden Preis erwarte; vor ihm schimmerten schon nicht mehr Marmordenkmäler, sondern wunderschöne Leiber, er sah Gestalten, die sich verschämt im Schatten der Bäume versteckten, er empfand die Wärme, und die Sehnsucht wurde schwer ...

Und als wäre ein Vorhang niedergefallen, so verschwand plötzlich der Mond hinter den Wolken, und mit einem Male war alles ringsum dunkel geworden. Starzew fand mit Mühe das Tor — es war dunkel wie in herbstlicher Nacht —, dann wanderte er etwa eine halbe Stunde umher und suchte die Gasse, wo er seine Pferde hatte warten lassen.

»Ich bin müde und kann kaum noch auf den Beinen stehen«, sagte er zu Panteleimon.

Und er dachte, als er sich voller Genuß in seinen Wagen setzte: ›Ach, ich sollte aber nicht dicker werden!‹

3

Am Abend des folgenden Tages fuhr er zu den Turkins, um seinen Antrag zu machen. Aber es erwies sich als unmöglich, weil der Friseur Jekaterina Iwanowna frisierte. Sie wollte in den Klub zu einem Tanzabend.

Er mußte wiederum lange im Eßzimmer sitzen und Tee trinken. Iwan Petrowitsch nahm, als er sah, daß sein Gast nachdenklich und gelangweilt dreinschaute, ein Zettelchen aus der Westentasche und las den komischen Brief eines deutschen Verwalters vor, der sich darüber beklagte, daß auf dem Gut alle Türverschlüsse verdorben wären und die Schüchternheit abhanden gekommen sei.

›Sie werden wahrscheinlich eine tüchtige Mitgift geben‹, dachte Starzew, der zerstreut zuhörte.

Nach der schlaflosen Nacht befand er sich in einem Zustand der Betäubung, wie wenn man ihn mit etwas Süßem und Einschläferndem trunken gemacht hätte; seine Seele war nebelverhangen, aber warm und freudig, und gleichzeitig warnte in seinem Kopf ein kühler, schwerer Rest Vernunft: ›Halt ein, solange es nicht zu spät ist! Paßt sie denn zu dir? Sie ist verzogen, launisch, schläft bis zwei Uhr nachmittags, du aber bist ein Küsterssohn, Kreisarzt ...‹

›Nun, was denn?‹ dachte er. ›Mag sie doch.‹

›Außerdem werden dich, wenn du sie heiratest‹, fuhr die Vernunft in ihm fort, ›ihre Verwandten zwingen, deine Kreisarztstelle aufzugeben und in der Stadt zu leben.‹

›Nun, was denn?‹ dachte er — ›Wenn in der Stadt, so in der Stadt. — Sie werden eine reichliche Mitgift geben, und wir können eine schöne Einrichtung anschaffen ...‹

Endlich kam Jekaterina Iwanowna in Ballkleid und Dekolleté, hübsch, sauber, herein — Starzew konnte sich an ihr nicht satt sehen und geriet in solches Entzücken, daß er kein Wort sprechen konnte, sondern sie immer nur ansah und lachte.

Sie begann sich zu verabschieden, und auch er erhob sich — er hatte keinen Grund mehr, dazubleiben — und sagte, daß es für ihn Zeit sei, nach Hause zu gehen, da die Kranken ihn erwarteten.

»Nichts zu machen«, sagte Iwan Petrowitsch, »so fahren Sie nur und bringen bei der Gelgenheit Katerchen in den Klub.«

Draußen fiel ein feiner Regen, es war sehr dunkel, und nur nach dem heiseren Husten Panteleimons konnte man erraten, wo sich die Pferde befanden. Man mußte das Wagenverdeck in die Höhe schlagen.

Sie fuhren los.

»Ich war gestern auf dem Friedhof«, begann Starzew. »Wie wenig schön und unbarmherzig von Ihnen ...«

»Sie waren auf dem Friedhof?«

»Ja, ich war dort und wartete fast bis zwei Uhr auf Sie. Ich litt ...«

»Wenn Sie keinen Scherz verstehen, so leiden Sie nur!«

Jekaterina Iwanowna, zufrieden damit, daß sie den Verliebten so zum Narren gehalten habe und daß er sie so heiß liebe, begann zu lachen — aber plötzlich schrie sie angstvoll auf, weil in ebendiesem Augenblick die Pferde scharf in das Hoftor zum Klub einbogen und der Wagen sich auf die Seite legte. Starzew umarmte Jekaterina Iwanowna; erschrocken drängte sie sich an ihn, und er konnte sich nicht beherrschen und küßte leidenschaftlich ihre Lippen und ihr Kinn und umarmte sie noch heftiger.

»Nun genug!« sagte sie trocken.

Und nach einem Augenblick war sie schon nicht mehr im Wagen, und der Schutzmann, der an der erleuchteten

Klubauffahrt stand, schrie Panteleimon unfreundlich zu: »Was hältst du denn hier, du Krähe? Fahr weiter!«

Starzew fuhr nach Hause, kehrte aber bald zurück. In einen fremden Frack gekleidet und eine weiße, steife Krawatte um, die sich immerzu spreizte und vom Kragen herunterrutschen wollte, saß er um Mitternacht im Salon des Klubs und sprach in leidenschaftlicher Erregung zu Jekaterina Iwanowna: »Oh, wie wenig wissen die, die nie geliebt haben! Mir scheint, noch niemand hat die Liebe wahrhaft beschrieben, und schwerlich kann man dies zarte, freudige, quälende Gefühl beschreiben; wer es wenigstens einmal erlebt hat, der wird es nicht in Worten wiedergeben wollen. Wozu dienen Worte, Beschreibungen? Wozu überflüssige Schönrednerei? Meine Liebe ist grenzenlos ... Ich bitte, ich flehe Sie an«, sagte schließlich Starzew, »werden Sie meine Frau!«

»Dmitritsch Jonytsch«, sagte Jekaterina Iwanowna mit sehr ernstem Ausdruck, nachdem sie nachgedacht hatte, »Dmitrij Jonytsch, ich bin Ihnen sehr dankbar für die Ehre, ich schätze Sie hoch, aber ...«, sie stand auf und fuhr fort, »aber verzeihen Sie, ich kann Ihre Frau nicht werden. Wir wollen ernsthaft sprechen. Dmitrij Jonytsch, Sie wissen, am allermeisten im Leben liebe ich die Kunst, ich liebe die Musik über alles, ich vergöttere sie und habe ihr mein ganzes Leben geweiht. Ich will Künstlerin werden, ich verlange nach Ruhm, Erfolgen, Freiheit; Sie aber wollen, daß ich in dieser Stadt weiterleben und dies unnütze, leere Dasein fortführen soll, das mir unerträglich geworden ist. Ehefrau werden — o nein, verzeihen Sie! Der Mensch muß einem höheren und glänzenderen Ziele nachstreben, aber das Familienleben würde mich für immer binden. Dmitrij Jonytsch« (sie mußte beinahe lächeln, weil sie, als sie ›Dmitrij Jonytsch‹ aussprach, an ›Aleksej Feofilaktytsch‹ denken mußte) »Dmitrij Jonytsch, Sie sind ein guter, edler, kluger Mensch, Sie sind besser als andere ...«, Tränen traten ihr in die Augen, »Sie haben meine ganze Sympathie, aber ..., aber Sie werden mich verstehen ...«

Und um nicht in Tränen auszubrechen, wandte sie sich ab und verließ den Salon.

Starzews Herz hörte auf, unruhig zu schlagen. Als er aus dem Klub auf die Straße trat, riß er sich vor allem die steife Krawatte ab und atmete mit voller Brust. Er schämte sich ein wenig, und seine Eigenliebe war verletzt — eine Absage hatte er nicht erwartet —, und er konnte nicht glauben, daß alle seine Träume, Sehnsüchte und Hoffnungen ein so albernes Ende haben sollten, genau wie in der Posse einer Liebhaberbühne. Und es tat ihm leid um sein Gefühl, um diese seine Liebe, so leid, daß er am liebsten losgeweint oder aus voller Kraft mit dem Schirm Panteleimon auf seinen breiten Rücken geschlagen hätte.

Etwa drei Tage ging bei ihm alles drunter und drüber, er aß nicht, schlief nicht; als er aber hörte, daß Jekaterina Iwanowna nach Moskau abgereist sei, um das Konservatorium zu besuchen, beruhigte er sich und begann, wie früher zu leben.

Wenn er sich später hin und wieder daran erinnerte, wie er auf dem Friedhof herumwanderte oder wie er in der Stadt herumfuhr und nach einem Frack suchte, reckte er sich träge und sagte: »Wieviel Scherereien machte das doch!«

4

Vier Jahre waren vergangen. Starzew hatte in der Stadt bereits eine große Praxis. Jeden Morgen empfing er eilig bei sich in Djalish die Kranken, dann fuhr er zu den

Kranken in der Stadt — und nun fuhr er bereits mit eigenen Pferden, nicht mit einem Paar Pferde, sondern in einer Troika mit Schellengeläute, und spätabends kehrte er nach Hause zurück. Er war voll und stark geworden und ging sehr ungern zu Fuß; weil er an Asthma litt. Auch Panteleimon war dick geworden, und je mehr er in die Breite wuchs, um so mehr seufzte und beklagte er sich über sein bitteres Los: das viele Fahren war ihm zuwider.

Starzew verkehrte in verschiedenen Häusern und kam mit vielen Menschen zusammen; niemandem aber stand er nahe. Die Bürger reizten ihn durch ihre Gespräche, ihre Lebensanschauungen und sogar durch ihren Anblick. Die Erfahrung lehrte ihn nach und nach, daß der Bürger, solange man mit ihm Karten spielt oder mit ihm Sakuska ißt, ein friedlicher, seelenguter und nicht einmal dummer Kerl ist — aber man braucht nur mit ihm über etwas Unmaterielles, zum Beispiel über Politik oder Wissenschaft, ein Gespräch anzuknüpfen, so weiß er nicht ein noch aus oder entwickelt eine so dumme und bösartige Weltanschauung, daß nichts anderes übrigbleibt, als nur resigniert den Kopf zu schütteln und wegzugehen. Selbst wenn Starzew versuchte, sich mit einem liberalen Bürger zu unterhalten, beispielsweise darüber, daß die Menschheit gottlob vorwärts schreite und sie mit der Zeit ohne Pässe und Todesstrafe auskommen werde, blickte der Bürger ihn scheel und mißtrauisch an und fragte: »Dann kann also jeder jeden Beliebigen auf der Straße umbringen?« Oder wenn Starzew in Gesellschaft, beim Abendessen oder Tee darüber sprach, daß man sich abmühen müsse, daß man ohne Arbeit nicht leben dürfe, so faßte das jeder als persönlichen Vorwurf auf und begann sich zu ärgern oder hartnäckig zu streiten. Bei alldem taten die Bürger nichts, absolut nichts, interessierten sich auch für nichts, und es war nicht möglich, etwas auszudenken, worüber man mit ihnen hätte sprechen können. Und so vermied denn Starzew alle Unterhaltungen, aß nur Sakuska und spielte Karten mit ihnen, und wenn es geschah, daß er in einem Hause zu einem Familienfest kam und man ihn zum Essen einlud, so setzte er sich hin und aß schweigend, auf den Teller blickend; und alles, was währenddessen gesprochen wurde, war uninteressant, ungerecht, dumm, er wurde dadurch gereizt und aufgeregt, aber er schwieg, und deswegen, weil er immer finster schwieg und auf den Teller blickte, nannte man ihn in der Stadt einen ›aufgeblasenen Polack‹, obwohl er gar kein Pole war.

Solchen Zerstreuungen wie Theater und Konzert ging er aus dem Wege, aber dafür spielte er allabendlich etwa drei Stunden mit Genuß Karten. Er hatte noch eine Zerstreuung, in die er unvermerkt nach und nach hineingeraten war, nämlich an den Abenden aus seinen Taschen die durch seine Praxis erworbenen Banknoten herauszunehmen. Mit solchen gelben und grünen Banknoten, die nach Parfüm oder Essig oder Weihrauch oder Tran rochen, waren zuweilen alle seine Taschen bis zu einem Betrage von siebzig Rubel vollgestopft; und wenn sich einige hundert Rubel angesammelt hatten, so brachte er sie in die ›Gesellschaft für gegenseitigen Kredit‹ und zahlte sie auf sein Konto ein.

In den vier Jahren nach der Abreise von Jekaterina Iwanowna war er nur zweimal bei den Turkins gewesen, auf Einladung von Wera Jossifowna, die sich immer noch wegen ihrer Migräne behandeln ließ. In jedem Sommer kam Jekaterina Iwanowna ihre Eltern besuchen, aber er sah sie kein einziges Mal; irgendwie kam es nicht dazu.

Aber nun waren vier Jahre verflossen. An einem stillen warmen Sommermorgen brachte man ihm einen Brief ins Krankenhaus. Wera Jossifowna schrieb an Dmitrij Jonytsch, sie wünschte ihn zu sehen, und sie bat ihn, doch unbedingt sie aufzusuchen und ihre Leiden zu lindern, auch sei gerade heute ihr Geburtstag. Unten befand sich eine Nachschrift: ›Mamas Bitte schließe ich mich an. K.‹

Starzew überlegte es sich und fuhr abends zu den Turkins. »Ah, ich grüße Sie, bitte sehr!« begrüßte ihn Iwan Petrowitsch, nur mit den Augen lachend. »Bon jourchen.«

Wera Jossifowna, schon stark gealtert, mit weißen Haaren, drückte Starzew die Hand, seufzte affektiert und sagte: »Doktor, Sie wollen mir nicht den Hof machen, niemals besuchen Sie uns, ich bin schon zu alt für Sie. Aber da ist nun die Junge gekommen, vielleicht wird sie glücklicher sein.«

Und Katerchen? Sie war magerer und blasser, aber schöner und schlanker geworden; doch war das bereits eine Jekaterina Iwanowna und kein Katerchen mehr; von der früheren Frische und dem Ausdruck kindlicher Naivität war nichts mehr vorhanden. In ihren Blick und in ihre Manieren war etwas Neues gekommen — etwas Unsicheres und Schuldbewußtes, so als ob sie sich hier im Turkinschen Hause nicht mehr zu Hause fühle.

»Wie viele Sommer, wie viele Winter!« sagte sie, Starzew die Hand reichend, und man konnte bemerken, daß ihr Herz aufgeregt schlug; und aufmerksam, neugierig ihm ins Gesicht schauend, fuhr sie fort: »Wie stark Sie geworden sind! Sie sind verbrannt und männlich geworden, aber im ganzen haben Sie sich wenig verändert.«

Auh jetzt gefiel sie ihm, sehr gefiel sie ihm, aber irgend etwas fehlte schon in ihr oder irgend etwas war zuviel — er selbst hätte nicht sagen können, was es eigentlich war, aber irgend etwas hinderte ihn, so zu fühlen wie früher. Ihm gefiel ihre Blässe nicht, der neue Ausdruck in ihrem Gesicht, das schwache Lächeln, die Stimme, und nach einem Weilchen mißfiel ihm schon ihr Kleid, der Stuhl, in dem sie saß, irgend etwas gefiel ihm nicht an der Vergangenheit, da er sie beinahe geheiratet hätte. Er dachte an seine Liebe zu ihr, an die Träume und Hoffnungen, die ihn vor vier Jahren erregt hatten — und ihm wurde unbehaglich zumute.

Man trank Tee mit einem süßen Pirog. Dann las Wera Jossifowna einen Roman vor, las von dem, was niemals im Leben zu geschehen pflegt, und Starzew hörte zu, blickte ihren schönen grauen Kopf an und wartete, daß sie zu Ende käme. ›Talentlos‹, dachte er, ›ist nicht der, der Romane nicht zu schreiben versteht, sondern der, der sie schreibt und das nicht verbergen kann.‹

»Nicht dümmlich«, sagte Iwan Petrowitsch.

Später spielte Jekaterina Iwanowna Klavier, geräuschvoll und lange, und als sie geendet hatte, dankte man ihr nachdrücklich und war entzückt von ihr.

›Wie gut, daß ich sie nicht geheiratet habe‹, dachte Starzew.

Sie sah ihn an und erwartete anscheinend, daß er ihr vorschlagen würde, in den Garten zu gehen, aber er schwieg.

»Lassen Sie uns ein wenig plaudern«, sagte sie, an ihn herantretend. »Wie leben Sie? Wie steht's bei Ihnen? Alle diese Tage habe ich an Sie gedacht«, fuhr sie nervös fort, »ich wollte Ihnen einen Brief schreiben, wollte selbst zu Ihnen nach Djalish kommen, ich hatte mich schon dazu entschlossen, doch dann überlegte ich es mir anders — Gott weiß, wie Sie jetzt zu mir stehen. Ich habe heute so aufgeregt auf Sie gewartet. Um Gottes willen, gehen wir in den Garten.«

Sie gingen in den Garten und setzten sich auf die Bank unter den alten Ahornbaum, so wie vor vier Jahren. Es war dunkel.

»Wie geht es Ihnen denn?« fragte Jekaterina Iwanowna.

»So einigermaßen, man lebt so dahin«, antwortete Starzew.

Und das war alles. Sie schwiegen.

»Ich bin erregt«, sagte Jekaterina Iwanowna und bedeckte das Gesicht mit den Händen, »aber beachten Sie das nicht. Mir ist so wohl zu Hause, ich bin so froh, alle zu sehen, und kann mich doch nicht gewöhnen. Wieviel Erinnerungen! Mir schien es, wir beide würden unaufhörlich bis zum Morgen miteinander plaudern.«

Jetzt sah er aus der Nähe ihr Gesicht, ihre glänzenden Augen, und hier, in der Dunkelheit, schien sie jünger als im Zimmer, und es kehrte anscheinend sogar ihr früherer kindlicher Ausdruck zurück. Und tatsächlich sah sie ihn mit naiver Neugierde an, als wollte sie möglichst nahe den Mann betrachten und verstehen, der sie einst so feurig, so zärtlich und so unglücklich geliebt hatte; ihre Augen sagten ihm für diese Liebe Dank. Und er dachte an alles, was geschehen war, an die geringsten Kleinigkeiten, wie er auf dem Friedhof umhergewandert, wie er dann gegen Morgen ermüdet nach Hause zurückgekehrt war, und es ward ihm traurig ums Herz, und das Vergangene tat ihm leid. In seinem Herzen begann ein Flämmchen zu brennen.

»Erinnern Sie sich, wie ich Sie am Abend in den Klub begleitete?« sagte er. »Damals regnete es, es war dunkel ...«

Das Flämmchen loderte stärker in seinem Herzen auf, und er war schon bereit, zu sprechen und sich über das Leben zu beklagen ...

»Ach!« sagte er seufzend. »Sie fragen, wie ich lebe. Wie leben wir denn hier? Es ist überhaupt kein Leben. Wir werden älter, werden dick, wir kommen herunter. Tage und Nächte, Wochen vergehen, das Leben geht düster dahin, eindruckslos, gedankenlos ... Am Tage der Gelderwerb und abends der Klub, die Gesellschaft der Kartenspieler, Alkoholiker, der alten Krächzer, die ich nicht ausstehen kann. Was ist daran Gutes?«

»Aber Sie haben doch Ihre Arbeit, haben im Leben ein edles Ziel. Sie liebten es so, von Ihrem Krankenhaus zu sprechen. Ich war damals so eigensinnig, hielt mich für eine große Pianistin. Heutzutage spielen alle jungen Mädchen Klavier, und ich spielte wie alle, und an mir war nichts Besonderes; ich bin eine ebensolche Pianistin wie Mama Schriftstellerin ist. Und natürlich, damals verstand ich Sie nicht, aber später, in Moskau, dachte ich oft an Sie. Ich dachte nur an Sie. Was ist das für ein Glück, Kreisarzt zu sein, den Leidenden zu helfen, dem Volke zu dienen. Was für ein Glück!« wiederholte Jekaterina Iwanowna hingerissen. »Wenn ich in Moskau an Sie dachte, erschienen Sie mir so ideal, so erhaben ...«

Starzew dachte an die Banknoten, die er mit solchem Vergnügen abends aus seinen Taschen herausholte — und das Flämmchen in seinem Herzen erlosch.

Er erhob sich, um nach Hause zu gehen. Sie faßte ihn unter.

»Sie sind der beste Mensch, den ich in meinem Leben kannte«, fuhr sie fort. »Wir werden uns sehen, uns unterhalten, nicht wahr? Versprechen Sie es mir. Ich bin keine Pianistin, über mich gebe ich mich keiner Täuschung mehr hin, und ich werde in Ihrer Gegenwart weder spielen noch von Musik sprechen.«

Als sie das Haus betraten und Starzew bei der abendlichen Beleuchtung ihr Gesicht sah und die traurigen, dankbaren, forschenden, auf ihn gerichteten Augen, fühlte er eine Unruhe in sich und dachte wiederum: ›Gut, daß ich damals nicht geheiratet habe.‹

Er stand auf, sich zu verabschieden.

»Sie haben gar kein Recht, ohne Abendessen fortzufahren«, sagte Iwan Petrowitsch, der ihn begleitete. »Das ist von Ihrer Seite ganz perpendikulär. Und nun produziere dich!« sagte er im Vorzimmer, sich an Pawa wendend.

Pawa, der kein Junge mehr war, sondern ein junger Mann mit einem Schnurrbart, nahm seine Pose ein, hob den Arm in die Höhe und sagte mit tragischer Stimme: »So stirb denn, Unglückliche!«

All das reizte Starzew. Als er in den Wagen stieg und das dunkle Haus und den Garten erblickte, die ihm einstmals so lieb und teuer gewesen waren, erinnerte er sich auf einmal an alles — an die Romane von Wera Jossifowna, an das geräuschvolle Spiel von Katerchen, an die Witzchen von Iwan Petrowitsch und an Pawas tragische Pose —, und er dachte, wenn die am meisten talentierten Leute in der ganzen Stadt so talentlos seien, wie müsse dann die Stadt erst sein ...

Nach drei Tagen brachte Pawa von Jekaterina Iwanowna einen Brief.

›Sie kommen nicht zu uns. Warum nicht?‹ schrieb sie. ›Ich fürchte, daß Sie uns untreu geworden sind; ich fürchte das, und schon der Gedanke daran ist mir schrecklich. Beruhigen Sie mich, kommen Sie her und sagen Sie, daß alles gut ist.

Ich muß unbedingt mit Ihnen sprechen. Ihre Jekaterina Iwanowna.‹

Er las den Brief durch, dachte nach und sagte zu Pawa: »Bestelle, mein Lieber, daß ich heute nicht kommen kann, ich bin sehr beschäftigt. Sag, ich werde in zwei, drei Tagen kommen.«

Aber drei Tage vergingen, es verging eine Woche, und er fuhr immer nicht hin. Dann, als er einmal am Turkinschen Hause vorüberfuhr, dachte er daran, daß er wenigstens einen Augenblick heranfahren müsse, aber er überlegte und ... fuhr nicht hin.

Und niemals mehr war er bei den Turkins.

5

Noch einige Jahre sind vergangen. Starzew ist noch stärker und fetter geworden — er atmet schwer und geht bereits mit zurückgeworfenem Kopfe. Wenn er, beleibt, rot, in seiner Troika mit dem Schellengeläute fährt, und Panteleimon, ebenso beleibt und rot mit fleischigem Nacken auf dem Bocke sitzt, die geraden, wie hölzernen Arme ausgestreckt, und den entgegenkommenden Fahrern zuschreit: »Rechts halten!« so ist das ein eindringliches Bild, und man hat den Eindruck, daß nicht ein Mensch, sondern ein Götze fährt. Starzew hat in der Stadt eine riesige Praxis, zur Erholung nimmt er sich keine Zeit, er besitzt bereits ein Gut und zwei Häuser in der Stadt und liebäugelt schon mit einem dritten, das noch rentabler ist; und wenn man ihm in der ›Gesellschaft für gegenseitigen Kredit‹ von einem zur Auktion bestimmten Hause spricht, so geht er, ohne viel Umstände zu machen, in dies Haus hinein, durchwandert alle Zimmer und, ohne die unangezogenen Frauen und Kinder zu beachten, die ihn voller Staunen und Angst anblicken, stößt er mit einem Stock an alle Türen und fragt: »Das ist das Arbeitszimmer? Das ist das Schlafzimmer? Und was ist dort?«

Und dabei atmet er schwer und wischt sich den Schweiß von der Stirn.

Er ist reichlich geplagt, aber dennoch gibt er die Kreisarztstelle nicht auf; die Geldgier hat ihn überwältigt, er wünscht, sowohl hier als auch dort zurechtzukommen. In Djalish und in der Stadt nennt man ihn einfach Jonytsch. »Wohin mag Jonytsch fahren?« oder: »Soll man nicht Jonytsch zum Konsilium einladen?«

Wahrscheinlich darum, weil seine Kehle zu viel Fett angesetzt hat, ist seine Stimme verändert und dünn und scharf geworden. Auch sein Charakter hat sich verändert: er wurde schwierig und reizbar. Wenn er Kranke empfängt, ist er gewöhnlich ärgerlich, klopft ungeduldig mit dem Stock auf den Fußboden und schreit mit seiner unangenehmen Stimme: »Wollen Sie nur auf die Fragen antworten! Keine Gespräche führen!«

Er lebt ganz einsam. Sein Leben fließt langweilig dahin, nichts interessiert ihn.

Während der ganzen Zeit, in der er in Djalish lebt, war die Liebe zu Katerchen seine einzige Freude und mutmaßlich auch seine letzte. An den Abenden spielt er im Klub Karten, und danach sitzt er allein am großen Tisch und ißt zu Abend. Ihn bedient Iwan, der älteste und geachtetste Kellner, man serviert ihm Lafitte Nr. 17, und alle ausnahmslos — die Klubvorsteher, der Koch und der Kellner — wissen, was er liebt und nicht liebt, und sie bemühen sich aus allen Kräften, ihm gefällig zu sein, damit er nicht am Ende ärgerlich wird und mit dem Stock auf den Fußboden klopft.

Wenn er zu Abend ißt, dreht er sich manchmal um und mischt sich in eine Unterhaltung: »Worüber unterhalten Sie sich da? He? Wen meinen Sie?«

Und wenn es geschieht, daß man an einem benachbarten Tisch sich über die Familie Turkin unterhält, so fragt er: »Von welchen Turkins sprechen Sie? Von denen, deren Tochter Klavier spielt?«

Das ist alles, was man von ihm erzählen kann.

Und die Turkins? Iwan Petrowitsch ist nicht gealtert, hat sich gar nicht verändert und erzählt in alter Weise seine Witze und Anekdoten; Wera Jossifowna liest nach wie vor gern und in Einfalt des Herzens den Gästen ihre Romane vor. Und Katerchen spielt täglich fast vier Stunden Klavier. Sie ist sichtlich gealtert, kränkelt häufig und reist jeden Herbst mit der Mutter in die Krim. Wenn er sie auf den Bahnhof bringt und der Zug sich in Bewegung setzt, wischt sich Iwan Petrowitsch die Tränen ab und schreit: »Lebt wohl, bitte sehr!«

Und er winkt mit dem Tuch.

HERZCHEN

Olenjka, die Tochter des Kollegienassessors a. D. Plemjannikow, saß in Gedanken versunken auf der Veranda im Hofe des elterlichen Hauses. Es war heiß, aufdringlich setzten die Fliegen einem zu — und es war so angenehm, zu denken, daß es bald Abend sein würde. Von Osten zogen dunkle Regenwolken heran, und bisweilen wehte von dort feuchte, erquickende Luft.

Inmitten des Hofes stand Kukin, Manager und Pächter des Vergnügungsparkes ›Tivoli‹, der im Seitenflügel dort seine Wohnung hatte, und blickte zum Himmel empor.

»Schon wieder!« sagte er voller Verzweiflung. »Schon wieder wird es regnen! Jeden Tag Regengüsse, jeden Tag Regengüsse — wie abgekartet! Das ist ja Mord! Das ist mein Ruin! Jeden Tag schreckliche Verluste!«

Er schlug die Hände zusammen und fuhr, zu Olenjka gewendet, fort: »Da haben Sie, Olga Semjonowna, unser Leben. Es ist zum Weinen! Man arbeitet, müht und quält sich ab, schläft die Nächte nicht, denkt immer nur daran, wie man es besser machen könnte — und was kommt dabei heraus? Auf der einen Seite das ungebildete, rohe Publikum. Ich setze ihm die beste Operette oder Zauberposse vor, ausgezeichnete Coupletsänger, aber braucht es das überhaupt? Versteht es überhaupt etwas davon? Es braucht eine Schaubude! Es braucht Banalitäten. Und nun schauen Sie sich dieses Wetter an. Fast jeden Abend Regen. Wie es am zehnten Mai mit Regen begann, so hört es im ganzen Mai und Juni nicht mehr auf, es ist einfach entsetzlich! Das Publikum kommt nicht, aber zahle ich nicht die Pacht? Zahle ich nicht die Künstler?«

Am andern Tage gegen Abend zogen wieder Gewitterwolken auf, und Kukin sagte, hysterisch lachend: »Nun, was denn? So soll es doch! Soll es meinetwagen den ganzen Garten fortschwemmen, meinetwegen mich selbst! Daß ich in dieser und jener Welt nur ja kein Glück habe! Sollen die Künstler mich verklagen! Was heißt verklagen? Meinetwegen gehe ich zur Katorga nach Sibirien! Meinetwegen aufs Schafott! Ha-ha-ha!«

Und am dritten Tag dasselbe ...

Olenjka hörte Kukin ernsthaft schweigend an, und es kam vor, daß ihr Tränen in die Augen traten. Zu guter Letzt rührte sie Kukins Unglück, sie gewann ihn lieb. Er war klein an Wuchs, hager, hatte ein gelbes Gesicht, zurückgekämmtes Haar an den Schläfen, sprach mit dünner Tenorstimme und zog, wenn er sprach, seinen Mund schief, und in seinem Gesicht lag immer ein Ausdruck der Verzweiflung, aber dennoch erweckte er in ihr ein echtes, tiefes Gefühl. Sie hatte ihr Leben lang irgend jemanden geliebt und konnte ohne das nicht sein. Früher liebte sie ihren Vater, der jetzt krank im dunklen Zimmer im Lehnstuhl saß und schwer atmete; sie hatte ihre Tante geliebt, die bisweilen, etwa zweimal im Jahr, aus Brjansk zu Besuch kam; und noch früher, als sie ins Progymnasium ging, hatte sie ihren französischen Sprachlehrer geliebt.

Sie war ein stilles, gutherziges, mitfühlendes Mädchen, mit sanftem, weichem Blick und kerngesund. Beim Anblick ihrer vollen rosigen Wangen, des weichen weißen Halses mit dem dunklen Muttermal, des gutmütigen naiven Lächelns, das auf ihrem Gesichte lag, wenn sie etwas Angenehmes hörte, dachten die Männer: ›Ja, sie ist nicht übel ...‹, und sie lächelten auch; und die Damen, die zu Besuch waren, konnten sich nicht enthalten, auf einmal mitten in der Unterhaltung ihre Hand zu ergreifen und in einer Anwandlung von Entzücken zu sagen: »Herzchen!«

Das Haus, in dem sie seit ihrer Geburt lebte und das

ihr im Testament vermacht war, befand sich an der Peripherie der Stadt, in der ›Zigeunervorstadt‹, in der Nähe des Etablissements ›Tivoli‹; an den Abenden und in den Nächten hörte sie, wie im Garten die Musik spielte, wie die Raketen mit lautem Knall zerplatzten, und es schien ihr, daß dann Kukin mit seinem Schicksal kämpfe und im Sturmangriff seinen Hauptgegner, das gleichgültige Publikum, zu bezwingen suche; ihr Herz stockte süß beklommen, sie hatte gar keine Lust zum Schlafen, und wenn er gegen Morgen nach Hause kam, klopfte sie leise an das Fenster ihres Schlafzimmers, zeigte ihm durch die Vorhänge nur ihr Gesicht und die eine Schulter und lächelte ihn freundlich an ...

Er machte ihr einen Antrag, und sie heirateten. Und als er, wie es in der Ordnung ist, ihren Hals und die vollen gesunden Schultern sah, schlug er die Hände zusammen und rief aus: »Herzchen!«

Er war glücklich, weil aber am Hochzeitstag und dann in der Nacht ein Regen fiel, so wich der Ausdruck der Verzweiflung auch jetzt nicht von seinem Gesicht.

Nach der Hochzeit lebten sie glücklich zusammen. Sie saß bei ihm an der Kasse, sah im Garten nach dem Rechten, trug die Ausgaben ein, zahlte die Gehälter, und ihre rosigen Wangen, das liebe, naive, strahlende Lächeln tauchten bald im Kassenfensterchen, bald hinter den Kulissen, bald am Büfett auf. Und sie erzählte bereits ihren Bekannten, daß das bedeutendste, wichtigste und notwendigste auf der Welt — das Theater sei und man nur im Theater einen wahren Genuß empfinden und human und gebildet werden könne.

»Aber begreift das etwa das Publikum?« sagte sie. »Es braucht eine Schaubude! Gestern ging bei uns ›Faust verkehrt‹ in Szene, und fast alle Logen waren leer; wenn aber Wanitschka und ich irgendeine fade Posse bringen würden, so glauben Sie mir, wäre das Theater gerappelt voll. Morgen bringen Wanitschka und ich ›Orpheus in der Unterwelt‹ heraus; kommen Sie doch hin.«

Und was Kukin auch über das Theater und die Künstler sagte, das wiederholte sie. Genauso wie er verachtete sie das Publikum wegen seiner Gleichgültigkeit der Kunst gegenüber und wegen seines schlechten Geschmackes; bei den Proben mischte sie sich in alles ein, verbesserte die Schauspieler, gab auf das Betragen der Musikanten acht, und wenn man sich im Lokalblatt ungünstig über das Theater äußerte, so weinte sie und ging dann in die Redaktion, sich zu beschweren.

Die Schauspieler liebten sie und nannten sie ›Wanitschka und ich‹ und ›Herzchen‹; sie taten ihr leid, und sie gab ihnen kleine Vorschüsse, und wenn es vorkam, daß man sie betrog, weinte sie nur ganz still, beklagte sich aber nicht bei ihrem Mann.

Auch im Winter lebten sie gut. Sie hatten das Stadttheater für den ganzen Winter übernommen und vermieteten es für kurze Zeit bald an eine kleinrussische Schauspielertruppe, bald an einen Zauberkünstler, bald für Liebhaberaufführungen der Stadt. Olenjka wurde recht stark und strahlte vor Wohlbehagen, Kukin aber wurde immer magerer und gelber und beklagte sich immerwährend über die schrecklichen Verluste, obgleich die Geschäfte den ganzen Winter über nicht schlecht gingen. Nachts hustete er, und sie gab ihm Himbeerwasser und Lindenblütentee zu trinken, rieb ihn mit Kölnisch Wasser ab und wickelte ihn in ihre weichen Schals.

»Was bist du doch für ein lieber Kerl!« sagte sie ganz aufrichtig und strich seine Haare glatt. »Was für ein hübsches Kerlchen du doch bist!«

Während der großen Fastenzeit fuhr er nach Moskau, um eine Truppe zu engagieren; sie aber konnte ohne ihn nicht schlafen, saß beständig am Fenster und schaute zu den Sternen empor. Und in der Zeit verglich sie sich mit den Hühnern, die ebenfalls die ganze Nacht nicht schlafen und unruhig sind, wenn es im Hühnerstall keinen Hahn gibt. Kukins Aufenthalt in Moskau zog sich in die Länge, und er schrieb, daß er zu Ostern zurückkehre, und er gab in seinen Briefen bereits Anordnungen für das ›Tivoli‹. Aber am Montag vor Ostern, spätabends, ertönte plötzlich ein unheilverkündendes Klopfen am Haustor; jemand schlug an die Pforte wie an ein Faß: — bum! bum! bum! Die schläfrige Köchin lief, mit nackten Füßen durch die Pfützen patschend, die Türe öffnen.

»Seien Sie so freundlich, öffnen Sie!« rief jemand mit tiefem Baß hinter dem Haustor. »Ein Telegramm für Sie!«

Olenjka hatte auch früher schon von ihrem Mann Telegramme erhalten, aber jetzt verlor sie aus irgendeinem Grunde die Fassung. Mit zitternden Händen entsiegelte sie das Telegramm und las: ›Iwan Petrowitsch heute plötzlich gestorben, dargend erwarten Verfügungen. Heherdigung Dienstag.‹

So stand es im Telegramm: ›Heherdigung‹ und irgendein unverständliches Wort ›dargend‹; es war vom Regisseur der Operettentruppe unterzeichnet.

»Mein Liebling!« weinte Olenjka los. »Mein guter Wanitschka, mein Liebling! Warum mußte ich dir begegnen? Warum lernte ich dich kennen und lieben? Wie konntest du deine arme Olenjka verlassen, die arme, unglückliche? ...«

Kukin wurde am Dienstag in Moskau auf dem Waganjkow-Friedhof beerdigt; am Mittwoch kehrte Olenjka nach Hause zurück, und sobald sie ihr Zimmer betrat, warf sie sich auf ihr Bett und begann so laut zu schluchzen, daß es auf der Straße und in den Nachbarhäusern zu hören war.

»Herzchen!« sagten die Nachbarinnen und bekreuzigten sich. »Herzchen Olga Semjonowna, das Mütterchen, wie es sich abhärmt!«

Drei Monate waren vergangen, als Olenjka eines Tages traurig und tiefverschleiert von der Messe nach Hause ging. Es traf sich, daß einer ihrer Nachbarn, Wassilij Pustowalow, Geschäftsführer der Holzhandlung des Kaufmanns Babakajew, der ebenfalls aus der Kirche heimkehrte, neben ihr ging. Er trug einen Strohhut und eine weiße Weste mit goldener Uhrkette und glich eher einem Gutsbesitzer als einem Handelsmann.

»Jedes Ding hat seine Ordnung, Olga Semjonowna«, sagte er gesetzt, Mitgefühl in seiner Stimme, »und wenn einer unserer Angehörigen stirbt, so bedeutet es, daß es Gottes Wille war, und in diesem Falle müssen wir uns fassen und es in Ergebenheit tragen.«

Er brachte Olenjka bis zur Gartenpforte, verabschiedete sich und ging weiter. Den ganzen Tag danach klang ihr seine gesetzte Stimme in den Ohren, und kaum schloß sie die Augen, so tauchte sein schwarzer Bart vor ihr auf: Pustowalow hatte ihr sehr gefallen. Und offensichtlich hatte auch sie auf ihn Eindruck gemacht, denn kurze Zeit danach erschien eine ältere, ihr wenig bekannte Dame bei ihr zum Kaffee; unverzüglich, sobald sie Platz genommen, begann sie von Pustowalow zu sprechen, was für ein guter und solider Mann er sei und daß ihn jedes Mädchen mit Freuden heiraten würde. Nach drei Tagen machte auch Pustowalow selbst Besuch; er blieb nicht lange sitzen, kaum zehn Minuten, und redete wenig, doch Olenjka verliebte sich in ihn, verliebte sich so, daß sie die ganze Nacht nicht schlief, wie von Fieber gepeinigt, und morgens die ältere Dame holen ließ. Bald darauf warb man um sie, dann war die Hochzeit.

Nach der Hochzeit lebten Pustowalow und Olenjka

glücklich zusammen. Gewöhnlich saß er bis zum Mittagessen in seinem Holzgeschäft, dann machte er geschäftliche Besorgungen, und Olenjka löste ihn ab, saß bis zum Abend im Kontor, schrieb dort Rechnungen und gab Holz aus. »Jetzt wird das Holz mit jedem Jahr um zwanzig Prozent teurer«, sagte sie zu Kunden und Bekannten. — »Allmächtiger Gott, früher handelten wir mit hiesigem Holzbestand, jetzt aber muß Wassitschka jedes Jahr zum Holzeinkauf ins Gouvernement Mogilew fahren. Und wie hoch ist der Tarif!« sagte sie und bedeckte ganz entsetzt ihre Wangen mit den Händen. »Wie hoch ist der Tarif!«

Ihr kam es vor, als handele sie schon lange, lange mit Holz, als sei das wichtigste und notwendigste im Leben das Holz, und etwas Vertrautes, Rührendes hörte sie aus den Worten Balken, Rundholz, Bretter, Sperrholz, Beschalung, Dünnlattenholz, Lafette, Schwartenbrett heraus ... Nachts, wenn sie schlief, träumte sie von ganzen Bergen Brettern, von langen, endlosen Reihen von Fuhren, die das Holz irgendwohin, weit aus der Stadt hinaus, beförderten; sie träumte, wie ein ganzes Regiment von zwölf Arschin hohen und fünf Zoll dicken Balken aufgerichtet gegen das Holzlager losmarschierte, wie Balken und Schwartenbretter aufeinander stießen, mit dem dumpfen Ton trockenen Holzes zusammenkrachten, wie alles niederfiel und wieder aufstand, sich übereinandertürmte; Olenjka schrie auf im Schlaf, doch Pustowalow sagte zärtlich zu ihr: »Olenjka, was hast du, Liebes? Bekreuzige dich!«

Die gleichen Gedanken, die ihr Mann hatte, hatte auch sie. Wenn er dachte, daß es im Zimmer heiß sei oder das Geschäft jetzt flau geworden sei, so dachte sie das auch. Ihr Mann liebte keine Zerstreuungen und saß festtags immer zu Hause, und sie tat es auch.

»Immer sind Sie zu Hause oder im Kontor«, sagten die Bekannten. »Sie sollten ins Theater gehen, Herzchen, oder in den Zirkus.«

»Wassitschka und ich haben keine Zeit, ins Theater zu laufen«, antwortete sie gesetzt. »Wir sind Arbeitsmenschen, uns steht der Sinn nicht nach allerhand Larifari. Was gibt es schon Gutes in diesen Theatern?«

An Samstagen gingen Pustowalow und sie zum Abendgottesdienst, an Feiertagen zur Frühmesse, und wenn sie aus der Kirche zurückkehrten, gingen sie mit gerührten Gesichtern dicht nebeneinanderher; beide dufteten, und angenehm rauschte ihr Seidenkleid; zu Hause tranken sie Tee mit Butterfladen und verschiedenen Sorten Warenje, dann aßen sie einen Pirog. Jeden Tag duftete es mittags im Hof und vor ihrem Tor auf der Straße lecker nach Borschtsch und Hammelbraten oder Ente, an Fasttagen nach Fisch, und man konnte am Haustor nicht vorübergehen, ohne Appetit zu bekommen. Im Kontor kochte beständig der Samowar, und die Kunden wurden mit Tee und Brezeln bewirtet. Einmal in der Woche gingen die Eheleute ins Badehaus und kehrten von dort, dicht nebeneinander gehend, noch rot im Gesicht, nach Hause zurück.

»Ich kann nicht klagen, wir leben gut«, sagte Olenjka zu ihren Bekannten, »gottlob! Gott gebe einem jeden ein solches Leben wie mir und Wassitschka.«

Wenn Pustowalow ins Gouvernement Mogilew fuhr, Holz einzukaufen, sehnte sie sich sehr nach ihm, schlief die Nächte nicht und weinte. Bisweilen kam zu ihr abends der Regimentsveterinär Smirnin, ein junger Mann, der bei ihr im Seitenflügel wohnte. Er erzählte ihr dann dies und das und spielte mit ihr Karten, und das zerstreute sie. Besonders interessant waren die Erzählungen aus seinem eigenen Familienleben; er war verheiratet und hatte einen

Sohn, doch hatte er sich von seiner Frau getrennt, weil sie ihn betrogen hatte, und jetzt verabscheute er sie und schickte ihr monatlich vierzig Rubel zur Erziehung seines Sohnes. Und wenn sie davon hörte, seufzte Olenjka, schüttelte den Kopf und bemitleidete ihn.

»Nun, der Herr schütze Sie«, sagte sie, wenn sie sich von ihm verabschiedete und ihn mit der Kerze bis zur Treppe brachte. »Ich danke Ihnen, daß Sie die Langeweile mit mir geteilt haben. Gott und die Himmlische Königin gebe Ihnen Gesundheit ...«

Und immer drückte sie sich, ihrem Manne nacheifernd, so gesetzt, so vernünftig aus; der Veterinär war schon unten hinter der Türe verschwunden, sie aber rief ihm nach und sagte: »Wissen Sie, Wladimir Platonytsch, Sie sollten sich mit Ihrer Frau versöhnen. Sie sollten ihr schon um Ihres Sohnes willen verzeihen! Der Junge versteht wohl schon alles.«

Und wenn Pustowalow zurückkehrte, erzählte sie ihm halblaut vom Veterinär und seinem unglücklichen Familienleben, und beide seufzten, schüttelten die Köpfe und sprachen von dem Jungen, der sich wahrscheinlich nach dem Vater bange; dann knieten sie beide infolge einer seltsamen Gedankenverbindung nebeneinander vor den Heiligenbildern nieder, machten Verbeugungen bis zur Erde und beteten, daß Gott ihnen Kinder schicken möge.

Und so verlebten Pustowalows still und friedlich, in Liebe und voll Harmonie, sechs Jahre. Aber an einem Wintertag ging Wassilij Andreitsch in seinem Geschäft, nachdem er soeben heißen Tee getrunken hatte, ohne Mütze ins Freie hinaus, um Holz auszugeben, erkältete sich und erkrankte.

Die besten Ärzte behandelten ihn, aber die Krankheit bekam die Oberhand, und nachdem er vier Monate krank gelegen hatte, starb er. Und Olenjka war wiederum verwitwet.

»Wie konntest du mich nur verlassen, mein Liebling?« schluchzte sie, nachdem sie ihren Mann beerdigt hatte. »Wie soll ich jetzt ohne dich leben, ich trauriges, unglückliches Geschöpf? Ihr guten Leute, erbarmt euch meiner, die ich Vollwaise geworden bin ...«

Sie ging in einem schwarzen Kleide mit Pleureusen und hatte für immer auf Hut und Handschuhe verzichtet; sie verließ selten das Haus, und nur, um in die Kirche oder zum Grabe ihres Mannes zu gehen, und lebte wie eine Nonne in ihren vier Wänden. Und erst als sechs Monate verflossen waren, nahm sie die Pleureusen ab und begann an den Fenstern die Läden wieder zu öffnen. Bisweilen sah man schon, wie sie morgens mit ihrer Köchin auf den Markt zum Einkauf ging, aber darüber, wie sie jetzt zurückgezogen lebte und was bei ihr im Hause vor sich ging, konnte man nur Vermutungen anstellen. Zum Beispiel stellte man Vermutungen an, als man sah, wie sie in ihrem Gärtchen mit dem Veterinär Tee trank, wobei er ihr laut die Zeitung vorlas, auch interessierte man sich dafür, daß sie, als sie auf der Post eine bekannte Dame traf, sagte: »In unserer Stadt gibt es keine ordentliche Veterinäraufsicht, und daher gibt es viele Krankheiten. Jeden Augenblick hört man, daß die Leute durch Milch erkranken und sich an Pferden und Kühen anstecken. Um die Gesundheit der Haustiere muß man sich im Grunde ebenso kümmern wie um die Gesundheit der Menschen.«

Sie wiederholte die Gedanken des Veterinärs und war jetzt in allem seiner Meinung. Es war klar, daß sie, ohne herzlich verbunden zu sein, auch nicht ein Jahr leben konnte und im Seitenflügel ihres Hauses ihr neues Glück gefunden hatte. Eine andere Frau hätte man darum verurteilt, aber von Olenjka konnte niemand schlecht denken, und alles in ihrem Leben war so verständlich und klar. Sie und der Veterinär sprachen zu niemandem von der Veränderung, die in ihren Beziehungen vor sich gegangen war, und sie gaben sich Mühe, sie zu verbergen; aber das gelang ihnen nicht; denn bei Olenjka konnte es keine Geheimnisse geben. Wenn zu ihm Gäste kamen, seine Kollegen vom Regiment, dann begann sie, während sie ihnen Tee einschenkte oder das Abendbrot vorsetzte, von der Rinderpest, von der Perlsucht oder von den städtischen Schlachthäusern zu sprechen; doch er wurde sehr verlegen, faßte sie, wenn die Gäste gegangen waren, bei der Hand und stieß ärgerlich hervor: »Ich habe dich doch gebeten, nicht über Dinge zu sprechen, die du nicht verstehst! Wenn wir Veterinäre untereinander sprechen, so mische dich bitte nicht ein! Das wird einem schließlich zuwider!«

Sie blickte ihn dann voll Staunen und voller Unruhe an und fragte: »Woloditschka, worüber soll ich aber dann sprechen?«

Und, Tränen in den Augen, umarmte sie ihn, flehte ihn an, sich nicht zu ärgern — und beide waren glücklich.

Jedoch dies Glück dauerte nicht lange. Der Veterinär zog mit seinem Regiment davon, er zog für immer fort, weil man das Regiment sehr weit irgendwohin verlegte, beinahe nach Sibirien. Und Olenjka blieb allein.

Jetzt war sie freilich vollkommen allein. Ihr Vater war schon lange tot, und sein Lehnstuhl lag verstaubt, mit einem fehlenden Bein, auf dem Dachboden. Sie wurde magerer und häßlicher, und die Leute, denen sie auf der Straße begegnete, sahen sie nicht mehr wie früher an und lächelten ihr nicht zu: offensichtlich waren ihre besten Jahre vorbei, und nun hatte ein neues, unbekanntes Leben angefangen, über das man besser nicht nachdachte. An den Abenden saß Olenjka auf der kleinen Veranda, und sie konnte hören, wie im ›Tivoli‹ die Musik spielte und die Raketen barsten; aber das rief schon keine Gedanken mehr wach. Sie sah teilnahmslos auf ihren öden Hof, dachte an nichts, begehrte nichts, und wenn dann die Nacht kam, ging sie zu Bett und sah auch im Traum ihren öden Hof. Sie aß und trank fast nur noch widerwillig.

Aber vor allem, und das war das schlimmste, sie hatte schon keine eigenen Ansichten mehr. Sie sah Gegenstände um sich und begriff alles, was ringsumher vor sich ging, aber sie konnte sich über nichts eine eigene Meinung bilden und wußte nicht, wovon sie sprechen sollte. Und wie entsetzlich ist das, keine eigene Meinung zu haben! Man sieht zwar zum Beispiel, daß eine Flasche dasteht oder daß es regnet oder daß ein Bauer auf dem Wagen fährt, aber wozu die Flasche da ist oder der Regen oder der Bauer, was für einen Sinn sie haben, kann man nicht sagen, nicht einmal für tausend Rubel könnte man es sagen. Beim Zusammenleben mit Kukin und Pustowalow und dann mit dem Veterinär konnte Olenjka alles erklären, und sie hätte über alles mögliche ihre Meinung sagen können, jetzt aber herrschte in ihren Gedanken, in ihrem Herzen die gleiche Öde wie auf ihrem Hof. Und es war so unheimlich und so bitter, als hätte sie einen Becher Wermut getrunken.

Die Stadt hatte sich im Laufe der Zeit nach allen Seiten hin ausgedehnt; aus der Zigeunervorstadt war eine Straße geworden, und dort, wo früher das Gartenlokal ›Tivoli‹ und die Holzlager gewesen waren, waren bereits Häuser emporgewachsen, und eine Reihe von Nebenstraßen hatte sich gebildet. Wie rasch vergeht doch die Zeit! Olenjkas Haus war dunkel geworden, das Dach war verrostet, der Schuppen hatte sich geneigt, der ganze Hof war mit Steppengras und Brennesseln überwuchert. Olenjka selbst war alt, war häßlich geworden; im Sommer saß sie auf der kleinen Veranda, und in ihrer Seele sah es wie immer öde und traurig aus, und es roch nach Wermut; im Winter aber saß sie am Fenster und blickte auf den Schnee. Wenn ein Frühlingswind weht, trägt ihr der Wind Glockengeläute zu, dann tauchen plötzlich Erinnerungen an die Vergangenheit auf, ihr Herz stockt in süßer Beklommenheit, und aus den Augen strömen ihr Tränen — doch alles nur für einen Augenblick, und dann herrscht wieder Öde, und man weiß nicht, wozu man lebt. Die schwarze Katze Bryska schmeichelt sich an und schnurrt behaglich, aber diese Katzenliebkosungen rühren Olenjka nicht. Braucht sie sie denn nicht? Sie braucht eine Liebe, die ihr ganzes Wesen, ihre ganze Seele, ihren Verstand erfüllt, ihr Gedanken, einen Lebensinhalt gibt und ihr alterndes Blut erwärmt. Und sie schüttelt die schwarze Bryska von ihrem Schoß ab und sagt ärgerlich zu ihr: »Geh, geh ... hier hast du nichts zu suchen!«

Und so geht es Tag für Tag, Jahr für Jahr — und keine einzige Freude und keine eigene Meinung kennt sie mehr. Was die Köchin Mawra sagt, das ist gut.

An einem heißen Julitage, als man gegen Abend die städtische Herde durch die Straßen trieb und der ganze Hof von Staubwolken erfüllt war, klopfte jemand plötzlich an die Pforte, Olenjka ging selber öffnen, und als sie hinsah, geriet sie außer sich vor Staunen: Vor der Tür stand der Veterinär Smirnin, schon ergraut und in Zivil. Sie erinnerte sich plötzlich an alles, sie vermochte sich nicht zu halten, begann zu weinen und legte ihren Kopf an seine Brust, ohne auch nur ein Wort zu sagen; und in ihrer heftigen Erregung bemerkte sie nicht, wie beide dann ins Haus gingen, wie sie sich an den Teetisch setzten.

»Mein Liebling!« flüsterte sie, vor Freude zitternd. »Wladimir Platonytsch! Woher hat dich Gott gebracht?«

»Ich will mich hier für dauernd niederlassen«, begann er zu erzählen. »Ich habe meinen Abschied eingereicht und bin gekommen, hier mein Glück als freier Mensch zu versuchen und ein seßhaftes Leben zu führen. Es ist auch schon Zeit, meinen Sohn aufs Gymnasium zu geben. Er ist herangewachsen. Wissen Sie, ich habe mich mit meiner Frau versöhnt.«

»Und wo ist sie jetzt?« fragte Olenjka.

»Sie ist mit meinem Sohn im Hotel, und ich gehe nun umher und suche nach einer Wohnung.«

»Mein Gott, so nehmt doch mein Haus! Ist das nicht eine schöne Wohnung? Ach, mein Gott, ich will von euch dafür nichts nehmen«, sagte Olenjka erregt und begann zu weinen. »Lebt hier bei mir, und ich habe auch am Seitenflügel genug. Was für eine Freude, mein Gott!«

Am andern Tage strich man bereits das Hausdach an und weißte die Mauern, und Olenjka ging, die Hände in die Seiten gestemmt, auf dem Hof umher und traf Anordnungen. Auf ihrem Gesicht leuchtete das frühere Lächeln, und sie lebte ganz auf, wurde frisch, als wäre sie aus einem langen Schlaf erwacht. Die Frau des Veterinärs kam an, eine hagere, unschöne Dame mit kurzem Haar und launischem Gesichtsausdruck, und mit ihr Sascha, der für seine Jahre sehr klein war (er stand bereits im zehnten Lebensjahre), dick, mit klaren blauen Augen und Grübchen in den Wangen. Und kaum war der Junge auf den Hof gekommen, da lief er schon der Katze nach, und sofort hörte man sein heiteres und frohes Lachen.

»Tantchen, ist das Ihre Katze?« fragte er Olenjka. »Wenn sie Junge bekommt, bitte schenken Sie uns ein Kätzchen. Mama fürchtet sich sehr vor Mäusen.«

Olenjka unterhielt sich mit ihm, gab ihm Tee zu trinken, und es wurde ihr plötzlich warm ums Herz, krampfte sich süß zusammen, ganz als wäre dieser Junge ihr eigener

Sohn. Und wenn er abends im Eßzimmer saß und seine Aufgaben machte, sah sie ihn voll Rührung und Mitleid an und flüsterte: »Mein Liebling, mein Allerschönster ... Mein Kindchen, was bist du für ein kluges und hübsches Kerlchen.«

»Insel nennt man«, so las er, »den Teil des Festlandes, der auf allen Seiten von Wasser umgeben ist.«

»Insel nennt man den Teil des Festlandes ...«, wiederholte sie, und das war ihre erste Meinung, die sie nach so viel Jahren des Schweigens und der Gedankenöde mit voller Überzeugung von sich gab.

Und so hatte sie wieder eigene Meinungen, und beim Abendbrot unterhielt sie sich mit Saschas Eltern darüber, wie schwer jetzt den Kindern der Unterricht im Gymnasium werde, daß aber dennoch die klassische Bildung besser als die reale sei, weil das Gymnasium den Weg überallhin eröffne: wenn man will, kann man Doktor, wenn man will, kann man Ingenieur werden.

Sascha begann das Gymnasium zu besuchen. Seine Mutter fuhr zu ihrer Schwester nach Charkow und kehrte nicht mehr zurück; sein Vater fuhr jeden Tag irgendwohin, Viehherden zu besichtigen, und es kam vor, daß er oft mehrere Tage nicht zu Hause war; und Olenjka schien es, daß man Sascha völlig vergessen habe, daß er im Hause überflüssig sei, ja daß er Hungers sterbe; und sie nahm ihn zu sich in den Seitenflügel hinüber und quartierte ihn dort im kleinen Zimmer ein.

Und so ist schon ein halbes Jahr vergangen, daß Sascha bei ihr im Seitenflügel wohnt. Jeden Morgen geht Olenjka in sein Zimmer; er schläft fest, den Arm unter die Wange gelegt. Es tut ihr leid, ihn zu wecken.

»Saschenjka«, sagt sie traurig, »steh auf, Liebling! Es ist Zeit, ins Gymnasium zu gehen.«

Er steht auf, zieht sich an, betet, setzt sich dann, um

Tee zu trinken; er trinkt drei Glas Tee und ißt zwei große Kringel und ein halbes Franzbrot mit Butter auf. Er ist noch nicht ganz aufgewacht und daher schlechter Laune.

»Saschenjka, du hast die Fabel nicht gut auswendig gelernt«, sagt Olenjka und sieht ihn so an, als ob sie ihn auf eine weite Reise geleite. »Was habe ich für Sorgen um dich. Streng dich an, Liebling, lerne gut ... Gehorche deinen Lehrern.«

»Ach, hören Sie bitte auf!« sagt Sascha.

Dann geht er ins Gymnasium, ein ganz kleines Kerlchen, aber mit einer großen Mütze, den Ranzen auf dem Rücken. Ihm folgt lautlos Olenjka.

»Saschenjka-a!« ruft sie ihm nach.

Er sieht sich um, und sie schiebt ihm eine Dattel oder ein Karamelbonbon in die Hand. Wenn sie in die Seitenstraße einbiegen, in der das Gymnasium steht, wird es ihm peinlich, daß ihm eine hochgewachsene, stattliche Frauensperson folgt; er blickt sich um und sagt: »Sie, Tante, gehen jetzt besser nach Hause, ich finde schon selbst den Weg.«

Sie bleibt dann stehen und blickt ihm nach, ohne mit der Wimper zu zucken, bis er im Tor des Gymnasiums verschwunden ist. Ach, wie liebt sie ihn! Von ihren früheren Empfindungen war nicht eine so tief, früher hatte sich ihre Seele noch nie so ungebunden, selbstlos und freudig hingegeben wie jetzt, da in ihr immer mehr und mehr das mütterliche Gefühl entbrannte. Für diesen fremden Jungen, für seine Grübchen in den Wangen, für seine Mütze würde sie ihr ganzes Leben hingeben, gäbe es mit Freuden, mit Tränen der Rührung hin. Warum? Aber wer weiß denn — warum?

Nachdem sie Sascha ins Gymnasium begleitet hat, kehrt sie still nach Hause zurück, zufrieden, ruhig, liebevoll; ihr

Gesicht, das im letzten Halbjahr wieder jung geworden ist, lächelt und strahlt; die Bekannten, die ihr begegnen und sie sehen, haben Freude daran und sagen zu ihr: »Guten Tag, Herzchen Olga Semjonowna! Wie geht es Ihnen, Herzchen?«

»Der Unterricht im Gymnasium ist jetzt so schwer geworden«, erzählt sie auf dem Markt. »Es ist kein Spaß, gestern gab man in der ersten Klasse eine Fabel zum Auswendiglernen, eine lateinische Übersetzung und noch eine Rechenaufgabe auf. Wie kann das so ein kleiner Kerl bewältigen?«

Und sie beginnt von den Lehrern, den Stunden, den Lehrbüchern zu sprechen — genau was Sascha darüber sagt. Zwischen zwei und drei essen sie zusammen, abends machen sie zusammen die Aufgaben und weinen zusammen. Wenn sie ihn ins Bett legt, schlägt sie lange das Kreuz über ihn und flüstert ein Gebet; wenn sie sich dann schlafen legt, träumt sie von der fernen, nebelhaften Zukunft, einst, wenn Sascha, wenn er die Universität absolviert hat, Doktor oder Ingenieur wird, wie er ein eigenes großes Haus, Pferde, Wagen, wie er Frau und Kinder haben wird ... Sie schläft ein und denkt immer an ein und dasselbe, und Tränen fließen aus den geschlossenen Augen über ihre Wangen. Und die schwarze Katze liegt an ihrer Seite und schnurrt: »Murr ... murr ... murr ...«

Plötzlich heftiges Klopfen an der Tür. Olenjka erwacht und kann vor Schrecken nicht atmen; ihr Herz klopft stark. Eine halbe Minute vergeht und wiederum das Klopfen.

›Ein Telegramm aus Charkow‹, denkt sie und beginnt am ganzen Leibe zu zittern. ›Die Mutter fordert Sascha zurück ... O mein Gott!‹

Sie ist in Verzweiflung; Kopf, Füße, Hände werden ihr

kalt, und es scheint, daß es keinen unglücklicheren Menschen in der ganzen Welt gibt. Aber es vergeht noch eine Minute, und sie vernimmt Stimmen: der Veterinär kehrt aus dem Klub nach Hause zurück.

›Nun, gottlob‹, denkt sie.

Nach und nach weicht von ihrem Herzen die Schwere, wieder wird ihr leicht; sie legt sich wieder zu Bett und denkt an Sascha, der im Nebenzimmer fest schläft und bisweilen im Traume spricht: »Ich will dir schon ...! Mach, daß du herauskommst! Fang nicht immer wieder an!«

DER STUDENT

Anfangs war das Wetter gut und still. Die Drosseln schrien, und in den nahen Sümpfen schrie etwas Lebendes so kläglich, wie wenn man in eine leere Flasche bläst. Eine Waldschnepfe zog vorüber, und der Schuß, der ihr galt, verklang in der Frühlingsluft lang nachhallend und fröhlich. Doch als es dann im Walde dunkel geworden war, begann von Osten her, recht zur Unzeit, ein kalter und schneidender Wind zu heulen — und alles verstummte alsbald. Auf den Pfützen bildeten sich Eisnadeln, und es ward im Walde ungemütlich, öde und menschenleer. Ein Ruch wie nach Winter stieg auf.

Iwan Welikopolskij, Student der Geistlichen Akademie, der Sohn eines Küsters, kehrte vom Schnepfenstrich nach Hause zurück und ging die ganze Zeit einen kleinen Pfad entlang auf einer überschwemmten Wiese. Seine Finger waren ganz steif geworden, und sein Gesicht glühte vom Winde. Es schien ihm, als ob diese plötzlich einsetzende Kälte die Ordnung und Harmonie in allem gestört habe, daß es sogar der Natur unheimlich sei und darum die abendliche Dämmerung rascher als nötig zunehme. Ringsumher war es öde und irgendwie besonders düster. Nur in den Witwengärten am Fluß leuchtete ein Feuer; überall ringsum jedoch und dort, wo vier Werst entfernt das Dorf lag, war alles im dichten kalten Abendnebel ertrunken. Der Student erinnerte sich daran, wie seine Mutter, als er aus dem Hause ging, im Flur auf dem Fußboden kauerte und barfüßig den Samowar reinigte, während sein Vater auf dem Ofen lag und hustete. Da es Karfreitag war, wurde zu Hause nichts gekocht, und geradezu quälend verlangte man nach Essen. Und jetzt, da er sich vor Kälte zusammenkrümmte, dachte der

Student daran, daß genau ein solcher Wind auch zur Zeit Rjuriks und zur Zeit Iwans des Schrecklichen und Peters geweht hatte und daß zu ihren Zeiten genau diese wilde Armut, der gleiche Hunger vorhanden waren, auch die gleichen durchlöcherten Strohdächer, daß die gleiche Unwissenheit und derselbe Kummer herrschten, ringsumher die gleiche Öde und Finsternis und das Gefühl drükkender Not — all dies Grauen war, ist und wird bestehenbleiben, es werden weitere tausend Jahre vergehen, und das Leben wird nicht besser werden. Und er wollte jetzt nicht nach Hause zurück.

Man nannte die Gemüsegärten Witwengärten, weil sie zwei Witwen, Mutter und Tochter, gehörten. Ein Holzstoß brannte warm und knisterte, er erleuchtete ringsum weit im Kreise die aufgepflügte Erde. Die Witwe Wassilissa, eine hochgewachsene und kräftige Alte in einem kurzen Männerschafpelz, stand daneben und blickte nachdenklich ins Feuer; ihre Tochter Lukerja, klein, pockennarbig, mit einem einfältigen Gesicht, saß auf der Erde und wusch Kessel und Löffel, offenbar hatte man gerade zu Abend gegessen. Männerstimmen erklangen — Arbeiter tränkten die Pferde am Fluß.

»Da ist nun wirklich der Winter wieder zurückgekehrt«, rief der Student und trat an den Holzstoß heran. »Guten Abend!«

Wassilissa fuhr zusammen, erkannte ihn aber im Augenblick und lächelte freundlich.

»Ich habe dich nicht erkannt; grüß dich Gott«, sagte sie.

Sie fingen an, sich zu unterhalten. Wassilissa, eine erfahrene Frau, die einstmals bei einer Herrschaft als Amme und dann als Kinderfrau gedient hatte, gebrauchte vornehme Worte, und während der ganzen Unterhaltung lag ein weiches und gesetztes Lächeln auf ihrem Gesicht.

Ihre Tochter Lukerja aber, ein richtiges Bauernweib, vom Manne eingeschüchtert, blinzelte den Studenten nur an und schwieg — sie hatte einen seltsamen Ausdruck im Gesicht, gleich einer Taubstummen.

»Ganz genauso, in kalter Nacht, wärmte sich der Apostel Petrus am Holzstoß«, sagte der Student und streckte seine Hände über das Feuer. »Es war auch damals kalt. Ach, was war das für eine schreckliche Nacht, Mütterchen! Eine ungewöhnlich trostlose und lange Nacht!«

Er blickte in die Finsternis, die ringsum alles verhüllte, schüttelte krampfhaft den Kopf und fragte: »Ihr wart heute in der Kirche zu den zwölf Evangelien?«

»Ja«, erwiderte Wassilissa.

»Wenn du dich erinnerst, sagte Petrus während des Abendmahles zu Jeses: ›Mit dir bin ich bereit, in Gefängnis und Tod zu gehen.‹ Aber der Herr sprach zu ihm: ›Wahrlich, ich sage dir, Petrus, ehe der Hahn heute krähen wird, wirst du mich dreimal verleugnen.‹ Nach dem Mahle härmte sich Jesus tödlich im Garten von Gethsemane ab und betete; und der arme Petrus quälte sich in seiner Seele, wurde schwach, seine Augenlider wurden schwer, und er konnte gegen den Schlaf nicht ankämpfen. Er schlief. Dann küßte Judas, wie du hörtest, Jesum und übergab ihn seinen Peinigern. Gebunden führte man ihn zum Hohenpriester und geißelte ihn, während Petrus, erschöpft, von Gram und Unruhe zerquält, unausgeschlafen, verstehst du, im Vorgefühl, daß gerade jetzt auf Erden etwas Entsetzliches geschehe, ihm nachfolgte ... Leidenschaftlich, grenzenlos liebte er Jesus, und nun sah er von weitem, wie man ihn geißelte ...«

Lukerja legte die Löffel hin und sah mit unbeweglicher Miene den Studenten an.

»Sie kamen zum Hohenpriester«, fuhr er fort; »man begann Jesus zu befragen; währenddessen hatten die

Knechte mitten im Hofe ein Feuer angezündet, weil es kalt war, und sie wärmten sich. Am Holzstoß, mit ihnen zusammen, stand Petrus und wärmte sich ebenfalls, so wie ich mich jetzt wärme. Eine Frau sah ihn und sagte: ›Auch der war mit Jesus‹, das heißt, man müsse auch ihn zum Verhöre bringen. Und alle Knechte, die am Feuer lagerten, blickten ihn wohl mißtrauisch und finster an, weil er verwirrt ward und sagte: ›Ich kenne ihn nicht.‹ Nach einer kleinen Weile erkannte in ihm wieder jemand einen Jünger Jesu und sprach: ›Auch du bist einer von ihnen.‹ Und er leugnete abermals. Und zum dritten Male wandte sich jemand an ihn: ›Habe ich dich heute nicht mit ihm im Garten gesehen?‹ Da leugnete er auch zum dritten Male. Und nach diesem dritten Male krähte alsbald der Hahn; Petrus aber blickte von weitem zu Jesus hin und gedachte der Worte, die er zu ihm beim Mahle gesagt hatte ... er gedachte ihrer, kam zu sich, ging aus dem Hofe fort und begann bitter, bitter zu weinen. Im Evangelium steht geschrieben: ›Und er ging hinaus und weinte bitterlich.‹ Ich stelle mir vor: Es ist ein stiller, ganz stiller, dunkler, ganz dunkler Garten, und in der Stille vernimmt man kaum das dumpfe Schluchzen ...«

Der Student seufzte auf und sann nach. Wassilissa, die gelächelt hatte, schluchzte plötzlich auf, und viele große Tränen flossen über ihre Wangen — mit dem Ärmel bedeckte sie ihr Gesicht vor dem Feuer, als ob sie sich ihrer Tränen schämte; Lukerja, die unbeweglich den Studenten angeblickt hatte, wurde rot, und ihr Ausdruck wurde schwer und angespannt, wie bei einem Menschen, der einen heftigen Schmerz unterdrückt.

Die Arbeiter kehrten vom Flusse zurück; einer von ihnen, der zu Pferde saß, war schon nahe, und das Licht des Feuers ruhte zitternd auf ihm. Der Student wünschte den Witwen gute Nacht und ging weiter. Und wiederum umgab ihn die Finsternis, und die Hände begannen ihm zu frieren. Ein heftiger Wind wehte; in der Tat kehrte der Winter zurück, und es sah nicht so aus, als wäre übermorgen Ostern.

Jetzt dachte der Student an Wassilissa: Wenn sie zu weinen begann, so hat also alles das, was in jener schrecklichen Nacht mit Petrus geschehen war, eine gewisse Beziehung zu ihr ...

Er blickte sich um. Das einsame Feuer blinkte ruhig in der Finsternis, und in seiner Nähe konnte man keinen Menschen mehr sehen. Der Student dachte wieder daran, daß, wenn Wassilissa zu weinen begann und ihre Tochter verlegen wurde, augenscheinlich das, wovon er soeben erzählt hatte und was vor neunzehn Jahrhunderten geschehen war, eine Beziehung zur Gegenwart hatte — zu den beiden Frauen und wahrscheinlich auch zu diesem öden Dorf, zu ihm selbst, zu allen Menschen. Wenn die Alte zu weinen begonnen hatte, so nicht darum, weil er rührend zu erzählen verstand, sondern darum, weil sie mit ihrem ganzen Wesen an dem interessiert war, was in Petri Seele vor sich gegangen war.

Und plötzlich stieg eine Freude in seiner Seele auf; er blieb sogar einen Augenblick stehen, um Atem zu holen.

›Die Vergangenheit‹, dachte er, ›ist mit der Gegenwart durch eine ununterbrochene Kette von Ereignissen verbunden, die eines aus dem andern entspringen.‹ Und es schien ihm, daß er soeben beide Enden dieser Kette wahrgenommen habe: er hatte das eine Ende berührt, da erzitterte auch schon das andere.

Und als er dann auf der Fähre über den Fluß setzte und den Berg hinaufstieg und sein heimatliches Dorf sah und nach Westen blickte, wo als schmaler Streifen das kalte, purpurne Abendrot glühte, da dachte er daran, daß die Wahrheit und die Schönheit, die dort im Garten und auf dem Hofe des Hohenpriesters das menschliche Leben lenkten, ununterbrochen bis heute sich fortsetzten und augenscheinlich immer die Hauptsache im menschlichen Leben und überhaupt auf Erden bildeten: und ein Gefühl der Jugend, Gesundheit und Kraft — er war eben erst zweiundzwanzig Jahre alt — und die unaussprechlich süße Erwartung von Glück, einem unbekannten, geheimnisvollen Glück ergriff langsam von ihm Besitz, und das Leben erschien ihm hinreißend, wunderbar und voll eines hohen Sinnes.

DER SCHWARZE MÖNCH

1

Der Magister Andrei Wassiljewitsch Kowrin hatte sich überanstrengt und seine Nerven ruiniert. Er gab sich nicht in Behandlung, sondern sprach nur beiläufig bei einer Flasche Wein mit einem befreundeten Arzt, und der riet ihm, Frühjahr und Sommer auf dem Lande zu verbringen. Zur gelegenen Zeit kam da ein langer Brief von Tanja Pessozkaja, die ihn bat, nach Borissowka zu Besuch zu kommen. Und er fand, daß es tatsächlich notwendig wäre, auszuspannen.

Anfangs — es war im April — fuhr er nach Hause auf sein Familiengut Kowrinka und blieb dort in völliger Einsamkeit drei Wochen; dann, nachdem er gute Wegeverhältnisse abgewartet hatte, fuhr er im Wagen zu seinem früheren Vormund und Erzieher Pessozkij, einem in Rußland bekannten Gärtner. Von Kowrinka bis Borissowka, wo die Pessozkijs lebten, rechnete man nicht mehr als siebzig Werst, und im Frühling in einer bequemen gefederten Kutsche über die weiche Straße zu fahren, war ein wahrer Genuß.

Das Pessozkijsche Haus war riesig groß, mit Säulen und steinernen Löwen geschmückt, deren Stukkatur abfiel, und an der Auffahrt stand ein Diener im Frack. Der alte, düstere und strenge, nach englischer Manier angelegte Park zog sich fast eine ganze Werst vom Hause bis zum Flusse hin und endete hier an dem lehmigen Steilufer, auf dem Kiefern mit bloßgelegten Wurzeln wuchsen, die aussahen wie zottige Pfoten; unten glänzte menschenscheu das Wasser, flogen kläglich schreiend die Schnepfen dahin, und es herrschte dort immer eine Stimmung, daß man sich hinsetzen und eine Ballade schreiben konnte. Dafür war es im Hause selbst, im Hof und im Obstgarten, der zusammen mit den Baumschulen etwa dreißig Deßjatinen umfaßte, heiter und sogar bei schlechtem Wetter lebensfroh. So wundervolle Rosen, Lilien, Kamelien, solche Tulpen in allen möglichen Farben, vom hellen Weiß angefangen bis zum tiefen Schwarz, überhaupt einen derartigen Blumenreichtum wie bei Pessozkij hatte Kowrin noch nirgends sonst gesehen. Das Frühjahr hatte erst begonnen, und die eigentliche Pracht der Blumenbeete befand sich noch in den Gewächshäusern, aber auch das, was jetzt schon längs der Alleen und hie und da auf den Gartenbeeten blühte, genügte, damit man sich, wenn man im Garten spazierenging, in einem Reich zarter Farben fühlte, besonders in den Morgenstunden, wenn auf jedem Blumenblättchen Tautropfen funkelten.

Was den dekorativen Teil des Gartens bildete und was Pessozkij selbst verächtlich ›Bagatelle‹ nannte, hatte auf Kowrin einst in der Kindheit einen märchenhaften Eindruck gemacht. Was gab es hier nicht für Wunderdinge, raffinierte Unförmlichkeiten und Späße über die Natur! Hier gab es Spaliere aus Obstbäumen, einen Birnbaum, der die Form der Pyramidenpappel hatte, kugelförmige Eichen und Linden, einen Schirm aus einem Apfelbaum, Bögen, Monogramme, Kandelaber und sogar die Jahreszahl 1862 aus Pflaumenbäumen — die das Jahr bezeichnete, da sich Pessozkij zum ersten Male mit Gartenbau beschäftigt hatte. Hier gab es auch schöne schlanke Bäumchen, die wie Palmen gerade und kräftige Stämme hatten, und nur wenn man aufmerksam hinsah, konnte man in diesen Bäumchen Stachelbeer- oder Johannisbeersträucher erkennen. Was aber am meisten im Garten erfreute und ihm ein belebtes Aussehen gab, war die beständige Bewegung. Vom frühen Morgen bis zum Abend wimmelte es wie in einem Ameisenhaufen um Bäume und Sträucher, in Alleen und auf Beeten von Leuten mit Karren, Hacken, Gießkannen ...

Kowrin kam abends nach neun Uhr zu den Pessozkijs. Tanja und ihren Vater Jegor Semjonowitsch traf er in großer Unruhe. Der klare Sternhimmel und das Thermometer kündeten Morgenfröste an, aber der Gärtner Iwan Karlytsch war in die Stadt gefahren, und niemand da, auf den man sich verlassen konnte. Beim Nachtmahl sprach man nur vom Morgenfrost und beschloß, daß sich Tanja nicht schlafen legen, sondern nach Mitternacht durch den Garten gehen und zusehen solle, ob alles in Ordnung sei; Jegor Semjonowitsch aber wollte um drei Uhr und sogar früher aufstehen.

Kowrin saß mit Tanja den ganzen Abend zusammen und begab sich nach Mitternacht mit ihr in den Garten. Es war kalt. Im Hof roch es bereits stark brandig. Im großen Obstgarten, der der Handelsgarten hieß und Jegor Semjonowitsch jährlich einige tausend Rubel Reingewinn brachte, breitete sich über der Erde ein schwarzer, dichter, beißender Rauch und rettete, die Bäume einhüllend, diese Tausende Rubel vor dem Frost. Die Bäume standen hier schachbrettartig angeordnet, ihre Reihen waren gerade und ausgerichtet wie Soldatenreihen, und diese strenge pedantische Regelmäßigkeit und die Tatsache, daß alle Bäume von einem Wuchs waren und ganz gleichmäßige Kronen und Stämme hatten, machten das Bild einförmig, ja sogar langweilig. Kowrin und Tanja gingen durch die Reihen hindurch, wo Feuer aus Dung, Stroh und allerhand Abfällen brannten; von Zeit zu Zeit trafen sie Arbeiter, die wie Schatten im Rauche gingen. Es blühten nur die Kirsch- und Pflaumenbäume und einige Sorten Apfelbäume, aber der ganze Garten ertrank im Rauch, und erst bei den Baumschulen atmete Kowrin mit voller Brust.

»Schon in der Kindheit hat mich der Rauch zum Niesen gereizt«, sagte er achselzuckend, »aber bis heute verstehe ich nicht, wie der Rauch vor Frost schützen kann.«

»Rauch ersetzt die Wolken, wenn es keine gibt ...«, sagte Tanja.

»Und wozu braucht man Wolken?«

»Bei trübem, wolkigem Wetter gibt es keine Morgenfröste.«

»Also so ist's!«

Er lachte auf und nahm sie bei der Hand. Ihr breites, sehr ernstes, erfrorenes Gesicht mit den feinen schwarzen Augenbrauen, der aufgeschlagene Mantelkragen, der sie hinderte, den Kopf frei zu bewegen, und ihre hagere, schlanke Gestalt in dem des Taues wegen aufgeschürzten Kleid rührten ihn.

»Mein Gott, sie ist ja schon erwachsen!« sagte er. »Als ich das letztemal, vor fünf Jahren, von hier wegfuhr, waren Sie noch völlig Kind. Sie waren so hager, langbeinig, mit schlichtem Haar, trugen ein kurzes Kleidchen, und ich nannte Sie neckend ›Reiher‹ ... Was macht doch die Zeit!«

»Ja, fünf Jahre«, seufzte Tanja. »Viel Wasser ist seitdem hinabgeflossen. Sagen Sie ganz ehrlich, Andrjuscha«, begann sie lebhaft und sah ihm ins Gesicht, »Sie haben sich unser entwöhnt? Übrigens, was frage ich denn? Sie sind ein Mann, Sie führen schon Ihr eigenes, interessantes Dasein, Sie sind eine Größe ... Die Entfremdung ist so natürlich! Doch wie dem auch sei, Andrjuscha, ich möchte, daß Sie uns als die Ihrigen betrachten. Wir haben ein Recht darauf.«

»Das tue ich, Tanja.«

»Ehrenwort?«

»Ja, auf Ehrenwort.«

»Sie wunderten sich heute darüber, daß wir so viele

Photographien von Ihnen besitzen. Aber Sie wissen doch, mein Vater verehrt Sie abgöttisch. Manchmal scheint es mir, daß er Sie mehr liebt als mich. Er ist stolz auf Sie, Sie sind ein ungewöhnlicher Gelehrter, Sie haben sich eine glänzende Karriere geschaffen, und er ist überzeugt, daß Sie deshalb so geworden sind, weil er Sie erzogen hat. Ich hindere ihn nicht daran, so zu denken. Mag er doch.«

Die Morgendämmerung setzte schon ein, und sie wurde vor allem aus der Deutlichkeit bemerkbar, mit der sich die Rauchschwaden und Baumkronen abzuheben begannen. Die Nachtigallen sangen, und von den Feldern kam der Schrei der Wachteln.

»Inzwischen ist es Zeit zum Schlafen«, sagte Tanja. »Es ist auch kalt.« Sie faßte ihn unter den Arm. »Danke, Andrjuscha, daß Sie hergekommen sind. Wir haben nur uninteressante Bekannte, und auch solche nur wenig. — Wir kennen nur den Garten, Garten, Garten — und weiter nichts. Edle, halbedle Sorten«, sie lachte auf. »Oportoäpfel, Renetten, Winteräpfel, Okulieren, Kopulieren ... Unser ganzes, ganzes Leben hat der Garten an sich gerissen. Mir träumt sogar von nichts anderem als von Äpfel- und Birnbäumen. Natürlich ist das gut und nützlich, aber bisweilen wünscht man auch noch anderes zur Abwechslung. Ich erinnere mich, wenn Sie in den Ferien oder einfach so uns besuchen kamen, da wurde es im Hause irgendwie frischer und heller, so wie wenn man von Lüstern und Möbeln die Bezüge abgenommen hat. Ich war damals noch ein kleines Mädchen und begriff es doch ...«

Sie sprach lange und mit tiefem Gefühl. Ihm kam es plötzlich irgendwie in den Sinn, daß er sich im Laufe des Sommers an dies kleine, schwache, gesprächige Geschöpfchen anschließen, von ihr hingerissen werden und sich in sie verlieben könne — in der Lage, in der sie beide sich befanden, war das so möglich und natürlich! Dieser Gedanke rührte und erheiterte ihn, er neigte sich dem lieben, besorgten Gesichte zu und begann leise zu singen;

»Onegin, daß ich's nicht verhehle,
Tatjanen nur liebt meine Seele ...«

Als sie nach Hause kamen, war Jegor Semjonowitsch schon auf. Kowrin wollte nicht schlafen, er kam mit dem Alten ins Gespräch und kehrte mit ihm in den Garten zurück. Jegor Semjonowitsch war von hohem Wuchs, breitschulterig, hatte ein Embonpoint und litt an Asthma, ging aber immer so rasch, daß man schwer mit ihm Schritt halten konnte. Er hatte immer ein äußerst besorgtes Gesicht, eilte immer irgendwohin und stets mit einem Ausdruck, als ob alles verloren sei, wenn er sich auch nur eine Minute verspäte!

»Das ist eine Geschichte, mein Lieber ...«, begann er und blieb stehen, um Atem zu holen. »Auf der Erdoberfläche ist, wie du siehst, Frost, und wenn du das Thermometer am Stock so zwei Klafter über die Erde hebst, so ist es dort warm ... Woher kommt das?«

»Ich weiß es wirklich nicht«, sagte Kowrin und begann zu lachen.

»Hm ... Natürlich kann man nicht alles wissen ... Wie umfassend ein Verstand auch ist, alles kann man in ihm nicht unterbringen. Du befaßt dich immer noch mit Philosophie?«

»Ja. Ich halte Vorlesungen über Psychologie, beschäftige mich überhaupt mit Philosophie.«

»Und es wird nicht langweilig?«

»Im Gegenteil, es ist mein einziger Lebenszweck.«

»Nun, gebe Gott ...«, sagte Jegor Semjonowitsch und strich sich nachdenklich über seinen grauen Backenbart.

»Gebe Gott ... ich bin sehr froh deinetwegen ... sehr froh, mein Lieber ...«

Plötzlich aber lauschte er, machte ein entsetztes Gesicht, lief zur Seite und war bald in den Rauchwolken hinter den Bäumen verschwunden.

»Wer hat das Pferd an den Apfelbaum gebunden?« hörte man seinen verzweifelten, herzzerreißenden Ruf. »Welcher Lump, welche Kanaille hat sich erdreistet, das Pferd an den Apfelbaum zu binden? Mein Gott, mein Gott! Sie haben alles völlig verdorben, verunreinigt, verschandelt, verhunzt! Der Garten ist hin, er ist vernichtet! Mein Gott!«

Als er zu Kowrin zurückkehrte, war sein Gesicht erschöpft und beleidigt ...

»Was kannst du mit diesem verdammten Volk anfangen?« sagte er mit weinerlicher Stimme und lebhaft gestikulierend. »Stjopka hat nachts Dung gefahren und das Pferd an den Apfelbaum gebunden ... und dieser Lump hat die Zügel so fest herumgewickelt, daß die Rinde an drei Stellen durchgerieben ist! Nun und? Ich sage es ihm, er aber steht wie ein Klotz da und zwinkert nur mit den Augen! Aufhängen wäre noch zuwenig!«

Nachdem er sich beruhigt hatte, umarmte er Kowrin und küßte ihn auf die Backe.

»Nun, gebe Gott ... gebe Gott ...«, mumelte er. »Ich freue mich sehr, daß du gekommen bist. Freue mich unsagbar ... Ich danke dir ...«

Dann ging er mit denselben raschen Schritten und mit besorgtem Gesicht durch den ganzen Garten und zeigte seinem früheren Zögling alle Orangerien, Gewächshäuser, Schuppen für die Winterpflanzen und seine beiden Bienengärten, die er ein Wunder unsres Jahrhunderts nannte.

Während sie umhergingen, war die Sonne heraufgekommen, und sie erleuchtete hell den Garten. Es wurde warm. Kowrin fühlte den langen, hellen, fröhlichen Tag vor sich und dachte daran, daß es ja erst Anfang Mai sei und der Sommer noch vor ihm liege, ebenso hell, fröhlich, lang, und plötzlich rührte sich in seiner Brust ein freudiges, jugendliches Gefühl, wie er es in der Kindheit empfunden hatte, wenn er in diesem Garten umhergelaufen war. Und er selbst umarmte den Alten und küßte ihn zärtlich. Beide gingen gerührt ins Haus und begannen, aus altertümlichen Porzellantassen Tee zu trinken mit Sahne und nahrhaften Butterkringeln — und diese Kleinigkeiten erinnerten Kowrin wieder an Kindheit und Jugend. Die herrliche Gegenwart und die in ihm wiedererwachten Eindrücke der Vergangenheit vermischten sich, von ihnen wurde ihm eng, aber doch wohl ums Herz.

Er wartete, bis Tanja aufgestanden war, trank mit ihr zusammen Kaffee, ging ein wenig spazieren, dann begab er sich in sein Zimmer und setzte sich an die Arbeit. Er las aufmerksam, machte Notizen und hob bisweilen die Augen, um durch die offenen Fenster oder auf die frischen, noch taufeuchten Blumen zu sehen, die in Vasen auf dem Tisch standen, vertiefte sich dann wieder ins Buch, und ihm schien, als ob jedes Äderchen in ihm zittere und vor Freude spiele.

2

Auf dem Lande setzte Kowrin dasselbe nervöse und unruhige Leben fort, das er in der Stadt geführt hatte. Er las und schrieb viel, lernte Italienisch, und wenn er spazierenging, dachte er mit Vergnügen daran, daß er sich bald wieder an die Arbeit setzen würde. Er schlief so wenig, daß sich alle wunderten; wenn er unvermutet am Tage eine halbe Stunde einschlief, dann konnte er danach schon die ganze Nacht nicht schlafen, und nach einer schlaflosen Nacht fühlte er sich so, als ob nichts geschehen wäre, frisch und munter.

Er sprach viel, trank gern Wein und rauchte teure Zigarren. Zu den Pessozkijs kamen häufig, fast täglich, junge Damen aus der Nachbarschaft zu Besuch, die mit Tanja Klavier spielten und sangen; manchmal kam auch ein junger Nachbar, der gut Geige spielte. Kowrin hörte der Musik und dem Gesang gierig zu und wurde davon ganz erschöpft, und die Erschöpfung äußerte sich physisch darin, daß ihm die Augen zufielen und sein Kopf sich zur Seite neigte.

Einst nach dem Abendtee saß er auf dem Balkon und las. Im Salon übten gerade Tanja als Sopran, eine junge Dame als Kontraalt und der junge Mann auf der Geige die bekannte Serenade von Braga* ein. Kowrin gab auf die Worte acht — sie waren russisch — und konnte ihren Sinn durchaus nicht fassen. Schließlich ließ er sein Buch sein, hörte aufmerksam zu und verstand: Ein phantasiekrankes Mädchen hörte nachts im Garten gewisse geheimnisvolle Töne, die so schön und seltsam waren, daß sie ihre Harmonie als heilig anerkennen mußte, eine Harmonie, die uns Sterblichen unverständlich ist und darum wieder zurück zum Himmel fliegt. Kowrin begannen die Augen zuzufallen. Er stand auf und ging ermüdet durch den Salon, dann durch den Saal. Als der Gesang aufgehört hatte, nahm er Tanja unter den Arm und ging mit ihr auf den Balkon.

»Mich beschäftigt heute schon seit dem Morgen eine Legende«, sagte er. »Ich erinnere mich nicht, ob ich sie irgendwo gelesen oder gehört habe, aber die Legende ist

* italienischer Komponist (1829—1907).

recht eigenartig und ganz unvergleichlich ... Angefangen damit, daß sie sich durch Klarheit nicht auszeichnet. Vor tausend Jahren ging ein Mönch in schwarzem Habit irgendwo in Syrien oder Arabien durch die Wüste ... Einige Meilen von der Stelle, wo er ging, sahen Fischer einen andern schwarzen Mönch, der sich langsam über die Oberfläche des Sees bewegte. Dieser zweite Mönch war eine Luftspiegelung. Jetzt müssen Sie alle Gesetze der Optik, die die Legende anscheinend nicht anerkennt, vergessen, und hören Sie weiter. Aus der einen Luftspiegelung entstand eine zweite, dann eine dritte, so daß die Gestalt des schwarzen Mönches aus einer atmosphärischen Schicht der andern übergeben wurde ... Man sah ihn bald in Afrika, bald in Spanien, bald in Indien, bald im hohen Norden ... Schließlich verließ er die Grenzen der Erdatmosphäre und irrt jetzt durch den Weltenraum, ohne je die Bedingungen für sein Verblassen zu finden. Vielleicht sieht man ihn jetzt irgendwo auf dem Mars oder auf einem Stern des Südlichen Kreuzes. Aber, meine Liebe, das eigentliche Wesen, der eigentliche Kern der Legende, ist darin beschlossen, daß genau tausend Jahre nach dem Augenblick, da der Mönch durch die Wüste ging, die Luftspiegelung wieder in die irdische Atmosphäre treten und den Menschen erscheinen wird. Und diese tausend Jahre scheinen bereits vorüber zu sein ... Der Legende gemäß müssen wir den schwarzen Mönch heute oder morgen erwarten.«

»Eine seltsame Luftspiegelung«, sagte Tanja, der die Legende nicht gefiel.

»Aber das wunderbarste ist«, sagte Kowrin lachend, »daß ich mich durchaus nicht besinnen kann, wie mir diese Legende in den Sinn gekommen ist. Las ich sie irgendwo? Hörte ich sie irgendwo? Oder träumte mir vielleicht nur vom schwarzen Mönch? Bei Gott, ich weiß es nicht. Aber die Legende beschäftigt mich. Ich denke heute den ganzen Tag daran.«

Nachdem er Tanja zu den Gästen zurückgeschickt hatte, verließ er das Haus und ging nachdenklich bei den Blumenbeeten spazieren. Die Sonne versank bereits. Die Blumen, die man soeben begossen hatte, strömten einen feuchten, erregenden Duft aus. Im Hause begann von neuem der Gesang, und von weitem machte die Geige den Eindruck einer menschichen Stimme. Kowrin, der bemüht war, sich zu erinnern, wo er die Legende gehört oder gelesen hatte, begab sich gemächlich in den Park und gelangte unvermerkt an den Fluß.

Auf dem Fußpfade, der das Steilufer entlang an den entblößten Wurzeln vorbei lief, stieg er zum Wasser hinunter, beunruhigte dort die Schnepfen, jagte zwei Enten auf. Auf den düsteren Kiefern spiegelten sich hie und da noch die letzten Strahlen der untergehenden Sonne wider, aber auf der Oberfläche des Flusses war schon tiefer Abend. Kowrin ging über den Bretter-steg auf die andere Seite. Vor ihm lag jetzt ein breites, mit jungem, noch nicht blühendem Roggen bestandenes Feld. Keine menschliche Behausung, keine lebende Seele war weit und breit zu sehen, und der Fußpfad schien, wenn man ihn nur weiter verfolgte, zu jener unbekannten, rätselhaften Stätte zu führen, zu der soeben die Sonne hinabgestiegen war und wo so breit und majestätisch die Abendröte flammte.

›Wie weit, frei, still es hier ist!‹ dachte Kowrin, dem Fußpfad folgend. ›Und die ganze Welt scheint auf mich zu blicken, den Atem anzuhalten und darauf zu warten, daß ich sie verstehe ...‹

Aber nun liefen Wellen über den Roggen hin, und ein leichter Abendwind berührte zart seinen unbedeckten Kopf. Nach einem Augenblick kam wieder ein Windstoß, aber schon kräftiger — der Roggen begann zu rauschen, und hinter sich hörte er das dumpfe Murmeln der Kiefern. Kowrin blieb voll Erstaunen stehen. Wie ein Wirbelsturm oder eine Windhose erhob sich am Horizont von der Erde bis zum Himmel eine hohe schwarze Säule. Ihre Umrisse waren verschwommen, aber sogleich im ersten Augenblick konnte man erkennen, daß sie nicht stillstand, sondern sich mit furchtbarer Geschwindigkeit fortbewegte, eben hierher, gerade auf Kowrin zu; und je näher sie kam, um so kleiner und deutlicher wurde sie. Kowrin warf sich zur Seite in den Roggen, um ihr Platz zu machen, und hatte kaum noch Zeit dazu ...

Ein Mönch in schwarzem Habit, mit grauem Haar und schwarzen Augenbrauen, die Arme über der Brust gekreuzt, schwebte vorbei ... Seine bloßen Füße berührten die Erde nicht. Als er schon einige Klafter vorbeigeeilt war, schaute er sich nach Kowrin um, nickte mit dem Kopf und lächelte ihm freundlich und doch auch spöttisch zu. Aber wie bleich, furchtbar bleich war sein hageres Gesicht! Dann begann er wieder zu wachsen, schwebte über den Fluß, prallte lautlos an das Lehmufer und die Kiefern an, und durch sie hindurchgehend, verschwand er wie ein Rauch.

»Da seht ihr ja ...«, murmelte Kowrin. »Die Legende ist also wahr.«

Angenehm erregt kehrte er nach Hause zurück; er gab sich keine Mühe, die seltsame Erscheinung zu erklären, zufrieden damit, daß es ihm gelungen war, so nahe und so deutlich nicht nur die schwarze Gewandung, sondern auch Augen und Antlitz des Mönches zu sehen.

Im Park und Garten gingen die Leute ruhig umher, im Hause spielte man — also hatte er allein den Mönch gesehen. Ihn verlangte sehr danach, Tanja und Jegor Semjonowitsch alles zu erzählen, aber er nahm an, daß sie sicherlich seine Worte für Fieberphantasie halten und davon erschreckt sein würden; es war schon besser zu schweigen. Er lachte laut, sang, tanzte Masurka, war in fröhlicher Stimmung, und alle, die Gäste und Tanja fanden, daß sein Gesicht heute so ganz besonders strahlend und begeistert, er selbst sehr interessant sei.

3

Als nach dem Abendbrot die Gäste weggefahren waren, ging er in sein Zimmer und legte sich auf den Diwan; er wollte über den Mönch nachdenken. Aber nach einem Weilchen kam Tanja herein.

»Da, Andrjuscha, lesen Sie Vaters Aufsätze ...«, sagte sie und reichte ihm ein Pack Broschüren und Sonderdrucke. »Vortreffliche Aufsätze. Vater schreibt ausgezeichnet.«

»Nun, sogar ausgezeichnet!« wiederholte Jegor Semjonowitsch, der ihr gefolgt war, und lachte gezwungen: es war ihm peinlich. »Höre, bitte, nicht darauf und lies sie nicht! Wenn du freilich einschlafen willst, dann allerdings lies sie nur: ein vortreffliches Schlafmittel.«

»Nach meiner Meinung sind es großartige Aufsätze«, entgegnete Tanja mit tiefer Überzeugung. »Lesen Sie sie, Andrjuscha, und überreden Sie Vater, häufiger zu schreiben. Er könnte ein vollständiges Lehrbuch der Gartenkunst schreiben.«

Jegor Semjonowitsch lachte gezwungen auf, wurde rot und begann Phrasen zu machen, wie sie verlegene Schriftsteller gewöhnlich machen. Schließlich ergab er sich.

»In disem Falle lies zuerst den Aufsatz Gauchets und da, diese russischen Artikelchen«, brummte er, mit zitternden Händen in den Broschüren herumsuchend, »sonst wird es dir unverständlich sein. Ehe du meine Einwendungen liest, mußt du wissen, wogegen ich etwas einwende. Übrigens ist es leeres Geschwätz ... entsetzlich fad. Es ist, scheint's, auch Zeit zum Schlafengehen.«

Tanja ging hinaus. Jegor Semjonowitsch setzte sich zu Kowrin auf den Diwan und seufzte tief auf.

»Ja, mein Lieber ...«, begann er nach einigem Schweigen. »So ist's, mein teuerster Magister. Da schreibe ich Aufsätze und beteilige mich an Ausstellungen und bekomme Medaillen ... Pessozkij, sagt man, hat Äpfel so groß wie ein Kopf, und Pessozkij, so sagt man, hat mit dem Garten ein Vermögen verdient ... Mit einem Wort: Gepriesen, reich ist Kotschubei. Aber es fragt sich: Wozu das alles? Der Garten ist tatsächlich herrlich und mustergültig ... Das ist kein Garten, sondern ein ganzes Institut, das hohe staatliche Bedeutung hat, weil es sozusagen eine Stufe zu einer neuen Ära russischer Wirtschaft und russischen Gewerbes ist. Aber wozu nur? Welches ist sein Ziel?«

»Die Sache spricht für sich selbst.«

»So meine ich es nicht. Ich möchte fragen: Was wird aus dem Garten, wenn ich sterbe? In der Gestalt, in der du ihn jetzt siehst, wird er ohne mich nicht einen Monat bestehen. Das ganze Geheimnis des Erfolges ruht nicht darin, daß der Garten groß ist und viele Arbeiter da sind, sondern darin, daß ich die Sache liebe — verstehst du? —, daß ich sie vielleicht mehr als mich selbst liebe. Schau mich an: ich mache alles selbst. Ich arbeite vom frühen Morgen bis in die Nacht. Alle Pfropfungen mache ich selbst, das Bekappen selbst, das Anpflanzen selbst, alles mache ich selbst. Wenn man mir hilft, so bin ich eifersüchtig und bis zur Grobheit gereizt. Das ganze Geheimnis besteht in der Liebe, das heißt, im scharfen Blick und in den Händen des Herrn und in jenem Gefühl, das dich ergreift, wenn du irgendwohin auf ein Stündchen Besuch fährst: du sitzest dort, und dein Herz ist nicht dabei, du fühlst dich nicht wohl; du hast Furcht, daß im Garten etwas vorgefallen ist. Und wenn ich sterbe, wer wird danach schauen? Wer wird arbeiten? Der Gärtner? Die Arbeiter? Ja? Das will ich dir sagen, liebster Freund; Der ärgste Feind bei unserm Werk ist nicht der Hase, nicht der Maikäfer und nicht der Frost, sondern der fremde Mensch.«

»Und Tanja?« fragte Kowrin lachend. »Sie kann unmöglich schädlicher als ein Hase sein. Sie liebt und versteht die Sache.«

»Ja, sie liebt und versteht sie. Wenn sie nach meinem Tode den Garten erben und bewirtschaften wird, so kann ich natürlich nichts Besseres wünschen. Aber wenn sie nun — Gott behüte — heiraten wird?« flüsterte Jegor Semjonowitsch und blickte erschrocken Kowrin an. »Das ist's eben! Wenn sie heiratet und Kinder bekommt, hat sie keine Zeit, an den Garten zu denken. Was ich aber besonders fürchte: Sie wird irgendeinen Burschen heiraten, der geldgierig sein und den Garten an Händlerinnen verpachten wird — und dann geht im ersten Jahre schon alles zum Teufel! In unserer Sache sind die Frauen eine Geißel Gottes!«

Jegor Semjonowitsch seufzte und schwieg eine Weile.

»Vielleicht ist das egoistisch, aber ich sage offen: Ich will nicht, daß Tanja heiratet. Ich befürchte das! Zu uns kommt ein Laffe mit der Geige und fiedelt herum; ich weiß, daß Tanja ihn nicht heiraten wird, ich weiß es sehr wohl, aber ich kann ihn nicht sehen! Überhaupt, mein Lieber, ich bin ein großer Sonderling. Ich gebe das zu.«

Jegor Semjonowitsch stand auf und ging aufgeregt durch das Zimmer; man konnte ihm ansehen, daß er etwas sehr Wichtiges sagen wollte, sich aber nicht dazu entschließen konnte.

»Ich liebe dich heiß und werde offen mit dir sprechen«, sagte er schließlich, die Hände in die Taschen steckend. »Gewissen heiklen Fragen gegenüber verhalte ich mich ganz schlicht und sage rundheraus, was ich denke; ich kann sogenannte heimliche Gedanken nicht leiden. Ich sage geradeheraus: Du bist der einzige Mensch, dem ich Tanja zu geben nicht fürchten würde. Du bist ein kluger Mensch, du hast Gefühl, und du würdest mein geliebtes Werk nicht zugrunde gehen lassen. Der Hauptgrund aber ist: Ich liebe dich wie einen Sohn ... und bin stolz auf dich. Wenn sich zwischen dir und Tanja etwas ergeben würde, was wäre dabei? Ich würde sehr froh und sogar glücklich sein. Ich sage das geradeheraus, ohne Ziererei, als ehrlicher Mensch.«

Kowrin lachte auf. Jegor Semjonowitsch öffnete die Tür, um fortzugehen, und blieb auf der Schwelle stehen.

»Wenn du mit Tanja einen Sohn haben würdest, so würde ich aus ihm einen Gärtner machen«, sagte er nach einigem Nachdenken. »Übrigens sind dies leere Träumereien ... Gute Nacht!«

Als Kowrin allein geblieben war, legte er sich bequemer hin und nahm die Aufsätze vor. Der eine hatte folgende Überschrift: ›Über die Zuchtfolge‹; ein anderer: ›Einige Worte aus Anlaß der Notiz des Herrn Z. über die Behandlung des Bodens bei Anlage eines neuen Gartens‹; ein dritter: ›Noch ein Wort über das Okulieren mit dem schlafenden Auge‹ — und alles in der Art. Aber was für ein unruhiger, ungleicher Ton, was für ein nervöser, fast krankhafter Eifer! Da war ein Aufsatz mit der friedlichsten Überschrift und dem gleichgültigsten Inhalt, wie es schien: es ist vom russischen Antonsapfel die Rede. Aber Jegor Semjonowitsch beginnt ihn mit ›audiatur altera pars‹ und schließt ihn mit ›Sapienti sat‹, und zwischen diesen Aussprüchen eine ganze Fontäne mannigfacher giftiger

Worte an die Adresse ›der gelehrten Unwissenheit unserer patentierten Herren Gartenbauer, die die Natur von der Höhe ihrer Katheder betrachten‹, oder des Herrn Gauchet, ›dessen Erfolg von Laien und Dilettanten gemacht wurde‹, und ebenda ein unpassendes, gezwungenes und gekünsteltes Bedauern, daß man Bauern, die Obst stehlen und dabei die Bäume abbrechen, nicht mehr mit Ruten auspeitschen darf.

›Die Sache ist schön, lieb, gesund, aber auch hier gibt es Leidenschaften und Kampf‹, dachte Kowrin. ›Anscheinend sind überall und auf allen Gebieten die geistigen Menschen nervös und zeichnen sich durch erhöhte Empfindlichkeit aus. Wahrscheinlich muß das so sein.‹

Er dachte an Tanja, der die Aufsätze von Jegor Semjonowitsch so gefielen. Von kleinem Wuchs, blaß, so hager, daß man die Schlüsselbeine sah, weit geöffnete, dunkle, kluge Augen, die immer irgendwohin angestrengt schauen und etwas suchen; der Gang wie beim Vater, kleine, hastige Schritte. Sie redet viel, liebt zu disputieren und begleitet dabei selbst einen unbedeutenden Ausspruch mit eindringlichem Mienenspiel und Gestikulationen. Anscheinend im höchsten Grade nervös.

Kowrin fuhr fort zu lesen, verstand aber nichts und gab es auf. Die angenehme Erregung, ebendie, mit der er vor kurzem Masurka getanzt und Musik angehört hatte, quälte ihn jetzt und rief in ihm eine Fülle von Gedanken hervor. Er erhob sich und begann im Zimmer auf und ab zu gehen, an den schwarzen Mönch denkend. Es kam ihm in den Sinn, daß, wenn nur er allein diesen seltsamen, übernatürlichen Mönch gesehen hatte, er krank sein und schon an Halluzinationen leiden müsse. Diese Überlegung erschreckte ihn, aber nicht auf lange.

›Aber ich fühle mich ja gut, und ich tue niemandem

Böses; an meinen Halluzinationen ist also nichts Übles‹, dachte er, und ihm wurde wieder wohl.

Er setzte sich auf den Diwan und umfaßte den Kopf mit den Händen, eine unbegreifliche Freude, die sein ganzes Wesen erfüllte, zurückdrängend. Dann ging er wieder auf und ab und setzte sich an die Arbeit. Aber die Gedanken, die er im Buche fand, befriedigten ihn nicht. Ihn verlangte nach etwas Gigantischem, Unermeßlichem, Erschütterndem. Gegen Morgen zog er sich aus und legte sich widerwillig ins Bett: es war nun einmal nötig zu schlafen!

Als er die Schritte von Jegor Semjonowitsch vernahm, der in den Garten ging, läutete Kowrin und befahl dem Diener, Wein zu bringen. Voller Genuß trank er einige Gläser Lafitte, dann zog er sich die Decke über den Kopf; sein Bewußtsein umnebelte sich, und er schlief ein.

4

Jegor Semjonowitsch und Tanja stritten sich häufig und sagten einander dabei Unfreundlichkeiten.

Eines Morgens hatten sie sich über irgend etwas gezankt. Tanja begann zu weinen und zog sich in ihr Zimmer zurück. Sie verließ es weder zum Mittagessen noch zum Tee. Jegor Semjonowitsch zeigte sich anfangs gewichtig und aufgeblasen, wie wenn er zu verstehen geben wolle, daß für ihn die Interessen der Gerechtigkeit und Ordnung über alles in der Welt gingen, hielt aber nicht lange durch und ließ den Mut sinken. Traurig ging er im Park umher, seufzte beständig »ach, mein Gott, mein Gott!« und aß mittags nicht das geringste. Schließlich klopfte er, schuldbewußt, vom Gewissen gepeinigt, an die verschlossene Tür und rief schüchtern: »Tanja! Tanja!«

Und als Antwort hörte er eine schwache, tränenerstickte und gleichzeitig entschiedene Stimme: »Lassen Sie mich bitte in Ruhe!«

Der Zwist der Herrschaft machte sich im ganzen Haus bemerkbar, sogar bei den Leuten, die im Garten arbeiteten. Kowrin war in seine interessante Arbeit vertieft, aber schließlich wurde es auch ihm langweilig und unbehaglich. Um irgendwie die allgemeine schlechte Stimmung zu verscheuchen, beschloß er einzugreifen und klopfte gegen Abend bei Tanja an. Sie ließ ihn ein.

»Ei, ei, schämen Sie sich!« begann er scherzhaft und blickte voll Verwunderung in das verweinte, mit roten Flecken bedeckte, traurige Gesicht Tanjas. »Ist es wirklich so ernst? Ei, ei« — »Wenn Sie wüßten, wie er mich quält!« sagte sie, und Tränen, viele heiße Tränen strömten aus ihren großen Augen. »Er quält mich zu Tode!« fuhr sie händeringend fort. »Ich habe ihm nichts ... nichts gesagt ... Ich sagte ihm nur, daß es nicht nötig sei ... überflüssige Arbeiter zu halten, wenn ... wenn man nach Belieben Tagelöhner haben könne. Die Arbeiter tun ja schon eine ganze Woche lang nichts ... Ich ... ich habe nur das gesagt, aber er erhob ein lautes Geschrei und sagte mir ... viel Beleidigendes, tief Kränkendes. Warum?«

»Nun aber genug, genug«, sagte Kowrin und strich ihr das Haar glatt. »Ihr habt euch gezankt, geweint und nun genug. Man soll nicht lange böse sein, das ist nicht schön ... um so mehr, als er Sie grenzenlos liebt.«

»Er hat mir ... hat mir das ganze Leben verdorben«, fuhr Tanja schluchzend fort. »Ich bekomme nur Beleidigungen zu hören und ... und Kränkungen. Er hält mich für überflüssig in seinem Hause. Wie nun? Er hat recht. Morgen fahre ich von hier weg, werde Telegrafistin werden ... So mag er ...«

»Nun, nun, nun ... Sie sollen nicht weinen, Tanja! Sollen es nicht, Liebe. Ihr beide seid aufbrausend, reizbar, und beide seid ihr schuld. Gehen wir, ich werde euch versöhnen.«

Kowrin sprach freundlich und überzeugend, sie aber fuhr zu weinen fort, mit den Schultern bebend und die Hände ringend, als ob sie tatsächlich ein schreckliches Unglück betroffen hätte. Sie tat ihm um so mehr leid, als ihr Kummer nicht ernst war, sie aber doch schwer litt. Was für Dummheiten genügten doch, dies Wesen auf einen ganzen Tag, ja vielleicht für das ganze Leben unglücklich zu machen! Während er Tanja tröstete, dachte Kowrin daran, daß er außer diesem Mädchen und ihrem Vater in der ganzen Welt selbst mit einer Laterne am Tage keine Menschen finden könnte, die ihn wie ihren Verwandten und Nahestehenden lieben würden; wären diese beiden Menschen nicht gewesen, so hätte er am Ende, nachdem er Vater und Mutter verloren hatte, bis zum Tode nicht kennengelernt, was aufrichtige Zärtlichkeit und die naive, nicht grüblerische Liebe ist, die man nur sehr nahen, blutsverwandten Menschen entgegenbringt. Und er fühlte, daß seinen halbkranken, verbrauchten Nerven, wie Eisen dem Magnet, die Nerven dieses weinenden, immer wieder zusammenschaudernden Mädchens entsprachen. Er hätte niemals eine gesunde, kräftige, rotwangige Frau zu lieben vermocht, aber die blasse, schwache, unglückliche Tanja gefiel ihm.

Und mit Freude streichelte er ihre Haare und Schultern, drückte ihr die Hände und trocknete ihr die Tränen ... Schließlich hörte sie auf zu weinen. Sie beklagte sich noch lange über ihren Vater und über ihr schweres, unerträgliches Leben in diesem Hause und flehte Kowrin an, sich in ihre Lage zu versetzen; dann begann sie allmählich zu lächeln und zu seufzen, daß Gott ihr einen so schlechten Charakter gegeben habe; zu guter Letzt lachte sie laut auf, nannte sich eine Närrin und lief aus dem Zimmer.

Als Kowrin nach einer kleinen Weile in den Garten ging, spazierten Jegor Semjonowitsch und Tanja schon dicht nebeneinander, als wäre nichts geschehen, durch die Allee, und beide aßen Roggenbrot mit Salz, weil sie hungrig waren.

5

Zufrieden damit, daß ihm die Rolle des Friedensstifters so gut gelungen war, blieb Kowrin im Garten. Auf der Bank sitzend und nachdenkend, hörte er das Rollen von Kutschen und Frauenlachen — es war also Besuch gekommen. Als abendliche Schatten sich auf den Garten zu legen begannen, hörte man undeutlich den Klang der Geige, singende Stimmen, und das erinnerte ihn an den schwarzen Mönch. Wo nur, in welchem Lande oder auf welchem Planeten bewegt sich jetzt diese optische Unmöglichkeit?

Kaum hatte er an die Legende gedacht und sich in seiner Phantasie jene dunkle Erscheinung vorgestellt, die er im Roggenfelde gesehen hatte, als hinter einer Kiefer gerade ihm gegenüber, unhörbar, ohne das geringste Geräusch, ein Mensch von mittlerem Wuchs mit unbedecktem, grauem Kopf, ganz in Schwarz und barfuß, einem Bettler gleich, hervorkam; auf seinem blassen, gleichsam toten Gesicht hoben sich scharf die schwarzen Augenbrauen ab. Freundlich mit dem Kopf nickend, ging dieser Bettler oder Pilger lautlos zur Bank und setzte sich, und Kowrin erkannte in ihm den schwarzen Mönch. Eine Minute sahen sie einander an — Kowrin voll Erstaunens und der Mönch freundlich und, wie auch damals, ein wenig spöttisch, mit einem Ausdruck von Undurchsichtigkeit.

»Aber du bist doch eine Luftspiegelung«, sagte Kowrin.

»Warum bist du denn hier und sitzt an einer Stelle? Das stimmt zur Legende nicht.«

»Das ist ganz gleichgültig«, antwortete der Mönch nach einer Weile mit leiser Stimme und wandte ihm sein Gesicht zu. »Legende, Luftspiegelung und ich — all das ist nur das Produkt deiner erregten Einbildungskraft. Ich bin ein Phantom.«

»Das heißt, du existierst nicht?« fragte Kowrin.

»Denke, wie du willst«, sagte der Mönch und lächelte schwach. »Ich existiere in deiner Phantasie, und deine Phantasie ist ein Teil der Natur. Also existiere ich auch in der Natur.«

»Du hast ein sehr altes, kluges und in höchstem Grade ausdrucksvolles Gesicht, als ob du tatsächlich mehr als tausend Jahre gelebt hättest«, sagte Kowrin. »Ich wußte nicht, daß meine Einbildungskraft fähig sei, solche Phänomene zu erschaffen. Aber was blickst du mich so freundlich an? Gefalle ich dir?«

»Ja. Du bist einer jener wenigen, die mit Recht Auserwählte Gottes heißen. Du dienst der ewigen Wahrheit. Deine Gedanken, deine Absichten, deine wunderbare Wissenschaft und dein ganzes Leben tragen den göttlichen, himmlischen Stempel an sich, weil sie dem Vernünftigen und Schönen geweiht sind, das heißt dem, was ewig ist.«

»Du sagtest: der ewigen Wahrheit ... Aber ist denn den Menschen die ewige Wahrheit erreichbar und notwendig, wenn es kein ewiges Leben gibt?«

»Es gibt ein ewiges Leben«, sagte der Mönch.

»Du glaubst an die Unsterblichkeit der Menschen?«

»Ja, natürlich. Euch Menschen erwartet eine große, glänzende Zukunft. Und je mehr es solche Menschen wie dich auf Erden gibt, um so rascher wird sich diese Zukunft verwirklichen. Ohne euch Diener des höchsten Prinzips, die ihr bewußt und frei lebt, würde die Menschheit ein Nichts sein; würde sie sich nach der natürlichen Ordnung entwickeln, so würde sie noch lange auf das Ende ihrer irdischen Geschichte warten müssen. Ihr aber werdet die Menschheit einige tausend Jahre früher in das Reich der ewigen Wahrheit führen — und darin liegt euer hohes Verdienst. Ihr verkörpert in euch den Segen Gottes, der auf den Menschen ruht.«

»Und was ist das Ziel des ewigen Lebens?«

»Das jeglichen Lebens — der Genuß. Wahrhaften Genuß im Erkennen, aber das ewige Leben gewährt unzählige und unerschöpfliche Quellen des Erkennens, und in diesem Sinne ist gesagt worden: ›In meines Vaters Hause sind viele Wohnungen.‹«

»Wenn du wüßtest, wie angenehm es ist, dir zuzuhören!« sagte Kowrin und rieb sich vor Vergnügen die Hände.

»Das freut mich sehr.«

»Aber ich weiß: Wenn du fortgehst, wird mich die Frage nach deiner Existenz beunruhigen. Du bist ein Phantom, eine Halluzination? Das heißt, ich bin geisteskrank, unnormal?«

»Mag es doch so sein. Wozu sich erregen? Du bist krank, weil du über die Kraft gearbeitet und dich überanstrengt hast; das bedeutet, daß du deine Gesundheit der Idee zum Opfer gebracht hast und daß die Zeit nahe ist, da du ihr auch das Leben selbst geben wirst. Was gibt es Besseres? Das ist gerade das, wonach überhaupt alle von Gott begnadeten edlen Naturen streben.«

»Wenn ich weiß, daß ich geisteskrank bin, kann ich mir da selbst glauben?«

»Woher weißt du denn, daß die genialen Menschen, an die die ganze Welt glaubt, nicht auch Phantome gesehen haben? Die Gelehrten sagen heutzutage, daß das Genie der Geistesstörung verwandt sei. Mein Freund, gesund

und normal sind nur die gewöhnlichen Herdenmenschen. Die Überlegungen über das nervöse Zeitalter, die Überanstrengung, die Degeneration und dergleichen mehr können ernsthaft nur die beunruhigen, die das Lebensziel im Gegenwärtigen sehen, das heißt, die Herdenmenschen.«

»Die Römer sagten: Mens sana in corpore sano.«*

»Nicht alles ist richtig, was die Römer oder Griechen sagten. Erhöhte Stimmung, Erregung, Ekstase — alles, was Propheten, Dichter, Märtyrer für eine Idee von den gewöhnlichen Menschen unterscheidet, steht der animalischen Seite des Menschen entgegen, das heißt, seiner physischen Gesundheit. Ich wiederhole: Wenn du gesund und normal sein willst, so gehe zur Herde.«

»Sonderbar, du wiederholst das, was mir selbst oft in den Sinn kommt«, sagte Kowrin. »Du hast anscheinend meine geheimsten Gedanken beobachtet und belauscht. Aber wir wollen nicht über mich sprechen. Was verstehst du unter ewiger Wahrheit?«

Der Mönch antwortete nicht. Kowrin blickte ihn an und konnte sein Gesicht nicht mehr erkennen: seine Gesichtszüge wurden neblig und verschwammen. Danach begannen beim Mönch Arme und Beine zu verschwinden, sein Rumpf verschmolz mit der Bank und der Abenddämmerung, und dann verschwand er ganz.

»Die Halluzination ist vorbei!« sagte Kowrin und lachte auf. »Schade!«

Er ging froh und glücklich ins Haus zurück. Das wenige, was ihm der schwarze Mönch gesagt hatte, schmeichelte nicht nur seiner Eigenliebe, sondern seiner ganzen Seele, seinem ganzen Wesen. Ein Auserwählter zu sein, der ewigen Wahrheit zu dienen, in der Reihe derer zu stehen,

* lat., Gesunder Geist (lebt nur) in gesundem Körper.

die die Menschheit um einige Jahrtausende früher des Reiches Gottes würdig machen, das heißt, die Menschen von einigen überflüssigen Jahrtausenden des Kampfes, der Sünde und der Leiden zu befreien, der Idee alles zu opfern — Jugend, Kräfte, Gesundheit, bereit zu sein, zu sterben für das allgemeine Wohl —, was für ein hohes, was für ein glückliches Los! In seinem Gedächtnis zog seine Vergangenheit an ihm vorüber, die reine, keusche, von Arbeit erfüllte; er dachte an all das, was er gelernt und was er selbst andere gelehrt hatte, und kam zur Überzeugung, daß in den Worten des Mönches keine Übertreibung lag.

Im Garten kam ihm Tanja entgegen. Sie hatte schon ein anderes Kleid an.

»Hier sind Sie?« sagte sie. »Wir suchen Sie ... Aber was ist mit Ihnen?« fragte sie verwundert, als sie sein begeistertes, strahlendes Gesicht und seine Augen sah, die voller Tränen standen. »Wie seltsam Sie sind, Andrjuscha.«

»Ich bin zufrieden, Tanja«, sagte Kowrin und legte ihr die Hände auf die Schultern. »Ich bin mehr als zufrieden, ich bin glücklich! Tanja, liebe Tanja, Sie sind ein ungewöhnlich sympathisches Wesen. Liebe Tanja, ich bin so froh, so froh!«

Er küßte ihr leidenschaftlich beide Hände und fuhr fort: »Ich habe soeben lichte, wunderbare, unirdische Augenblicke erlebt. Aber ich kann Ihnen nicht alles erzählen, weil Sie mich wahnsinnig nennen oder mir nicht glauben werden. Wir wollen lieber über Sie sprechen. Liebe, gute Tanja! Ich liebe Sie, und ich habe mich schon gewöhnt, Sie zu lieben. Ihre Nähe, unsere Begegnungen zehnmal am Tage sind meiner Seele ein Bedürfnis geworden. Ich weiß nicht, wie soll ich ohne Sie auskommen, wenn ich nach Hause zurückkehre?«

»Nun!« lachte Tanja. »Sie werden uns in zwei Tagen vergessen haben. Wir sind kleine Leute, Sie aber ein bedeutender Mann.«

»Nein, wir wollen ernsthaft reden!« sagte er. »Ich werde Sie mit mir nehmen, Tanja. Ja? Wollen Sie mit mir fahren? Wollen Sie die meine sein?«

»Nun!« sagte Tanja und wollte wieder lachen, aber das Lachen gelang ihr nicht, und rote Flecken erschienen auf ihrem Gesicht.

Sie begann schneller zu atmen und ging rasch fort, aber nicht zum Hause, sondern in den Park.

»Daran habe ich nicht gedacht ... habe ich nicht gedacht!« sagte sie, wie in Verzweiflung die Hände ringend.

Kowrin folgte ihr und sprach immer mit dem gleichen strahlenden, begeisterten Gesicht: »Ich verlange nach einer Liebe, die mich ganz ergreift, und diese Liebe können nur Sie, Tanja, mir geben. Ich bin glücklich! glücklich!«

Sie war wie betäubt, fiel in sich zusammen, schrumpfte ein und war auf einmal wie um zehn Jahre gealtert, aber er fand sie wunderschön und drückte laut sein Entzücken aus: »Wie schön ist sie!«

6

Als Jegor Semjonowitsch von Kowrin erfuhr, daß sich nicht nur eine Liebelei angesponnen hatte, sondern es sogar Hochzeit geben werde, ging er lange von einer Ecke in die andere, bemüht, seine Erregung zu verbergen. Seine Hände begannen zu zittern, sein Hals schwoll an und wurde rot, er ließ seinen Rennwagen anspannen und fuhr irgendwohin. Tanja, die sah, wie er auf das Pferd einschlug, und wie tief, fast bis über die Ohren, er seine Mütze heruntergezogen hatte, erriet seine Stimmung, schloß sich in ihrem Zimmer ein und weinte den ganzen Tag.

In den Glashäusern waren schon die Pfirsiche und Pflaumen gereift; Verpackung und Versendung nach Moskau erforderten bei dieser zarten und empfindlichen Ware viel Aufmerksamkeit, Mühe und Arbeit. Da der Sommer sehr heiß und trocken war, mußte jeder Baum begossen werden, was viel Zeit und Arbeitskraft verlangte; in Menge tauchten Raupen auf, die die Arbeiter und sogar Jegor Semjonowitsch und Tanja, zum großen Entsetzen Kowrins, einfach mit den Fingern zerdrückten. Bei all dem mußten bereits die Herbstbestellungen auf Obst und Bäume angenommen und eine große Korrespondenz geführt werden. Und zur allerheißesten Zeit, als niemand eine freie Minute zu haben schien, setzten die Feldarbeiten ein, die dem Garten mehr als die Hälfte der Arbeiter entzogen; Jegor Semjonowitsch, sonnverbrannt, abgerackert, gereizt, eilte bald in den Garten, bald ins Feld und schrie, daß man ihn in Stücke reiße und er sich eine Kugel vor den Kopf schießen werde.

Und nun auch noch die Scherereien mit der Aussteuer, der die Pessozkijs nicht geringe Bedeutung beilegten; vom Klappern der Scheren, Rattern der Nähmaschinen, vom Dunst der Bügeleisen und von den Launen der Modistin, einer nervösen, leicht gekränkten Dame, wirbelten allen im Hause die Köpfe. Und wie absichtlich kamen jeden Tag Gäste, die man unterhalten, bewirten und sogar die Nacht über dabehalten mußte. Doch diese ganze Plage ging unvermerkt vorüber wie im Nebel. Tanja fühlte sich so, als ob die Liebe und das Glück sie ganz plötzlich ergriffen hatten, obwohl sie aus irgendeinem Grunde seit vierzehn Jahren davon überzeugt gewesen war, daß Kowrin gerade sie heiraten werde. Sie war voll Verwunderns und Staunens, glaubte sich selber nicht ... Plötzlich überschwemmte sie eine solche Freude, daß sie zu den Wolken emporfliegen und dort zu Gott beten wollte, und dann erinnerte sie sich plötzlich, daß sie sich im August vom heimatlichen Nest würde trennen und den Vater verlassen müssen; oder ihr kam, weiß Gott woher, der Gedanke, daß sie zu nichtig, zu unbedeutend und eines so großen Mannes wie Kowrin unwürdig sei — und sie ging in ihr Zimmer, schloß sich ein und weinte während einiger Stunden bitterlich. Wenn Besuch da war, schien es ihr plötzlich, daß Kowrin ungewöhnlich schön sei und alle Frauen in ihn verliebt wären und sie beneideten, und ihr Herz war voll Entzücken und Stolz, als hätte sie die ganze Welt erobert — aber er brauchte nur irgendeinem Mädchen freundlich zuzulächeln, da zitterte sie schon vor Eifersucht, ging in ihr Zimmer — und Tränen flossen von neuem. Diese neuen Empfindungen beherrschten sie vollkommen, sie half dem Vater ganz mechanisch und bemerkte weder Pfirsiche noch Raupen noch Arbeiter, bemerkte auch nicht, wie rasch die Zeit verstrich.

Mit Jegor Semjonowitsch geschah fast genau das gleiche. Er arbeitete vom Morgen bis in die Nacht, eilte immer irgendwohin, geriet außer sich, war gereizt, aber all das in einer Art von magischem Halbschlaf. In ihm waren gleichsam zwei Menschen: Einer war der wirkliche Jegor Semjonowitsch, der, wenn er den Bericht des Gärtners Iwan Karlowitsch über störende Vorfälle anhörte, in Aufregung geriet und sich verzweifelt an den Kopf griff; und ein anderer, nicht wirklicher, wie halbtrunkener, der plötzlich mitten im Wort ein geschäftliches Gespräch unterbrach, den Gärtner an der Schulter anrührte und zu murmeln begann: »Was man auch sagen mag, das Blut bedeutet viel. Seine Mutter war eine bewundernswerte, sehr edle und sehr kluge Frau. Es war ein Vergnügen, ihr gütiges, lichtes und engelreines Gesicht zu sehen. Sie zeichnete vortrefflich, schrieb Verse, sprach fünf fremde Sprachen und sang ... Die Arme — Gott hab sie selig — starb an der Schwindsucht.«

Der nicht wirkliche Jegor Semjonowitsch seufzte und fuhr nach kurzem Schweigen fort: »Als er Knabe war und bei mir aufwuchs, hatte er das gleiche lichte und gütige Engelsgesicht. Sein Blick, seine Bewegungen, seine Unterhaltung waren so zart und fein wie die seiner Mutter. Und sein Verstand? Er hat uns immer durch seinen Verstand in Staunen gesetzt. Und man muß sagen, daß er nicht ohne Grund Magister ist! Nicht ohne Grund! Und warte nur, Iwan Karlytsch, wie wird er erst nach zehn Jahren sein! Man wird nicht mit der Hand zu ihm hinaufreichen können!«

Aber da erinnerte sich der wirkliche Jegor Semjonowitsch plötzlich an etwas, machte ein furchtbares Gesicht, faßte sich an den Kopf und schrie: »Diese Teufel! Sie haben alles verdorben, versaut, vernichtet! Der Garten ist hin! Der Garten ist ruiniert!«

Kowrin aber arbeitete mit dem früheren Eifer und bemerkte den Wirrwarr nicht. Die Liebe goß nur Öl ins Feuer. Nach jedem Wiedersehen mit Tanja ging er glücklich, begeistert in sein Zimmer und machte sich mit derselben Leidenschaft, mit der er soeben Tanja geküßt und ihr seine Liebe gestanden hatte, an ein Buch oder an sein Manuskript. Was der schwarze Mönch von den Auserwählten Gottes, von der ewigen Wahrheit, von der glänzenden Zukunft der Menschheit und ähnlichem gesagt hatte, gab seiner Arbeit eine besondere, ungewöhnliche Bedeutung und erfüllte seine Seele mit Stolz, mit dem Bewußtsein der eigenen Größe. Ein oder zweimal in der Woche traf er im Park oder im Hause mit dem schwarzen Mönch zusammen und plauderte lange mit ihm, aber dies erschreckte ihn nicht, im Gegenteil, es entzückte ihn, weil er fest davon überzeugt war, daß solche Gesichte nur auserwählte, hervorragende Menschen heimsuchen, die sich dem Dienst der Idee geweiht haben.

Einmal erschien der Mönch während des Mittagessens und setzte sich im Speisezimmer ans Fenster. Kowrin freute sich darüber und führte sehr geschickt mit Jegor Semjonowitsch und Tanja die Unterhaltung über ein Thema, das auch den Mönch interessieren konnte; der schwarze Gast hörte zu und nickte freundlich mit dem Kopf, und Jegor Semjonowitsch und Tanja hörten auch zu und lächelten fröhlich, ohne zu ahnen, daß Kowrin nicht mit ihnen, sondern mit seiner Halluzination sprach.

Unvermerkt kam die Zeit der Himmelfahrtsfasten heran, und nach ihnen rasch auch der Tag der Hochzeit, die nach dem hartnäckigen Wunsch von Jegor Semjonowitsch ›mit großem Krach‹ gefeiert wurde, das heißt mit einer sinnlosen Schlemmerei, die zwei Tage währte. Man aß und trank für ungefähr dreitausend Rubel, aber wegen der schlechten Musik, der lärmenden Toaste und des Herumlaufens der Diener, wegen des Lärms und Gedränges konnte man weder die teuren Weine noch die bewundernswerten, aus Moskau verschriebenen Delikatessen wahrhaft würdigen.

7

In einer der langen Winternächte lag Kowrin im Bett und las einen französischen Roman. Die arme Tanja, der an den Abenden von dem ungewohnten Stadtleben der Kopf schmerzte, schlief schon längst und sprach im Traum bisweilen zusammenhanglose Sätze.

Es schlug drei Uhr. Kowrin löschte die Kerze aus und

legte sich hin, lag lange mit geschlossenen Augen, konnte aber nicht einschlafen, weil es ihm im Schlafzimmer sehr heiß schien und Tanja im Schlafe sprach. Um halb fünf machte er wieder Licht — und in dem Augenblick sah er den schwarzen Mönch, der im Lehnstuhl neben dem Bette saß.

»Guten Tag«, sagte der Mönch und fragte nach kurzem Schweigen: »Woran denkst du jetzt?«

»An den Ruhm«, antwortete Kowrin. »In dem französischen Roman, den ich soeben las, ist ein Mann, ein junger Gelehrter, dargestellt, der Dummheiten macht und aus Sehnsucht nach Ruhm hinsiecht. Mir ist diese Sehnsucht unverständlich.«

»Weil du klug bist. Dich läßt der Ruhm gleichgültig wie ein Spielzeug, das dich nicht interessiert.«

»Ja, das ist wahr.«

»Der Ruhm lockt dich nicht. Was ist daran Schmeichelhaftes oder Erheiterndes oder Lehrreiches, wenn man deinen Namen auf einen Grabstein meißeln und die Zeit alsdann diese Aufschrift samt ihrer Vergoldung verwischen wird? Und glücklicherweise gibt es euer gar zu viele, als daß das schwache menschliche Gedächtnis eure Namen behalten könnte.«

»Das ist überzeugend«, stimmte Kowrin zu. »Und warum soll man auch ihrer gedenken? Aber wir wollen über etwas anderes sprechen. Zum Beispiel über das Glück. Was ist Glück?«

Als die Uhr fünf schlug, setzte er sich im Bett auf, ließ seine Beine auf den Teppich hängen und sagte, zum Mönch gewendet: »Im Altertum erschrak ein Glücklicher einmal schließlich vor seinem Glück — so groß war es! — und, um die Götter gnädig zu stimmen, brachte er ihnen seinen Lieblingsring zum Opfer. — Weißt du? Auch mich, wie Polykrates, beginnt mein Glück ein wenig zu beunruhigen. Es kommt mir seltsam vor, daß ich vom Morgen bis zum Abend nur Freude empfinde, sie erfüllt mich ganz und erstickt alle übrigen Gefühle. Ich weiß nicht, was Trauer, Gram oder Langeweile ist. Siehe, ich schlafe nicht, ich leide an Schlaflosigkeit, und doch ist mir nicht langweilig. Im Ernst: Ich fange an, unsicher zu werden.«

»Aber warum?« sagte der Mönch verwundert. »Ist denn Freude ein übernatürliches Gefühl? Sollte sie denn nicht der Normalzustand des Menschen sein? Je höher der Mensch in seiner geistigen und sittlichen Entwicklung steht, desto freier ist er, um so größere Befriedigung gewährt ihm das Leben. Sokrates, Diogenes und Marc Aurel empfanden Freude und nicht Trauer. Und der Apostel sagt: ›Seid allezeit fröhlich.‹ Sei auch du fröhlich und glücklich.«

»Wenn aber plötzlich die Götter zürnen?« scherzte Kowrin und lachte auf. »Wenn sie mir meine Bequemlichkeit nehmen und mich zwingen, zu frieren und zu hungern, so wird das nicht nach meinem Geschmack sein.«

Tanja war mittlerweile erwacht und sah voll Staunen und Entsetzen ihren Mann an. Er sprach, zum Lehnstuhl hingewandt, gestikulierte und lachte, seine Augen glänzten, und in seinem Lachen lag etwas Absonderliches.

»Andrjuscha, mit wem sprichst du da?« fragte sie und faßte ihn bei der Hand, die er zum Mönch ausgestreckt hatte. »Andrjusche, mit wem?«

»Nun? Mit wem?« fragte Kowrin verwirrt. »Da, mit ihm ... Da sitzt er ja«, sagte er und wies auf den schwarzen Mönch.

»Niemand ist da ... niemand! Andrjuscha, du bist krank!« Tanja umarmte ihren Mann und schmiegte sich an ihn, als wollte sie ihn vor seinen Gesichten beschützen, und bedeckte seine Augen mit der Hand.

»Du bist krank!« schluchzte sie auf, am ganzen Leibe zitternd. »Verzeih mir, Lieber, Teurer, aber ich habe schon längst bemerkt, daß deine Seele durch irgend etwas zerrüttet ist ... Du bist geisteskrank, Andrjuscha ...«

Ihr Zittern teilte sich auch ihm mit. Er blickte noch einmal auf den Lehnstuhl, der bereits leer war, fühlte auf einmal eine Schwäche in Armen und Beinen, erschrak und begann sich anzuziehen.

»Das bedeutet nichts, Tanja, gar nichts ...« murmelte er zitternd. »In der Tat, ich bin ein wenig krank ..., es ist Zeit, das anzuerkennen.«

»Ich habe es schon längst bemerkt ... auch Papa hat es bemerkt«, sagte sie und war bemüht, das Schluchzen zu unterdrücken. »Du sprichst mit dir selber, lächelst so absonderlich ... schläfst nicht. Oh, mein Gott, rette uns!« rief sie entsetzt. »Aber fürchte dich nicht, Andrjuscha, fürchte dich nicht, um Gottes willen, fürchte dich nicht ...« Sie begann sich auch anzuziehen ... Erst jetzt, da er sie ansah, begriff Kowrin die ganze Gefahr seiner Lage, begriff, was der schwarze Mönch und die Gespräche mit ihm bedeuteten. Es war ihm jetzt klar, daß er wahnsinnig war.

Beide zogen sich an, ohne selbst zu wissen, warum, und gingen in den Saal: sie voraus, er hinter ihr her. Dort stand bereits, durch das Schluchzen aufgeweckt, im Schlafrock und die Kerze in der Hand, Jegor Semjonowitsch, der bei ihnen zu Besuch war.

»Fürchte dich nur nicht, Andrjuscha«, sagte Tanja, wie im Fieber zitternd »fürchte dich nicht ... Väterchen, das wird alles vergehen ... wird alles vergehen ...«

Kowrin konnte vor Erregung nicht sprechen. Er wollte seinem Schwiegervater in scherzhaftem Tone sagen: »Gratulieren Sie mir, ich bin, scheint's verrückt geworden«, aber er bewegte nur die Lippen und lächelte bitter.

Um neun Uhr morgens zog man ihm den Paletot und Pelz an, wickelte ihn in einen Schal und brachte ihn im Wagen zum Arzt. Kowrin begann sich behandeln zu lassen.

8

Wieder kam der Sommer, und der Arzt verordnete ihm, aufs Land zu fahren. Kowrin war bereits genesen, hatte schon aufgehört, den schwarzen Mönch zu sehen, und ihm blieb nur übrig, seine körperlichen Kräfte zu stärken. Beim Schwiegervater auf dem Lande lebend, trank er viel Milch, arbeitete nur zwei Stunden am Tag, trank keinen Wein und rauchte nicht.

Am Vorabend des Eliastages* hielt man im Hause den Abendgottesdienst ab. Als der Küster dem Geistlichen das Weihrauchgefäß reichte, roch es in dem alten riesigen Saale wie auf dem Friedhof, und Kowrin wurde es unbehaglich. Er ging in den Garten. Ohne die herrlichen Blumen zu bemerken, ging er im Garten spazieren, setzte sich auf die Bank und ging dann durch den Park; als er an den Fluß gekommen war, stieg er den Abhang hinab und blieb, auf das Wasser starrend, nachdenklich dort stehen. Die düsteren Kiefern mit ihren zottigen Wurzeln, die ihn hier im vorigen Jahre so jung, freudevoll und munter gesehen hatten, flüsterten jetzt nicht, sondern standen unbeweglich und stumm, als ob sie ihn nicht erkannten. Und in der Tat, sein Kopf war geschoren, seine langen schönen Haare waren fort, sein Gang war müde, sein Gesicht war, verglichen mit dem vorigen Sommer, voll und blaß geworden.

* 20. Juli des alten russischen Kalenders, der hinter dem Gregorianischen um 12 Tage zurückblieb.

Über den Brettersteg ging er auf das jenseitige Ufer. Dort, wo im vorigen Jahre Roggen gestanden hatte, lag jetzt in Reihen geschnittener Hafer. Die Sonne war schon untergegangen, und am Horizont flammte das breite Abendrot, das für morgen stürmisches Wetter ansagte. Es war still ... In die Richtung schauend, wo im vorigen Jahre zum ersten Male der schwarze Mönch erschienen war, stand Kowrin etwa zwanzig Minuten, bis das Abendrot zu verbleichen begann ...

Als er müde und unbefriedigt nach Hause kam, war der Gottesdienst schon zu Ende. Jegor Semjonowitsch und Tanja saßen auf den Stufen der Terrasse und tranken Tee. Sie sprachen über irgend etwas, als sie aber Kowrin sahen, verstummten sie plötzlich, und aus ihren Gesichtern schloß er, daß sie über ihn gesprochen hatten.

»Für dich ist's wohl schon Zeit, die Milch zu trinken«, sagte Tanja zu ihrem Mann.

»Nein, noch nicht ...«, antwortete er und setzte sich auf die unterste Stufe ... »Trink sie allein ... ich mag nicht.«

Tanja wechselte beunruhigt einen Blick mit ihrem Vater und sagte, wie sich entschuldigend: »Du weißt selber, daß dir die Milch gesund ist.«

»Ja, sehr gesund!« lachte Kowrin. »Ich gratuliere euch: seit Freitag habe ich wieder ein Pfund zugenommen.« Er faßte heftig seinen Kopf mit den Händen und sagte kummervoll: »Warum, warum habt ihr mich kuriert? Brompräparate, Müßiggang, warme Bäder, Aufsicht, kleinmütige Angst bei jedem Schluck, bei jedem Schritt — all das wird mich zu guter Letzt zum Idioten machen. Ich war dabei, den Verstand zu verlieren, ich litt an Größenwahn, aber dafür war ich fröhlich, munter und sogar glücklich; ich war interessant und originell. Jetzt ward ich vernünftiger und solider, dafür aber so wie alle: ich bin jetzt Mittelmaß, mich langweilt zu leben ... Oh, wie hart seid ihr mit mir umgegangen! Ich sah Halluzinationen, aber wen störte das? Ich frage: Wen störte das?«

»Gott weiß, was du da redest!« seufzte Jegor Semjonowitsch. »Es ist geradezu langweilig, dich anzuhören.«

»Nun, so hören Sie nicht zu.«

Die Anwesenheit von Menschen, besonders von Jegor Semjonowitsch, reizte Kowrin jetzt bereits, er antwortete ihm trocken, kalt und sogar grob und blickte ihn nicht anders als spöttisch und haßerfüllt an; Jegor Semjonowitsch aber war verwirrt und hüstelte schuldbewußt, obwohl er keine Schuld in sich fühlte.

Tanja, die nicht verstehen konnte, warum sich ihre angenehmen, harmonischen Beziehungen so jäh geändert hatten, schmiegte sich an ihren Vater und sah ihm besorgt in die Augen; sie wollte es begreifen und konnte es nicht, und für sie war nur das eine klar, daß ihre Beziehungen mit jedem Tage immer schlechter und schlechter wurden, daß ihr Vater in der letzten Zeit stark gealtert, ihr Mann aber reizbar, launisch, zänkisch und uninteressant geworden war. Sie konnte schon nicht mehr lachen und singen, aß bei den Mahlzeiten nichts, schlief ganze Nächte nicht, erwartete irgend etwas Entsetzliches und war so zerquält, daß sie einmal von mittags bis abends ohnmächtig dalag. Während des Abendgottesdienstes schien es ihr, daß ihr Vater weinte, und wie sie jetzt zu dreien auf der Terrasse saßen, gab sie sich alle Mühe, nicht daran zu denken.

»Wie glücklich waren Buddha und Mohammed und Shakespeare, daß die guten Anverwandten und Ärzte sie nicht von Ekstase und Inspiration heilten!« sagte Kowrin. »Wenn Mohammed gegen seine Nervosität Bromkali genommen, nur zwei Stunden am Tage gearbeitet und

Milch getrunken hätte, so wäre von diesem bedeutenden Mann ebensowenig wie von seinem Hunde übriggeblieben. Die Ärzte und guten Verwandten werden schließlich erreichen, daß die Menschheit stumpf wird, die Mittelmäßigkeit als Genie gilt und die Zivilisation zugrunde geht. Wenn ihr wüßtet«, fügte Kowrin ärgerlich hinzu, »wie ich euch dankbar bin!«

Er fühlte heftigen Zorn, und um nicht zuviel zu sagen, stand er rasch auf und ging ins Haus. Es war still, und durch die geöffneten Fenster drang aus dem Garten der Duft des Tabaks und der Jalappe herein. In dem riesigen dunklen Saal lag das Mondlicht auf Fußboden und Klavier in grünlichen Flecken. Kowrin fielen die Entzückungen des vorigen Sommers ein, da es ebenso nach Jalappe geduftet und der Mond durch die Fenster geschienen hatte. Um die Stimmung des vorigen Jahres zurückzurufen, ging er rasch in sein Kabinett, zündete sich eine kräftige Zigarre an und ließ sich vom Diener Wein bringen. Aber von der Zigarre wurde ihm im Munde bitter und ekelhaft, und der Wein schmeckte nicht so gut wie im vorigen Jahr. Was die Entwöhnung alles bedeutet! Von der Zigarre und zwei Schluck Wein begann ihm der Kopf zu kreisen, und sein Herz fing an zu klopfen, so daß er Bromkali nehmen mußte.

Ehe sie sich niederlegte, sagte Tanja zu ihm: »Vater vergöttert dich. Du bist ihm aus irgendeinem Grunde böse, und das tötet ihn. Sieh doch: Nicht nach Tagen, sondern nach Stunden altert er. Ich flehe dich an, Andrjuscha, um Gottes willen, um deines verstorbenen Vaters, um meiner Ruhe willen, sei freundlich zu ihm!«

»Ich kann und will nicht.«

»Aber warum?« fragte Tanja und begann am ganzen Leibe zu zittern. »Erkläre mir, warum?«

»Weil er mir unsympathisch ist, das ist alles«, sagte

Kowrin nachlässig und zuckte die Achseln, »aber wir wollen nicht über ihn sprechen: er ist dein Vater.«

»Ich kann nicht, kann es nicht verstehen!« sagte Tanja, preßte die Hände an die Schläfen und starrte auf einen Fleck. »Etwas Unbegreifliches und Entsetzliches geht bei uns im Hause vor. Du hast dich verändert, bist dir unähnlich geworden ... Du, ein kluger, ungewöhnlicher Mann, ärgerst dich über Nichtigkeiten, läßt dich in Streitereien ein ... Dich erregen solche Kleinigkeiten, daß man sich manchmal einfach wundern muß und nicht glauben mag, daß du es bist. Nun, nun, ärgere dich nicht, ärgere dich nicht«, fuhr sie fort, erschreckt über ihre Worte und ihm die Hände küssend. »Du bist klug, gut, edel. Du wirst Vater gegenüber gerecht sein. Er ist so gut!«

»Er ist nicht gut, sondern gutmütig. Die Onkelchen aus den Vaudevilles, nach Art deines Vaters, mit satten und gutmütigen Physiognomien, ungewöhnlich gastfrei und absonderlich, haben mich früher in Romanen, Vaudevilles und im Leben gerührt und zum Lachen gebracht, jetzt aber sind sie mir zuwider. Es sind Egoisten bis ins Mark hinein. Am widerlichsten ist mir ihre Sattheit und dieser rein animalische, Stieren und Ebern eignende Optimismus.«

Tanja setzte sich aufs Bett und legte den Kopf auf das Kissen.

»Das ist eine Folter«, sagte sie, und ihrer Stimme war anzuhören, daß sie schon aufs äußerste ermüdet war und ihr das Sprechen schwerfiel. »Seit dem Winter keine ruhige Minute mehr ... Das ist ja entsetzlich, mein Gott! Wie ich leide ...«

»Ja, natürlich, ich bin ein Herodes, und du und dein Vater sind die ägyptischen Knäblein. Natürlich!«

Sein Gesicht erschien Tanja unschön und unangenehm. Der Haß und der spöttische Ausdruck standen ihm nicht. Und auch früher schon hatte sie bemerkt, daß in seinem

Gesicht bereits etwas fehlte, als ob sich seit dem Augenblick, da er seine Haare hatte scheren lassen, auch sein Gesicht verändert hatte. Sie wollte ihm etwas Kränkendes sagen, aber sofort ertappte sie sich bei diesem feindseligen Gefühl, erschrak und verließ das Schlafzimmer.

9

Kowrin erhielt eine selbständige Professur. Die Antrittsvorlesung war für den zweiten Dezember anberaumt, und im Korridor der Universität war die Ankündigung ausgehängt. Aber am festgesetzten Tage verständigte er den Kanzleivorsteher durch ein Telegramm, daß er krankheitshalber die Vorlesung nicht halten könne.

Er hatte einen Blutsturz gehabt. Er spuckte Blut, und etwa zweimal im Monat geschah es, daß er viel Blut verlor, und dann wurde er außerordentlich schwach und verfiel in einen Zustand von Schlaftrunkenheit. Diese Krankheit erschreckte ihn nicht besonders, weil es ihm bekannt war, daß seine verstorbene Mutter mit der gleichen Krankheit mehr als zehn Jahre gelebt hatte; auch die Ärzte versicherten, daß das nicht gefährlich sei, und rieten ihm nur, sich nicht aufzuregen, ein regelmäßiges Leben zu führen und möglichst wenig zu sprechen.

Im Januar kam die Vorlesung aus dem gleichen Grunde wieder nicht zustande, und im Februar war es schon zu spät, den Kurs zu beginnen. Er mußte ihn auf das nächste Jahr verschieben.

Er lebte schon nicht mehr mit Tanja zusammen, sondern mit einer andern Frau, die zwei Jahre älter war als er und ihn wie ein Kind pflegte. Seine Stimmung war friedlich, demütig: er ordnete sich bereitwillig unter, und als Warwara Nikolajewna — so hieß seine Freundin —

sich daran machte, ihn nach der Krim zu bringen, stimmte er zu, obwohl er ahnte, daß bei dieser Reise nichts Gutes herauskommen würde.

Sie kamen am Abend in Sewastopol an und stiegen in einem Hotel ab, um auszuruhen und am nächsten Tage nach Jalta zu fahren. Die Reise hatte beide ermüdet. Warwara Nikolajewna trank Tee, legte sich nieder und schlief rasch ein. Aber Kowrin legte sich nicht hin. Noch zu Hause, eine Stunde vor der Abfahrt auf dem Bahnhof, hatte er von Tanja einen Brief bekommen und sich nicht entschließen können, ihn zu öffnen; nun stak er in seiner Seitentasche, und der Gedanke an ihn regte ihn unangenehm auf. Aufrichtig, in der Tiefe seiner Seele, hielt er seine Ehe mit Tanja jetzt für einen Fehler, war zufrieden, daß er sich endgültig von ihr getrennt hatte, und die Erinnerung an diese Frau, aus der schließlich eine wandelnde lebendige Reliquie geworden war und in der schon alles, mit Ausnahme der großen, aufmerksam blickenden klugen Augen, erstorben schien, die Erinnerung an sie erweckte in ihm nur Mitleid und Ärger über sich selbst. Die Handschrift auf dem Umschlag erinnerte ihn daran, wie ungerecht und hart er vor zwei Jahren gewesen war, wie er sich wegen seiner seelischen Leere, Langeweile, Einsamkeit und der Unzufriedenheit mit dem Leben an völlig unschuldigen Menschen gerächt hatte. Und dabei fiel ihm auch ein, wie er einst seine Dissertation und alle während der Krankheit geschriebenen Aufsätze in kleine Stücke zerrissen und die Papierfetzen zum Fenster hinausgeworfen hatte, und die Papierfetzen, im Winde herumfliegend, an Bäumchen und Blumen hängengeblieben waren; in jeder Zeile sah er seltsame, durch nichts begründete Ansprüche, leichtsinnige Ereiferung, Frechheit, Größenwahn, und das machte auf ihn den Eindruck, als ob er die Beschreibung seiner Laster gelesen hätte. Als aber das letzte Heft zerrissen und durch das Fenster geflogen war, wurde ihm plötzlich irgendwie traurig und bitter zumute, er ging zu seiner Frau und sagte ihr viel Unangenehmes. Mein Gott, wie hatte er sie gequält! Als er ihr einst wehe tun wollte, hatte er ihr gesagt, daß ihr Vater in ihrer Liebe eine wenig sympathische Rolle gespielt hätte, da er ihn gebeten habe, sie zu heiraten; Jegor Semjonowitsch hörte das zufällig, kam ins Zimmer gelaufen und konnte vor Verzweiflung kein einziges Wort sprechen, stampfte nur an ein und derselben Stelle auf und brüllte so sonderbar, als ob er die Sprache verloren hätte; Tanja aber, als sie den Vater ansah, schrie herzzerreißend auf und fiel in Ohnmacht. Es war abscheulich gewesen.

All das fiel ihm beim Anblick der bekannten Handschrift wieder ein. Kowrin trat auf den Balkon, es war stilles, warmes Wetter, und es roch nach dem Meer. Die wundervolle Bucht spiegelte Mond und Lichter wider und hatte eine Farbe, die man schwer benennen konnte: es war eine zarte und weiche Verbindung von Blau mit Grün; stellenweise glich das Wasser in der Farbe dem Kupfervitriol, stellenweise schien sich das Mondlicht verdichtet zu haben und erfüllte statt des Wassers die Bucht, und im ganzen: Welche Harmonie der Farben, welche friedliche, ruhige und erhabene Stimmung!

In der Etage unter dem Balkon waren die Fenster wahrscheinlich geöffnet, denn man vernahm deutlich Frauenstimmen und Lachen. Wahrscheinlich war dort eine Abendgesellschaft.

Kowrin tat sich Zwang an, öffnete den Brief, ging in sein Zimmer und las: ›Soeben starb mein Vater. Du bist daran schuld, weil du ihn getötet hast. Unser Garten geht zugrunde, fremde Leute wirtschaften in ihm, das heißt, gerade das geschieht, was der arme Vater so fürchtete. Auch daran bist du schuld. Ich hasse dich von ganzer Seele und wünsche, daß du so rasch wie möglich zugrunde gehst. Oh, wie leide ich! Unerträglicher Schmerz brennt meine Seele ... Sei du verflucht. Ich hielt dich für einen ungewöhnlichen Menschen, für ein Genie, ich gewann dich lieb, aber es erwies sich, daß du nur verrückt bist ...‹

Kowrin konnte nicht weiterlesen, zerriß den Brief und warf ihn fort. Unruhe, die der Angst glich, bemächtigte sich seiner. Hinter dem Bettschirm schlief Warwara Nikolajewna, und er konnte hören, wie sie atmete; aus der unteren Etage drangen Frauenstimmen und Lachen herauf, aber ihn beherrschte das Gefühl, als ob im ganzen Hotel außer ihm nicht eine lebende Seele wäre. Weil ihn die unglückliche, von Kummer niedergedrückte Tanja in ihrem Brief verflucht und sein Verderben gewünscht hatte, war ihm bang ums Herz, und er blickte verstohlen nach der Tür, als fürchte er, daß jene unbekannte Kraft, die innerhalb zweier Jahre so viel Zerstörung in seinem Leben und im Leben seiner Nächsten verursacht hatte, ins Zimmer treten und sich wieder seiner bemächtigen würde.

Er wußte schon aus Erfahrung, daß die Arbeit das beste Mittel gegen erregte Nerven war. Er mußte sich an den Tisch setzen und sich um jeden Preis zwingen, sich auf einen beliebigen Gedanken zu konzentrieren. Aus seiner roten Mappe nahm er das Heft heraus, in dem der Entwurf zu einer kleinen kompilatorischen Arbeit enthalten war, die er sich für den Fall vorgenommen hatte, daß es ihm in der Krim ohne Arbeit langweilig werden würde. Er setzte sich an den Tisch und beschäftigte sich mit diesem Entwurf, und seine friedliche, demütige, teilnahmslose Stimmung schien ihm zurückzukehren. Das Heft mit dem Entwurf brachte ihn sogar zum Nachdenken über die Eitelkeit der Welt. Er dachte darüber nach, wieviel das Leben für die nichtigen oder ganz gewöhnlichen Güter zu fordern pflegt, die es dem Menschen geben kann. Zum Beispiel, um mit vierzig Jahren einen Lehrstuhl zu erhalten, gewöhnlicher Professor zu sein, um in welker, langweiliger, schwerer Sprache gewöhnliche und dazu fremde Gedanken vortragen zu können, mit einem Wort, um die Stellung eines mittelmäßigen Gelehrten zu erlangen, mußte er, Kowrin, fünfzehn Jahre studieren, Tag und Nacht arbeiten, eine schwere psychische Krankheit erdulden, eine unglückliche Ehe durchmachen und alle möglichen Dummheiten und Ungerechtigkeiten begehen, an die besser war, gar nicht zu denken. Kowrin erkannte jetzt klar, daß er ein mittelmäßiger Mensch war, und versöhnte sich bereitwillig damit, weil seiner Meinung nach jeder Mensch mit dem zufrieden sein mußte, was er war.

Der Entwurf hätte ihn vollkommen beruhigt, aber der zerrissene Brief glänzte weiß auf dem Fußboden und hinderte ihn, sich zu konzentrieren. Er stand vom Tische auf, sammelte die Brieffetzen und warf sie zum Fenster hinaus; aber es wehte vom Meer ein leichter Wind, und die Fetzen zerstreuten sich auf dem Fensterbrett. Wieder erfaßte ihn die Unruhe, die der Angst glich, und wieder kam es ihm vor, als ob im ganzen Hotel außer ihm keine Seele wäre ... Er trat auf den Balkon ... Die Bucht blickte ihn, als lebe sie, mit einer Menge hell- und dunkelblauer, türkisfarbener und feuriger Augen an und lockte ihn an sich. In der Tat, es war heiß und schwül, und es hätte nichts geschadet, jetzt baden zu gehen.

Plötzlich erklang in der Etage unter dem Balkon eine Geige, und zwei zarte Frauenstimmen begannen zu singen. Es war ein bekanntes Lied. In der Romanze, die man unten sang, war die Rede von einem phantasiekranken Mädchen, das nachts im Garten geheimnisvolle Töne hörte und glaubte, daß das eine geheiligte, den Sterblichen unverständliche Harmonie sei ... Kowrin stockte der Atem, das Herz zog sich vor Wehmut zusammen, und eine wundervolle, süße Freude, die er längst schon vergessen hatte, durchzitterte seine Brust.

Eine schwarze hohe Säule, wie ein Wirbelsturm oder eine Windhose, zeigte sich am jenseitigen Ufer der Bucht. Mit furchtbarer Schnelligkeit bewegte sie sich über die Bucht in der Richtung auf das Hotel zu, ward immer kleiner und dunkler, und Kowrin konnte kaum zur Seite treten, um ihr Platz zu machen ... Ein Mönch mit unbedecktem grauem Kopf und schwarzen Augenbrauen, barfuß, die Arme unter der Brust gekreuzt, schwebte vorüber und blieb mitten im Zimmer stehen.

»Warum hast du mir nicht geglaubt?« fragte er vorwurfsvoll und blickte Kowrin freundlich an. »Hättest du mir damals geglaubt, daß du ein Genie bist, dann hättest du diese beiden Jahre nicht so traurig und dürftig verbracht.«

Kowrin glaubte schon wieder daran, daß er ein Auserwählter Gottes und ein Genie sei, deutlich erinnerte er sich seiner früheren Gespräche mit dem schwarzen Mönch, und er wollte sprechen — aber das Blut ergoß sich ihm aus der Kehle direkt auf die Brust, und da er nicht wußte, was er tun müsse, fuhr er mit den Händen gegen die Brust, und seine Manschetten wurden naß von Blut. Er wollte Warwara Nikolajewna rufen, die hinter dem Bettschirm schlief, strengte sich an und stieß hervor: »Tanja!«

Er fiel zu Boden und rief, auf die Arme gestützt, noch einmal: »Tanja!«

Er rief Tanja, er rief den großen Garten mit den prachtvollen, taubenetzten Blumen, rief den Park, die Kiefern mit ihren zottigen Wurzeln, das Roggenfeld, rief seine wundervolle Wissenschaft, seine Jugend, Kühnheit,

Freudigkeit, er rief das Leben, das so herrlich gewesen war. Er sah auf dem Fußboden neben seinem Gesicht eine große Lache Blut und konnte vor Schwäche kein einziges Wort mehr sprechen, aber ein unaussprechliches, grenzenloses Glück erfüllte sein ganzes Sein. Unter dem Balkon spielte man die Serenade, und der schwarze Mönch flüsterte ihm zu, daß er ein Genie sei und nur darum sterbe, weil sein schwacher menschlicher Körper schon das Gleichgewicht verloren habe und nicht länger als Hülle für einen Genius dienen könne.

Als Warwara Nikolajewna erwachte und hinter dem Schirm hervortrat, war Kowrin schon tot, und sein Antlitz war in einem seligen Lächeln erstarrt.

DIE BAUERN

1

Der Kellner im Moskauer Hotel ›Slawischer Basar‹ Nikolai Tschikildejew, war erkrankt. Seine Füße versagten ihm den Dienst, und sein Gang wurde unsicher, so daß er einmal, als er über den Korridor ging, stolperte und mit dem Tablett, auf dem sich eine Portion Schinken mit Erbsen befand, hinfiel. Er mußte seine Stelle aufgeben. Seine eigenen Gelder und die seiner Frau gab er für Ärzte und Arzneien aus, für den Lebensunterhalt blieb nichts mehr übrig; ohne Arbeit wurde es langweilig, und er entschied, daß es folglich das beste wäre, nach Hause in sein Dorf zu fahren. Zu Hause ist das Kranksein leichter und das Leben billiger; und nicht umsonst sagt man: Zu Hause helfen einem die Wände.

Er langte in seinem Shukowo gegen Abend an. In seinen Kindheitserinnerungen stellte sich ihm das heimatliche Nest als hell, gemütlich und behaglich dar, jetzt aber erschrak er sogar, als er das Bauernhaus betrat — so dunkel, eng und schmutzig war es. Olga, seine Frau, und Sascha, seine Tochter, die mit ihm gefahren waren, betrachteten staunend den großen unsauberen Ofen, der fast die Hälfte der Stube einnahm und von Ruß und Fliegen schwarz war. Wieviel Fliegen gab es! Der Ofen war schief, die Balken der Wände hatten sich gesenkt, und die Hütte schien jeden Augenblick zusammenstürzen zu wollen. In der rechten Ecke, neben den Ikonen, waren an Stelle von Bildern Flaschenetiketts und Fetzen Zeitungspapier angeklebt. Ach, die Armut, die Armut!

Von den Erwachsenen war niemand zu Hause, alle waren bei der Ernte. Auf dem Ofen saß ein etwa achtjähriges Mädchen, flachsblond, ungewaschen, gleichgültig; sie sah die Eintretenden nicht einmal an. Unten rieb sich an der Pflugsterz eine weiße Katze.

»Kiß, kiß!« lockte Sascha sie. »Kiß!«.

»Sie hört nicht«, sagte das Mädchen. »Sie ist taub.«

»Wie kommt das?«

»So. Sie wurde geprügelt.«

Nikolai und Olga begriffen beim ersten Blick, wie hier das Leben sein würde, sagten aber einander nichts; sie legten schweigend ihre Bündel hin und gingen schweigend auf die Straße. Ihre Hütte war die drittletzte des Dorfes und schien die ärmste und älteste zu sein; die zweite war nicht besser, aber das letzte Haus hatte ein eisernes Dach und Vorhänge an den Fenstern. Dies Haus, von keinem Zaun umgeben, stand abgesondert da, in ihm befand sich die Schenke. Die Bauernhütten bildeten eine einzige Reihe, und das ganze Dörfchen, still und verträumt, mit den aus den Höfen hervorlugenden Weiden, Holunderbüschen und Ebereschen gewährte einen freundlichen Anblick.

Hinter den Bauerngehöften begann der Absturz zum Fluß, der so steil und abschüssig war, daß hier und da im Lehm gewaltige Steine hervortraten. Diesen Abhang entlang, zwischen diesen Steinen und den von den Töpfern ausgewaschenen Gruben wanden sich Fußstege, und in ganzen Haufen lagen Scherben zerbrochenen Geschirrs, bald braune, bald rote, da — dort unten aber breitete sich eine ausgedehnte, ebene, hellgrüne Wiese aus, die schon geschnitten war und auf der jetzt die Viehherde der Bauern weidete. Der sich schlängelnde Fluß, der wunderschöne lockige Birken hatte, befand sich eine Werst vom Dorf entfernt, hinter ihm wiederum eine ausgedehnte Wiese, eine Viehherde, lange Reihen weißer Gänse, dann kam, so wie auf diesem Ufer, eine jähe Steigung, und oben, auf der Höhe, stand das Kirchdorf mit einer fünfkuppligen Kirche und etwas abseits das Herrenhaus.

»Wie schön es bei euch ist!« sagte Olga, sich beim Anblick der Kirche bekreuzigend. »Wie weit und frei, mein Gott!«

Gerade in diesem Augenblick ertönte die Glocke zum Abendgottesdienst; es war Samstagabend. Zwei kleine Mädchen, die unten einen Wassereimer schleppten, blickten sich nach der Kirche um, um das Läuten zu hören.

»Um diese Zeit diniert man im ›Slawischen Basar‹ ...«, sagte nachdenklich Nikolai.

Am Rande des Steilabhanges sitzend, sahen Nikolai und Olga, wie die Sonne unterging, wie der goldene und purpurfarbene Himmel sich im Flusse spiegelte, in den Kirchenfenstern und in der ganzen Luft, die zart, still und unbeschreiblich rein war, wie sie es in Moskau niemals ist. Und als die Sonne untergegangen war, zog blökend und brüllend die Herde vorbei, kamen vom andern Ufer Gänse herangeflogen — und alles verstummte, das stille Licht erlosch in Luft, und rasch breitete sich die abendliche Dunkelheit aus.

Unterdessen waren die Alten heimgekehrt, der Vater und die Mutter Nikolais, beide von gleichem Wuchse, mager, gebeugt, zahnlos. Auch die Frauen kamen — die Schwägerinnen. Marja und Fjokla, die jenseits des Flusses beim Gutsbesitzer arbeiteten. Marja, die Frau des Bruders Kirjak, hatte sechs Kinder, Fjokla, die Frau des Bruders Denis, der zu den Soldaten gegangen war, zwei; und als Nikolai, ins Haus tretend, die ganze Familie erblickte, alle diese großen und kleinen Lebewesen, die sich auf den Hängeböden, in Wiegen und in allen Ecken bewegten, und als er sah, mit welcher Gier der Alte und die Frauen das schwarze Brot, es ins Wasser tunkend, aßen, da überlegte er, daß es ganz sinnlos gewesen war, hierher zu kommen, krank, ohne Geld und dazu noch mit Familie — ganz sinnlos!

»Und wo ist der Bruder Kirjak?« fragte er, nachdem man sich begrüßt hatte.

»Er lebt bei einem Kaufmann als Wächter«, sagte der Vater, »im Walde. Kein schlechter Bauer, nur trinkt er stark.«

»Er verdient nichts!« sagte die Alte weinerlich. »Unsere Bauern sind arge Trinker, bringen nichts ins Haus, sondern vergeuden nur. Kirjak trinkt, und der Alte ebenfalls, wozu soll man es verheimlichen, er kennt den Weg zum Gasthaus. Die Himmelskönigin ist erzürnt.«

Den Gästen zu Ehren wurde der Samowar aufgesetzt. Der Tee roch nach Fisch, der Zucker war benagt und grau, über Brot und Geschirr liefen die Schaben; es war ekelhaft zu trinken, und auch die Unterhaltung war widerwärtig — immer nur über die Not und über Krankheiten. Aber man hatte noch nicht eine Tasse ausgetrunken, da erklang von draußen lautes, langgezogenes, betrunkenes Schreien: »Ma-arja!«

»Es scheint Kirjak zu sein«, sagte der Alte, »er ist wie der Wolf in der Fabel.« Alle verstummten. Und nach einer kurzen Weile ertönte wieder derselbe Schrei, grob und langgezogen, wie aus der Erde: »Ma-arja!«

Marja, die ältere Schwägerin, erbleichte und drückte sich an den Ofen — und es machte einen sonderbaren Eindruck, im Gesicht dieser breitschultrigen, kräftigen, unschönen Frau den Ausdruck des Schreckens zu sehen. Ihre Tochter, dasselbe Mädchen, welches auf dem Ofen gesessen hatte und ganz teilnahmslos zu sein schien, begann plötzlich laut zu weinen.

»Was heulst du denn«, schrie sie Fjokla an, ein schönes, kräftiges und breitschultriges Bauernweib. »Er schlägt dich ja nicht tot!«

Vom Alten erfuhr Nikolai, daß Marja Furcht hatte, im Walde mit Kirjak zusammenzuleben, und daß er, wenn er betrunken war, sie jedesmal zu holen pflegte und bei der Gelegenheit lärmte und sie schonungslos prügelte.

»Ma-arja!« ertönte der Ruf unmittelbar an der Türe.

»Beschützt mich, um Christi willen, ihr Lieben«, stammelte Marja und atmete so, als ob man sie in sehr kaltes Wasser steckte, »beschützt mich, ihr Lieben ...«

Alle Kinder, so viele ihrer in der Stube waren, begannen zu weinen, und als sie sie ansah, fing auch Sascha zu weinen an. Man hörte den Husten des Betrunkenen, und ins Haus trat ein großer, schwarzbärtiger Bauer in einer Wintermütze — und weil beim trüben Schein des Lämpchens sein Gesicht nicht zu erkennen war, sah er schrecklich aus. Es war Kirjak. Er näherte sich seiner Frau, holte kräftig aus und schlug ihr mit der Faust ins Gesicht — sie gab aber keinen Laut von sich, vom Schlage wie betäubt, und duckte sich nur, und sofort floß aus ihrer Nase Blut.

»So eine Schande, so eine Schande«, murmelte der Alte und kletterte auf den Ofen, »und noch dazu vor Gästen! So eine Sünde!«

Die Alte aber saß schweigend, gebeugt da und sann über etwas nach; Fjokla schaukelte die Wiege ... Kirjak, der sich offenbar schrecklich vorkam und damit zufrieden war, ergriff Marja bei der Hand, zerrte sie zur Türe und, um noch schrecklicher zu erscheinen, brüllte er wie ein Tier, aber in diesem Augenblick sah er plötzlich die Gäste und hielt inne.

»Ah, ihr seid angekommen ...«, sagte er und ließ seine Frau los. »Der Bruder mit seiner Familie ...«

Er betete vor dem Heiligenbild, hin und her schwankend, und seine trunkenen, geröteten Augen weit öffnend, fuhr er fort: »Der Bruder mit seiner Familie ist ins Elternhaus zurückgekehrt ... aus Moskau also. Die erste Residenzstadt, die Mutter aller Städte ... Ich bitte um Verzeihung ...« Er setzte sich auf die Bank neben den Samowar und begann Tee zu trinken, ihn laut aus der Untertasse schlürfend, unter allgemeinem Schweigen ... Er trank etwa zehn Tassen aus, sank auf die Bank und begann zu schnarchen.

Man legte sich schlafen. Nikolai als Kranker mußte sich zum Alten auf den Ofen legen; Sascha legte sich auf den Fußboden, und Olga ging mit den Frauen in die Scheune. »Nun, meine Liebe«, sagte sie und legte sich neben Marja aufs Heu, »mit Tränen hilft man dem Kummer nicht ab! Dulde — das ist alles! In der Schrift ist gesagt: So dich jemand auf die rechte Backe schlägt, so biete ihm die linke dar ... Ja, meine Liebe!«

Dann erzählte sie halblaut im singenden Tone von Moskau, von ihrem Leben, wie sie als Zimmermädchen in Chambres garnies gedient hätte.

»Und in Moskau gibt es große, steinerne Häuser«, erzählte sie, »viele, viele Kirchen, vierzigmal vierzig, meine Liebe, und in den Häusern wohnen nur Herrschaften, so schöne, so anständige Herrschaften!«

Marja sagte, daß sie noch nie in Moskau, nicht einmal in ihrer Kreisstadt gewesen sei; sie konnte nicht lesen und schreiben, kannte keine Gebete, kannte nicht einmal das ›Vaterunser‹. Sie und die andere Schwiegertochter Fjokla, die jetzt abseits saß und zuhörte — beide waren äußerst primitiv und konnten nichts verstehen. Beide liebten ihre Männer nicht. Marja fürchtete sich vor Kirjak, und wenn er bei ihr blieb, zitterte sie vor Schrecken und wurde jedesmal neben ihm betäubt, da er stark nach Schnaps und Tabak roch. Und Fjokla antwortete ärgerlich auf die Frage, ob es ihr ohne Mann nicht langweilig sei: »Ach, hol ihn der Kuckuck!«

Sie sprachen noch eine Weile und verstummten dann ...

Es war kühl, und neben der Scheune krähte laut der Hahn, er störte den Schlaf. Als das bläuliche Morgenlicht schon durch alle Spalten hereinzuscheinen begann, stand Fjokla ganz leise auf und ging hinaus, und dann hörte man, wie sie irgendwohin lief, mit den nackten Füßen klatschend.

2

Olga ging in die Kirche und nahm Marja mit. Als sie den Fußpfad zur Wiese hinabstiegen, war beiden fröhlich zumute. Olga gefiel die weite freie Landschaft, und Marja fühlte in ihrer Schwägerin einen nahen, verwandten Menschen. Die Sonne ging auf. Über der Wiese schwebte niedrig ein schläfriger Habicht, der Fluß war düster, hie und da wogte Nebel, aber jenseits auf der Höhe zog sich schon ein heller Streifen Lichts hin; die Kirche glänzte, und im herrschaftlichen Garten schrieen unermüdlich die Dohlen.

»Der Alte ist nicht übel«, erzählte Marja, »aber die Großmutter ist streng und schlägt immerfort. Das eigene Korn reichte bis zur Butterwoche, jetzt kaufen wir Mehl im Gasthaus — nun, da ist sie böse. Ihr eßt zuviel, sagt sie.«

»I-i, meine Liebe! Halte aus, darauf kommt alles an. Es ist gesagt: ›Kommet her zu mir alle, die ihr mühselig und beladen seid.‹«

Olga sprach gesetzt und halb singend, und ihr Gang war wie der einer Pilgerin schnell und hastig. Täglich las sie das Evangelium, las es laut, nach Mesnerart, und obwohl sie vieles nicht verstand, rührten die heiligen Worte sie bis zu Tränen, und die alten Worte der Kirchensprache brachte sie mit einem süßen Stocken ihres Herzens über die Lippen. Sie glaubte an Gott, an die Mutter Gottes, an die Heiligen; sie glaubte, daß man niemanden auf der

Welt kränken dürfe — weder die einfachen Leute, noch die Deutschen, noch die Zigeuner oder Juden, und daß es sogar denjenigen schlimm ergehen werde, die kein Mitleid mit Tieren haben. Sie glaubte, daß es so in den heiligen Büchern geschrieben stünde, und daher wurde ihr Gesicht, sogar wenn sie die unverständlichen Worte aus der Schrift aussprach, mitleidsvoll, gerührt und verklärt.

»Woher stammst du?« fragte Marja.

»Aus dem Wladimirschen. Aber schon früh brachte man mich nach Moskau, als ich acht Jahre alt war.«

Sie gelangten an den Fluß. Am andern Ufer unmittelbar am Fluß stand eine Frau und zog sich aus.

»Das ist unsere Fjolka«, sagte Marja, »sie ist über den Fluß zum Herrenhof gegangen. Zu den Gutsaufsehern. Sie ist ganz frech und schamlos!«

Fjokla, mit schwarzen Brauen, jung noch und kräftig wie ein Mädchen, sprang mit aufgelöstem Haar vom Ufer in den Fluß und begann mit den Füßen im Wasser um sich zu schlagen, so daß nach allen Seiten von ihr Wellen ausgingen.

»Ein ganz freches Weib!« wiederholte Marja.

Über den Fluß war ein schwanker Brettersteg gelegt, und gerade, als sie hinübergingen, schwammen im reinen, durchsichtigen Wasser Scharen breitstirniger Döbel herum. Auf den grünen Sträuchern, die ins Wasser schauten, blinkte der Tau. Warm wehte ein leiser Wind, es wurde einem wohlig. Was für ein herrlicher Morgen! Und wie herrlich könnte wohl das Leben in dieser Welt sein, wenn nicht die Not, die ausweglose Not gewesen wäre, vor der man sich nirgends retten kann! Man brauchte sich jetzt nur nach dem Dorfe umzusehen und sich lebhaft an das Gestrige zu erinnern — und der Zauber des Glückes, der ringsum herrschte, verschwand in einem Augenblick.

Sie gelangten zur Kirche. Marja blieb am Eingang stehen und wagte nicht weiterzugehen. Sie wagte nicht einmal sich hinzusetzen, obwohl man erst nach acht zur Messe zu läuten begann. So stand sie die ganze Zeit über.

Als das Evangelium gelesen wurde, geriet das Volk plötzlich in Bewegung und machte der Gutsbesitzerfamilie Platz; zwei Mädchen in weißen Kleidern, in breitrandigen Hüten kamen herein, mit ihnen ein dicker, rotwangiger Knabe im Matrosenanzug. Ihr Erscheinen rührte Olga; beim ersten Blick erkannte sie, daß das anständige, gebildete und schöne Menschen seien. Marja aber sah mürrisch, finster, trübsinnig drein, so als ob nicht Menschen, sondern Ungeheuer hereingekommen wären, die sie hätten zerdrücken können, wenn sie nicht beiseite getreten wäre.

Und wenn der Diakon irgend etwas mit seiner Baßstimme ausrief, glaubte sie ständig den Ruf »Ma-arja!« zu vernehmen — und sie zuckte jedesmal zusammen.

3

Im Dorf erfuhr man von der Ankunft des Besuchs, und schon nach der Messe kamen viele Leute in die Hütte. Es kamen auch die Leonytschews und die Matweitschews und die Iljitschows, um sich nach ihren Verwandten zu erkundigen, die in Moskau angestellt waren. Alle Shukowschen Burschen, die lesen und schreiben konnten, wurden nach Moskau gebracht, um Kellner und Zimmerkellner zu werden, so wie die aus dem jenseits des Flusses liegenden Dorf nur Bäcker wurden; so war es lange Sitte, schon in der Zeit der Leibeigenschaft, als ein gewisser Luka Iwanytsch, ein jetzt schon legendärer Bauer aus Shukowo, der in einem Moskauer Klub als Büfettier angestellt war, nur seine Landsleute in Stellung zu sich nahm; diese wieder empfahlen, wenn sie zu Ansehen gelangten, ihre Verwandten und brachten sie in Gasthäusern und Restaurants unter; und seit der Zeit hieß das Dorf Shukowo bei den Bauern der Umgegend nicht anders als ›Lakaiendorf‹. Nikolai hatte man nach Moskau gebracht, als er elf Jahre war, und die Stelle hatte ihm Iwan Makarytsch aus der Familie Matweitschew verschafft, der damals in der ›Eremitage‹ Logendiener war. Und nun sagte Nikolai, zu den Matweitschews gewandt, in belehrendem Tone: »Iwan Makarytsch war mein Wohltäter, und ich muß Tag und Nacht zu Gott für ihn beten, weil ich durch ihn ein brauchbarer Mensch geworden bin.«

»Väterchen«, fragte weinerlich eine hochgewachsene Alte, die Schwester von Iwan Makarytsch, »jetzt hört man aber nichts mehr von dem Lieben.«

»Im Winter diente er noch bei Haumont, aber in dieser Saison soll er, wie man hört, irgendwo außerhalb der Stadt in einem Gartenlokal angestellt sein ... Er ist alt geworden! Früher pflegte er im Sommer etwa zehn Rubel täglich nach Hause zu bringen, aber jetzt gehen die Geschäfte überall schlecht, richtig abplagen muß sich der Alte.«

Die alten und jungen Weiber blickten auf die Füße Nikolais, die in Filzstiefeln steckten, und auf sein blasses Gesicht und sagten traurig: »Es geht dir nicht gut, Nikolai Ossipytsch! Warum nur!«

Und alle liebkosten Sascha. Sie war bereits über zehn Jahre alt, aber klein von Gestalt, sehr mager, und ihrem Aussehen nach konnte man sie für siebenjährig halten, nicht älter. Zwischen den andern Mädchen, die verbrannt, schlecht geschoren waren und längst verschossene Hemden trugen, sah sie mit ihrem weißen Gesichtchen und ihren großen dunklen Augen, mit einem roten Bändchen in den Haaren drollig aus wie ein kleines Tier, das man im Felde eingefangen und ins Haus gebracht hat.

»Sie kann auch lesen!« prahlte Olga und blickte zärtlich ihr Töchterchen an. »Lies etwas vor, Kindchen!« sagte sie und holte aus ihrem Bündel das Evangelium hervor. »Lies vor, die Rechtgläubigen werden zuhören.«

Es war ein altes, schweres Evangelienbuch, in Ledereinband mit abgegriffenen Rändern, und es gab einen Geruch von sich, als wären Mönche in die Stube getreten. Sascha zog die Augenbrauen in die Höhe und begann laut, mit singender Stimme: »Da sie aber hinweggezogen waren, siehe, da erschien der Engel des Herrn dem Joseph im Traum und sprach: ›Stehe auf und nimm das Kindlein und seine Mutter ...‹«

»Das Kindlein und seine Mutter«, wiederholte Olga und wurde ganz rot vor Erregung.

»Und flieh nach Ägyptenland ... und bleib allda, bis ich dir's sage ...«

Beim Wort ›allda‹ konnte sich Olga nicht halten und begann zu weinen. Auch Marja schluchzte auf, als sie zu ihr hinsah, und dann die Schwester von Iwan Makarytsch. Der Alte begann zu husten und herumzusuchen, um seinem Enkeltöchterchen eine Leckerei zu geben, fand aber nichts und machte nur eine verlegene Handbewegung. Und als das Lesen beendet war, gingen die Nachbarn nach Hause, gerührt und mit Olga und Sascha sehr zufrieden.

Wegen des Feiertages blieb die Familie den ganzen Tag zu Hause. Die Alte, welche alle, ihr Mann, die Schwiegertöchter und Enkelkinder gleichmäßig Großmutter nannten, war bemüht, alles selbst zu machen; sie heizte selbst den Ofen und stellte den Samowar auf, ging sogar selbst mittags zu den Leuten aufs Feld und murrte dann, daß sie sich mit Arbeit abrackern müsse. Und immerwährend war sie in Unruhe, daß jemand ein Stück zuviel äße, daß der Alte und die Schwiegertochter ohne Arbeit dasäßen. Bald glaubte sie zu hören, daß die Gänse des Gastwirts vom Hinterhof her in ihren Gemüsegarten gelaufen seien, und sie rannte mit einem langen Stock aus der Hütte heraus und zeterte dann eine halbe Stunde lang über ihren Kohl, der welk und kümmerlich war wie sie selbst; bald schien es ihr, als ob eine Krähe sich an ihre Küchlein heranmache, und scheltend stürzte sie sich auf die Krähe. Sie ärgerte sich und knurrte von Morgen bis Abend, und häufig erhob sie ein solches Geschrei, daß die Vorübergehenden auf der Straße stehenblieben.

Mit ihrem Alten ging sie nicht freundlich um, betitelte ihn bald Faulpelz, bald Luder. Er war ein unsolider, unzuverlässiger Bauer, und möglicherweise hätte er überhaupt nicht gearbeitet, sondern nur auf dem Ofen gesessen und sich unterhalten, wenn sie ihn nicht beständig zur Arbeit angetrieben hätte. Des langen und breiten erzählte er seinem Sohne von irgendwelchen Feinden, die er hätte, klagte über Kränkungen, die er angeblich täglich von seinen Nachbarn zu erdulden hätte, und es war langweilig, ihn anzuhören.

»Ja«, erzählte er und stemmte die Hände in die Seiten. »Ja ... Eine Woche nach dem Fest der Kreuzerhöhung wollte ich das Heu für dreißig Kopeken das Pud verkaufen, freiwillig ... Ja ... Gut ... Ich fahre also am Morgen das Heu freiwillig, begegne niemandem; recht zur Unzeit, sehe ich, kommt aus dem Wirtshaus der Starost Antip Sedelnikow heraus. ›Wohin fährst du das Heu, du Esel!‹ und haut mir eine übers Ohr.«

Kirjak aber hatte einen tüchtigen Katzenjammer und schämte sich vor dem Bruder.

»Was doch der Schnaps macht. Ach, mein Gott!« murmelte er und schüttelte seinen schmerzenden Kopf.

»Verzeiht mir um Christi willen, Bruder und Schwester, ich bin ja selbst nicht froh.«

Wegen des Feiertages hatte man im Wirtshaus einen Hering gekauft und kochte aus dem Heringskopf eine Suppe. Mittags setzten sich alle zum Teetrinken hin und tranken lange, bis sie in Schweiß gerieten und von Tee wie aufgedunsen waren; danach begannen sie die Suppe zu essen, alle aus einem Topf. Den Hering hatte die Großmutter versteckt.

Am Abend brannte auf dem Steilabhang ein Töpfer seine zwei Töpfe. Unten auf der Wiese führten Mädchen einen Reigen auf und sangen dazu. Man spielte Harmonika. Auch auf dem jenseitigen Flußufer brannte ein Ofen, und die Mädchen sangen, und aus der Ferne schien dieser Gesang harmonisch und zart. In und bei dem Wirtshaus lärmten die Bauern; sie sangen mit trunkenen Stimmen, jeder für sich, und sie schimpften so, daß Olga nur immer zusammenfuhr und sagte: »Ach, du lieber Gott! ...«

Es verwunderte sie, daß man unaufhörlich Geschimpfe hörte und daß am lautesten und ausdauerndsten die Alten schimpften, für die es schon an der Zeit war zu sterben. Und Kinder und Mädchen hörten dieses Geschimpfe mit an und waren nicht im geringsten verlegen, offensichtlich waren sie von der Wiege an daran gewöhnt.

Mitternacht war vorüber, die Töpferöfen hier und jenseits erloschen schon, aber unten auf der Wiese und im Wirtshaus lärmte man immer noch. Der Alte und Kirjak, beide betrunken, nahmen sich bei den Händen, stützten einander mit den Schultern und gingen zur Scheune, wo Olga und Marja lagen.

»Laß«, suchte der Alte Kirjak zu bereden, »laß ... Sie ist ein stilles Weib ... Es ist Sünde ...«

»Ma-arja!« rief Kirjak.

»Laß ... Es ist Sünde ... Sie ist ein gutes Weib.«

Beide standen eine Weile an der Scheune und gingen dann.

»Ich li-ebe die Blumen auf dem Felde!« begann plötzlich der Alte in einem hohen durchdringenden Tenor zu singen. »Ich lie-be, sie auf den Auen zu pflücken!«

Dann spuckte er aus, ließ ein gemeines Schimpfwort vernehmen und ging in die Hütte.

4

Die Großmutter hatte Sascha für ihren Gemüsegarten zur Aufsicht bestellt und ihr befohlen, achtzugeben, daß die Gänse nicht hineingingen. Es war ein heißer Augusttag. Die Gänse des Gastwirtes konnten vom Hinterhof her in den Garten eindringen, aber jetzt waren sie mit etwas anderm beschäftigt und lasen den Hafer vor dem Gasthaus, friedlich schwatzend, und nur der Gänserich hob seinen Kopf in die Höhe, um Ausschau zu halten, ob nicht die Alte mit dem Stocke komme; die übrigen Gänse konnten von unten her eindringen, aber sie weideten jetzt weit auf dem andern Flußufer, wie eine lange, weiße Girlande über die Wiese ausgespannt. Sascha stand eine Weile da, wurde es dann satt und lief, da sie sah, daß die Gänse nicht kamen, zum Steilufer.

Dort sah sie Marjas älteste Tochter, Motjka, die unbeweglich auf einem riesigen Stein stand und zur Kirche hinüberschaute. Marja hatte dreizehnmal geboren, aber nur sechs Kinder waren ihr geblieben, und nur Mädchen, nicht ein Knabe, und das älteste Mädchen war acht Jahre alt. Motjka stand barfuß, in einem langen Hemd, in der Sonnenglut, die Sonne stach ihr direkt auf den Scheitel, aber sie merkte davon nichts und war wie versteinert. Sascha stellte sich neben sie und sagte, auf die Kirche blickend: »In der Kirche wohnt Gott. Bei den Menschen brennen Lampen und Kerzen, bei Gott aber rote, grüne, blaue Kirchenlämpchen wie Äuglein. Nachts schreitet Gott durch die Kirche und mit ihm die Hochheilige Gottesmutter und Nikolaus der Wundertäter — tup, tup, tup ... Und dem Kirchenwächter wird es bang, so bang! I-i-, meine Liebe«, fügte sie hinzu und ahmte ihre Mutter nach. »Und wenn das Ende der Welt kommt, dann werden alle Kirchen in den Himmel emporgehoben werden.«

»Mit den Glok-ken?« fragte mit tiefer Stimme Motjka, die Silben dehnend.

»Mit den Glocken. Und wenn das Ende der Welt da ist, kommen die Guten ins Paradies, die Bösen aber werden in ewigem, unauslöschlichem Feuer brennen, meine Liebe. Zu meiner Mutter und auch zu Marja wird Gott sagen: Ihr habt niemandem Böses getan, und dafür geht nach rechts, ins Paradies; Kirjak aber und der Großmutter wird er sagen: Aber ihr geht nach links in das ewige Feuer. Und wer zur Fastenzeit verbotene Speise gegessen hat, der muß auch ins Feuer.«

Sie blickte zum Himmel empor, öffnete weit die Augen und sagte: »Sieh zum Himmel und blinzle nicht — dann kann man die Engel sehen.«

Motjka begann auch in den Himmel zu sehen, und eine Minute verging im Schweigen.

»Siehst du?« fragte Sascha.

»Ich kann nichts sehen«, sagte mit tiefer Stimme Motjka.

»Aber ich sehe. Ganz kleine Englein fliegen im Himmel umher, und sie huschen blitzschnell vorüber mit ihren Flügelchen, so wie Mücken.«

Motjka sann, zu Boden blickend, ein Weilchen nach und fragte dann: »Die Großmutter wird brennen?«

»Das wird sie, meine Liebe.«

Vom Stein aus senkte sich der Boden eben und sanft bis ganz zur Niederung am Fluß; er war mit weichem, grünem Gras bedeckt, daß man Lust hatte, es mit der Hand zu berühren oder auf ihm zu liegen. Sascha legte sich hin und ließ sich nach unten rollen. Motjka legte sich mit ernstem Gesicht, schwer atmend, ebenfalls ihn und rollte hinunter, und dabei schob sich ihr Hemd bis zu den Schultern hinauf.

»Wie froh ich bin«, sagte Sascha entzückt.

Sie gingen beide wieder hinauf, um sich noch einmal herabrollen zu lassen, aber in diesem Augenblick hörten sie die bekannte keifende Stimme. Oh, das war entsetzlich! Die zahnlose, knochendürre, bucklige Großmutter, mit kurzem, grauem, im Winde flatterndem Haar, jagte mit einem langen Stock die Gänse aus dem Gemüsegarten fort und kreischte: »Den ganzen Kohl habt ihr zertreten, ihr verdammten Tiere, daß ihr doch krepiertet, ihr dreimal Verdammten, daß euch der Teufel hole!«

Sie sah die Mädchen, warf den Stock hin, nahm eine Rute, packte Sasche mit ihren trockenen und wie Wassernüsse harten Fingern am Genick und begann sie zu verprügeln. Sascha weinte vor Schmerz und Angst; inzwischen kam der Gänserich, von einem Fuß auf den andern watschelnd, mit ausgestrecktem Hals an die Alte heran und zischte ihr irgend etwas zu, und als er zu seiner Herde zurückgekehrt war, begrüßten ihn alle Gänsefrauen beifällig mit einem ›Ga-ga-ga!‹ Dann machte sich die Großmutter daran, Motjka zu verprügeln, und dabei schob sich Motjkas Hemd wieder hinauf. Voll Verzweiflung und laut weinend ging Sascha nach Hause, um sich zu beklagen; Motjka, die ebenfalls weinte, aber mit tiefer Stimme und ohne sich die Tränen abzuwischen, lief ihr nach, und ihr Gesicht war bereits so naß, als hätte sie es ins Wasser getaucht.

»Mein Gott!« rief Olga verwundert aus, als die beiden hereinkamen. »Himmlische Königin!«

Sascha begann zu erzählen, und in diesem Augenblick kam mit durchdringendem Geschrei und scheltend die Großmutter herein; auch Fjokla geriet in Zorn, und in der Hütte entstand großer Lärm.

»Tut nichts, tut nichts!« tröstete sie die blasse und verstörte Olga und streichelte Sascha den Kopf. »Sie ist die Großmutter, über sie böse zu sein ist Sünde. Tut nichts, Kindchen!«

Nikolai, der von diesem beständigen Geschrei, Hunger, Dunst und Gestank schon ganz zerquält war, der diese Armut schon haßte und verachtete, der sich vor Frau und Tochter seines Vaters und seiner Mutter schämte, ließ die Beine vom Ofen herabhängen und sagte gereizt und mit weinerlicher Stimme, zur Mutter gewandt: »Ihr dürft sie nicht schlagen! Ihr habt nicht das geringste Recht, sie zu schlagen!«

»Nun, krepiere du da auf deinem Ofen, du Jämmerling!« schrie ihn Fjokla wütend an. »Der Teufel hat euch unnütze Fresser hierhergebracht!«

Sascha und Motjka und alle Mädchen, so viele ihrer waren, drängten sich am Ofen in der Ecke hinter Nikolais Rücken und hörten von da schweigend, entsetzt alles an, und man konnte hören, wie ihre kleinen Herzen klopften. Wenn in einer Familie ein Kranker lebt, der schon lange und hoffnungslos krank ist, gibt es solche schweren Augenblicke, da alle ihm Nahestehenden schüchtern, heimlich, in der Tiefe ihres Herzens seinen Tod wünschen; und nur die Kinder fürchten den Tod des Anverwandten und empfinden beim Gedanken daran Schrecken. Auch jetzt sahen die kleinen Mädchen mit angehaltenem Atem und traurigen Gesichtern Nikolai an und dachten daran, daß er bald sterben würde, und sie verlangten danach, zu weinen und ihm etwas Freundliches und Mitleidvolles zu sagen.

Er drückte sich an Olga, als suche er bei ihr Schutz, und sagte zu ihr leise, mit zitternder Stimme: »Olja, Liebe, ich kann hier nicht länger bleiben. Es ist über meine Kraft. Um Gottes willen, schreibe an deine Schwester Klawdija Abramowa, sie möge alles verkaufen und versetzen, was sie hat, und Geld schicken, damit wir von hier wegfahren können. O Gott«, fuhr er vergrämt fort, »wenn ich nur einen Blick noch auf Moskau werfen könnte! Wenn ich es im Traume sehen könnte, das Mütterchen!«

Und als der Abend hereinbrach, als es in der Hütte dunkel geworden war, da wurde es so trübselig, daß es schwer war, ein Wort zu sprechen. Ärgerlich weichte die Großmutter Roggenbrotrinden in einer Tasse auf und lutschte lange an ihnen, eine ganze Stunde lang. Marja, die die Kuh gemolken hatte, brachte den Eimer mit der Milch und stellte ihn auf die Bank; dann goß die Großmutter die Milch aus dem Eimer in Krüge um, auch lange und langsam, sichtlich zufrieden, daß jetzt, zur Zeit der Mariä-Himmelfahrts-Fasten, niemand Milch trinken dürfe und sie daher unberührt bleiben würde. Und nur ein wenig, ein ganz klein wenig, goß sie in eine Untertasse für Fjoklas Kindchen ab. Als sie und Marja die Krüge in den Keller brachten, lebte Motjka plötzlich auf, kroch vom Ofen herab, ging an die Bank, auf der die Holztasse mit den Brotrinden stand, und goß etwas Milch aus der Untertasse in sie hinein.

Nachdem die Großmutter in die Stube zurückgekehrt war, machte sie sich wieder an ihre Brotrinden, und Sascha und Motjka, die auf dem Ofen saßen, sahen ihr zu und freuten sich, daß sie die Fasten gebrochen habe und nun in die Hölle kommen werde. Sie hatten sich beruhigt und legten sich schlafen, und im Einschlafen stellte sich

Sascha das Jüngste Gericht vor: Ein großer Ofen nach Art eines Töpferofens brannte, und ein Teufel mit Hörnern wie eine Kuh, ganz schwarz, trieb die Großmutter mit einem langen Stock ins Feuer, so wie sie heute selbst die Gänse getrieben hatte.

5

Zu Mariä Himmelfahrt, nach zehn Uhr abends, erhoben die Mädchen und Burschen, die sich unten auf der Wiese herumtummelten, plötzlich Geschrei und Geheul und liefen in Richtung auf das Dorf zu; und die, die oben am Rande des Abhanges saßen, begriffen zunächst gar nicht, was das bedeutete.

»Feuer! Feuer!« ertönte unten ein verzweifelter Schrei. »Es brennt!«

Die Leute, die oben saßen, sahen sich um, und ein schreckliches, ungewöhnliches Bild bot sich ihnen dar. Über dem Strohdach einer der letzten Bauernhütten stand eine ein Klafter hohe Feuersäule, die emporwirbelte und nach allen Seiten wie eine Fontäne Funken versprühte. Und sofort begann das ganze Dach lichterloh zu brennen, und das Knistern des Feuers war zu hören.

Das Mondlicht erlosch, und das ganze Dorf war schon von rotem, zitterndem Licht überflutet; über die Erde zogen schwarze Schatten, Brandgeruch verbreitete sich; und die, die von unten heraufgelaufen kamen, waren alle außer Atem, konnten vor Zittern nicht sprechen, stießen sich gegenseitig an, fielen hin, und da sie an das grelle Licht nicht gewöhnt waren, sahen sie schlecht und erkannten einander nicht. Es war schrecklich. Besonders schrecklich war es, daß über dem Feuer im Rauch die Tauben herumflatterten und man im Wirtshaus, wo man von dem Brand noch nichts wußte, zu singen und Harmonika zu spielen fortfuhr, als ob nichts geschehen wäre.

»Bei Onkel Semjon brennt es!« rief jemand mit lauter, rauher Stimme.

Marja lief weinend, händeringend, zähneklappernd um ihr Haus herum, obwohl die Feuersbrunst weit entfernt, am andern Dorfende war; Nikolai stapfte in Filzstiefeln heraus, die Kinder kamen in ihren Hemdchen eins nach dem andern herausgelaufen. Bei der Hütte des Polizeiaufsehers wurde an das Eisenbrett geschlagen. Bem, bem, bem ... ertönte es in der Luft, und von diesem unaufhörlich wiederholten Ton wurde das Herz bedrängt, und es wurde einem kalt. Die alten Weiber standen mit Heiligenbildern da. Aus den Höfen trieb man Schafe, Kälber und Kühe auf die Straße, trug Koffer, Schaffelle, Fässer heraus. Der Rapphengst, den man nicht in die Herde ließ, weil er ausschlug und die Pferde verwundete, rannte freigelassen, stampfend und wiehernd im Dorf einmal und noch einmal umher, blieb dann plötzlich bei einem Wagen stehen und begann, ihn mit den Hinterfüßen zu schlagen.

Man begann auch auf der andern Flußseite in der Kirche zu läuten.

Bei der brennenden Hütte war es heiß und so hell, daß auf der Erde jeder Grashalm deutlich zu sehen war. Auf einem der Koffer, die man hatte herausschleppen können, saß Semjon, ein rothaariger Bauer mit einer großen Nase, in einer tief bis über die Ohren gezogenen Mütze, in einem Jackett; seine Frau lag halb bewußtlos mit dem Gesicht auf der Erde und stöhnte. Ein achtzigjähriger, kleiner, einem Gnom ähnlicher Greis mit großem Bart, der nicht von hier war, aber augenscheinlich am Brande unmittelbar beteiligt war, ging ohne Mütze, mit einem weißen

Bündelchen in den Händen dabei auf und ab; auf seiner Glatze spiegelte sich das Feuer. Der Starost Antip Sedelnikow, von brauner Hautfarbe und schwarzhaarig wie ein Zigeuner, trat mit einem Beil an die Hütte heran und schlug, man wußte nicht wozu, die Fensterscheiben, eine nach der andern, ein und begann dann die Veranda zu zerschlagen.

»Weiber, Wasser!« rief er. »Die Feuerspritze her! Packt an!« Dieselben Bauern, die eben erst noch im Wirtshaus gezecht hatten, schleppten die Feuerlöschpumpe herbei. Sie alle waren betrunken, stolperten und fielen hin, auf ihren Gesichtern lag ein hilfloser Ausdruck, und Tränen standen in den Augen.

»Mädchen, Wasser!« rief der Starost, der auch betrunken war. »Greift zu, ihr Mädchen!«

Die Frauen und Mädchen liefen nach unten, wo die Quelle war, und schleppten Eimer und Kübel voll Wasser den Berg hinan, gossen es in die Spritze und liefen wieder hinunter. Auch Olga, Marja, Sascha und Motjka schleppten Wasser herbei. Weiber und Knaben pumpten das Wasser, der Schlauch zischte, und der Starost, der ihn bald auf die Türe, bald auf die Fenster richtete, hielt mit dem Finger den Strahl zurück, wodurch er noch lauter zischte.

»Ein fixer Kerl, der Antip!« ließen sich anerkennende Stimmen vernehmen. »Nur los!«

Und Antip drang in den Flur ins Feuer hinein und rief von dort: »Pumpt! Strengt euch an, Rechtgläubige, helft bei einem solchen Unglück!«

Die Bauern standen daneben in einem Haufen, taten nichts und sahen sich das Feuer an. Niemand wußte, was er anfangen sollte, niemand verstand etwas, und ringsherum waren Getreide- und Heuhaufen, Schuppen, Haufen trockenen Reisigs. Auch Kirjak und der alte Ossip, sein Vater, standen da, beide angeheitert. Und der Alte sagte, als wolle er sein Nichtstun entschuldigen, zu der auf der Erde liegenden Frau: »Was härmst du dich so, Gevatterin! Die Hütte ist ja versichert — was hast du denn?«

Semjon, der sich bald an den einen, bald an den anderen wandte, erzählte, wie der Brand entstanden sei: »Dieser selbe Alte mit dem Bündelchen ist vom Hofgesinde des Generals Shukow ... Er war bei unserm General — Gott hab ihn selig — Koch. Er kam abends und bat: ›Laß mich bei dir übernachten‹ ... Nun, natürlich tranken wir ein Gläschen zusammen ... Meine Alte machte sich mit dem Samowar zu schaffen, um den Alten mit Tee zu bewirten, und stellte zum Unglück den Samowar im Flur auf; die Funken aus der Röhre flogen aber gerade ins Dach, aufs Stroh, und so ist es gekommen. Beinahe wären wir selbst verbrannt; auch die Mütze des Alten ist verbrannt; so geschah das Unglück.«

Unermüdlich schlug man an die Eisenplatte, und häufig läutete man die Glocke in der Kirche über dem Fluß. Olga, ganz vom Licht übergossen, außer Atem, blickte voll Entsetzen die roten Schafe und die im Rauch herumfliegenden rosafarbenen Tauben an und lief bald nach unten, bald nach oben. Es schien ihr, daß dies Glockenläuten wie ein spitzer Stachel in ihr Herz dränge, daß der Brand nie ein Ende nehmen würde, daß Sascha verlorengegangen sei ... Und als in der Hütte die Zimmerdecke krachend einstürzte, wurde ihr bei dem Gedanken, daß nun unbedingt das ganze Dorf abbrennen würde, ganz schwach, und sie konnte kein Wasser schleppen, sondern saß am Abhang, die Eimer neben sich; neben ihr und unter ihr saßen die Bauernweiber und heulten wie um einen Verstorbenen.

Doch da kamen von jenseits des Flusses aus dem

Herrenhof die Gutsaufseher und Knechte mit zwei Wagen gefahren und brachten eine Feuerspritze mit. Es kam auch ein sehr jugendlicher Student in weißer, aufgeknöpfter Bluse. Man begann mit den Äxten zu klopfen, stellte an das brennende Balkengebinde eine Leiter an, auf der fünf Mann auf einmal hinaufkletterten, allen voran der Student, der rot im Gesicht war und mit schriller, heiserer Stimme und in einem Ton schrie, als ob das Feuerlöschen für ihn etwas Alltägliches sei. Man nahm die Hütte balkenweise auseinander, riß auch den Stall, den Zaun und den nächstliegenden Schober auseinander.

»Laßt es nicht abbrechen!« ertönten in der Menge gebieterische Stimmen. »Laßt es nicht zu!«

Kirjak ging mit entschlossener Miene auf die Hütte zu, als ob er den Fremden das Abbrechen verwehren wollte, aber einer der Knechte drehte sich um und gab ihm einen Schlag in den Nacken. Man hörte Gelächter, der Knecht schlug noch einmal, Kirjak stürzte hin und kroch auf allen vieren in die Menge zurück.

Vom andern Ufer waren noch zwei hübsche junge Mädchen in Hüten gekommen, die Schwestern des Studenten. Sie standen etwas abseits und sahen sich den Brand an. Die auseinandergeschleppten Balken brannten schon nicht mehr, rauchten aber stark; der mit dem Schlauch arbeitende Student richtete den Wasserstrahl bald auf die Balken, bald auf die Bauern, bald auf die Bauernweiber, die das Wasser herbeischleppten.

»George!« riefen ihm vorwurfsvoll und beunruhigt die Mädchen zu. »George!«

Das Feuer war gelöscht. Und erst als man auseinanderzugehen begann, bemerkte man, daß die Morgenröte schon da war, daß alle fahl und etwas dunkel aussahen, wie das immer am frühen Morgen scheint, wenn am Himmel die letzten Sterne verblassen. Auseinandergehend lachten und spotteten die Bauern über den Koch des Generals Shukow und seine verbrannte Mütze; sie hätten jetzt am liebsten aus der Feuersbrunst einen Scherz gemacht, und sie bedauerten sogar beinahe, daß sie so schnell zu Ende gegangen war.

»Sie haben gut gelöscht, gnädiger Herr«, sagte Olga zum Studenten. »Sie müßten zu uns nach Moskau kommen; dort gibt es fast jeden Tag einen Brand.«

»Sind Sie denn aus Moskau?« fragte eines der Mädchen.

»Jawohl! Mein Mann war im ›Slawischen Basar‹ angestellt. Und dies ist meine Tochter.« Sie zeigte auf Sascha, die durchfroren war und sich an sie schmiegte. »Sie ist auch Moskauerin.«

Die beiden Mädchen sagten etwas auf Französisch zum Studenten, und er gab Sascha ein Zwanzigkopekenstück. Der alte Ossip sah das, und in seinem Gesicht leuchtete auf einmal eine Hoffnung auf.

»Gott sei Dank, Euer Hochwohlgeboren, war heute kein Wind«, sagte er, zum Studenten gewandt, »sonst wären wir alle in einer Stunde abgebrannt. Euer Hochwohlgeboren, gnädige Herrschaften«, fügte er verwirrt einen Ton tiefer hinzu, »in der Morgenfrühe ist es kalt, man müßte sich erwärmen ... von Euer Gnaden etwas für ein halbes Fläschchen ...«

Aber man gab ihm nichts, und sich räuspernd ging er nach Hause. Olga stand noch lange am Rande des Abhanges und sah zu, wie die beiden Wagen durch die Furt hindurchfuhren und wie die Herrschaften über die Wiese gingen; jenseits des Flusses wartete eine Kutsche auf sie. Nach Hause gekommen, erzählte sie entzückt ihrem Mann davon.

»Und wie gut sie sind! Und wie schön sie sind! Und die Fräuleins sind wie die Cherubim.«

»Meinetwegen mögen sie platzen!« brummte wütend die schläfrige Fjokla.

6

Marja hielt sich für unglücklich und pflegte zu sagen, daß sie sehnlichst zu sterben wünsche; Fjokla dagegen gefiel diese ganze Lebensweise: die Armut und Unsauberkeit und das unaufhörliche Geschimpfe. Sie aß, was man ihr gab, ohne viel zu wählen; sie schlief, wo und worauf es möglich war; das Spülicht goß sie gleich neben der Veranda aus: sie schüttete es von der Schwelle her aus und watete dann noch mit nackten Füßen durch die Pfütze. Und vom ersten Tage an haßte sie Olga und Nikolai ebendarum, weil ihnen dieses Leben nicht gefiel. »Ich will mal sehen, was ihr hier essen werdet, ihr Moskauer Edelleute!« sagte sie schadenfroh. »Ich will mal sehen!«

Eines Morgens — es war schon Anfang September — brachte Fjokla von unten zwei Eimer Wasser herauf, rosa von der Kälte, gesund und schön; gerade saßen Marja und Olga am Tisch und tranken Tee.

»Tee und Zucker!« sagte Fjokla spöttisch. »Was für feine Damen«, fügte sie hinzu, die Eimer hinstellend, »haben die Mode eingeführt, jeden Tag Tee zu trinken. Seht nur zu, daß ihr vom Teetrinken nicht platzt!« fuhr sie fort und sah haßerfüllt Olga an. »Hast in Moskau durch Faulenzen eine dicke Schnauze bekommen, du Dickwanst!«

Sie holte mit dem Schulterjoch aus und schlug Olga über die Schulter, so daß beide Schwägerinnen nur die Hände zusammenschlugen und ausriefen: »Ach, du lieber Gott!«

Dann ging Fjokla zum Fluß hinab, Wäsche zu waschen, und schimpfte den ganzen Weg über so laut, daß es in der Hütte zu hören war.

Der Tag verging. Der lange Herbstabend brach herein. In der Hütte wickelte man Seide auf; alle außer Fjokla wickelten: sie war über den Fluß gegangen. Die Seide holte man aus der nahen Fabrik, und die ganze Familie verdiente damit nicht viel — an die zwanzig Kopeken in der Woche.

»Unter der Leibeigenschaft war es besser«, sagte der Alte, die Seide wickelnd. »Man arbeitet und ißt und schläft, alles zu seiner Zeit. Zu Mittag hat man Kohlsuppe und Buchweizengrütze, zu Abend auch Kohlsuppe und Grütze. Gurken und Kohl gab es nach Herzenslust: iß ungeniert, soviel du magst. Auch war das Leben strenger. Jeder nahm sich zusammen.«

Es leuchtete nur ein Lämpchen, das trübe brannte und räucherte. Wenn jemand sich vor die Lampe stellte und ein großer Schatten auf das Fenster fiel, war der helle Mondschein zu sehen. Der alte Ossip erzählte gemächlich davon, wie man vor der Befreiung lebte, wie man in dieser selben Gegend, wo jetzt das Leben so langweilig und armselig ist, mit Hetzhunden, Windhunden, Pleskauern jagte und während der Treibjagden die Bauern mit Schnaps bewirtet wurden, wie ganze Fuhren mit geschossenen Vögeln für die jungen Herrschaften nach Moskau gingen; wie man die Schlechten mit Ruten züchtigte oder nach dem Twerschen Erbgut verschickte, die Guten aber belohnte.

Und auch die Großmutter erzählte dies und das. Sie besann sich noch auf alles, wirklich auf alles. Sie erzählte von ihrer Herrin, einer guten, gottesfürchtigen Frau, deren Mann ein wüstes und lasterhaftes Leben führte und deren sämtliche Töchter eine nach der andern geheiratet hatten, Gott weiß wie: Die eine heiratete einen Trunkenbold, die zweite einen Kleinbürger, die dritte entführte man heimlich (Großmutter selbst, damals noch Mädchen, half bei der Entführung mit), und sie alle waren dann rasch vor Kummer gestorben, wie auch ihre Mutter. Und bei der Erinnerung daran schluchzte Großmutter sogar auf.

Plötzlich klopfte jemand an die Tür, und alle fuhren zusammen.

»Onkel Ossip, laß mich übernachten!«

Es trat ein kleiner, kahlköpfiger Greis ein, der Koch des Generals Shukow, derselbe, dessen Mütze verbrannt war. Er setzte sich, hörte zu und begann auch aus der Erinnerung verschiedene Geschichten zu erzählen. Nikolai, der auf dem Ofen saß und seine Beine herunterhängen ließ, hörte zu und fragte immer nach den Gerichten, die bei den Herrschaften zubereitet wurden. Sie sprachen von Klopsen, Koteletts, verschiedenen Suppen, Saucen, und der Koch, der sich auch gut an alles erinnerte, nannte Gerichte, die es jetzt nicht mehr gab. Da war zum Beispiel ein Gericht, das aus Ochsenaugen zubereitet und ›Wenn-man-morgens-Aufwacht‹ genannt wurde.

»Und wurden damals Cotelettes Maréchal gemacht?« fragte Nikolai.

»Nein.«

Nikolai schüttelte mißbilligend den Kopf und sagte: »Ach, was wart ihr für armselige Köche!«

Die kleinen Mädchen, die auf dem Ofen saßen und lagen, blickten herunter mit offenen Augen; es sah aus, als wären es sehr viele — wie Cherubim in den Wolken. Die Erzählungen gefielen ihnen; sie seufzten, fuhren zusammen und erblaßten bald vor Entzücken, bald vor Furcht, und der Großmutter, die am interessantesten erzählte, hörten sie mit angehaltenem Atem zu und fürchteten, sich zu rühren.

Man ging schweigend zu Bett; und die Alten, durch die Erzählungen erregt und gerührt, dachten daran, wie schön doch die Jugend sei, von der, wie sie auch gewesen sein mochte, in der Erinnerung nur Lebendiges, Freudiges, Rührendes zurückbleibe und wie schauerlich kalt der Tod sei, der nicht mehr lange warte und an den man lieber nicht denke! Das Lämpchen erlosch. Und die Finsternis und die beiden grell vom Monde beleuchteten Fensterchen und die Stille und das Knarren der Wiege erinnerten irgendwie nur daran, daß das Leben schon vergangen sei, daß man es nicht mehr zurücklenken könne ... Man schläft ein, man vergißt sich, und plötzlich berührt jemand die Schulter, haucht die Wange an — und der Schlaf ist fort, der Körper wie gelähmt, und den Kopf erfüllen nur Gedanken an den Tod; man dreht sich auf die andere Seite — der Tod ist schon vergessen, aber durch den Kopf ziehen alte, langweilige und schwerlastende Gedanken an Not, an Viehfutter, daran, daß das Mehl teurer geworden ist, und nach einem Weilchen denkt man wieder daran, daß das Leben ja schon vergangen ist und man es nicht zurückbringen kann ...

»O Herrgott!« seufzte der Koch.

Jemand klopfte leise, leise ans Fenster. Wahrscheinlich kehrte Fjokla zurück. Olga stand auf und öffnete gähnend, ein Gebet flüsternd, die Tür und schob dann den Riegel zurück. Aber niemand trat ein, nur Kälte wehte von der Straße herein, und es wurde plötzlich hell vom Mond. Durch die geöffnete Türe konnte man die stille und öde Straße sehen und den Mond, der am Himmel dahinzog.

»Wer ist da?« rief Olga.

»Ich«, ertönte die Antwort. »Ich bin es.«

An der Tür, an die Wand gedrückt, stand Fjokla, völlig nackt. Sie zitterte vor Kälte, klapperte mit den Zähnen und erschien beim hellen Mondlicht sehr bleich, schön und seltsam. Ihre Schatten und der Glanz des Mondes auf ihrer Haut fielen grell in die Augen, und besonders deutlich zeichneten sich ihre dunklen Augenbrauen und die junge, kräftige Brust ab.

»Auf dem andern Ufern haben mich die Schufte ausgezogen und so losgelassen ...«, sagte sie. »Ich bin ohne Kleidung nach Hause gelaufen ... so wie mich die Mutter geboren hat. Gib mir etwas.«

»Komm in die Hütte!« sagte Olga leise, die ebenfalls zu zittern begann.

»Daß es nur die Alten nicht sehen.«

Tatsächlich wurde die Großmutter schon unruhig und brummte, und der Alte fragte: »Wer ist da?« Olga brachte ihr Hemd und ihren Rock, zog Fjokla an, und dann traten beide leise in die Stube, bemüht, nicht mit den Türen zu schlagen.

»Bist du es, Herumtreiberin?« brummte ärgerlich die Großmutter, die erriet, wer es war. »Die Mitternachtsfrau soll dich holen ...«

»Es macht nichts, macht nichts«, flüsterte Olga und hüllte Fjokla ein, »macht nichts, meine Liebe.«

Wieder wurde es still. In der Stube schlief man immer schlecht; jeden hinderte etwas Aufdringliches, Lästiges am Schlaf: den Alten Schmerzen im Rücken, die Großmutter Sorgen und Bosheit, Marja die Angst, die Kinder Krätze und Hunger. Auch jetzt war der Schlaf sehr unruhig: man drehte sich immerzu von einer Seite auf die andere, redete im Traum, stand auf, um Wasser zu trinken.

Plötzlich heulte Fjokla laut, mit rauher Stimme auf, beherrschte sich aber sofort und schluchzte nur bisweilen, immer leiser und dumpfer, bis sie ganz verstummte. Von Zeit zu Zeit tönte von der andern Seite des Flusses das Schlagen der Uhr herüber; aber die Uhr schlug seltsam: zuerst fünf, dann drei.

»Oh, Herrgott«, seufzte der Koch.

Wenn man die Fenster ansah, war es schwer zu erkennen, ob noch immer der Mond schien oder ob das schon die Morgendämmerung war. Marja stand auf und ging hinaus, und man konnte hören, wie sie auf dem Hof die Kuh molk und sagte: »Ste-eh!« Auch die Großmutter ging hinaus. Es war noch dunkel in der Stube, aber alle Gegenstände waren schon erkennbar.

Nikolai, der die ganze Nacht nicht geschlafen hatte, kroch vom Ofen herab. Er holte aus dem grünen Köfferchen seinen Frack heraus, zog ihn an, trat an das Fenster, strich die Ärmel glatt, nahm die Frackschöße auseinander und lächelte. Dann zog er vorsichtig den Frack aus, verwahrte ihn im Koffer und legte sich wieder hin.

Marja kehrte zurück und begann den Ofen zu heizen. Sie war offenbar noch nicht ganz aus dem Schlaf aufgewacht und wurde erst jetzt im Gehen allmählich munter. Wahrscheinlich hatte sie etwas geträumt, oder die gestrigen Erzählungen fielen ihr ein, weil sie sich süß vor dem Ofen dehnte und sagte: »Nein, die Freiheit ist doch besser.«

7

Der gnädige Herr war gekommen — so nannte man im Dorf den Landpolizeimeister. Wann und wozu er kommen würde, war eine Woche vorher bekannt geworden. In Shukowo gab es nur vierzig Höfe, aber die Summe der rückständigen Staats- und Landschaftssteuern betrug mehr als zweitausend Rubel.

Der Polzeimeister stieg im Wirtshaus ab; er ›genoß‹ hier zwei Glas Tee und begab sich dann zu Fuß zum Haus des Starosten, vor dem ihn bereits die Menge der rückständigen Steuerzahler erwartete. Der Starost Antip Sedelnikow war trotz seiner Jugend — er war erst etwas über dreißig Jahre alt — streng und stand immer auf seiten der vorgesetzten Behörde, obwohl er selbst arm war und die Steuern unpünktlich bezahlte. Es gefiel ihm offenbar, daß er Starost war, und das Bewußtsein seiner Macht, die er nicht anders als durch Strenge zu zeigen verstand, sagte ihm zu. In der Dorfversammlung fürchtete man ihn und gehorchte ihm; es kam vor, daß er auf der Straße oder beim Wirtshaus plötzlich über einen Betrunkenen herfiel, ihm die Hände auf dem Rücken zusammenband und ihn ins Arrestlokal sperrte. Einst hatte er sogar die Großmutter ins Arrestlokal gesperrt und sie dort ganze vierundzwanzig Stunden sitzen lassen, weil sie an Stelle Ossips in die Dorfversammlung gekommen war und zu schimpfen begonnen hatte. In der Stadt hatte er nie gelebt und niemals Bücher gelesen, aber irgendwo hatte er verschiedene kluge Ausdrücke aufgeschnappt und liebte es, sie im Gespräch zu verwenden, daher achtete man ihn, wenn man ihn auch nicht immer verstand.

Als Ossip mit seinem Steuerbuch in das Haus des Starosten trat, saß der Polizeimeister, ein hagerer alter Mann mit langem grauem Backenbart, in grauer Tushurka,* am Tisch auf dem Ehrenplatz und trug etwas ein. In der Hütte war es sauber, alle Wände waren mit Bildern geschmückt, die aus Zeitschriften ausgeschnitten waren, und an der sichtbarsten Stelle neben den Heiligenbildern hing das Porträg Battenbergs, des früheren Fürsten von Bulgarien. Neben dem Tisch stand mit verschränkten Armen Antip Sedelnikow.

»Dieser, Euer Hochwohlgeboren, schuldet hundertneunzehn Rubel«, sagt er, als an Ossip die Reihe kam. »Seit er

* leichte Uniformjacke.

vor Ostern einen Rubel gab, hat er keine Kopeke mehr gezahlt.«

Der Polizeimeister sah zu Ossip empor und fragte: »Wie kommt das denn, mein Bester?«

»Seien Sie um Gottes willen so gnädig, Euer Hochwohlgeboren«, fing Ossip erregt an, »erlauben Sie zu sagen: Im vorigen Jahre sagte mir der Ljutoretzkische gnädige Herr: ›Ossip, verkauf dein Heu ... Du, sagt er, verkauf es.‹ Warum denn nicht! Ich hatte an hundert Pud zum Verkauf, die Weiber hatten es in der Niederung gemäht ... Nun, wir wurden uns um den Preis einig ... Alles war gut und freiwillig ...« Er klagte über den Starosten und wandte sich immerfort nach den Bauern um, als riefe er sie zu Zeugen an; sein Gesicht war rot geworden und schwitzte, und sein Blick wurde scharf und böse.

»Ich verstehe nicht, warum du dies alles erzählst«, sagte der Polizeimeister. »Ich frage dich, warum du die rückständigen Steuern nicht zahlst? Ihr alle zahlt nicht, und ich trage für euch die Verantwortung.«

»Es ist mir nicht möglich.«

»Diese Worte sind belanglos, Euer Hochwohlgeboren«, sagte der Starost. »In der Tat gehören die Tschikildejews zur bedürftigsten Klasse, aber — belieben Sie die übrigen zu fragen — der Hauptgrund ist der Schnaps, es sind ganz liederliche Leute. Ohne jedes Verständnis.«

Der Polizeimeister notierte sich etwas und sagte dann zu Ossip ruhig und in gleichmäßigem Tonfall, als bäte er um Wasser: »Mach, daß du hinauskommst.«

Er fuhr bald fort, und als er sich in seinen billigen Tarantas setzte und hustete, konnte man sogar am Ausdruck seines langen hageren Rückens erkennen, daß er sich schon nicht mehr an Ossip und den Starosten und die rückständigen Steuern in Shukowo erinnerte, sondern an seine eigenen Dinge dachte. Er war noch nicht eine Werst weit gefahren, als Antip Sedelnikow aus dem Hause der Tschikildejews den Samowar schon heraustrug; aber ihm folgte die Großmutter nach und schrie kreischend und die Brust anstrengend: »Ich gebe ihn nicht her! Ich gebe ihn dir nicht, du Schuft!«

Er ging rasch und machte große Schritte, sie aber, bucklig, wild, außer Atem, stürzte, beinahe hinfallend, hinter ihm her; ihr Kopftuch war auf die Schultern gerutscht, die grauen, grünlich schimmernden Haare flatterten im Winde. Plötzlich blieb sie stehen, und wie eine wirkliche Empörerin begann sie ihre Brust mit den Fäusten zu schlagen und noch lauter, mit singender Stimme und wie schluchzend zu rufen: »Ihr Rechtgläubigen, die ihr an Gott glaubt! Meine Lieben, man hat mir Leid zugefügt! Ihr Teuren, man hat mich ausgeplündert! Ach, ach, ihr Lieben, tretet für mich ein!« — »Großmutter, Großmutter«, sagte streng der Starost, »nimm Vernunft an!«

Ohne Samowar wurde es im Hause der Tschikildejews ganz trübselig. Es lag in diesem Verlust etwas Erniedrigendes und Beleidigendes, als hätte man dem Hause plötzlich die Ehre geraubt. Besser wäre es gewesen, wenn der Starost den Tisch, alle Bänke, alle Töpfe genommen hätte — es hätte nicht so öde ausgesehen. Die Großmutter schrie, Marja weinte, und die kleinen Mädchen weinten auch, ihrem Beispiel folgend. Der Alte, der sich schuldig fühlte, saß düster in der Ecke und schwieg. Auch Nikolai schwieg. Die Großmutter liebte und bemitleidete ihn, aber jetzt vergaß sie ihr Mitleid, fiel plötzlich mit Schimpfworten und Vorwürfen über hin her, indem sie ihm die Fäuste unmittelbar vors Gesicht hielt. Sie schrie, daß er an allem schuld sei; in der Tat, warum hatte er so wenig Geld geschickt, wenn er selbst in seinen Briefen prahlte, daß er im ›Slawischen Basar‹ fünfzig Rubel im Monat verdiente? Warum kam er hierher und noch dazu mit seiner Familie? Wenn er stirbt, mit wessen Geld soll man ihn beerdigen? ... Und es tat einem weh, Nikolai, Olga und Sascha anzusehen.

Der Alte räusperte sich, nahm seine Mütze und ging zum Starosten. Er dunkelte bereits. Antip Sedelnikow lötete etwas vor dem Ofen, wobei er die Wangen aufblies; es roch nach Ofendunst. Seine Kinder, mager, ungewaschen, nicht besser als die Tschikildejews, krochen auf dem Fußboden herum; seine häßliche, sommersprossige Frau mit einem dicken Bauch wickelte Seide. Es war eine unglückliche, arme Familie, und nur Antip sah fesch und schmuck aus. Auf der Bank standen in einer Reihe fünf Samoware. Der Alte betete vor Battenberg und sagte: »Antip, erweise um Gottes willen die Gnade, gib den Samowar zurück! Um Christi willen!«

»Bring drei Rubel, dann bekommst du ihn.«

»Es ist mir nicht möglich!«

Antip blies die Wangen auf, das Feuer knisterte und zischte und spiegelte sich in den Samowaren. Der Alte knautschte seine Mütze und sagte nach einigem Nachdenken: »Gib ihn zurück!«

Der brünette Starost sah jetzt ganz schwarz aus und glich einem Hexenmeister; er wandte sich zu Ossip um und sagte rasch und schnell: »Vom Landeshauptmann hängt alles ab. In der Sitzung der Verwaltung am sechsundzwanzigsten dieses Monats kannst du mündlich oder schriftlich den Grund zu deiner Beschwerde vorbringen.«

Ossip begriff nichts, war aber doch dadurch befriedigt und ging nach Hause.

Nach etwa zehn Tagen kam der Polizeimeister wieder, blieb eine Stunde und fuhr fort. In diesen Tagen herrschte windiges, kaltes Wetter; der Fluß war schon lange zugefroren, aber es kam kein Schnee, und die Leute quälten sich ab, da kein Fahrweg war. An einem Feiertag kurz vor dem Abend kamen einige Nachbarn zu Ossip, um ein wenig bei ihm zu sitzen und zu plaudern. Man unterhielt sich in der Dunkelheit, denn es wäre sündhaft gewesen zu arbeiten, und Licht zündete man nicht an. Es gab verschiedene, ziemlich unerfreuliche Neuigkeiten. So hatte man in zwei, drei Häusern für die Steuerrückstände die Hühner gepfändet und sie zur Gemeindeverwaltung gebracht, und dort waren sie krepiert, weil niemand sie fütterte; man pfändete Schafe, und während man sie mit gebundenen Füßen transportierte, indem man sie in jedem Dorf auf neue Wagen umlud, war eins krepiert. Und jetzt suchten sie die Frage zu lösen, wer daran schuld sei.

»Die Landschaft!« sagte Ossip. »Wer sonst!«

»Natürlich die Landschaft.«

Die Landschaft war an allem schuld, an den rückständigen Steuern, an den Bedrückungen, an den Mißernten — obwohl niemand recht wußte, was das Wort ›Landschaft‹ bedeutete. Und das war, seitdem einige Bauern, die eigene Fabriken, Läden und Gasthäuser besaßen, Landschaftsabgeordnete waren und sich unbefriedigt fühlten, in ihren Fabriken und Wirtshäusern über die Landschaft zu schimpfen begannen.

Man sprach auch darüber, daß Gott keinen Schnee gäbe: das Holz muß eingebracht werden, und auf den holprigen Wegen kann man weder fahren noch gehen. Einst vor fünfzehn, zwanzig Jahren und noch früher waren die Gespräche in Shukowo bei weitem interessanter. Damals sah jeder alte Bauer so aus, als ob er irgendein Geheimnis bewahrte, etwas wüßte und etwas erwartete; man sprach von der Urkunde mit goldenem Siegel, von Landverteilungen, neuen Ländereien und von Schätzen und machte geheimnisvolle Andeutungen. Jetzt aber gab es bei den Shukowoer Bauern gar keine Geheimnisse, ihr ganzes Leben lag völlig offen vor aller Augen da, und sie konnten nur über Not und Viehfutter sprechen und darüber, daß es keinen Schnee gäbe ...

Dann schwieg man eine Weile. Und wieder dachten sie an die Hühner und die Schafe und versuchten zu entscheiden, wer daran schuld sei.

»Die Landschaft!« sagte trübsinnig Ossip. »Wer denn sonst!«

8

Die Pfarrkirche befand sich sechs Werst entfernt in Kossogorowo, und man besuchte sie nur notgedrungen, wenn jemand zu taufen, zu trauen oder zu beerdigen war; zur Andacht aber ging man über den Fluß. An Feiertagen, bei gutem Wetter, zogen sich die Mädchen festlich an und gingen dann in einer Schar zur Messe, und es war ein fröhlicher Anblick, wie sie in ihren roten, gelben und grünen Kleidern über die Wiese zogen; bei schlechtem Wetter aber blieben alle zu Hause. Das Abendmahl nahm man in der Pfarrkirche. Von denen, die in den Großen Fasten nicht zum Abendmahl gekommen waren, nahm der Priester, wenn er in der Osterwoche die Bauernhütten mit dem Kreuz aufsuchte, fünfzehn Kopeken.

Der Alte glaubte nicht an Gott, weil er fast niemals an ihn dachte; er erkannte ein Übernatürliches an, glaubte aber, daß das nur die Weiber anginge, und wenn man in seiner Gegenwart von Religion oder Wunderbarem sprach und man an ihn eine Frage richtete, so sagte er widerwillig, sich den Kopf kratzend: »Wer kann das denn wissen?«

Die Großmutter war gläubig, aber in einer dumpfen Weise; in ihrem Gedächtnis hatte sich alles durcheinandergemengt, und kaum begann sie an die Sünden, an den Tod, an die Erlösung der Seele zu denken, als die Not und Sorgen ihr ganzes Sinnen ergriffen und sie sofort alles andere, woran sie gedacht hatte, zu vergessen pflegte. An Gebete erinnerte sie sich nicht, und abends, gewöhnlich wenn es Zeit zum Schlafengehen war, stellte sie sich vor die Heiligenbilder und flüsterte: »Der Kasanschen Gottesmutter, der Smolensker, der Dreihändigen Gottesmutter ...«

Marja und Fjokla bekreuzigten sich, gingen alljährlich zum Abendmahl, begriffen aber nichts. Den Kindern brachten sie das Beten nicht bei, sagten ihnen nichts von Gott, lehrten sie keine Sittenregeln und verboten ihnen nur, zur Fastenzeit Verbotenes zu essen. In den übrigen Familien war es fast ein und dasselbe: Selten, daß jemand gläubig war, selten, daß jemand etwas verstand. Dabei aber liebten alle die Heilige Schrift, liebten sie zärtlich und ehrfurchtsvoll, es gab aber keine Bücher, niemand hätte sie lesen und erläutern können, und weil Olga bisweilen das Evangelium las, achtete man sie, und alle sagten zu ihr und Sascha ›Sie‹.

Olga besuchte häufig zu den Kirchenfesten und Dankgottesdiensten die benachbarten Dörfer und die Kreisstadt, in der es zwei Klöster und siebenundzwanzig Kirchen gab. Sie war zerstreut, und während ihrer Pilgergänge vergaß sie völlig ihre Familie, und nur, wenn sie nach Hause zurückkehrte, machte sie auf einmal die freudige Entdeckung, daß sie einen Mann und eine Tochter habe, und dann sagte sie lächelnd und strahlend: »Gott ist mir gnädig gewesen!«

Das, was im Dorf vor sich ging, schien ihr abscheulich und quälte sie. Am Eliastage wurde getrunken, zu Mariä Himmelfahrt wurde getrunken, zum Kreuzerhöhungstage wurde getrunken. Zu Mariä Schutz und Fürbitte war in Shukowo das Pfarreikirchenfest, und aus diesem Anlaß tranken die Bauern drei Tage lang; sie vertranken fünfzig Rubel von den öffentlichen Geldern und sammelten dann noch von allen Höfen für Schnaps ein. Am ersten Tage schlachtete man bei den Tschikildejews einen Hammel und aß von ihm am Morgen, zu Mittag und abends, aß reichlich, und noch in der Nacht standen die Kinder auf, um etwas zu essen. Kirjak war alle drei Tage über furchtbar betrunken, er vertrank alles, sogar Mütze und Stiefel, und prügelte Marja so, daß man sie mit Wasser begoß, um sie wieder zu Bewußtsein zu bringen. Danach aber empfanden alle Scham und Ekel.

Übrigens auch in Shukowo, in diesem ›Lakaiendorf‹, fand einmal eine richtige religiöse Festlichkeit statt. Es war im August, als man im ganzen Kreis, von Dorf zu Dorf, die ›Lebenspendende‹ herumtrug. An dem Tage, an dem man sie in Shukowo erwartete, war das Wetter still und trübe. Die Mädchen waren schon am Morgen in ihren bunten Festkleidern dem Heiligenbild entgegengegangen und brachten es gegen Abend in Prozession und mit Gesang herbei, und zu der Zeit läutete man jenseits des Flusses die Kirchenglocken. Eine riesige Volksmenge Einheimischer und Fremder versperrte die Straße; Lärm, Staub, Gedränge. Der Alte, die Großmutter und Kirjak, alle streckten die Arme dem Heiligenbilde entgegen, blickten es gierig an und sagten weinend: »Beschützerin, Mütterchen! Beschützerin!«

Es war, als begriffen alle plötzlich, daß es zwischen Erde und Himmel nicht leer sei, daß die Reichen und Mächtigen noch nicht alles an sich gerissen hätten, daß es noch einen Schutz vor Kränkungen, sklavischer Unfreiheit, schwerer, unerträglicher Not und vor dem schrecklichen Schnaps gebe ...

»Beschützerin, Mütterchen!« schluchzte Marja. »Mütterchen!«

Aber kaum war der Gottesdienst beendet und das Heiligenbild fortgetragen, da ging alles in alter Weise weiter, und wieder hörte man aus dem Wirtshaus die groben, betrunkenen Stimmen.

Den Tod fürchteten nur die reichen Bauern, die, je reicher sie wurden, um so weniger an Gott und die Erlösung der Seelen glaubten und nur aus Furcht vor dem Ende des Erdenlebens auf jeden Fall Kerzen aufstellten und Messen lesen ließen. Die ärmeren Bauern aber fürchteten den Tod nicht. Dem Alten und der Großmutter sagte man geradezu ins Gesicht, daß sie genug gelebt hätten, daß es für sie Zeit wäre zu sterben — und sie entgegneten nichts. Man genierte sich auch nicht, in Gegenwart von Nikolai zu Fjokla zu sagen, daß, wenn Nikolai sterbe, ihr Mann Denis Befreiung erhalte und vom Militärdienst nach Hause zurückkehren könne. Marja aber fürchtete nicht nur nicht den Tod, sondern bedauerte sogar, daß er so lange nicht komme, und sie freute sich, wenn ihre Kinder starben.

Vor dem Tode fürchtete man sich nicht, dafür aber verhielt man sich allen Krankheiten gegenüber mit übertriebener Furcht. Es genügte eine Kleinigkeit — eine Magenverstimmung, ein leichtes Frösteln, so legte sich die Großmutter schon auf den Ofen, wickelte sich ein und begann laut und unaufhörlich zu stöhnen: »Ich sterbe!« Der Alte holte eilends den Geistlichen, und der Großmutter gab man das Abendmahl und die Letzte Ölung. Sehr häufig sprach man über Erkältung, über Würmer und Geschwüre, die im Leib herumwandern und zum Herzen hinaufrollen. Am meisten fürchtete man sich vor Erkältungen, und deswegen zog man sich sogar im Sommer warm an und wärmte sich auf dem Ofen. Die Großmutter liebte es, sich behandeln zu lassen, und fuhr häufig ins Krankenhaus, wo sie sagte, daß sie nicht siebzig, sondern achtundfünfzig Jahre alt sei; sie meinte, daß, wenn der Arzt ihr wirkliches Alter erführe, er sie nicht kurieren, sondern sagen würde, daß es für sie an der Zeit sei zu sterben und nicht, sich behandeln zu lassen. Ins Krankenhaus fuhr sie gewöhnlich frühmorgens, wobei sie zwei oder drei der kleinen Mädchen mitnahm, und kehrte am Abend hungrig und verärgert zurück — mit Tropfen für sich und mit Salben für die Mädchen. Einmal brachte sie auch Nikolai hin, der danach zwei Wochen lang Tropfen nahm und behauptete, daß er sich besser fühle.

Die Großmutter kannte alle Ärzte, Feldschere und Kurpfuscher im Umkreis von dreißig Werst, und nicht einer gefiel ihr. Zu Mariä Schutz, wenn der Geistliche mit dem Kreuz von einer Bauernhütte zur andern geht, sagte ihr der Küster, daß in der Stadt neben dem Gefängnis ein alter Mann, ein früherer Militärfeldscher, wohne, der sehr gut kuriere, und er riet ihr, sich an ihn zu wenden. Die Großmutter folgte dem Rat. Als der erste Schnee fiel, fuhr sie in die Stadt und holte den alten Mann, einen langbärtigen, mit langschoßigem Rock gekleideten getauften Juden, dessen ganzes Gesicht von blauen Äderchen durchzogen war. Gerade um diese Zeit arbeiteten in der Stube Tagelöhner: ein alter Schneider mit einer schrecklichen Brille schnitt aus Lumpen eine Weste zu, und zwei junge Burschen walkten aus Wolle Filzstiefel; Kirjak, der wegen Trunksucht entlassen war und jetzt zu Hause wohnte, saß neben dem Schneider und besserte ein Kummet aus. In der Stube war es eng, schwül und stinkig. Der getaufte Jude besah Nikolai und sagte, es wäre nötig, Schröpfköpfe zu setzen.

Er setzte die Schröpfköpfe, und der alte Schneider. Kirjak und die Kinder standen herum und schauten zu, und sie glaubten zu sehen, wie die Krankheit aus Nikolai herauskam. Und auch Nikolai sah zu, wie die sich an die

Brust ansaugenden Schröpfköpfe sich allmählich mit dunklem Blut füllten, und er fühlte, wie tatsächlich aus ihm etwas ausschied, und lächelte erfreut.

»Das ist gut«, sagte der Schneider. »Gebe Gott, daß es zum Nutzen sei.«

Der getaufte Jude setzte zwölf Schröpfköpfe und dann noch zwölf, trank reichlich Tee und fuhr fort. Nikolai begann zu zittern; sein Gesicht verfiel und schrumpfte, wie die Weiber sagten, zu einer Faust ein; seine Finger wurden blau. Er wickelte sich in die Decke und in den Schafpelz, aber es wurde ihm immer kälter. Gegen Abend überkam ihn tiefe Schwermut; er bat, man möge ihn auf den Fußboden legen, bat, der Schneider möge nicht rauchen — dann wurde er unter seinem Schafpelz still und starb gegen Morgen.

9

Oh, was für ein rauher, was für ein langer Winter!

Schon von Weihnachten ab hatte man kein eigenes Korn mehr und kaufte das Mehl. Kirjak, der jetzt zu Hause lebte, tobte des Abends und jagte allen Schrecken ein; am Morgen quälte er sich vor Kopfschmerz und Scham, und es tat einem weh, ihn anzusehen. Im Stall war Tag und Nacht das Brüllen der hungrigen Kuh zu hören, das der Großmutter und Marja das Herz zerriß. Und um das Maß voll zu machen, herrschten die ganze Zeit über starke Fröste, der Sturm wehte hohe Schneeberge auf, und der Winter zog sich in die Länge: am Mariä-Verkündigungs-Tage tobte ein richtiger Wintersturm, und in der Osterwoche fiel Schnee.

Jedoch ging der Winter schließlich zu Ende. Anfang April gab es warme Tage und kalte Nächte, der Winter wollte noch nicht weichen, aber ein warmer Tag gab endlich den Ausschlag — und die Bäche begannen zu fließen, die Vögel zu singen. Die ganze Wiese und die Sträucher am Fluß tauchten in den Frühlingswassern unter, und zwischen Shukowo und dem jenseitigen Ufer war der ganze Raum schon von einer riesigen Bucht eingenommen, auf der hie und da Scharen wilder Enten aufflatterten. Der flammende Frühlingssonnenuntergang mit seinen prachtvollen Wolken bot an jedem Abend ein ungewöhnliches, neues, unwahrscheinliches Schauspiel — ein Schauspiel, an das man nicht glaubt, wenn man diese Farben und Wolken auf einem Gemälde sieht.

Die Kraniche flogen schnell — schnell und schrien traurig, als wollten sie einen mit sich fortlocken. Am Rande des Abhanges stehend, betrachtete Olga lange die Überschwemmung, die Sonne, die helle, wie verjüngte Kirche, und ihre Tränen strömten, und ihr Atem stockte, weil es sie leidenschaftlich verlangte, irgendwohin wegzugehen, wohin nur die Augen blicken können, und sei es ans Ende der Welt. Und es war auch bereits entschieden, daß sie wieder nach Moskau als Stubenmädchen gehen werde und mit ihr Kirjak, um Hausknecht oder irgend etwas anderes zu werden. Ach, könnte sie nur rascher fort!

Als es trocken und warm geworden war, machten sie sich auf den Weg. Olga und Sascha, beide in Bastschuhen, mit Ranzen auf den Rücken, brachen auf, als es kaum hell war; auch Marja ging mit, um sie zu begleiten. Kirjak war nicht gesund und blieb noch eine Woche zu Hause. Olga betete noch zum letzten Male, zur Kirche gewandt, und dachte dabei an ihren Mann; aber sie weinte nicht, und nur ihr Gesicht wurde runzelig und unansehnlich, wie bei einer Alten. Im Laufe des Winters war sie mager und häßlich geworden und ein wenig ergraut, und an Stelle ihrer früheren Lieblichkeit und des gewinnenden Lächelns lag auf ihrem Gesicht der demütige, traurige Ausdruck des durchlebten Kummers und schon etwas Stumpfes und Unbewegliches in ihrem Blick, als hörte sie nicht. Es tat ihr leid, sich vom Dorf und von den Bauern trennen zu müssen. Sie dachte daran, wie man Nikolais Leiche getragen und vor jeder Bauernhütte eine Totenmesse bestellt hatte und wie alle, voll Mitgefühls mit ihrem Kummer, geweint hatten. Während des Sommers und Winters hatte es Stunden und Tage gegeben, da es schien, daß diese Menschen schlechter als das Vieh lebten, und es war schrecklich, mit ihnen zusammenzuleben. Sie sind grob, unehrlich, schmutzig, trunksüchtig, sie leben in Uneinigkeit, zanken sich beständig, weil sie einander nicht achten, sich voreinander fürchten, gegeneinander Argwohn hegen. Wer hält die Schenke und verleitet das Volk zum Trunke? Der Bauer! Wer verschleudert und vertrinkt die Gemeinde-, Schul- und Kirchengelder? Der Bauer! Wer bestahl den Nachbarn, steckte sein Haus in Brand, leistete vor Gericht für eine Flasche Schnaps einen Meineid? Wer kämpft in den Landschafts- und anderen Versammlungen als erster gegen die Bauern? Der Bauer! Ja, es war schrecklich, mit ihnen zusammenzuleben, aber immerhin sind sie Menschen; sie leiden und weinen wie Menschen, und in ihrem Leben gibt es nichts, wofür man nicht eine Entschuldigung hätte finden können. Die schwere Arbeit, von der in den Nächten der ganze Körper schmerzt, die harten Winter, die kargen Ernten, Beengtheit — und Hilfe gibt es nicht und ist nirgendwoher zu erwarten. Die, welche reicher und stärker als sie sind, können nicht helfen, weil sie selbst roh, unehrlich, trunksüchtig sind und ebenso abscheulich einander beschimpfen; der kleinste Beamte oder Angestellte geht mit den Bauern wie mit Landstreichern um, duzt sogar die Gemeinde- und Kirchenvorsteher, da er glaubt, daß er dazu berechtigt ist. Und kann denn von gewinnsüchtigen, gierigen, unsittlichen, trägen Menschen, die nur darum ins Dorf kommen, um zu beleidigen, auszuplündern, einzuschüchtern, irgendwelche Hilfe oder ein gutes Beispiel kommen? Olga erinnerte sich daran, wie traurig und bedrückt die Alten ausgesehen hatten, als man im Winter Kirjak abführte, um ihn mit Ruten zu züchtigen ... Und jetzt tat es ihr leid und weh um alle diese Menschen, und während sie wanderte, blickte sie sich immerfort nach den Hütten um.

Nachdem sie sie etwa drei Werst begleitet hatte, verabschiedete sich Marja, dann sank sie auf die Knie und begann, das Gesicht zur Erde geneigt, zu heulen: »Wieder bin ich allein geblieben, ich arme, unglückliche ...«

Und lange heulte sie so, und lange noch konnten Olga und Sascha sehen, wie sie, auf den Knien liegend, mit den Händen an ihren Kopf fassend, immer sich vor jemandem verneigte — und über ihr flogen die Saatkrähen.

Die Sonne stieg hoch, es wurde heiß. Shukowo war weit hinten geblieben. Es war vergnüglich zu wandern, und Olga und Sascha vergaßen rasch das Dorf und Marja, sie wurden fröhlich, und alles zerstreute sie. Bald ein Hünengrab, bald die Reihen der Telegrafenstangen, die eine nach der andern wer weiß wohin gehen und am Horizont in der Ferne verschwinden, während die Drähte geheimnisvoll tönen; bald kann man in der Ferne ein Einzelgehöftchen sehen, ganz in Grün, von dem ein feuchter Hauch und Hanfgeruch herzieht und das irgendwie aussieht, als lebten dort glückliche Menschen; bald ein Pferdeskelett, das einsam im Felde weiß schimmert. Die Lerchen singen unermüdlich, die Wachteln rufen einander zu; der Wiesenknarrer schreit so, als wenn jemand an einem alten eisernen Türklopfer reißt ...

Zu Mittag gelangten Olga und Sascha in ein großes

Kirchdorf. Dort kam ihnen auf der breiten Straße der Alte, der Koch des Generals Shukow, entgegen. Ihm war heiß, und seine schweißige, rote Glatze blinkte in der Sonne. Er und Olga erkannten einander nicht, dann sahen sie sich gleichzeitig um, erkannten sich und gingen, ohne ein Wort zu sagen, jeder seines Weges weiter. Vor einem Hause, das etwas reicher und neuer aussah, blieb Olga unter den geöffneten Fenstern stehen, verbeugte sich und sagte laut, mit dünner und singender Stimme: »Ihr rechtgläubigen Christen, gebt uns um Christi willen ein Almosen, wie es euch beliebt; euren Eltern sei die himmlische Seligkeit, der ewige Friede.«

»Rechtgläubige Christen«, begann auch Sascha zu singen, »gebt um Christi willen, was euch beliebt, zur himmlischen Seligkeit ...«

EIN FALL AUS DER PRAXIS

Der Professor erhielt ein Telegramm von der Ljalikowschen Fabrik: man bat ihn, so rasch wie möglich zu kommen. Die Tochter der Frau Ljalikow, wahrscheinlich die Besitzerin der Fabrik, war krank, Näheres aber ließ sich aus dem langen, unklar abgefaßten Telegramm nicht ersehen. Und der Professor reiste nicht selber hin, sondern schickte seinen Oberarzt Koroljow.

Von Moskau aus mußte er zwei Stationen mit dem Zuge und dann etwa vier Werst mit dem Wagen fahren. Man hatte für Koroljow eine Troika auf die Station geschickt; der Kutscher trug einen Hut mit einer Pfauenfeder und antwortete laut und soldatenmäßig auf alle Fragen: »Nein, durchaus nicht« oder »Genau so!« Es war Samstagabend, die Sonne sank. Aus der Fabrik gingen die Arbeiter in ganzen Scharen zur Station und grüßten den Wagen, in dem Koroljow fuhr. Und ihn bezauberten der Abend und die Landgüter und die Häuschen zu seiten des Weges und die Birken und die ganze geruhsame Stimmung ringsum, da sich, so schien es, Feld und Wald und Sonne jetzt am Vorabend des Feiertages gemeinsam mit den Arbeitern vorbereiteten, auszuruhen — auszuruhen und vielleicht zu beten ...

Er war in Moskau geboren und aufgewachsen und kannte das Dorf nicht. Für Fabriken hatte er sich niemals interessiert, war auch nie in ihnen gewesen. Aber es geschah öfters, daß er über Fabriken etwas las oder bei Fabrikanten zu Gast weilte und sich mit ihnen unterhielt; und wenn er von weitem oder aus der Nähe eine Fabrik sah, dann dachte er jedesmal daran, daß von außen alles still und friedlich sei, innen aber wahrscheinlich eine undurchdringliche Unwissenheit und der stumpfe Egoismus der Besitzer, die langweilige, ungesunde Mühsal der Arbeiter herrsche, Gezänk, Schnaps, Ungeziefer. Und jetzt, da die Arbeiter ehrerbietig und schreckhaft der Kutsche auswichen, erriet er aus ihren Gesichtern, Mützen und ihrer Art zu gehen physische Unreinheit, Trunksucht, Nervosität, Zerfahrenheit.

Sie fuhren ins Fabriktor hinein. Zu beiden Seiten tauchten die Häuschen der Arbeiter auf, Gesichter von Frauen, Wäsche und Decken auf den Veranden. »Vorsicht!« rief der Kutscher, der die Pferde nicht anhielt. Vor ihnen war ein weiter Hof ohne Gras, auf ihm fünf gewaltige Gebäude mit Schornsteinen, ein wenig voneinander getrennt, Warenlager, Baracken — und auf allem lag eine graue Schicht wie von Staub. Hie und da, wie Oasen in der Wüste, klägliche Gärtchen und grüne oder rote Hausdächer, in denen die Verwalter wohnen. Der Kutscher zügelte plötzlich die Pferde, und der Wagen hielt vor einem Hause, das mit grauer Farbe frisch gestrichen war; dort befand sich ein Gärtchen mit staubbedeckten Fliederbüschen, und auf der gelbgestrichenen Veranda roch es stark nach Farbe.

»Bitte, Herr Doktor«, sagten Frauenstimmen im Flur und im Wohnzimmer, und dabei vernahm man Seufzer und Geflüster. »Bitte, wir haben Sie sehnlichst erwartet ... Was für ein Jammer! Bitte hier herein.«

Frau Ljalikow, eine starke, bejahrte Dame in schwarzem Seidenkleid mit modischen Ärmeln, ihrem Gesichtsausdruck nach eine einfache, wenig gebildete Frau, blickte unruhig den Doktor an und konnte sich nicht entschließen, ihm die Hand zu reichen, wagte es nicht. Neben ihr stand eine Person mit kurzgeschnittenem Haar und Pincenez, in bunter geblümter Jacke, hager und nicht mehr jung. Die Dienstboten nannten sie Christina Dmitrijewna, und Koroljow erriet, daß es die Gouvernante sei. Wahrscheinlich hatte man es ihr als der gebildetsten Person im Hause aufgetragen, den Doktor zu empfangen und zu begrüßen, weil sie sofort hastig die Ursachen der Krankheit mit kleinen, aufdringlichen Details darzulegen begann, ohne jedoch zu sagen, wer die Kranke sei und worum es sich handele.

Der Doktor und die Gouvernante saßen und sprachen miteinander, die Hausherrin aber stand unbeweglich an der Tür und wartete. Aus der Unterhaltung verstand Koroljow, daß Lisa, die einzige Tochter des Hauses, die Erbin der Fabrik, ein zwanzigjähriges Mädchen, krank sei; sie kränkelte schon lange und wurde von verschiedenen Ärzten behandelt, doch in der vergangenen Nacht hatte sie von abends bis morgens so starkes Herzklopfen gehabt, daß niemand im Hause schlief, und man fürchtete, sie könnte sterben.

»Sie kränkelte, kann man wohl sagen, von Kind an«, erzählte Christina Dmitrijewna mit singender Stimme und wischte sich immerfort mit der Hand den Mund. »Die Ärzte sagen, daß es die Nerven seien, aber als sie klein war, haben ihr die Ärzte die Skrofeln in den Körper getrieben, und davon kann das wohl kommen, wie ich glaube.«

Sie gingen zur Kranken hinein. Völlig erwachsen, groß, von gutem Wuchs, aber unschön, der Mutter ähnlich, mit ebenso kleinen Augen und einer breiten, übermäßig entwickelten unteren Gesichtspartie, unfrisiert, bis zum Kinn zugedeckt, machte sie im ersten Augenblick auf Koroljow den Eindruck eines armen, unglücklichen Geschöpfes, das man aus Mitleid hier aufgenommen habe, und man wollte nicht glauben, daß sie die Erbin von fünf gewaltigen Fabrikgebäuden sei.

»Nun, ich komme zu Ihnen«, begann Koroljow, »ich bin gekommen, Sie zu behandeln. Guten Tag.«

Er stellte sich ihr vor und drückte ihre Hand — eine große, kalte, häßliche Hand. Sie setzte sich hin und, offensichtlich längst schon an Ärzte gewöhnt, gleichgültig dagegen, daß Schulter und Brust bloß waren, ließ sie sich untersuchen.

»Ich habe Herzklopfen«, sagte sie. »Die ganze Nacht war es entsetzlich ... ich starb fast vor Schreck! Geben Sie mir irgend etwas.«

»Ich werde es tun. Beruhigen Sie sich.«

Koroljow untersuchte sie und zuckte die Achseln.

»Das Herz ist, wie es sein soll«, sagte er, »alles ist in Ordnung, alles steht gut. Die Nerven sind Ihnen wahrscheinlich ein wenig durchgegangen, aber das ist so das Übliche. Der Anfall, muß man annehmen, ist schon zu Ende, legen Sie sich schlafen.«

In dem Augenblick brachte man die Lampe ins Schlafzimmer. Die Kranke blinzelte in das Licht und umfaßte auf einmal mit den Händen den Kopf und brach in Schluchzen aus. Der Eindruck eines armen und unschönen Wesens war plötzlich verschwunden, und Koroljow bemerkte nicht mehr die kleinen Augen, nicht die grob entwickelte untere Gesichtspartie; er erblickte den weichen Ausdruck einer Leidenden, der so vernünftig und rührend war, und sie schien ihm ganz ebenmäßig, weiblich, schlicht, und es kam ihm die Lust an, sie nicht mit Medikamenten, nicht mit Ratschlägen, sondern mit einem einfachen zärtlichen Wort zu beruhigen. Die Mutter umfaßte ihren Kopf und drückte ihn an sich. Wieviel Verzweiflung, wieviel Leid lag auf dem Antlitz der Alten! Sie, die Mutter, hatte die Tochter ernährt und großgezogen, hatte nichts gespart, gab das ganze Leben dafür hin, sie die französische Sprache, Tänze, Musik zu lehren, zog für sie ein Dutzend Lehrer herbei, die besten Ärzte, hielt eine Gouvernante, und jetzt konnte sie nicht begreifen, woher diese Tränen kamen, warum sie so viel litt, faßte es nicht und war wie verloren, und in ihrem Gesicht erschien ein schuldbewußter, beunruhigter, verzweifelter Ausdruck, so, als ob sie noch etwas sehr Wichtiges versäumt, etwas noch nicht getan, irgend jemanden noch nicht herangezogen hätte, aber wen — das wußte sie nicht.

»Lisanjka, schon wieder weinst du«, rief sie und preßte die Tochter an sich. »Liebste, Teuerste, mein Kindchen, sage doch, was du hast? Erbarme dich meiner und sage es.«

Beide weinten bitterlich. Koroljow setzte sich an den Bettrand und ergriff Lisas Hand.

»Nun aber genug, lohnt es denn zu weinen?« sagte er freundlich. »Es gibt in der Welt ja nichts, das diese Tränen verdiente. Nun wollen wir nicht mehr weinen, es ist nicht nötig.«

Bei sich aber dachte er: ›Es wäre an der Zeit zu heiraten ...‹

»Unser Fabrikarzt gab ihr Kaliumbromid«, sagte die Gouvernante, »aber danach wurde ihr, wie ich bemerken muß, nur schlechter. Nach meiner Meinung sollte man ihr Tropfen geben, wenn überhaupt etwas, gegen das Herz ... ich vergaß, wie sie heißen ... Maiglöckchentropfen oder so.«

Und wieder folgten alle Details. Sie unterbrach jeden Augenblick den Arzt, hinderte ihn, zu sprechen, und in ihrem Gesicht war das Bemühen zu lesen, als wenn sie meinte, sie sei als die gebildetste Person im Hause verpflichtet, mit dem Doktor eine ununterbrochene Unterhaltung zu führen und unbedingt über medizinische Dinge.

Koroljow wurde das zuviel.

»Ich kann nichts Besonderes finden«, sagte er, das Schlafzimmer verlassend und zur Mutter gewendet. »Wenn der Fabrikarzt Ihre Tochter behandelt hat, so soll er es auch weiterhin tun. Die Behandlung war bisher ordentlich, und ich sehe keine Notwendigkeit, den Arzt zu wechseln. Was hat das für einen Zweck? Es ist eine so gewöhnliche Krankheit, nichts Ernsthaftes ...«

Er sprach, ohne zu hasten, und zog die Handschuhe an, Frau Ljalikow aber stand unbeweglich da und sah ihn mit verweinten Augen an.

»Bis zum Zuge um neun Uhr ist noch eine halbe Stunde Zeit«, sagte er. »hoffentlich komme ich nicht zu spät.«

»Können Sie denn nicht bei uns bleiben?« fragte sie, und von neuem flossen Tränen über ihre Wangen. »Es ist wohl unrecht, Sie zu beunruhigen, aber seien Sie so gut ... um Gottes willen«, fuhr sie leise fort und sah sich nach der Türe um, »übernachten Sie doch bei uns. Es ist mein einziges Kind ... meine einzige Tochter ... Sie hat uns in der vergangenen Nacht großen Schrecken eingejagt, so daß ich gar nicht zur Besinnung kommen kann ... Fahren Sie um Gottes willen nicht fort.«

Er wollte ihr sagen, daß ihn in Moskau viel Arbeit erwarte und seine Familie seiner harre; es fiel ihm schwer, ohne besondere Not in einem femden Hause einen ganzen Abend und eine ganze Nacht zu verbringen, aber als er ihr Gesicht sah, seufzte er und begann schweigend die Handschuhe abzuziehen.

Man zündete im Saal und Salon für ihn alle Lampen und Kerzen an. Er saß am Klvier und durchblätterte die Noten, dann besah er die Bilder an den Wänden und die Porträts. Die Ölgemälde in Goldrahmen stellten Ansichten der Krim dar, das stürmische Meer mit einem Schiffchen, einen katholischen Mönch mit einem Weinglas, und alles das war trocken, talentlos gemalt ... Auf den Porträts nicht ein schönes, interessantes Gesicht, alles breite Kinnladen, erstaunte Augen; Ljalikow, Lisas Vater, hatte eine niedrige Stirn und ein selbstzufriedenes Gesicht, die Uniform saß sackartig auf seinem großen, nicht von guter Rasse zeugenden Leib, auf der Brust hatte er eine Medaille und das Zeichen des Roten Kreuzes. Eine dürftige Kultur, ein zufälliger Luxus, der nicht durchdacht, der kein rechtes Maß hatte, wie diese Uniform; die Fußböden reizten durch ihren Glanz, der Lüster reizte, und unwillkürlich mußte man an die Anekdote von dem Kaufmann denken, der mit einer Medaille am Hals ins Badehaus ging ... Aus dem Vorzimmer hörte man Flüstern, jemand schnarchte leise. Und auf einmal waren von draußen scharfe, abgehackte, metallische Klänge zu vernehmen, wie sie Koroljow früher niemals gehört hatte und die er jetzt nicht begriff; sie hallten in seiner Seele seltsam und unangenehm wider.

›Um keinen Preis möchte ich hier wohnen bleiben ...‹, dachte er und griff wieder nach den Noten.

»Herr Doktor, bitte zum Essen zu kommen!« rief halblaut die Gouvernante.

Er ging zum Abendessen. Der Tisch war groß, mit einer Menge Sakuski und Wein bestellt; aber nur zwei aßen: er und Christina Dmitrijewna. Sie trank Madeira, aß rasch und sprach, durchs Pincenez ihn anblickend: »Die Arbeiter sind mit uns sehr zufrieden. In unsrer Fabrik gibt es in jedem Winter Vorführungen; die Arbeiter selber spielen dabei, dann gibt es Vorträge mit Lichtbildern, eine prachtvolle Teestube und noch manches andere. Die Arbeiter sind uns sehr ergeben, und als sie erfuhren, daß es Lisanjka schlecht ging, bestellten sie ein Bittgebet. Sie sind ungebildet, haben aber auch Gefühle.«

»Es sieht so aus, als ob in Ihrem Hause kein einziger Mann ist«, sagte Koroljow.

»Kein einziger. Pjotr Nikanorytsch starb vor anderthalb

Jahren, und wir blieben allein. So leben wir zu dreien. Im Sommer hier, im Winter in Moskau auf der Poljanka. Ich lebe schon elf Jahre im Hause. Ich fühle mich als zu ihnen gehörig.«

Als Abendessen gab es Sterlet, Hühnerkoteletts und Kompott; die Weine waren kostspielig, französischer Herkunft.

»Doktor, essen Sie, ohne Umstände zu machen«, sagte Christina Dmitrijewna, essend und sich den Mund mit der Hand abwischend, und es war zu sehen, daß sie hier zu ihrer vollsten Zufriedenheit lebte. »Essen Sie, bitte.«

Nach dem Essen führte man den Doktor in das Zimmer, wo für ihn das Bett bereitet war. Aber ihn verlangte nicht nach Schlaf, es war dumpf, und im Zimmer roch es nach Farbe; er zog den Paletot an und ging hinaus.

Draußen war es kühl; es begann zu dämmern, und in der feuchten Luft zeichneten sich alle fünf Fabrikgebäude mit ihren langen Schornsteinen und die Baracken und Lager ab. Wegen des Feiertags wurde nicht gearbeitet, in den Fenstern war es dunkel, und nur in einem Gebäude brannte noch ein Ofen, zwei Fenster waren purpurrot, und aus dem Schornstein schlug bisweilen mit dem Rauch eine Flamme heraus. Weit hinter dem Hof quakten Frösche, sang eine Nachtigall.

Indem er die Fabrik und die Baracken, in denen die Arbeiter schliefen, ansah, dachte er wiederum darüber nach, worüber er immer nachdachte, wenn er Fabriken sah. Mag es hier Vorstellungen für Arbeiter, Lichtbildervorträge, Betriebsärzte und allerlei Verbesserungen geben, dennoch unterschieden sich die Arbeiter, denen er heute auf dem Wege von der Bahnstation begegnete, dem Äußern nach in nichts von den Arbeitern, wie er sie schon in seiner Kindheit gesehen hatte, als es Verbesserungen und Vorstellungen in den Fabriken nicht gab. Er als Arzt, der ein klares Urteil über chronische Leiden hatte, deren Grundursache unbekannt und unheilbar war, sah auch die Fabriken als etwas Unnormales an, dessen Ursache ebenfalls nicht zu erkennen und nicht zu beseitigen war, und alle Verbesserungen im Leben der Fabrikarbeiter hielt er zwar nicht für überflüssig, verglich sie aber mit dem Herumkurieren an unheilbaren Krankheiten.

›Hier besteht etwas Unnormales, natürlich ...‹, dachte er, wenn er die purpurroten Fenster ansah. »Eintausendfünfhundert bis zweitausend Arbeiter arbeiten unaufhörlich, unter ungesunden Verhältnissen, stellen schlechten Kattun her, leben halbhungrig und befreien sich nur bisweilen in der Schenke von diesem Alpdruck; hundert Leute überwachen die Arbeit, und das ganze Leben dieser hundert vergeht im Zudiktieren von Strafen, im Schelten, in Ungerechtigkeiten, und nur zwei oder drei, die sogenannten Herren, genießen alle Vorteile, obwohl sie überhaupt nicht arbeiten und den schlechten Kattun verachten. Aber was sind das für Vorteile, und wie machen sie von ihnen Gebrauch? Frau Ljalikow und ihre Tochter sind unglücklich, es ist ein Jammer, sie anzuschauen, allein Christina Dmitrijewna, dies bejahrte, törichte Frauenzimmer mit Pincenez lebt zu ihrer vollen Zufriedenheit. Und so ergibt sich, daß alle diese fünf Fabrikgebäude nur darum arbeiten und daß auf den östlichen Märkten nur darum schlechter Kattun verkauft wird, damit Christina Dmitrijewna Sterlet essen und Madeira trinken kann.«

Plötzlich ertönten wieder die seltsamen Laute, die Koroljow schon vor dem Essen gehört hatte. Bei einem der Fabrikgebäude schlug jemand an eine Metallplatte, schlug und hielt sofort den Ton an, so daß kurze, scharfe, unreine Töne, die wie ›der ... der ... der ...‹ klangen, entstanden. Danach eine halbe Minute Stille, und dann erklangen an einem andern Gebäude dieselben Töne, ebenso abgerissen und unangenehm, aber tiefer, mehr zum Baß hin — ›dryn ... dryn ... dryn ...‹ Elfmal. Augenscheinlich schlugen die Wächter elf Uhr.

Am dritten Gebäude hörte man ›shak ... shak ... shak ...‹ Und so bei allen Gebäuden und dann hinter den Baracken und den Toren. Und es machte den Eindruck, als wenn inmitten der nächtlichen Stille das Ungeheuer mit den purpurroten Augen selber diese Töne hervorbrächte, der Teufel selbst, der hier über Herren und Arbeiter herrschte und die einen wie die andern betrog.

Koroljow ging vom Hof ins Feld.

»Wer da?« rief man ihn mit grober Stimme am Tore an.

»Ganz wie im Gefängnis ...‹, dachte er und antwortete nicht.

Hier waren die Nachtigallen und Frösche besser zu hören, hier spürte man die Mainacht. Von der Station drang der Lärm eines Zuges her; irgendwo krähten verschlafene Hähne, aber im ganzen war die Nacht still, friedlich schlief die Welt. Im Felde, nicht weit von der Fabrik, stand ein Holzgebinde, Baumaterial war dort aufgestapelt. Koroljow setzte sich auf die Bretter und dachte weiter nach.

›Nur die Gouvernante fühlte sich hier wohl, und die Fabrik arbeitet für ihr Wohlbehagen. Aber das scheint nur so, sie ist nur der Strohmann: die Hauptperson, um dessentwillen hier alles geschieht — ist der Teufel.‹

Und er dachte an den Teufel, an den er nicht glaubte, und blickte sich nach den beiden Fenstern um, in denen das Feuer leuchtete. Und ihm schien es, daß der Teufel selber mit diesen purpurroten Augen ihn anblickte; diese unbekannte Kraft, die die Beziehungen zwischen Starken und Schwachen, diesen groben Mißstand geschaffen hatte, den man durch nichts mehr verbessern kann. Es ist nötig, daß der Starke den Schwachen am Leben hindere, so will es das Naturgesetz — aber all dies ist nur in einem Zeitungsartikel oder in einem Lehrbuch verständlich und nur in ihnen leicht unterzubringen, weil sie derselbe Brei, den das gewöhnliche Leben von sich aus darstellt, sind, dieselbe Wirrnis lauter Kleinigkeiten, aus denen die menschlichen Beziehungen gewebt sind. Das ist nun aber kein Gesetz mehr, sondern eine logische Ungereimtheit, wenn der Starke wie der Schwache gleicherweise ihren gegenseitigen Beziehungen zum Opfer fallen, unfreiwillig irgendeiner lenkenden, unbekannten, außerhalb des Lebens stehenden und dem Menschen fremden Kraft unterworfen.

So dachte Koroljow, als er auf den Brettern saß, und nach und nach beherrschte ihn eine Stimmung, als sei diese unbekannte, geheimnisvolle Kraft tatsächlich nahe und schaue zu. Inzwischen wurde der Osten immer blasser und blasser, die Zeit floß schnell. Die fünf Gebäude und Schornsteine auf dem großen Hintergrund der Morgendämmerung, als ringsum nicht eine Seele war und alles ausgestorben schien, boten einen besonderen Anblick und sahen nicht so wie am Tage aus; man vergaß völlig, daß es dort im Innern Dampfmotoren, Elektrizität, Telephone gab, sondern dachte immer irgendwie an Pfahlbauten, an Steinzeit, fühlte die Gegenwart einer rohen, unbewußten Kraft ...

Und wiederum vernahm man: ›der ... der ... der ... der ...‹

Zwölfmal. Dann war es still, war eine halbe Minute still — und nun ertönte es am andern Hofende: ›dryn ... dryn ... dryn ...‹

›Schrecklich unangenehm‹, dachte Koroljow.

›Shak ... shak ...‹, erklang es an der dritten Stelle abgerissen, scharf, gleichsam ärgerlich, ›shak ... shak ...‹

Und um zwölf Uhr zu schlagen, waren vier Minuten erforderlich. Dann ward alles still; und wiederum hatte man den Eindruck, als sei alles ringsumher ausgestorben.

Koroljow saß noch ein wenig da und kehrte ins Haus zurück, doch legte er sich noch lange nicht schlafen. In den benachbarten Zimmern flüsterte man, hörte man das Schlurfen von Pantoffeln und nackten Füßen.

›Ob sie nicht wieder einen Anfall hat?‹ dachte Koroljow.

Er ging, nach der Kranken zu sehen. In den Zimmern war es schon ganz hell, und im Saale an der Wand und auf dem Fußboden zitterte schwaches Sonnenlicht, das durch den Morgennebel hindurch hier eingedrungen war. Die Türe zu Lisas Zimmer stand offen, und Lisa selbst saß im Lehnstuhl am Bett, im Morgenkleid, in einen Schal gehüllt und unfrisiert. Die Vorhänge an den Fenstern waren heruntergelassen.

»Wie fühlen Sie sich?« fragte Koroljow.

»Ich danke sehr.«

Er fühlte ihren Puls, ordnete ihr dann das Haar, das auf die Stirn gefallen war.

»Sie schlafen nicht«, sagte er. »Draußen ist wunderschönes Wetter, es ist Frühling, die Nachtigallen schlagen, und Sie sitzen im Dunkeln und grübeln über irgend etwas nach.«

Sie hörte ihn an und blickte ihm ins Gesicht; ihre Augen waren traurig, klug, und es war deutlich, daß sie ihm etwas sagen wollte.

»Geschieht das häufig mit Ihnen?« fragte er.

Sie bewegte die Lippen und antwortete: »Häufig. Mir ist fast jede Nacht schwer.«

In diesem Augenblick begannen die Wächter draußen zwei Uhr zu schlagen. Man hörte das ›der ... der ...‹; sie fuhr zusammen.

»Dieses Klopfen beunruhigt Sie?« fragte er.

»Ich weiß nicht. Hier beunruhigt mich alles«, antwortete sie und dachte nach.

»Alles beunruhigt mich. Aus Ihrer Stimme höre ich Anteilnahme heraus, mir schien es aus irgendeinem Grunde, seit ich Sie das erstemal sah, daß ich mit Ihnen über all das sprechen darf.«

»So reden Sie, bitte.«

»Ich will Ihnen meine Meinung sagen. Mir scheint, daß ich nicht krank bin, sondern daß ich nur in Unruhe bin und voller Angst, weil es so sein muß und anders nicht sein kann. Sogar der gesündeste Mensch muß in Unruhe geraten, wenn zum Beispiel unter seinem Fenster ein Räuber herumgeht. Man behandelt mich häufig«, fuhr sie fort und blickte auf ihre Knie, verschämt lächelnd, »natürlich bin ich sehr dankbar dafür und leugne den Nutzen der Behandlung nicht, aber ich möchte nicht mit einem Arzt, sondern mit einem nahestehenden Menschen, mit einem Freunde sprechen, der mich begreifen und mich überzeugen könnte, daß ich recht oder unrecht habe.«

»Haben Sie denn keine Freunde?« fragte Koroljow.

»Ich bin ganz einsam. Ich habe eine Mutter, und ich liebe sie, aber dennoch bin ich einsam. Mein Leben hat sich so gestaltet ... Einsame Menschen lesen viel, sprechen aber wenig und hören wenig, das Leben ist für sie geheimnisvoll; sie sind Mystiker und sehen häufig den Teufel dort, wo er nicht ist. Lermontows ›Tamara‹ war einsam und sah den Teufel.«

»Und Sie lesen viel?«

»Ja. Ich habe ja immer Zeit, vom Morgen bis zum Abend. Am Tage lese ich, nachts aber habe ich einen leeren Kopf, statt Gedanken erfüllen mich allerhand Schatten.«

»Sehen Sie etwas in den Nächten?« fragte Koroljow.

»Nein, aber ich fühle ...«

Sie lächelte wiederum, blickte den Doktor an und sah so traurig, so klug aus; und ihm schien, daß sie ihm vertraue, aufrichtig mit ihm sprechen wolle und daß sie genau so denke wie er. Aber sie schwieg und wartete vielleicht, daß er zu reden begänne.

Und er wußte, was man ihr sagen mußte: für ihn war es klar, daß sie so schnell wie möglich die fünf Fabrikgebäude und die Million, falls sie sie besaß, aufgeben und diesen Teufel fahrenlassen müsse, der in den Nächten schaut und schaut; für ihn war es auch klar, daß auch sie selber so dachte und nur wartete, daß jemand, dem sie vertraute, ihr das bestätigte.

Aber er wußte nicht, wie er das sagen solle. Wie? Verurteilte scheut man sich zu fragen, warum man sie verurteilt hat; so ist es auch peinlich, reiche Leute zu fragen, wozu sie so viel Geld brauchen, warum sie ihren Reichtum so schlecht verwenden, warum sie ihn nicht aufgeben, selbst dann nicht, wenn sie in ihm ihr Unheil sehen; und wenn man darüber ein Gespräch beginnt, so verläuft es meist schamhaft, peinlich und langweilig.

›Wie soll ich es sagen?‹ zerbrach sich Koroljow den Kopf. ›Und muß man überhaupt sprechen?‹

Und er sagte das, was er sagen wollte, nicht unmittelbar, sondern auf Umwegen; »Sie sind als eine Fabrikbesitzerin und reiche Erbin unzufrieden, Sie glauben nicht an Ihr Recht und schlafen daher nicht; natürlich ist das besser, als wenn Sie zufrieden wären, fest schlafen und denken würden, daß alles vortrefflich bestellt sei. Sie leiden an einer ehrbaren Schlaflosigkeit; wie dem auch sei, sie ist ein gutes Zeichen. In der Tat, bei unsern Eltern wäre ein solches Gespräch, wie wir es jetzt führen, nicht denkbar gewesen, nachts unterhielten sie sich nicht, sondern schliefen fest, aber wir von unserer Generation schlafen schlecht, quälen uns ab, sprechen viel und versuchen immer zu entscheiden, ob wir im Rechte sind oder nicht. Für unsere Kinder oder Enkel aber wird diese Frage — ob sie im Rechte sind oder nicht — bereits entschieden sein. Sie werden klarer sehen als wir. Das Leben wird schön sein in fünfzig Jahren, nur schade, daß wir es nicht erleben werden. Es wäre interessant, es anzusehen.«

»Was werden denn unsere Kinder und Enkel tun?« fragte Lisa.

»Ich weiß es nicht ... Vielleicht geben sie alles auf und gehen fort.«

»Wohin werden sie gehen?«

»Wohin? ... Nun, wohin sie wollen«, sagte Koroljow und lachte auf. »Gibt es denn so wenige Orte, wohin ein guter und kluger Mensch gehen kann?«

Er sah nach der Uhr.

»Inzwischen ist die Sonne schon aufgegangen«, sagte er. »Für Sie ist es an der Zeit zu schlafen. Ziehen Sie sich aus und schlafen Sie sich gesund. Ich freue mich sehr, daß ich Sie kennengelernt habe«, fuhr er fort und drückte ihre Hand. »Sie sind ein trefflicher, interessanter Mensch. Gute Nacht!«

Er ging in sein Zimmer und legte sich schlafen.

Am andern Tage morgens, als die Kutsche vorfuhr, gingen alle auf die Veranda, ihn zu begleiten. Lisa war festtäglich in weißem Kleid, mit einer Blume im Haar, blaß und matt; wie gestern sah sie ihn traurig und klug an, lächelte, redete, und immer tat sie das mit einem Ausdruck, als wolle sie etwas Besonderes, Wichtiges sagen — nur ihm allein. Man hörte, wie die Lerchen sangen, wie man in der Kirche läutete. Die Fenster in den Fabrikgebäuden glänzten heiter, und als er über den Hof und dann zur Station fuhr, dachte er weder an die Arbeiter noch an die Pfahlbauten noch an den Teufel, sondern er dachte an die vielleicht nahe Zeit, da das Leben ebenso licht und freudevoll sein werde wie dieser stille Sonntagmorgen; und er dachte auch daran, wie angenehm es sei, an einem solchen Morgen im Frühling in einer Troika zu fahren, in einer schönen Kalesche, und sich in der Sonne zu wärmen.

DIE STACHELBEEREN

Regenwolken bedeckten schon vom frühen Morgen an den ganzen Himmel; es war still, nicht schwül und eintönig, wie es an grauen, trüben Tagen zu sein pflegt, wenn über dem Felde lange schon Wolken hängen und man auf den Regen wartet, der immer nicht kommt. Der Veterinärarzt Iwan Iwanytsch und der Gymnasiallehrer Burkin waren des Gehens müde geworden, und das Feld schien ihnen unendlich. Weit vor ihnen konnte man die Windmühlen des Dorfes Mironossizkoje kaum noch sehen, rechts zog sich eine Hügelkette hin und verschwand dann weit jenseits des Dorfes; sie wußten, daß dies das Flußufer sei, daß es dort Wiesen, grüne Weidensträucher, Gutshöfe gebe — und stellte man sich auf einen der Hügel, so konnte man von dort ein ebensoweit ausgedehntes Feld, Telegrafenstangen und den Zug sehen, der von weitem einer kriechenden Raupe ähnlich schien, ja bei klarem Wetter war sogar die Stadt zu sehen. Jetzt, bei dem stillen Wetter, da die ganze Natur sanft und nachdenklich schien, waren Iwan Iwanytsch und Burkin von Liebe zu diesen Feldern erfüllt, und beide dachten daran, wie groß, wie wunderschön doch dies Land sei.

»Das letztemal, als wir beim Starosten Prokofij in der Scheune saßen«, sagte Burkin, »wollten Sie mir eine Geschichte erzählen.«

»Ja, ich wollte damals von meinem Bruder erzählen.«

Iwan Iwanytsch seufzte schwer und steckte sich seine Pfeife an, um mit der Erzählung zu beginnen, aber gerade in diesem Augenblick setzte der Regen ein. Und nach einigen Minuten strömte aus dem grauen Himmel ein kräftiger Regen herab, und es war schwer vorauszusehen, wann er aufhören werde. Iwan Iwanytsch und Burkin blieben nachdenklich stehen; die Hunde, bereits ganz naß, standen mit eingezogenen Schwänzen da und blickten wehmutsvoll ihre Herren an.

»Wir müssen uns irgendwo unterstellen«, sagte Burkin. »Gehen wir zu Alechin. Es ist nicht weit.«

»Einverstanden.«

Sie bogen seitwärts ab und schritten über ein abgeerntetes Feld, zuerst geradeaus, dann sich rechts haltend, bis sie die Straße erreicht hatten. Bald tauchten Pappeln, der Garten, dann die roten Dächer der Speicher auf; der Fluß erglänzte, und es öffnete sich die Aussicht auf einen breiten See mit einer Mühle und einer weißgestrichenen Badeanstalt. Es war Sofjino, wo Alechin wohnte.

Die Mühle arbeitete und übertönte das Rauschen des Regens; das Wehr schütterte. Dort an den Bauernwagen standen nasse Pferde mit gesenkten Köpfen, Leute, die sich mit Säcken bedeckt hatten, gingen hin und her. Es war feucht, schmutzig, ungemütlich, und die Luft am Flusse war kalt und unfreundlich. Iwan Iwanytsch und Burkin verspürten bereits am ganzen Leibe das Gefühl von Nässe, Unsauberkeit, Unbehagen, die Füße waren durch den Schmutz schwer geworden, und als sie das Wehr passierten und zu den herrschaftlichen Speichern hinaufstiegen, schwiegen sie, als ob sie aufeinander böse wären.

In einem der Speicher tönte eine Futterschwinge; die Tür war offen, und Staub wirbelte heraus. Auf der Schwelle stand Alechin selbst, ein Mann von etwa vierzig Jahren, hochgewachsen, stark, mit langen Haaren, mehr einem Professor oder Künstler als einem Gutsbesitzer ähnlich. Er hatte ein weißes, schon lange nicht gewaschenes Hemd an mit einem hänfenen Gürtel, statt Hosen trug er Unterhosen; auch seine Stiefel starrten von Schmutz und Stroh. Nase und Augen waren schwarz von

Staub. Er erkannte Iwan Iwanytsch und Burkin und freute sich sichtlich, sie zu sehen.

»Gehen Sie bitte ins Haus, meine Herren«, sagte er lächelnd. »Ich komme im Augenblick.«

Das Haus war groß und zweistöckig. Alechin bewohnte unten zwei Zimmer mit Gewölben und kleinen Fenstern, wo einst die Verwalter gewohnt hatten. Die Einrichtung war einfach, es roch nach Roggenbrot, billigem Schnaps und Pferdegeschirr. Im oberen Stockwerk aber, in den Paradezimmern, hielt er sich selten auf, nur wenn Gäste kamen. Iwan Iwanytsch und Burkin empfing im Haus das Zimmermädchen, ein junges, so schönes Geschöpf, daß sie beide zugleich stehenblieben und sich ansahen.

»Sie können sich nicht vorstellen, wie ich mich freue, Sie zu sehen, meine Herren«, sagte Alechin, der nach ihnen in den Flur getreten war. »Das hatte ich nicht erwartet! Pelageja«, wandte er sich an das Zimmermädchen: »sorgen Sie dafür, daß die Gäste sich umkleiden können. Übrigens werde auch ich das tun. Nur muß man zuerst baden gehen. Ich glaube, ich habe seit dem Frühjahr nicht gebadet. Meine Herren, wollen Sie nicht zum Flußbad gehen; inzwischen wird hier alles vorbereitet werden.«

Die schöne Pelageja, die so anziehend und dem Äußeren nach so weich war, brachte Laken und Seife, und Alechin begab sich mit seinen Gästen ins Bad.

»Ja, ich habe schon lange nicht mehr gebadet«, sagte er, während er sich auszog. »Ich habe, wie Sie sehen, ein hübsches Bad, noch mein Vater hat es erbaut, aber zum Baden habe ich immer keine Zeit.«

Er setzte sich auf eine Stufe hin und seifte seine langen Haare und seinen Hals ein, und das Wasser um ihn wurde ganz braun.

»Ja, ich muß gestehen ...«, sagte Iwan Iwanytsch bedeutsam und betrachtete Alechins Haare ...

»Schon lange habe ich mich nicht gewaschen ...«, wiederholte Alechin etwas verwirrt und seifte sich noch einmal ein, und das Wasser wurde um ihn herum dunkelblau wie Tinte.

Iwan Iwanytsch ging hinaus, warf sich geräuschvoll ins Wasser und schwamm während des Regens, mit den Armen weit ausholend; von ihm gingen Wellen aus, und auf den Wellen schaukelten weiße Lilien; er schwamm bis zur Mitte des Sees, tauchte unter, erschien nach einem Augenblick an einer andern Stelle, schwamm weiter, tauchte wieder unter und versuchte, den Grund zu erreichen. »Ach, mein Gott ...«, rief er fortwährend voll Entzücken aus. »Ach, mein Gott ...« — Er schwamm zur Mühle, unterhielt sich dort mit den Bauern und kehrte dann um, legte sich in der Mitte des Sees auf den Rücken, sein Gesicht dem Regen aussetzend. Burkin und Alechin hatten sich bereits angezogen und machten sich daran, fortzugehen, aber er schwamm und tauchte noch immer unter.

»Ach, mein Gott ...«, sagte er. »Ach, Gott erbarme dich.«

»Nun haben Sie aber genug!« rief ihm Burkin zu.

Sie kehrten ins Haus zurück. Und erst nachdem man in der oberen Etage im großen Salon die Lampe angezündet hatte und Burkin und Iwan Iwanytsch, mit seidenen Schlafröcken und warmen Pantoffeln versehen, in den Lehnstühlen saßen, Alechin selbst, gewaschen, frisiert, in einem neuen Rock, im Salon auf und ab ging, sichtlich voller Genuß die Wärme, Sauberkeit, die trokkene Kleidung, das leichte Schuhwerk an sich fühlend, als die schöne Pelageja, geräuschlos über den Teppich gehend und weich lächelnd, auf einem Tablett Tee mit Warenje herumreichte, erst da machte sich Iwan Iwanytsch an seine Erzählung, und man hatte den Eindruck, daß ihn nicht nur Burkin und Alechin anhörten, sondern auch die alten und jungen Damen und Offiziere, die ruhig und streng aus ihren goldenen Rahmen herausschauten.

»Wir sind zwei Brüder«, begann er, »ich, Iwan Iwanytsch und Nikolai Iwanytsch, der zwei Jahre jünger ist. Ich ergriff einen gelehrten Beruf und wurde Veterinär, während Nikolai Iwanytsch schon mit neunzehn Jahren im Steueramt diente. Unser Vater Tschischma Gimalaiskij war Soldat, er verdiente sich aber den Offiziersrang und hinterließ uns den Erbadel und ein kleines Erbgut. Das Gütchen prozessierte man uns nach seinem Tode wegen der Schulden weg, aber, wie dem auch sei, unsere Kindheit verlebten wir in voller Freiheit auf dem Lande. Ganz wie Bauernkinder verbrachten wir Tage und Nächte im Feld, im Wald, hüteten die Pferde, schälten Bast, fingen Fische und taten dergleichen mehr ... Und Sie wissen, wer auch nur einmal im Leben einen Kaulbarsch fing oder im Herbst die wandernden Drosseln sah, wie sie an klaren, kühlen Tagen in Schwärmen über das Dorf ziehen, der ist kein rechter Stadtbewohner mehr, und bis zum Lebensende wird er sich nach Freiheit sehnen. Mein Bruder härmte sich im Steueramt ab. Die Jahre gingen dahin, und immer saß er auf einem Fleck, schrieb immer ein und dieselben Papiere und dachte immer an ein und dasselbe, nämlich, wie er auf das Land gelangen könnte. Und diese Sehnsucht nahm nach und nach die Form eines bestimmten Wunsches, eines Traumbildes an, sich ein kleines Gütchen irgendwo am Ufer von Fluß oder See zu kaufen.

Er war ein herzensguter, sanfter Mensch, ich liebte ihn, aber ich sympathisierte niemals mit diesem Wunsch, sich für das ganze Leben auf einem eigenen Besitz zu vergraben. Herkömmlicherweise sagt man, daß der Mensch nur drei Arschin Land brauche. Aber drei Arschin Land braucht doch der Leichnam und nicht der lebende Mensch.

Man sagt jetzt auch, daß es gut sei, wenn unsere Intelligenz jetzt zum Landleben neigt und nach Landbesitz strebt. Aber dieser Landbesitz bedeutet doch ebendiese drei Arschin Land. Die Stadt fliehen, den Kampf, den Lärm des Lebens, dem zu entfliehen und sich auf seinem Landgut zu verstecken — das ist kein Leben, das ist Egoismus, Trägheit, das ist eine besondere Art Mönchtum, aber ein Mönchtum ohne Heldentum. Der Mensch braucht nicht drei Arschin Land, nicht ein Landgut, sondern den ganzen Erdball, die ganze Natur, wo er im freien weiten Raum alle Eigenschaften und Besonderheiten seines freien Geistes offenbaren kann.

Mein Bruder Nikolai träumte, wenn er in seiner Kanzlei saß, davon, wie er seine eigene Kohlsuppe essen würde, von deren so verlockendem Geruch der ganze Hof erfüllt sein würde — träumte, wie er auf dem grünen Rasen essen, in der Sonne schlafen, ganze Stunden am Tor auf dem Bänkchen sitzen und in Feld und Wald hinausschauen würde. Landwirtschaftliche Bücher und alle die Ratschläge in den Kalendern bildeten seine Freude, seine geistige Lieblingsnahrung; er schätzte es auch, Zeitungen zu lesen, aber er las in ihnen nur die Anzeigen, daß soundso viel Desjatinen Ackerland und Wiesen samt Hof, Fluß, Garten, Mühlen, mit von Bächen durchzogenen Teichen zu verkaufen seien. Und er stellte sich in seinem Kopf die Gartenwege, Blumen, Obstbäume, Starkästen, Karauschen in den Teichen vor und, wissen Sie, lauter solche Dinge ... Diese Bilder seiner Phantasie waren verschiedenartig je nach den Anzeigen, die ihm vor die Augen kamen, aber aus irgendeinem Grunde kamen in jeder Vorstellung unbedingt Stachelbeeren vor. Kein Landgut, keinen poetischen Winkel konnte er sich vorstellen, ohne daß es dort Stachelbeeren gab.

›Das Landleben hat seine großen Vorzüge‹, sagte er

häufig. ›Man sitzt auf dem Balkon und trinkt Tee, auf dem Teich schwimmen deine Enten, es riecht so gut, und ... und die Stachelbeeren reifen.‹

Er zeichnete einen Plan seines Gutes, und jedesmal kam auf dem Plan ein und dasselbe heraus: a) das Herrenhaus, b) das Leutehaus, c) der Gemüsegarten, d) die Stachelbeeren. Er lebte knickrig, aß und trank sich nicht satt, kleidete sich Gott weiß wie, beinahe wie ein Bettler, häufte alles Geld auf und brachte es auf die Bank. Er war schrecklich habgierig. Mich schmerzte es, ihn anzusehen, und ich gab ihm das eine und das andere, schickte ihm auch zu den Festen etwas — aber auch das sparte er auf. Wenn ein Mensch in eine Idee verrannt ist, kann man nichts machen. Die Jahre vergingen, man versetzte ihn in ein anderes Gouvernement, er war bereits über vierzig Jahre alt, und immer noch las er die Zeitungsanzeigen und häufte Geld auf. Dann hörte ich, daß er sich verheiratet hätte. Alles mit dem gleichen Ziel, sich ein Gut mit Stachelbeersträuchern zu kaufen; er verheiratete sich mit einer alten, häßlichen, ganz gefühllosen Witwe, und nur, weil sie Geld hatte. Auch mit ihr lebte er knickrig, ließ sie halb verhungern, ihre Gelder aber gab er unter seinem Namen auf die Bank. Früher war sie die Frau eines Postmeisters gewesen und an Piroge und Liköre gewöhnt, bei ihrem zweiten Mann aber bekam sie nicht einmal genug schwarzes Brot; bei einem solchen Leben begann sie hinzusiechen, und nach etwa drei Jahren starb sie. Und natürlich dachte mein Bruder auch nicht einen Augenblick daran, daß er an ihrem Tode schuld sei. Das Geld genauso wie der Schnaps machen den Menschen zum Sonderling. In unsrer Stadt starb ein Kaufmann. Vor dem Tode ließ er sich einen Teller Honig reichen und aß alle seine Banknoten und Gewinnlose zusammen mit dem Honig auf, damit niemand etwas bekäme. Einst besah ich auf dem Bahnhof die Viehherden; in diesem Augenblick geriet ein Viehhändler unter die Lokomotive, und ein Bein wurde ihm abgefahren. Wir tragen ihn in den Wartesaal, das Blut fließt in Strömen — es war schrecklich, er aber bittet immerzu, man möge sein Bein suchen, und ist in Unruhe: im Stiefel des abgerissenen Beines waren zwanzig Rubel — er fürchtete, sie könnten verlorengehen.«

»Das ist nun schon ein anderes Lied«, sagte Burkin.

»Nach dem Tode seiner Frau«, fuhr Iwan Iwanytsch fort, nachdem er kurze Zeit nachgedacht hatte, »begann sich mein Bruder ein Gut auszusuchen. Natürlich, wenn man auch fünf Jahre sich etwas aussucht, zu guter Letzt irrt man sich doch und kauft gar nicht das, wovon man träumte. Bruder Nikolai kaufte durch einen Kommissionär unter Übertragung der Schuld hundertundzwölf Desjatinen Land mit Herrenhaus, Leutehaus, Park, aber es waren weder ein Obstgarten noch Stachelbeersträucher dabei, noch Teiche mit Entlein; es war wohl ein Fluß da, aber das Wasser war kaffeebraun, weil auf der einen Seite des Gutes eine Ziegelei, auf der andern eine Knochenbrennerei war. Jedoch mein Nikolai Iwanytsch kümmerte sich nicht darum; er bestellte sich zwanzig Stachelbeersträucher, pflanzte sie an und begann als Gutsbesitzer zu leben.

Im vorigen Jahre fuhr ich zu ihm auf Besuch. Will doch einmal hinfahren, denke ich, und mir ansehen, wie er lebt und was dort los ist. In seinen Briefen hatte mein Bruder sein Gut die Tschumbaroklsche Wildnis, auch Gimalaiskoje, benannt.

Ich langte nachmittags in Gimalaiskoje an. Es war heiß. Überall Gräben, Bretter- und Stangenzäune, Tannen sind reihenweise angepflanzt, so daß man nicht weiß, wie man in den Hof fahren, wo man das Pferd lassen soll. Ich gehe zum Hause, ein roter, dicker, einem Schwein ähnlicher

Hund läuft mir entgegen. Er möchte wohl bellen, ist aber zu faul dazu. Aus der Küche kommt die Köchin, barfuß, dick, auch einem Schweine ähnlich, und sagt, daß der Herr nach dem Essen der Ruhe pflege. Ich gehe zum Bruder hinein; er sitzt im Bett, die Knie mit einer Decke bedeckt; er ist alt und voll geworden, wie aufgedunsen; Backen, Nase und Lippen springen nach vorne vor — ehe man sich's versieht, wird er zu grunzen anheben.

Wir umarmen uns und weinten vor Freude, aus Trauer darüber, daß wir einst jung waren und beide jetzt alt sind und es Zeit zum Sterben sei. Er zog sich an und führte mich, um mir sein Gut zu zeigen.

›Nun, wie geht es dir denn?‹ fragte ich.

›Es macht sich, Gott sei Dank; ich lebe gut!‹

Das war nicht mehr der frühere schüchterne, arme Beamte, sondern ein richtiger Gutsbesitzer und Herr. Er hatte sich hier ganz eingelebt, sich eingewöhnt und war auf den Geschmack gekommen; er aß reichlich, wusch sich in der Badestube, war dick geworden, prozessierte bereits mit der Gemeinde und beiden Fabriken und war sehr gekränkt, wenn die Bauern ihn nicht ›Euer Hochwohlgeboren‹ anredeten. Auch für seine Seele sorgte er in solider Herrenart und tat gute Werke nicht schlicht, sondern voller Würde. Und was waren das für gute Werke? Er heilte die Bauern von allen Krankheiten mit Soda und Rizinusöl, an seinem Namenstage ließ er inmitten des Dorfes einen Dankgottesdienst abhalten und spendierte dann einen halben Eimer Schnaps, weil er das für nötig hielt. Ach, diese schrecklichen halben Eimer! Heute schleppte der dicke Gutsbesitzer seine Bauern zum Landeshauptmann, weil ihr Vieh auf seinen Ländereien gegrast hat, morgen aber, am Feiertag, spendiert er ihnen einen halben Eimer — und sie trinken und schreien Hurra, und betrunken verbeugen sie sich vor ihm bis zur Erde ...

Die Verbesserung der Lebensmöglichkeiten, Sattheit und Müßiggang entwickeln in uns Russen den unverschämtesten Eigendünkel. Nikolai Iwanytsch, der einst im Steueramt Angst hatte, sogar rein persönlich für sich eigene Meinungen zu haben, äußerte jetzt nur noch ›Wahrheiten‹ im Ton eines Ministers. ›Bildung ist notwendig, aber für das Volk verfrüht, körperliche Strafen sind im allgemeinen schädlich, in besonderen Fällen aber nützlich und unersetzlich.‹ — ›Ich kenne das Volk und verstehe mit ihm umzugehen‹, sagte er. ›Mich liebt das Volk. Ich brauche nur den Finger zu rühren, und das Volk tut für mich alles, was ich will.‹

Und all das, wohlgemerkt, war von einem klugen und freundlichen Lächeln begleitet. An die zwanzigmal wiederholte er: ›wir Adligen‹, ›ich als Adliger‹; er erinnerte sich augenscheinlich nicht mehr daran, daß unser Großvater Bauer und unser Vater Soldat gewesen war. Sogar unser Familienname, der im Grunde unvereinbar war mit Adel, erschien ihm jetzt tönend, vornehm und angenehm.

Aber es handelt sich eigentlich nicht um ihn, sondern um mich selbst. Ich will Ihnen erzählen, was für eine Veränderung in diesen wenigen Stunden, die ich auf seinem Landgut verbrachte, mit mir vorging. Als wir abends Tee tranken, stellte die Köchin einen Teller voller Stachelbeeren auf den Tisch. Es waren nicht gekaufte, sondern eigene, zum ersten Male, seit die Sträucher gepflanzt waren, gepflückte Beeren. Nikolai Iwanytsch lachte fröhlich auf und sah einen Augenblick schweigend, Tränen in den Augen, die Stachelbeeren an — er konnte vor Aufregung nicht sprechen, legte dann eine Beere in den Mund, blickte mich triumphierend an wie ein Kind, das endlich sein Lieblingsspielzeug erhalten hat, und sagte: ›Wie schmackhaft.‹

Und gierig aß er sie und wiederholte immerzu: ›Ach, wie schmackhaft! Probiere sie nur!‹

Sie waren hart und sauer; aber, wie Puschkin sagte: ›Teurer als alle Wahrheit ist ein uns erhebender Betrug.‹ Ich sah einen glücklichen Menschen vor mir, dessen heiligster Traum sich so ganz offensichtlich verwirklicht, der sein Lebensziel erreicht und das bekommen hatte, was er wollte, der mit seinem Schicksal, mit sich selbst zufrieden war.

Meinen Gedanken über das menschliche Glück hatte sich stets ein Gefühl der Wehmut beigesellt, jetzt aber, beim Anblick dieses glücklichen Menschen, beherrschte mich ein schweres, der Verzweiflung nahes Gefühl. Besonders schwer war mir nachts zumute. Man schlug mir das Bett im Zimmer neben der Schlafstube meines Bruders auf, und ich konnte hören, wie er nicht schlief, wie er aufstand und zu dem Teller mit Stachelbeeren ging und immer eine Beere nahm. Ich überlegte bei mir, wie viele im Grunde zufriedene und glückliche Menschen es gibt! Was ist das für eine überwältigende Macht! Schauen Sie sich dieses Leben an: die Unverfrorenheit und der Müßiggang der Starken, die Ignoranz und Tierähnlichkeit der Schwachen, ringsum eine unmögliche Armut, Bedrängtheit, Entartung, Trunksucht, Heuchelei, Lügensucht ... Dabei herrscht in allen Häusern und auf den Straßen Stille und Ruhe; von fünfzigtausend Stadtbewohnern nicht einer, der aufschreien und sich laut erregen würde. Wir sehen nur die, die auf den Markt gehen, um ihre Lebensmittel einzukaufen, die am Tage essen, in der Nacht schlafen, die all ihr dummes Zeug zusammenreden, sich verheiraten, alt werden und seelenruhig ihre Verstorbenen auf den Friedhof bringen; aber wir sehen und hören nichts von denen, die leiden, und das, was schrecklich am Leben ist, spielt sich irgendwo hinter den Kulissen ab. Alles geht still und ruhig vor sich, und nur die stumme Statistik protestiert: soundso viele sind wahnsinnig geworden, soundso viele Tonnen Schnaps wurden ausgetrunken, soundso viele Kinder kamen infolge Unterernährung um ... Und anscheinend ist eine derartige Ordnung notwendig; anscheinend fühlt sich der Glückliche nur darum wohl, weil die Unglücklichen ihre Last schweigend tragen, und ohne dies Schweigen wäre Glück unmöglich. Das ist eine allgemeine Hypnose. An der Türe jedes zufriedenen, glücklichen Menschen müßte irgend jemand mit einem Hämmerchen stehen und ihn beständig klopfend mahnen, daß es Unglückliche gibt, daß das Leben, so glücklich er auch sei, ihm früher oder später seine Klauen zeigen werde, daß über ihn allerhand Not — Krankheit, Armut, Verluste — hereinbrechen werde und daß ihn niemand sehen und hören werde, so wie er jetzt die andern nicht sehe und nicht höre. Jedoch diesen Menschen mit dem Hämmerchen gibt es nicht, der Glückliche lebt für sich dahin, und die kleinlichen Lebenssorgen erregen ihn nur leichthin, so wie der Wind die Espe — und alles steht vollkommen gut ...«

»In jener Nacht wurde es mir deutlich, wie auch ich zufrieden und glücklich war«, fuhr Iwan Iwanytsch fort und erhob sich. »Auch ich pflegte beim Mittagessen und auf der Jagd zu lehren, wie man leben, was man glauben, wie man das Volk regieren solle. Auch ich pflegte zu sagen, daß Unterricht ein Licht, daß Bildung notwendig sei, daß aber für die einfachen Leute einstweilen das Schreiben- und Lesenkönnen genüge. Die Freiheit sei ein Gut, so sagte ich, ohne das man ebensowenig wie ohne Luft leben könne — aber man müsse mit ihr noch warten. Ja, so pflegte ich zu reden, und jetzt frage ich: Weshalb soll man denn warten?« fragte Iwan Iwanytsch und blickte ärgerlich Burkin an. — »Weshalb soll man warten, frage ich Sie? Aus welchen Gründen? Man sagt mir, daß nicht alles auf einmal gehe, daß jegliche Idee im Leben nur Schritt für Schritt, zu ihrer Zeit verwirklicht werde. Aber wer sagt denn das? Wo sind die Beweise dafür, daß das richtig ist? Sie berufen sich auf die natürliche Ordnung der Dinge, auf die Gesetzmäßigkeit der Erscheinungen; aber liegt denn darin Ordnung und Gesetzmäßigkeit, daß ich, der lebende und denkende Mensch, am Graben stehe und warte, daß er von selbst zuwachse oder von Schlamm ausgefüllt werde, währenddessen ich vielleicht über ihn hinüberspringen oder eine Brücke über ihn schlagen kann? Und noch einmal: Weshalb sollen wir warten? Warten, bis man zum Leben keine Kraft mehr hat — und mittlerweile muß man und will man leben!

Ich fuhr damals frühmorgens von meinem Bruder fort, und seitdem wurde es mir unerträglich, in der Stadt zu leben. Mich bedrücken die Stille und Ruhe, ich fürchte mich, in die Fenster zu schauen, weil es für mich jetzt keinen schwereren Anblick gibt als eine glückliche Familie, die am Tisch sitzt und Tee trinkt. Ich bin schon alt und tauge nicht zum Kampf, ich bin sogar unfähig zu hassen. Ich härme mich nur in meiner Seele ab, ich bin gereizt und ärgerlich, in den Nächten glüht mir der Kopf infolge des Zustroms der Gedanken, und ich kann nicht schlafen … Ach, wenn ich jung wäre!«

Iwan Iwanytsch ging aufgeregt aus einer Ecke in die andere und wiederholte: »Wenn ich doch jung wäre!«

Plötzlich trat er an Alechin heran und begann ihm bald die eine, bald die andere Hand zu drücken.

»Pawel Konstantinytsch«, sagte er mit flehender Stimme, »ergeben Sie sich nicht der Ruhe, lassen Sie nicht zu, daß Sie in Schlaf versinken! Hören Sie nicht auf, Gutes zu wirken, solange Sie jung, stark und frisch sind! Es gibt kein Glück, und es soll auch keins geben, aber wenn im Leben ein Sinn und ein Ziel liegt, so liegt dieser Sinn und dieses Ziel durchaus nicht in unserm Glück, sondern in etwas Vernünftigerem und Größerem. Wirken Sie Gutes!«

Und alles das sagte Iwan Iwanytsch mit einem kläglichen, flehenden Lächeln, so als ob er es persönlich für sich erbäte.

Dann saßen alle drei an verschiedenen Enden des Salons in ihren Lehnstühlen und schwiegen. Die Erzählung von Iwan Iwanytsch befriedigte weder Burkin noch Alechin. Während Generale und Damen, die in der Abenddämmerung lebendig schienen, aus ihren Goldrahmen herausschauten, war es langweilig, die Erzählung von dem armen Teufel von Beamten, der Stachelbeeren aß, anzuhören. Sie wollten etwas von vornehmen Menschen, von Frauen hören. Und daß sie jetzt im Salon saßen, wo alles — der verhüllte Lüster, die Lehnstühle, die Teppiche unter den Füßen — davon erzählte, daß einstmals hier dieselben Leute gingen, saßen, Tee tranken, die jetzt aus den Rahmen schauten, und auch daß jetzt hier die schöne Pelageja geräuschlos unherging — alles das war besser als alle Erzählungen.

Alechin sehnte sich sehr nach Schlaf; er war früh, in der dritten Morgenstunde aufgestanden, um nach der Wirtschaft zu sehen, und jetzt fielen ihm die Augen fast zu, aber er fürchtete, die Gäste könnten in seiner Abwesenheit etwas Interessantes erzählen, und so ging er nicht weg. Ob das klug, ob das gerecht war, was Iwan Iwanytsch soeben geäußert hatte, das prüfte er nicht, die Gäste sprachen nicht von Grütze, nicht von Heu oder Teer, sondern von etwas, das keine unmittelbare Beziehung zu seinem Leben hatte, und er freute sich dessen und wollte, daß sie weiter erzählten ...

»Jedoch, nun ist es Schlafenszeit«, sagte Burkin und erhob sich. »Erlauben Sie, daß ich Ihnen gute Nacht wünsche.«

Alechin verabschiedete sich und ging zu sich hinunter, während die Gäste oben blieben. Man hatte ihnen für die Nacht ein großes Zimmer angewiesen, wo zwei alte Holzbetten mit Schnitzereien standen, und in der Ecke hing ein Kruzifix aus Elfenbein; ihre breiten und kühlen Betten, die ihnen die schöne Pelageja gemacht hatte, dufteten angenehm nach frischer Wäsche.

Iwan Iwanytsch zog sich schweigend aus und legte sich nieder.

»Herr Gott, sei uns Sündern gnädig!« sagte er und zog die Decke über den Kopf.

Von seiner Pfeife, die auf dem Tisch lag, duftete es stark nach Tabaksüberresten, und Burkin schlief lange nicht ein und konnte immer nicht begreifen, woher dieser schwere Geruch kam.

Der Regen schlug an die Fenster während der ganzen Nacht ...

IN DER SCHLUCHT

1

Das Kirchdorf Uklejewo lag in der Schlucht, so daß von der Chaussee und der Eisenbahnstation aus nur der Glockenturm und die Schornsteine der Kattundruckerei zu sehen waren. Wenn Passanten fragten, was das für ein Dorf sei, so sagte man ihnen: »Das ist eben das Dorf, wo der Küster bei der Beerdigung den ganzen Kaviar aufgegessen hat.«

Einst auf einem Leichenschmaus beim Fabrikanten Kostjukow sah der alte Küster inmitten der Sakuska großkörnigen Kaviar stehen und begann gierig von ihm zu essen; man stieß ihn, zupfte ihn am Ärmel, aber er war wie erstarrt im Genuß: er fühlte nichts und aß nur. Er aß den ganzen Kaviar auf, und doch waren in der Büchse etwa vier Pfund gewesen. Seitdem war viel Zeit vergangen, der Küster längst gestorben, aber an den Kaviar erinnerte man sich immer noch. Ob das Leben hier so armselig war oder die Menschen nichts außer diesem unbedeutenden Ereignis, das sich vor zehn Jahren zugetragen hatte, zu bemerken verstanden — kurz und gut, vom Dorf Uklejewo wußten sie nichts anderes zu erzählen.

Im Dorf hörte das Fieber niemals auf, und sogar im Sommer gab es tiefen Schmutz, besonders an den Zäunen, über die sich die alten, breite Schatten werfenden Weidenbäume neigten. Hier roch es immer nach Fabrikabfällen und Essigsäure, die bei der Kattundruckerei gebraucht wurde. Die Fabriken — drei Kattunfabriken und eine Lederfabrik — befanden sich nicht im Dorfe selbst, sondern an seinem Rande und etwas von ihm entfernt. Die

Fabriken waren nicht groß, und alle zusammen beschäftigten gegen vierhundert Arbeiter, nicht mehr. Von der Lederfabrik wurde das Wasser im Flüßchen häufig stinkend; die Abfälle verpesteten die Wiese, das Vieh der Bauern litt an sibirischer Pest, und man hatte verfügt, die Fabrik zu schließen. Sie galt auch als geschlossen, arbeitete aber heimlich weiter mit Wissen des Landpolizeimeisters und des Kreisarztes, denen der Besitzer monatlich je zehn Rubel zahlte.

Im ganzen Dorf gab es nur zwei ordentliche Steinhäuser mit einem Eisendach; in dem einen befand sich die Gemeindeverwaltung, in dem andern, zweistöckigen, das gerade der Kirche gegenüberlag, lebte Grigorij Petrow Zybukin, Kleinbürger aus Jepifanj.

Grigorij unterhielt eine Materialwarenhandlung, aber nur zum Schein, in Wirklichkeit handelte er mit Schnaps, Vieh, Häuten, Getreide, Schweinen, handelte mit allem nur Erdenklichen, und wenn man zum Beispiel für das Ausland Elstern zu Damenhüten brauchte, verdiente er an jedem Paar dreißig Kopeken; er kaufte Wald zum Abholzen auf, lieh Geld auf Zinsen — überhaupt war er ein wendiger alter Mann.

Er hatte zwei Söhne. Der älteste, Anissim, war bei der Polizei in der Detektivabteilung angestellt und selten zu Hause. Der jüngere, Stepan, war Kaufmann und half beim Vater, aber eine wirkliche Hilfe erwartete man nicht von ihm, weil er kränklich und taub war; seine Frau Aksinja, ein hübsches, schlankes Weib, das feiertags im Hut und mit einem Sonnenschirm ging, stand in der Frühe auf, legte sich spät zu Bett und lief den ganzen Tag über mit aufgeschürzten Röcken und mit den Schlüsseln klappernd bald in den Speicher, bald in den Keller, bald in den Laden, und der alte Zybukin guckte ihr fröhlich, mit leuchtenden Augen zu, und in solchen Augenblicken bedauerte er, daß nicht sein älterer Sohn mit ihr verheiratet war, sondern sein jüngerer, tauber, der offenbar wenig Verständnis für weibliche Schönheit besaß.

Der Alte hatte immer Neigung zum Familienleben gehabt und liebte seine Familie über alles in der Welt, besonders seinen älteren Sohn, den Detektiv, und seine Schwiegertochter. Kaum hatte Aksinja den Tauben geheiratet, da offenbarte sie ungewöhnliche Geschäftstüchtigkeit: Sie wußte, wem man etwas auf Kredit verabfolgen durfte, wem nicht, behielt die Schlüssel bei sich und vertraute sie nicht einmal ihrem Manne an, klapperte mit dem Rechenbrett, sah den Pferden wie ein Bauer ins Maul und lachte beständig oder schrie herum; und was sie auch tat oder sprach, der Alte war immer nur entzückt und murmelte: »Das ist eine Schwiegertochter! Das ist eine schöne Person, die Liebe ...«

Er war verwitwet, aber ein Jahr nach der Hochzeit des Sohnes hielt er es nicht aus und heiratete selbst wieder. Dreißig Werst von Uklejewo fand man für ihn als Frau Warwara Nikolajewna, ein Mädchen aus guter Familie, nicht mehr ganz jung, aber hübsch und ansehnlich. Kaum hatte sie sich in ihrem Stübchen im Oberstock niedergelassen, da hellte sich alles im Hause auf, gerade als wären in alle Fenster neue Scheiben eingesetzt worden. Die Lämpchen vor den Heiligenbildern fingen zu leuchten an, die Tische bedeckten sich mit schneeeweißen Tüchern, auf den Fensterbrettern und im Gärtchen erschienen Blumen mit schönen Knospen, und mittags aß man nicht mehr aus einer gemeinsamen Schüssel, sondern vor jeden wurde ein besonderer Teller hingestellt.

Warwara Nikolajewna lächelte freundlich und angenehm, und alles schien jetzt im Hause zu lächeln. Und was früher niemals geschehen war — auf den Hof kamen jetzt Bettler, Wanderer und Pilgerinnen; man vernahm unter den Fenstern die klagenden, singenden Stimmen der Weiber von Uklejewo und das schuldbewußte Husten der schwachen, erschöpften Bauern, die man wegen Trunksucht aus der Fabrik entlassen hatte. Warwara half mit Geld, Brot, alten Kleidern, und später, sobald sie sich eingelebt hatte, begann sie auch aus dem Laden dies und jenes beiseite zu schaffen.

Einmal sah der Taube, wie sie zwei Achtel Tee wegnahm, und das brachte ihn aus der Fassung.

»Mamachen hat da zwei Achtel Tee genommen«, teilte er dann dem Vater mit, »wo soll ich das anschreiben?«

Der Alte antwortete nicht, stand eine Weile nachdenklich mit zusammengezogenen Brauen da und ging zu seiner Frau hinauf.

»Warwaruschka, wenn du, Mütterchen, etwas aus dem Laden brauchst«, sagte er freundlich, »so nimm es dir. Nimm, soviel du magst, geniere dich nicht.«

Und am folgenden Tage rief der Taube, über den Hof laufend, ihr zu: »Wenn Sie, Mamachen, etwas brauchen, nehmen Sie es sich nur!«

In der Tatsache, daß sie Almosen gab, lag etwas Neues, etwas Heiteres und Leichtes, so wie in den Lämpchen und schönen Blumen. Wenn man zu Fastnacht oder am Fest des Kirchenheiligen, das drei Tage währte, den Bauern verdorbenes Pökelfleisch von so üblem Geruch, daß man kaum an der Tonne stehen konnte, verkaufte und von den Betrunkenen Sensen, Mützen, die Kopftücher ihrer Frauen als Pfand nahm, wenn die vom Fusel betäubten Fabrikarbeiter sich im Schmutz wälzten und die Sünden gleichsam verdichtet bereits wie eine Nebelwolke in der Luft standen, dann wurde es einem irgendwie leichter bei dem Gedanken, daß es dort im Hause eine stille, saubere Frau gab, die mit dem Pökelfleisch und dem Schnaps nichts zu schaffen hatte; ihr Almosengeben wirkte in diesen lastenden, nebelverhangenen Tagen wie das Sicherheitsventil einer Maschine.

Die Tage vergingen im Zybukinschen Hause in Sorge und Geschäftigkeit. Noch war die Sonne nicht aufgegangen, da wusch sich Aksinja schon prustend im Flur, der Samowar kochte in der Küche und summte, als wollte er Unheil verkünden. Der alte Grigorij Petrow, in einen langen schwarzen Rock und in Kattunhosen gekleidet, in hohen, blanken Stiefeln, so sauber und klein, ging in den Zimmern umher und klapperte mit den Absätzen, wie der Schwiegervater in dem bekannten Liede. Der Laden wurde geöffnet. Wenn es hell wurde, fuhr der Rennwagen an der Treppe vor, und der Alte setzte sich stolz hinein, stülpte seine große Mütze über die Ohren, und niemand, der ihn sah, hätte gesagt, daß er bereits sechsundfünfzig Jahre alt war. Frau und Schwiegertochter geleiteten ihn hinaus, und jetzt, wenn er den guten, sauberen Rock anhatte und der gewaltige Rapphengst, der dreihundert Rubel gekostet hatte, an den Wagen gespannt war, liebte es der Alte nicht, wenn die Bauern mit ihren Bitten und Klagen zu ihm kamen; er haßte die Bauern und verachtete sie, und wenn er sah, daß ein Bauer am Tor auf ihn wartete, so rief er zornig: »Was stehst du da? Geh weiter.« Oder er rief, wenn es ein Bettler war: »Gott wird dir helfen!«

Er fuhr in Geschäften fort; seine Frau in dunklem Kleid und schwarzer Schürze räumte dann die Zimmer auf oder half in der Küche. Aksinja verkaufte im Laden, und man hörte auf dem Hof, wie die Flaschen und das Geld klapperten, wie sie lachte oder schrie und wie die Kunden, die sie zu übervorteilen versuchte, ärgerlich schimpften; und zugleich war zu bemerken, daß im Laden der heimliche Schnapsverkauf schon vor sich ging. Der Taube saß auch im Laden oder ging ohne Mütze, die Hände in den Hosentaschen, auf der Straße umher und sah zerstreut bald zu den Hütten hin, bald zum Himmel empor. Etwa sechsmal am Tage trank man im Hause Tee, etwa viermal setzte man sich zum Essen hin. Abends berechnete und buchte man den Erlös; und dann schlief man fest.

In Uklejewo waren alle drei Kattunfabriken und die Wohnungen der Fabrikanten Chrymin Senior, Chrymin Junior und Kostjukow miteinander durch Telephon verbunden. Auch in die Gemeindeverwaltung hatte man Telephon gelegt, aber dort versagte es bald, weil sich Wanzen und Schaben in ihm eingenistet hatten. Der Gemeindevorsteher konnte nicht recht lesen und schreiben und schrieb in den amtlichen Schreiben jedes Wort mit großem Anfangsbuchstaben, als aber das Telephon nicht mehr ging, sagte er: »Ja, ohne Telephon wird es für uns recht schwierig werden.«

Chrymins die Älteren prozessierten beständig mit Chrymins den Jüngeren, bisweilen verzankten sich auch diese untereinander und begannen zu prozessieren, und dann arbeitete ihre Fabrik einen oder zwei Monate lang nicht, bis sie sich wieder vertragen hatten, und all das unterhielt die Einwohner von Uklejewo, weil es bei jedem Streit viel Gerüchte und Klatschereien gab.

An Feiertagen veranstalteten Chrymins die Jüngeren und Kostjukow Spazierfahrten, jagten durch Uklejewo und fuhren Kälber tot. Aksinja ging, mit ihren frischgestärkten Röcken raschelnd, fein ausgeputzt vor ihrem Laden auf der Straße spazieren; Chrymins die Jüngeren ergriffen und entführten sie mit Gewalt. Dann kam auch der alte Zybukin herausgefahren, um sein neues Pferd zu zeigen, und nahm Warwara mit.

Abends, nach der Spazierfahrt, wenn sich die Menschen schlafen legten, wurde im Hofe bei Chrymins den Jüngeren auf einer kostbaren Ziehharmonika gespielt, und wenn Mondschein war, wurde einem von diesen Klängen das Herz erregt und freudevoll — und Uklejewo sah dann nicht mehr wie eine Grube aus.

2

Der ältere Sohn Anissim kam sehr selten, nur an hohen Feiertagen, nach Hause, dafür schickte er aber häufig durch seine Landsleute Geschenke und Briefe; die Briefe waren wie Bittgesuche jedesmal auf einem Bogen Briefpapier in einer fremden, sehr schönen Handschrift geschrieben; in ihnen standen Worte, wie sie Anissim niemals in der Unterhaltung gebrauchte: ›Teure Eltern, ich sende Ihnen ein Pfund Blumentee zur Befriedigung Ihrer physischen Bedürfnisse.‹

Unten war auf jedem Brief wie mit einer verdorbenen Feder ›Anissim Zybukin‹ hingekritzelt, und darunter wieder stand in der gleichen vorzüglichen Handschrift: ›Agent‹.

Die Briefe wurden einige Male laut vorgelesen, und der Alte sagte gerührt und rot vor Erregung: »Nun, also, er hatte keine Lust, zu Hause zu bleiben, da hat er einen gelehrten Beruf erwählt. Jeder treibt's so, wie er's kann.«

Einstmals vor der Butterwoche fiel heftiger Regen, mit Schloßen gemischt; der Alte und Warwara traten ans Fenster, um sich das anzusehen, und siehe da — Anissim kam im Schlitten von der Station angefahren. Er kam ganz unerwartet. Unruhig und irgendwie erregt, betrat er das Zimmer und blieb die ganze Zeit über so unruhig; dabei hielt er sich recht ungezwungen. Es eilte ihm auch nicht wegzufahren, und es sah aus, als ob man ihn aus seiner Stellung entlassen hätte. Warwara freute sich über sein

Kommen: sie blickte ihn schelmisch an, seufzte und schüttelte den Kopf.

»Wie steht das denn nun, meine Lieben?« sagte sie. »Der Bursche ist schon achtundzwanzig Jahre alt, und immer noch treibt er sich unverheiratet herum. Ei-ei-ei!«

Aus dem Nebenzimmer hörte sich ihre ruhige, gleichmäßige Rede wie ein beständiges Ei-ei-ei an. Sie begann mit dem Alten und Aksinja sich flüsternd zu unterhalten, und deren Gesichter nahmen auch einen schelmischen und geheimnisvollen Ausdruck wie den von Verschwörern an. Man beschloß, Anissim zu verheiraten.

»Ei-ei-ei! Den jüngeren Bruder hat man schon lange verheiratet«, sagte Warwara, »und du bist immer noch unbeweibt wie ein Hahn auf dem Markt. Wie verhält sich denn das! Bist du, so Gott will, erst verheiratet, dann kannst du machen, was du willst, kannst in deinen Dienst fahren, und die Frau bleibt als Helferin zu Hause. Unordentlich lebst du, Bursche, und hast, wie ich sehe, alle Ordnung vergessen. Ei-ei-ei, nichts als Sünde ist bei euch Stadtleuten.«

Wenn die Zybukins heirateten, so suchte man für sie als reiche Leute die hübschesten Bräute aus. Auch für Anissim trieb man eine hübsche Braut auf. Er selbst hatte ein uninteressantes, unansehnliches Äußeres; von schwacher, kränklicher Konstitution und kleinem Wuchs, hatte er volle Pausbacken, so als ob er sie aufblies; seine Augen blinzelten nicht, und sein Blick war scharf, sein rotes Bärtchen war spärlich, und wenn er über etwas nachdachte, steckte er es in den Mund und biß an ihm; dazu liebte er, häufig zu trinken, und das war an seinem Gesicht und Gang zu bemerken. Als man ihm aber mitteilte, daß man für ihn bereits eine Braut, und zwar eine sehr hübsche, habe, sagte er: »Nun, auch ich bin ja nicht schief. Wir Zybukins, man darf das wohl sagen, sind alle hübsche Menschen.«

Unmittelbar bei der Stadt war das Kirchdorf Torgujewo. Eine Hälfte war jüngst mit der Stadt vereinigt worden, die andere als Dorf bestehengeblieben. In der mit der Stadt vereinigten Hälfte lebte im eigenen Häuschen eine Witwe; sie hatte eine ganz arme Schwester, die als Tagelöhnerin auf Arbeit ging, und diese Schwester hatte eine Tochter Lipa, die ebenfalls Tagelöhnerin war. Von Lipas Schönheit sprach man in Torgujewo bereits, und nur ihre entsetzliche Armut stieß alle zurück; man rechnete darauf, daß ein bejahrter oder verwitweter Mann sie unbekümmert um ihre Armut heiraten oder sie ›so‹ zu sich nehmen und dann bei ihr auch ihre Mutter versorgt sein würde. Warwara erfuhr durch die Heiratsvermittlerinnen von Lipa und begab sich nach Torgujewo.

Dann fand im Hause der Tante die Brautschau statt, wie es sich schickt, mit Schnaps und einem Imbiß, und Lipa trug ein rosafarbenes, eigens für die Brautschau genähtes Kleid; ein hochrotes Bändchen leuchtete wie eine Flamme in ihrem Haar. Sie war hager, schwächlich, blaß, mit feinen, zarten Gesichtszügen, von der Arbeit im Freien sonnverbrannt; ein schwermütiges, schüchternes Lächeln wich nicht von ihrem Gesicht, und ihre Augen schauten kindlich drein — zutraulich und voller Neugier.

Sie war jung und noch ganz mädchenhaft, mit kaum wahrnehmbarer Brust, aber man konnte sie schon verheiraten, weil sie die erforderlichen Jahre hatte. Tatsächlich war sie schön, und nur eines hätte an ihr nicht gefallen können — das waren ihre großen Männerhände, die jetzt müßig wie große Krebsscheren herabhingen.

»Daß es keine Mitgift gibt, das beachten wir nicht«, sagte der Alte zur Tante; »für unsern Sohn Stepan nahmen wir die Frau auch aus einer armen Familie, und jetzt können wir sie nicht genug loben. Im Hause und im Geschäft hat sie geradezu goldene Hände.«

Lipa stand an der Türe, als wolle sie sagen: ›Macht mit mir, was ihr wollt, ich vertraue euch‹; aber ihre Mutter Praskowja, die Tagelöhnerin, hatte sich in der Küche versteckt und verging fast vor Schüchternheit. Einst, noch in ihrer Jugend, hatte ein Kaufmann, bei dem sie die Fußböden scheuerte, ärgerlich vor ihr mit den Füßen gestampft, sie war heftig erschrocken, war ohnmächtig geworden, und der Schreck blieb ihr das ganze Leben lang in den Gliedern stecken. Und aus Angst zitterten immer ihre Hände und Füße, zitterten ihre Wangen. In der Küche sitzend, bemühte sie sich, das zu erlauschen, worüber die Gäste sprachen, und bekreuzte sich immerzu, die Finger an die Stirn drückend und auf das Heiligenbild schauend. Anissim, der leicht angetrunken war, öffnete die Küchentüre und sagte in ungezwungenem Tone: »Was sitzen Sie denn da, teures Mamachen? Ohne Sie ist's uns langweilig.«

Praskowja aber antwortete, eingeschüchtert, die Hände an ihre magere Brust pressend:

»Was sagen Sie da, erbarmen Sie sich ... Ich danke Ihnen vielmals ...«

Nach der Brautschau wurde der Hochzeitstag festgelegt. Danach ging Anissim zu Hause immer durch die Zimmer und pfiff vor sich hin; oder es fiel ihm plötzlich etwas ein, er wurde nachdenklich und blickte unbeweglich, starr zu Boden, als wollte er mit seinem Blick tief die Erde durchbohren. Er bezeigte weder Freude daran, daß er heiratete, schnell heiratete, am Sonntag nach Ostern schon, noch äußerte er den Wunsch, seine Braut zu sehen, sondern pfiff nur immer vor sich hin. Und es war offenkundig, daß er nur darum heiratete, weil Vater und Stiefmutter es wollten und weil es im Dorf nun einmal so hergebracht war; der Sohn heiratet, damit im Hause eine Helferin sei. Mit dem Fortfahren beeilte er sich nicht und benahm sich überhaupt nicht so wie bei seinen früheren Besuchen — er war irgendwie besonders ungezwungen und sprach nicht das, was notwendig war.

3

Im Dorfe Schikalowa lebten zwei zur Geißlersekte gehörige Schwestern, die Schneiderinnen waren. Ihnen wurde die Herstellung der neuen Kleider zur Hochzeit übertragen, und sie kamen häufig zu Anproben und tranken dann ausgiebig Tee. Warwara nähten sie ein braunes Kleid mit schwarzen Spitzen und Jet, Aksinja ein hellgrünes mit gelbem Einsatz und Schleppe. Als die Schneiderinnen fertig waren, bezahlte Zybukin sie nicht mit Geld, sondern mit Waren aus seinem Laden, und sie gingen traurig von ihm fort, in den Händen die Bündelchen mit Stearinkerzen und Sardinenbüchsen, die sie nicht brauchten; und als sie das Dorf hinter sich hatten und ins Freie gekommen waren, setzten sie sich auf ein Hügelchen und weinten.

Anissim kam drei Tage vor der Hochzeit, ganz neu eingekleidet. Er trug glänzende Gummigaloschen und statt einer Halsbinde eine rote Schnur mit Kügelchen; ein gleichfalls neuer Paletot hing ihm lose über die Schultern.

Nachdem er würdevoll vor den Heiligenbildern gebetet hatte, begrüßte er seinen Vater und gab ihm zehn silberne Rubel- und zehn Halbrubelstücke, und Warwara gab er ebensoviel, Aksinja zwanzig silberne Viertelrubelstücke. Der Hauptreiz bei diesem Geschenk bestand darin, daß alle Münzen wie ausgesucht neu waren und in der Sonne funkelten. Anissim bemühte sich, würdevoll und ernst zu erscheinen, straffte sein Gesicht und blies die Backen auf.

Er roch nach Schnaps: wahrscheinlich war er auf jeder Station ans Büfett gegangen. Und wiederum war an ihm eine gewisse Ungebundenheit, irgendein Zuviel bemerkbar. Später tranken Anissim und der Alte Tee und aßen etwas dazu; Warwara aber nahm die neuen Rubel in ihre Hände und erkundigte sich nach den in der Stadt lebenden Landsleuten.

»Nun, es geht gottlob so, es geht ihnen gut«, antwortete Anissim. »Nur Iwan Jegorow starb seine Alte Sofja Nikiforowna. An Schwindsucht. Den Leichenschmaus hatte man beim Konditor bestellt, zweieinhalb Rubel für jeden. Es gab auch richtigen Wein. Für die Bauern, unsere Landsleute, für sie hatte man auch für zweiundeinhalb Rubel bestellt — aber sie aßen nichts davon. Was versteht auch ein Bauer von Sauce!«

»Zweiundeinhalb Rubel!« sagte der Alte und schüttelte den Kopf.

»Nun was? Es ist ja kein Dorf. Man geht etwa in ein Restaurant, um ein wenig zu essen, verlangt dies und jenes, dann findet sich alsbald eine Kumpanei zusammen, man trinkt etwas — ehe man sich's versieht, ist der Morgen da, und nun hat jeder drei oder vier Rubel zu zahlen. Wenn man mit Samorodow zusammenkommt, so liebt der es, daß nach allem noch Kaffee mit Kognak getrunken wird, und der Kognak kostet sechs Zehner das Gläschen.«

»Alles ist geschwindelt«, rief der Alte entzückt aus. »Alles ist geschwindelt.«

»Ich bin jetzt immer mit Samorodow zusammen. Das ist derselbe Samorodow, der an euch meine Briefe schreibt. Er schreibt großartig. Und wenn ich erzählen wollte, Mamachen«, fuhr heiter Anissim, zu Warwara gewendet, fort, »was dieser selbe Samorodow für ein Mensch ist, Ihr würdet es nicht glauben. Wir alle nennen ihn Muchtar, weil er ganz schwarz wie ein Armenier ist. Ich durchschaue ihn ganz und gar, kenne alle seine Angelegenheiten wie meine fünf Finger da, Mamachen, und er fühlt das und folgt mir auf Schritt und Tritt, bleibt nicht zurück, und jetzt kann uns kein Wasser mehr auseinanderbringen. Ihm ist es wohl etwas unbehaglich zumute, aber ohne mich kann er nicht leben. Wohin ich gehe, dahin geht auch er. Ich habe, Mamachen, ein sicheres, zuverlässiges Auge. Ich sehe etwa auf dem Trödelmarkt: ein Bauer verkauft ein Hemd. — Halt, das Hemd ist gestohlen! — Und tatsächlich stellt sich heraus, daß das Hemd gestohlen ist.«

»Woher weißt du das?« fragte Warwara.

»Von nirgendswoher; ich habe eben ein Auge dafür. Ich weiß nicht, was das für ein Hemd ist, aber irgend etwas zieht mich zu ihm hin: es ist gestohlen und damit basta. In der Detektivabteilung bei uns heißt es immerzu: ›Nun, Anissim, geh Waldschnepfen schießen!‹ Das heißt, Gestohlenes suchen. Ja ... Stehlen kann jeder, aber wie es aufbewahren! Die Erde ist groß, aber Gestohlenes kann man doch nirgends verstecken.«

»In unserm Dorf hat man in voriger Woche den Guntorews einen Hammel und zwei junge Schafe weggetrieben«, sagte Warwara und seufzte. »Und niemand ist da, um nachzuforschen ... Ei-ei-ei!«

»Was? Natürlich kann man nachforschen. Das ist doch nichts.«

Der Hochzeitstag war gekommen. Es war ein kühler, aber klarer, heiterer Apriltag. Schon vom frühen Morgen an fuhren in Uklejewo, mit den Schellen läutend, Troikas und Zweispänner mit verschiedenartigen Bändern an Krummholz und Mähnen. In den Weiden lärmten, durch dies Hin- und Herfahren aufgescheucht, die Saatkrähen, und die Stare sangen angestrengt und unaufhörlich, als freuten sie sich, daß bei Zybukins Hochzeit sei.

Im Hause standen auf den Tischen bereits große Fische, Schinken und gefüllte Vögel, Kistchen mit Sprotten, verschiedenes Eingesalzenes und Marinaden, eine Menge Schnaps- und Weinflaschen, es duftete nach Räucherwurst und marinierten Hummern. Und der Alte ging um die Tische herum, mit den Absätzen klappernd und Messer an Messer wetzend. Ständig rief man Warwara, forderte irgend etwas, und mit verstörtem Gesicht, schwer atmend, lief sie immerfort in die Küche, wo seit dem frühen Morgen Kostjukows Koch und die herrschaftliche Köchin von Chrymins den Jüngeren arbeiteten. Aksinja, mit gelocktem Haar, ohne Kleid, im Korsett und in neuen knarrenden Schuhchen, eilte wie ein Wirbelwind über den Hof, und nur ihre nackten Knie und ihre Brust schimmerten auf. Es ging laut zu, man hörte Schimpfworte und Schwüre; die Vorübergehenden blieben vor dem weit geöffneten Tore stehen, und man merkte an allem, daß etwas Ungewöhnliches im Anzuge sei.

Die Braut wird abgeholt.

Die Schellen begannen zu tönen und erstarben weit draußen vor dem Dorf ... Nach zwei Uhr lief das Volk zusammen, wieder hörte man die Schellen: man brachte die Braut! Die Kirche war überfüllt, der Kronleuchter brannte, die Sänger sangen, wie der alte Zybukin es gewünscht hatte, nach Noten. Der Lichterglanz und die grellen Kleider blendeten Lipa, es schien ihr, als hämmerten die Sänger mit ihren lauten Stimmen auf ihrem Kopf herum; das Korsett, das sie zum ersten Male in ihrem Leben anhatte, und die Halbstiefel drückten sie; sie sah aus, als wäre sie soeben aus einer Ohnmacht erwacht — sie blickte nur vor sich hin und schien nichts zu bemerken.

Anissim, im schwarzen Rock mit der roten Schnur an Stelle der Halsbinde, sah nachdenklich aus und starrte auf einen Punkt; und jedesmal, wenn die Sänger laut aufschrien, bekreuzigte er sich rasch. Sein Herz war gerührt, und er wollte weinen. Diese Kirche war ihm seit seiner frühen Kindheit bekannt; einst hatte ihn seine verstorbene Mutter hierher zum Abendmahl gebracht, hier hatte er auf dem Chore mit den Knaben gesungen, an jede Ecke, an jedes Heiligenbild erinnerte er sich. Da traut man ihn nun, man muß ihn der Ordnung halber verheiraten, aber er dachte nicht mehr daran, erinnerte sich kaum noch daran und hatte die Hochzeit völlig vergessen. Tränen hinderten ihn, die Heiligenbilder anzusehen, an seinem Herzen nagte etwas, er sprach ein Gebet und bat Gott, daß das unvermeidliche Unglück, das, wenn nicht heute, so doch morgen über ihn hereinbrechen mußte, irgendwie an ihm vorüberginge, so wie zur Zeit der Dürre Gewitterwolken ein Dorf umgehen und nicht einen Regentropfen bringen. Und so viele Sünden hatte er in der Vergangenheit angehäuft, soviel Sünden — so ausweglos, so unverbesserlich war alles, daß es geradezu unziemlich schien, um Vergebung zu bitten. Aber er bat doch um Vergebung und schluchzte sogar einmal laut auf, aber niemand beachtete das, da man meinte, daß er angetrunken sei. Man hörte aufgeregtes Kinderweinen.

»Liebes Mütterchen, bring mich von hier fort!«

»Still dort!« rief der Geistliche.

Als man aus der Kirche heimkehrte, lief das Volk hinterher; vor dem Laden, am Hoftor und im Hof unter den Fenstern stand auch eine Menschenschar. Die Weiber kamen, um Lieder auf das junge Paar zu singen. Kaum hatten die Neuvermählten die Schwelle überschritten, da schrien die Sänger, die mit ihren Noten bereits im Flur standen, laut und aus allen Kräften; die eigens aus der Stadt bestellte Musikkapelle begann zu spielen. Man reichte schon Donschen Schaumwein in hohen Gläsern herum, und der Polier Jelisarow, ein hochgewachsener, hagerer Alter mit so dichten Brauen, daß die Augen kaum zu sehen waren, sagte, zu den Neuvermälten gewandt: »Anissim und du, Kindchen, liebet einander, lebet fromm, ihr Kindlein, und die himmlische Königin wird euch nicht verlassen.« Er sank dem Alten an die Schulter und schluchzte auf. »Grigori Petrow, weinen wir, weinen wir vor Freude!« sagte er mit dünnem Stimmchen und lachte plötzlich auf und fuhr mit lauter Baßstimme fort: »Ho-ho-ho! Auch diese Schwiegertochter ist hübsch! Alles ist nämlich bei ihr am rechten Fleck, alles ganz glatt, es klappert nicht, der ganze Mechanismus ist in Ordnung, Schrauben genug ...«

Er stammte aus dem Kreise Jegorjew, arbeitete aber seit jungen Jahren in den Fabriken von Uklejewo und im Kreise überhaupt und hatte sich hier eingelebt. Man kannte ihn schon lange als alten, genauso hageren und langen Mann und nannte ihmn schon immer ›Krückstock‹. Vielleicht weil er seit mehr als vierzig Jahren in den Fabriken sich nur mit Reparaturen befassen mußte, urteilte er über jeden Manschen oder jedes Ding nur vom Gesichtspunkt der Haltbarkeit: ob nicht eine Reparatur erforderlich sei. Und ehe er sich an den Tisch setzte, probierte er einige Stühle, ob sie auch haltbar seien, und sogar einen großen Felchen* betastete er.

Nach dem Schaumwein setzten sich alle zu Tisch. Die Gäste unterhielten sich, rückten mit den Stühlen. Im Flur sangen die Sänger, die Kapelle spielte, und gleichzeitig priesen die Weiber einstimmig auf dem Hofe die Neuvermählten — und ein so entsetzliches, wildes Gemisch von Klängen entstand, daß einem der Kopf dröhnte.

Krückstock drehte sich auf seinem Stuhl hin und her und

* ein Speisefisch.

stieß die Nachbarn mit den Ellenbogen, hinderte sie am Reden, bald weinend, bald lachend.

»Kindlein, Kindlein, Kindlein«, murmelte er schnell. »Aksinjuschka, Liebes, Warwaruschka, laßt uns alle in Frieden und Eintracht leben, meine geliebten Äxtlein ...«

Er trank sonst wenig und war jetzt von einem Gläschen englischen Bittern betrunken. Dieser ekelhafte, wer weiß, woraus hergestellte Bittere betäubte alle, die ihn tranken, als ob er ihnen eine Hieb versetzt hätte. Die Zungen begannen sich zu verwirren.

Die Geistlichkeit war auch anwesend, die Angestellten aus den Fabriken mit ihren Frauen, die Händler und Gastwirte aus den andern Dörfern. Der Gemeindevorsteher und der Gemeindeschreiber, die schon vierzehn Jahre zusammen dienten und in der ganzen Zeit nicht ein Schriftstück unterzeichnet, nicht einen Menschen aus der Gemeindeverwaltung herausgelassen hatten, ohne ihn zu betrügen oder zu beleidigen, saßen jetzt nebeneinander, beide dick und satt, und es schien, als wären sie schon derart mit Unrecht durchtränkt, daß sogar die Haut auf ihren Gesichtern ganz besonders schurkenhaft geworden war. Die Frau des Schreibers, ein abgemagertes, schielendes Weib, hatte alle ihre Kinder mitgebracht, und wie ein Raubvogel schielte sie nach den Tellern und raffte alles, was ihr unter die Hände kam, zusammen und steckte es sich und ihren Kindern zu.

Lipa saß wie versteinert da, mit dem gleichen Ausdruck wie in der Kirche. Anissim hatte, seit er sie kennengelernt, mit ihr noch kein Wort gesprochen, so daß er bis jetzt nicht einmal wußte, was für eine Stimme sie hatte; auch jetzt, da er neben ihr saß, schwieg er und trank den englischen Bittern, und als er ganz betrunken war, sagte er, zur Tante, die ihm gegenübersaß, gewandt: »Ich habe einen Freund mit Namen Samorodow. Ein ganz besonderer Mensch. Persönlicher Ehrenbürger, versteht sich zu unterhalten. Aber ich, Tantchen, durchschaue ihn ganz und gar, und er fühlt es. Erlauben Sie, daß ich mit Ihnen, Tantchen, auf Samorodows Gesundheit anstoße!«

Warwara ging um den Tisch herum, die Gäste bewirtend, ermüdet, verwirrt aber sichtlich zufrieden, daß es so viele Gerichte gab und alles so reichlich war — jetzt könnte niemand etwas aussetzen. Die Sonne war untergegangen, aber das Mahl hörte nicht auf; man merkte schon nicht mehr, was man aß und trank; man konnte nicht mehr verstehen, was gesprochen wurde, und nur zuweilen, wenn die Musik verstummte, war deutlich zu hören, wie draußen ein Weib schrie: »Mit unserm Blut habt ihr euch vollgesogen, ihr Lumpen, daß euch der Teufel hole!«

Abends wurde getanzt, Chrymins die Jüngeren kamen mit ihrem eigenen Weine, und während man Quadrille tanzte, hielt einer von ihnen in jeder Hand eine Flasche und im Munde ein Weinglas, und das brachte alle zum Lachen. Mitten in der Quadrille hockten sich einige nieder, um den ›Russischen‹ zu tanzen; die grüne Aksinja schwirrte nur so herum, und ihre Schleppe fegte im Wind. Jemand trat ihr unten den Kleidersaum ab, und Krückstock rief: »Hei, da unten hat man die Plinthe losgerissen! Kinderchen!«

Aksinja hatte graue, naive Augen, die selten blinzelten, und auf ihrem Gesicht spielte beständig ein naives Lächeln. Und in diesen kaum einmal blinzelnden Augen, in dem kleinen Kopf auf dem langen Hals und in ihrer Schlankheit lag etwas Schlangenhaftes; grün, mit gelber Brust, lächelnd schaute sie, wie eine Natter im Frühjahr aus dem jungen Roggen die Vorübergehenden anblickt, lang ausgestreckt und mit erhobenem Kopf. Chrymins die

Jüngeren gingen ziemlich frei mit ihr um, und es war unverkennbar, daß sie zu dem Älteren von ihnen schon lange in nahen Beziehungen stand. Aber der Taube merkte nichts und sah nicht nach ihr; er saß da, ein Bein über das andere geschlagen, aß Nüsse und zerknackte sie so laut, als schösse er mit der Pistole.

Doch nun trat auch der alte Zybukin selber in die Mitte und schwenkte das Tuch, zum Zeichen, daß auch er den Russischen tanzen wolle, und durch das ganze Haus und im Hofe hörte man in der Menge zustimmende Rufe: »Der Herr selbst will tanzen! Der Herr selber!«

Warwara tanzte, der Alte aber schwenkte immerfort nur das Tuch und schlug mit den Absätzen auf, aber die, welche dort im Hofe, einen über den andern gebeugt, in die Fenster schauten, waren entzückt und vergaben ihm für einen Augenblick alles — seinen Reichtum und alles Böse ...

»Ein fescher Kerl, der Grigorij Petrow!« hörte man in der Menge. »So, gib dir Mühe! Du kannst also auch noch was! Ha-ha!«

All das endete spät, erst nach ein Uhr nachts. Anissim ging schwankend, um sich zu verabschieden, durch die Reihen der Sänger und Musikanten und schenkte jedem ein neues Halbrubelstück. Und der Alte begleitete, nicht schwankend, aber immer auf einen Fuß tretend, die Gäste und sagte zu jedem: »Die Hochzeit hat zweitausend gekostet.«

Als die Gäste auseinandergingen, vertauschte jemand dem Schikalowschen Gastwirt sein neues Wams gegen ein altes, und Anissim flammte plötzlich auf und begann zu rufen: »Halt! Ich werde ihn sofort finden! Ich weiß, wer es gestohlen hat. Halt!«

Er lief auf die Straße hinaus, hinter jemandem her; aber man ergriff ihn, nahm ihn unter die Arme und brachte ihn nach Hause. Betrunken, rot vor Zorn, naß, stieß man ihn in das Zimmer, wo die Tante Lipa bereits auskleidete — und schloß ihn dort ein ...

4

Fünf Tage waren vergangen, Anissim hatte sich zur Abfahrt bereitgemacht und ging hinauf zu Warwara, um sich zu verabschieden. Bei ihr brannten alle Lämpchen vor den Heiligenbildern, es roch nach Weihrauch, sie saß am Fenster und strickte an einem Strumpf aus roter Wolle.

»Du bist nur kurze Zeit bei uns gewesen«, sagte sie. »Es ist dir wohl langweilig geworden, was? Ei-ei-ei ... Wir führen ein gutes Leben, haben von allem genug und haben deine Hochzeit ordentlich gefeiert, wie es sich gehört; der Alte sagt, daß sie zweitausend gekostet habe. Mit einem Wort, wir leben, wie es Kaufleute tun, nur ist es bei uns langweilig. Auch übervorteilen wir das Volk gar zu sehr. Das Herz tut mir weh, Lieber, — mein Gott, wie wir es übervorteilen! Ob wir Pferde tauschen oder etwas einkaufen oder Arbeiter dingen — bei allem ist Betrug im Spiele, Betrug, nichts wie Betrug! Das Fastenöl im Laden ist bitter und verdorben — bei andern Leuten ist der Teer besser. Sag mir doch bitte, ist es denn nicht möglich, mit gutem Öl zu handeln?«

»Jeder treibt's so, wie er's kann, Mamachen.«

»Aber wir müssen doch einmal sterben! Ach, wirklich, du solltest einmal mit Vater sprechen! ...«

»Sie könnten ja selber sprechen.«

»Nun — nun! Ich sag ihm schon meine Meinung, aber er antwortet geradeso wie du immer mit dem einen: Jeder treibt's, wie er's kann. In jener Welt wird man danach nicht fragen ... Gott ist ein gerechter Richter.«

»Natürlich wird niemand danach fragen«, sagte seufzend Anissim. »Einen Gott, Mamachen, gibt's ja gar nicht. Wonach also wird man dort fragen?«

Warwara blickte ihn verwundert an, schlug die Hände zusammen und lachte auf. Als sie sich so aufrichtig über seine Worte wunderte und ihn wie einen wunderlichen Kauz anblickte, wurde er verlegen.

»Vielleicht gibt es auch einen Gott, nur fehlt mir der Glaube«, sagte er. »Als man mich traute, war mir's nicht recht geheuer zumute. Wie wenn man unter dem Huhn ein Ei wegnimmt und in ihm ein Küchlein piepst, so fing auch in mir das Gewissen zu piepsen an, und während ich getraut wurde, dachte ich immer: Es gibt einen Gott! Als ich aber aus der Kirche heraus war, war alles aus ... Und woher soll ich auch wissen, ob es einen Gott gibt oder nicht? Uns lehrte man von Kindheit an das nicht ... das Kindchen saugte noch die Mutterbrust, und schon lehrte man uns nur das eine: Jeder treibt's, wie er's kann. Papachen glaubt ja auch nicht an Gott. Sie erzählten neulich, daß man bei Gustorew Schafe gestohlen habe ... Ich habe es herausgekriegt: ein Bauer aus Schikalowa stahl sie; er stahl sie, die Felle aber waren bei Papachen ... Da haben Sie Ihren Glauben!«

Anissim blinzelte sie mit einem Auge an und schüttelte den Kopf.

»Und der Gemeindevorsteher glaubt auch nicht an Gott«, fuhr er fort, »der Schreiber auch nicht und der Mesner auch nicht. Und wenn sie in die Kirche gehen und die Fasten einhalten, so geschieht es nur, damit die Leute nicht schlecht über sie reden, und für den Fall, daß es vielleicht wirklich ein Jüngstes Gericht geben sollte. Jetzt redet man so, als ob das Weltenende bevorstünde, weil das Volk schwach geworden ist, die Eltern nicht ehrt und so weiter. Das ist alles Unsinn. Ich, Mamachen, sehe das so an, daß alles Unglück daher kommt, daß die Leute kein Gewissen haben ... Ich durchschaue das ganz und gar und begreife es. Wenn ein Mensch ein gestohlenes Hemd anhat, so sehe ich es. Der Mann sitzt im Wirtshaus, und es scheint Ihnen so, als ob er Tee trinke und weiter nichts; ich aber lasse Tee Tee sein und sehe noch dazu, daß er kein Gewissen hat. Man kann einen ganzen Tag so herumgehen — und sieht keinen Menschen, der ein Gewissen hat. Das hat alles seinen Grund darin, daß man nicht weiß, ob es einen Gott gibt oder nicht ... Nun aber leben Sie wohl, Mamachen. Bleiben Sie gesund und denken Sie nicht schlecht von mir.«

Anissim verneigte sich vor Warwara bis zur Erde.

»Ich danke Ihnen für alles, Mamachen«, sagte er. »Unsere Familie hat viel Nutzen von Ihnen, Sie sind eine vortreffliche Frau, und ich bin sehr glücklich über Sie.«

Gerührt ging Anissim hinaus, kehrte aber noch einmal um und sagte: »Samorodow hat mich in eine besondere Sache verwickelt: entweder werde ich reich werden oder zugrunde gehen. Wenn etwas passieren sollte, Mamachen, trösten Sie bitte meinen Vater.«

»Na nun, was ist denn das? Ei-ei-ei ... Gott ist gnädig. Aber du, Anissim, solltest deine Frau liebevoll behandeln; ihr seht euch ja beide ganz böse an; wenn ihr nur einmal lachen wolltet, wirklich.«

»Ja, sie ist recht sonderbar ...«, sagte Anissim und seufzte. »Sie scheint gar kein Verständnis zu haben und schweigt immerzu. Sie ist noch sehr jung, muß erst etwas älter werden.«

An der Treppe stand schon der große, feiste Schimmelhengst, vor den Scharaban gespannt.

Der alte Zybukin sprang mit einem Anlauf hinein, setzte sich stolz hin und ergriff die Zügel. Anissim küßte sich mit Warwara, Aksinja und seinem Bruder. Auf der

Veranda stand auch Lipa; sie stand unbeweglich da und blickte zur Seite, als wäre sie nicht, um ihm das Geleit zu geben, sondern aus irgendeinem andern Grunde herausgekommen; Anissim trat an sie heran und berührte mit den Lippen leise, kaum merklich, ihre Wange.

»Leb wohl«, sagte er.

Und sie lächelte auf sonderbare Art, ohne ihn anzusehen; in ihrem Gesicht zuckte es, und allen wurde es irgendwie leid um sie. Anissim setzte sich auch mit einem Anlauf hin und stemmte die Hände in die Seiten; denn er hielt sich für schön.

Während sie aus der Schlucht hinauffuhren, sah sich Anissim immerfort nach dem Dorfe um. Es war ein warmer, heiterer Tag. Das Vieh wurde zum ersten Male ausgetrieben, und feiertäglich gekleidete Frauen und Mädchen gingen um die Herde herum. Der braune Stier brüllte voll Freude über seine Freiheit und warf mit den Vorderfüßen die Erde auf. Überall, oben und unten, sangen die Lerchen. Anissim sah sich nach der schlanken weißen Kirche um — sie war vor kurzem geweißt worden — und dachte daran, wie er vor fünf Tagen dort gebetet hatte; er sah sich auch nach der Schule mit dem grünen Dach um, nach dem Flüßchen, in dem er einstmals gebadet und geangelt hatte, und Freude regte sich in seiner Brust, und er hätte gewünscht, es möchte plötzlich aus der Erde eine Mauer aufsteigen und ihn nicht weiterlassen, und er bliebe dann nur mit seiner Vergangenheit.

Auf der Eisenbahnstation gingen sie ans Büfett und tranken ein Glas Sherry. Der Alte fuhr in die Tasche nach dem Geldbeutel, um zu zahlen.

»Ich halte Sie frei!« sagte Anissim.

Der Alte klopfte ihn gerührt auf die Schulter und blinzelte dem Büfettier zu: »Sieh nur, was ich für einen Sohn habe.«

»Du solltest zu Hause bleiben, im Geschäft«, sagte er; »da wärest du uns unschätzbar. Ich würde dich von oben bis unten vergolden, Söhnchen!«

»Das geht unmöglich, Papachen.«

Der Sherry war säuerlich, er roch nach Siegellack; sie tranken aber noch ein Glas.

Als der Alte von der Station zurückgekehrt war, erkannte er im ersten Augenblick seine jüngere Schwiegertochter nicht wieder. Kaum war ihr Mann vom Hof gefahren, da war Lipa ganz verändert und plötzlich heiter geworden. Barfuß, in einem alten, abgetragenen Unterrock, die Ärmel bis zu den Schultern aufgekrempelt, wusch sie im Flur die Treppe und sang mit ihrer feinen, silbernen Stimme. Und wenn sie den großen Eimer mit dem Spülichtwasser hinaustrug und mit kindlichem Lächeln in die Sonne blickte, dann sah sie auch wie eine Lerche aus.

Der alte Knecht, der an der Veranda vorbeiging, schüttelte den Kopf und räusperte sich.

»Was du doch für Schwiegertöchter hast, Grigorij Petrow! Gott selbst hat sie dir gesandt!« sagte er. »Das sind keine Weiber, sondern ein wahrer Schatz!«

5

Freitag, den achten Juli, kehrten Jelisarow, genannt Krückstock, und Lipa aus dem Dorf Kasanskoje heim, wohin sie anläßlich des Kirchweihfestes, des Festes der Kasanschen Mutter Gottes, gepilgert waren. Weit hinter ihnen kam Lipas Mutter Praskowja, die immerfort zurückblieb, da sie krank war und ihr der Atem ausging. Es war gegen Abend.

»A-aa!« rief Krückstock verwundert aus, indem er Lipa zuhörte. »A-a! ... Nun!«

»Ich, Ilja Makarytsch, bin eine große Freundin von Warenje«, sagte Lipa. »Ich setze mich dann in ein Eckchen und trinke immer Tee mit Warenje. Oder ich trinke zusammen mit Warwara Nikolajewna, und sie erzählt uns etwas Rührendes. Sie hat viel Warenje — vier Gläser voll. ›Iß nur, Lipa‹, sagt sie, ›genier dich nicht.‹«

»A-aa! ... Vier Gläser!«

»Sie leben üppig. Tee mit Weißbrot, und Rindfleisch auch, soviel man will. Sie leben üppig, nur ist's unheimlich bei ihnen, Ilja Makarytsch. Hu, wie unheimlich!«

»Was ist dir denn unheimlich?« fragte Krückstock und hielt Ausschau, ob Praskowja weit zurückgeblieben sei.

»Anfangs, nachdem die Hochzeit gewesen war, fürchtete ich mich vor Anissim Grigorjitsch. Er tat mir nichts und kränkte mich nicht, aber wenn er mir nur nahe kam, lief mir ein Schauer durch alle Glieder. Und keine einzige Nacht habe ich geschlafen, ich zitterte immer und betete zu Gott. Und jetzt fürchte ich mich vor Aksinja, Ilja Makarytsch. Sie tut mir nichts und lächelt immerzu, aber zuweilen, wenn sie zum Fenster hinausblickt, sind ihre Augen so böse und funkeln so grün wie bei einem Schaf im Stall ... Chrymins, die Jüngeren, bedrängen sie immerfort: ›Euer Alter‹, sagen sie, ›besitzt das Grundstück Butjokino, an vierzig Desjatinen groß, Sand und Wasser sind da, so baue du‹, sagen sie, ›Aksjuscha, dort eine Ziegelei, und wir beteiligen uns daran.‹ Der Ziegel steht jetzt auf zwanzig Rubel das Tausend. Ein vorteilhaftes Geschäft. Gestern beim Mittagessen sagte auch Aksinja zum Alten: ›Ich will‹, sagte sie, ›in Butjokino eine Ziegelei bauen, ich werde selber Kaufmann werden.‹ Sagt's und lacht. Grigorij Petrow aber wurde im Gesicht ganz dunkel; man sah, daß er ihm nicht gefiel. ›Solange ich lebe‹, sagt er, ›soll keine Trennung erfolgen, alle müssen zusammenbleiben.‹ Doch sie funkelte mit den Augen, begann mit den Zähnen zu knirschen ... Als man Oladjen* auftrug, aß sie nichts davon!«

»A-aa! ...« rief Krückstock erstaunt. »Aß nichts davon!«

»Und dann sag mir bitte einer, wann sie eigentlich schläft!« fuhr Lipa fort. »Wenn sie ein halbes Stündchen schläft, dann springt sie auf, geht herum, geht überall herum, guckt nach, ob nicht die Bauern Feuer gelegt, ob sie nicht etwas gestohlen haben ... Unheimlich ist's mit ihr, Ilja Makarytsch! Und Chrymins, der Jüngeren, gingen nach der Hochzeit gar nicht zu Bett, sondern fuhren zur Stadt ins Gericht, und das Volk sagt, daß dies alles Aksinja wegen geschah. Zwei der Brüder hatten ihr versprochen, die Ziegelei zu bauen, aber der dritte fühlte sich benachteiligt; die Fabrik stand fast einen Monat lang still; und mein Onkel Prochor bettelte ohne Arbeit in den Höfen umher. ›Du solltest doch‹, sagte ich, ›Onkelchen, vorläufig pflügen gehen oder Holz sägen, brauchst dich nicht zu schämen!‹ ›Ich habe‹, sagt er, ›bäuerliche Arbeit verlernt, verstehe nichts mehr, Lipynjka!‹«

An einem jungen Espenhain machten sie halt, um auszuruhen und auf Praskowja zu warten. Jelisarow war schon lange Polier, hielt sich aber kein Pferd, sondern ging zu Fuß im ganzen Kreis umher mit einem Säckchen, in welchem Brot und Zwiebeln waren; er schritt, mit den Armen schlenkernd, weit aus, und es war schwer, mit ihm Schritt zu halten.

Beim Eintritt in den Hain stand ein Grenzpfosten, Jelisarow rührte ihn an, ob er auch dauerhaft sei ... Praskowja kam außer Atem heran. Ihr gerunzeltes, immer erschrecktes Gesicht stahlte vor Glück: sie war heute, wie alle, in der Kirche gewesen, hatte dann den Jahrmarkt

* eine Art Pfannkuchen.

besucht und dort Birnenkwaß getrunken! Das war ihr selten geschehen, und es schien ihr jetzt sogar, als ob sie heute zum ersten Male in ihrem Leben einen vergnügten Tag gehabt habe. Nachdem sie sich ausgeruht hatten, gingen alle drei zusammen weiter. Die Sonne sank schon, ihre Strahlen drangen in den Wald und glänzten auf den Baumstämmen. Vorn ertönten laute Stimmen. Die Uklejewschen Mädchen waren schon lange vorausgegangen, hatten sich aber hier im Hain aufgehalten: wahrscheinlich waren sie beim Pilzesammeln.

»He, Mädels!« schrie Jelisarow. »He, ihr Schönen!«

Als Antwort ertönte Gelächter.

»Der Krückstock kommt, der Krückstock kommt! Der alte Knacker!«

Und das Echo lachte zurück.

Nun lag auch der Wald hinter ihnen. Man sah schon die Spitzen der Fabrikschornsteine, auf dem Kirchturm blinkte das Kreuz: es war das ›Dorf, eben das Dorf, wo der Mesner bei der Beerdigung den ganzen Kaviar aufgegessen hatte.‹ Da waren beinahe schon die Häuser, man brauchte nur noch in die große Schlucht hinabzusteigen. Lipa und Praskowja, die barfuß gegangen waren, setzten sich ins Gras und zogen die Schuhe an; auch Jelisarow setzte sich hin. Von oben gesehen, schien Uklejewo mit seinen Weidensträuchern, der weißen Kirche und dem Flüßchen schön und ruhig zu sein — nur die Fabrikdächer, die aus Sparsamkeit mit düsterer und unbestimmter Farbe angestrichen waren, störten den Eindruck. Auf dem gegenüberliegenden Abhang der Schlucht sah man ein frischgemähtes Roggenfeld — die Haufen und Garben hie und da wie vom Sturm auseinandergeworfen; auch der Hafer war schon reif und schimmerte jetzt wie Perlmutter in der Sonne. Es war Erntezeit. Heute war Feiertag, morgen am Samstag mußte der Roggen eingebracht, das

Heu abgefahren werden; dann kam der Sonntag, also wieder Feiertag; täglich grollte in der Ferne der Donner; es war schwül und sah nach Regen aus, und jeder, der jetzt aufs Feld sah, dachte daran, daß Gott das Korn rechtzeitig einbringen lassen möchte; im Herzen war's heiter und fröhlich und unruhig zugleich.

»Die Schnitter sind heutzutage teuer«, sagte Praskowja. »Ein Rubel vierzig den Tag!«

Vom Jahrmarkt in Kasanskoje kam immer mehr Volk zurück; Weiber, Fabrikarbeiter in neuen Mützen, Bettler, Kinder ... Bald fuhr ein Bauernwagen, Staub aufwirbelnd, vorbei, und hinten lief ein unverkauftes Pferd, das froh zu sein schien, daß man es nicht verkauft hatte; bald führte man an den Hörnern eine störrische Kuh, bald kam wieder ein Wagen mit betrunkenen Bauern, die ihre Beine herabhängen ließen. Eine Alte führte einen Knaben mit einer großen Mütze und in großen Stiefeln; der Knabe war durch die Hitze und seine schweren Stiefel, die ihm die Knie nicht zu bewegen erlaubten, erschöpft, aber dennoch blies er unaufhörlich und aus Leibeskräften auf einer Kindertrompete; man war schon in die Schlucht hinabgekommen und bog in die Straße ein, aber immer noch hörte man die Trompete.

»Mit unsern Fabrikanten ist etwas nicht in Ordnung ...«, sagte Jelisarow. »Eine wahre Not! Kostjukow hat sich über mich geärgert: ›Für die Gesimse sind zuviel Bretter verbraucht worden.‹ — ›Wieso zuviel? Soviel, wie nötig waren, Wassilij Danilytsch, wurden auch verbraucht‹, sage ich. ›Ich esse sie doch nicht mit der Kascha zusammen, die Bretter.‹ — ›Wie kannst du‹, sagt er, ›mir so erwidern? Trottel, Esel! Du vergißt dich. Ich‹, schreit er, ›habe dich zum Polier gemacht!‹ — ›Na nun‹, sage ich, ›so ein Wunder! Als ich noch nicht Polier war, habe ich auch jeden Tag Tee getrunken.‹ — ›Ihr alle‹, sagt er, ›seid

Spitzbuben ...‹ Ich schwieg still. Wir sind in dieser Welt Spitzbuben, denke ich bei mir, ihr werdet in jener Welt Spitzbuben sein. Ho-ho-ho! Am andern Tag war er schon weich geworden. ›Sei mir nicht böse, Makarytsch, wegen meiner Worte‹, sagt er. ›Wenn ich auch etwas zuviel gesagt habe, so bin ich doch sozusagen Kaufmann der ersten Gilde, höher als du — da mußt du schweigen.‹ ›Sie‹, sage ich, ›sind Kaufmann der ersten Gilde, und ich bin Zimmermann, das ist schon richtig. Auch der heilige Joseph‹, sage ich, ›war Zimmermann. Mein Handwerk ist ein ehrliches, Gott wohlgefälliges, wenn's aber Ihnen gefällt, vornehmer zu sein, so bitte sehr, Wassilij Danilytsch.‹ Nachher, nach diesem Gespräch, dachte ich bei mir: Wer ist denn höher? Ein Kaufmann der ersten Gilde oder ein Zimmermann? Doch wohl der Zimmermann, Kinderchen!«

Krückstock dachte eine Weile nach und sagte dann: »So ist's, Kinderchen. Wer sich abmüht, wer duldet, der ist auch höher.«

Die Sonne war schon untergegangen, und über dem Fluß, in der Umfriedung der Kirche und auf den Wiesen bei den Fabriken breitete sich dichter Nebel aus, weiß wie Milch. Jetzt, als die Dunkelheit schnell hereinbrach, begannen unten Lichter aufzuglänzen, und jetzt, da es schien, daß der Nebel einen bodenlosen Abgrund überdecke, stieg Lipa und ihre Mutter, die als Bettlerinnen geboren und auch bereit waren, bis zu ihrem Ende so weiter zu leben, indem sie den andern alles hingaben, außer ihren erschrockenen, sanften Seelen — jetzt stieg ihnen vielleicht für einen Augenblick der Gedanke auf, daß in dieser riesenhaften, geheimnisvollen Welt, in der endlosen Reihe von Lebewesen auch sie eine Kraft seien und höher stehen als jemand anderes; sie fühlten sich wohl, als sie hier oben saßen, sie lächelten glücklich und vergaßen, daß sie trotz alledem herabsteigen und heimkehren mußten.

Endlich kamen sie nach Hause. Am Tore und neben dem Laden saßen die Schnitter auf der Erde. Gewöhnlich gingen die Leute von Uklejewo nicht zu Zybukin auf Arbeit, er mußte fremde Arbeiter mieten, und jetzt schien es im Dunkeln, als säßen da Männer mit langen, schwarzen Bärten. Der Laden war offen, und man konnte durch die Tür sehen, wie der Taube mit dem Ladenjungen Dame spielte. Die Schnitter sangen leise, kaum hörbar, oder baten laut, sie für den gestrigen Tag abzulohnen, aber man zahlte ihnen nicht, damit sie bis morgen blieben.

Der alte Zybukin , ohne Rock, nur mit Weste, und Aksinja tranken vor der Treppe unter der Birke Tee; auf dem Tisch brannte die Lampe.

»Großväterchen!« rief vor dem Tore ein Schnitter, als ob er ihn necken wollte. »Zahl wenigstens die Hälfte, Großväterchen!«

Und sofort ertönte Gelächter, und dann sang man wieder kaum hörbar ... Krückstock setzte sich auch hin, um Tee zu trinken.

»Wir waren also auf dem Jahrmarkt«, begann er zu erzählen. »Wir amüsierten uns, Kinderchen, amüsierten uns gottlob sehr gut. Und da ist etwas Unangenehmes passiert: Der Schmied Saschka kaufte Tabak und gab dem Kaufmann ein Halbrubelstück. Das Stück aber war falsch«, fuhr Krückstock fort und blickte sich um; er wollte im Flüsterton sprechen, aber er sprach mit gedämpfter, heiserer Stimme, so daß ihn alle hören konnten. »Das Halbrubelstück erwies sich als falsch. Man fragte ihn: ›Wo hast du's her?‹ ›Das hat mir‹, sagte er, ›Anissim Zybukin gegeben. Als ich‹, sagte er, ›bei ihm auf der Hochzeit zechte ...‹ Man rief den Polizisten und führte ihn ab ...

Sieh zu, Petrowitsch, daß da nicht etwas daraus entsteht, irgendein unnützes Gerede ...«

»Großväterchen!« neckte immer dieselbe Stimme vor dem Tore. »Großväterchen!« Dann trat Schweigen ein.

»Ach, Kinderchen, Kinderchen, Kinderchen«, murmelte Krückstock hastig und stand auf; der Schlaf übermannte ihn. »Nun, ich danke für Tee und Zucker, Kinderchen. Es ist Zeit, schlafen zu gehen. Ich bin schon morsch geworden, die Balken in mir sind alle angefault. Ho-ho-ho!«

Und im Fortgehen sagte er: »Es ist sicher Zeit zum Sterben!«

Und er schluchzte auf. Der alte Zybukin trank seinen Tee nicht aus, blieb aber noch sitzen und dachte nach; sein Gesichtsausdruck war so, als horche er auf Jelisarows Schritte, der schon fern auf der Straße war.

»Saschka, der Schmied, hat vermutlich gelogen«, sagte Aksinja, die seine Gedanken erriet.

Er ging ins Haus und kehrte nach einer Weile mit einer Rolle Geld zurück; er wickelte sie auf — und nagelneue Rubelstücke blinkten ihm entgegen. Er nahm eines, probierte es mit den Zähnen und warf es auf das Tablett; dann warf er noch einen Rubel hin ...

»Die Rubel sind wirklich falsch ...«, sagte er und blickte voll Bestürzung Aksinja an. »Das sind jene ... Anissim brachte sie damals mit, sein Geschenk. Nimm sie, Töchterchen«, flüsterte er und drückte ihr die Rolle in die Hand: »nimm sie und wirf sie in den Brunnen ... Hol sie der Kuckuck! Und sieh zu, daß es kein Gerede gibt und nicht etwas daraus entsteht ... Räume den Samowar weg, mach das Feuer aus ...«

Lipa und Praskowja, die in der Scheune saßen, sahen, wie die Lichter eins nach dem andern erloschen; nur oben bei Warwara brannten die blauen und roten Lämpchen der

Heiligenbilder, und Ruhe, Zufriedenheit und Unschuld wehten von dort her. Praskowja konnte sich durchaus nicht daran gewöhnen, daß ihre Tochter mit einem reichen Mann verheiratet war, und wenn sie zu Besuch kam, drückte sie sich schüchtern auf dem Flur herum, lächelte flehentlich, und man schickte ihr Tee und Zucker heraus. Auch Lipa konnte sich nicht daran gewöhnen und schlief, nachdem ihr Mann weggefahren war, nicht in ihrem Bett, sondern, wie es gerade kam — in der Küche oder im Schuppen, und jeden Tag scheuerte sie die Diele oder sie wusch, und es kam ihr vor, als arbeitete sie für Tagelohn. Auch jetzt, vom Kirchgang zurückgekehrt, tranken sie mit der Köchin zusammen in der Küche Tee, gingen dann in den Schuppen und legten sich auf der Diele zwischen dem Schlitten und der Wand nieder. Es war dort dunkel und roch nach den Kumten. Um das Haus herum erloschen die Lichter, dann konnte man hören, wie der Taube den Laden schloß, wie die Schnitter sich auf dem Hofe zum Schlafen einrichteten. In der Ferne, bei Chrymins den Jüngeren, spielte man auf der teuren Ziehharmonika ... Praskowja und Lipa begannen einzuschlafen ... Und als irgendwelche Schritte sie weckten, war es bereits hell vom Mondschein; beim Eingang zum Schuppen stand Aksinja und hielt Bettzeug in den Händen.

»Hier ist's wohl kühler ...«, sagte sie, kam herein und legte sich fast an der Schwelle nieder, und der Mond beleuchtete ihre ganze Gestalt.

Sie schlief nicht und seufzte schwer; sich vor Hitze hin und her wälzend und fast alles von sich abwerfend — sah sie im zauberischen Mondschein wie ein schönes, stolzes Tier aus. Es verging einige Zeit, und wieder hörte man Schritte: in der Tür erschien der Alte, im Mondlicht ganz weiß.

»Aksinja!« rief er. »Bist du hier?«

»Nun ja!« antwortete sie ärgerlich.

»Ich sagte dir vorhin, daß du das Geld in den Brunnen werfen solltest. Hast du es getan?«

»So was, Geld ins Wasser werfen! Ich habe es den Schnittern gegeben ...«

»Ach, mein Gott!« rief der Alte erstaunt und erschreckt. »Du bist ein freches Frauenzimmer ... Ach, mein Gott!«

Er schlug die Hände zusammen und ging fort und murmelte im Gehen immerfort vor sich hin. Nach einem Weilchen richtete sich Aksinja auf, seufzte tief und voll Ärger, stand auf und ging, ihr Bettzeug in den Armen, fort.

»Ach, warum hast du mich hierhergegeben, Mamachen!« sagte Lipa.

»Man muß doch heiraten, Töchterchen. Das haben nicht wir so eingerichtet.«

Und ein Gefühl untröstlichen Leides wollte sich ihrer bemächtigen. Aber es schien ihnen, als blicke jemand von der Höhe des Himmels herab, aus dem Himmelsblau, von dorther, wo die Sterne sind, als sähe er alles, was in Uklejewo geschehe, und wache darüber. Und wie groß auch das Übel sei, die Nacht ist doch still und wunderbar, und in der Gotteswelt gibt es doch eine Wahrheit und wird es stets eine geben, ebenso still und wunderbar, und alles auf der Welt wartet nur darauf, mit dieser Wahrheit zusammenzufließen, wie das Mondlicht mit der Nacht zusammenfließt.

Beruhigt und aneinandergeschmiegt schliefen sie ein.

6

Schon längst war die Nachricht gekommen, daß Anissim wegen Herstellung und Vertriebes falschen Geldes ins

Gefängnis gesetzt sei. Monate vergingen, es verging mehr als ein halbes Jahr, der lange Winter war vorüber und der Frühling gekommen — und man hatte sich im Hause und im Dorf daran gewöhnt, daß Anissim im Gefängnis saß. Und wenn jemand nachts am Hause oder Laden vorüberging, so erinnerte er sich daran, daß Anissim im Gefängnis saß, und wenn in der Kirche die Glocken geläutet wurden, dachte man aus irgendeinem Grunde daran, daß er im Gefängnis sitze und auf das Urteil warte.

Wie ein Schatten lag es über dem Hofe. Das Haus wurde dunkler, das Dach begann zu rosten, die schwere, mit Eisen beschlagene, grüngestrichene Ladentür zog sich zusammen oder wurde, wie der Taube sagte, ›schrumpelig‹; auch der alte Zybukin wurde gleichsam dunkler. Schon lange ließ er Haar und Bart nicht mehr scheren, er wurde ganz dicht behaart, setzte sich schon ohne Anlauf in den Tarantas und rief nicht mehr den Bettlern zu: »Gott wird dir helfen!« Seine Kräfte hatten nachgelassen, und das merkte man an allem. Die Leute fürchteten ihn schon nicht mehr so, und der Polizeibeamte hatte im Laden ein Protokoll aufgenommen, obwohl er wie früher bekam, was ihm gebührte ... Dreimal wurde der Alte wegen heimlichen Branntweinhandels in die Stadt zitiert, immer wieder wurde der Termin wegen Nichterscheinens der Zeugen hinausgeschoben, und der Alte war schon ganz zerquält.

Er fuhr oft zum Sohne hin, nahm Anwälte, reichte bei irgend jemandem Bittgesuche ein und stiftete irgendwohin eine Kirchenfahne. Dem Inspektor des Gefängnisses, in dem Anissim saß, brachte er einen silbernen Teeglasuntersatz mit der emaillierten Aufschrift: ›Der Mensch kennt sein Maß‹, und mit einem langstieligen Löffelchen.

»Man hat niemand, der sich ordentlich der Sache annehmen würde«, sagte Warwara. »Ei-ei-ei ... Man müßte einen der Herren bitten, müßte dem obersten Vorgesetzten schreiben ... Bis zum Urteilsspruch könnte man ihn dann freibekommen! Was muß sich der Bursche jetzt schon abquälen!«

Auch sie war betrübt, war aber voller und weißer geworden; so wie früher zündete sie bei sich die Lämpchen vor den Heiligenbildern an und sah zu, daß im Hause alles sauber war, und bewirtete die Gäste mit Warenje und Apfelpaste. Der Taube und Aksinja bedienten im Laden. Man fing ein neues Unternehmen an — die Ziegelei in Butjokino —, und Aksinja fuhr fast täglich im Tarantas dorthin; sie kutschierte selbst und, wenn ihr Bekannte begegneten, streckte sie den Hals aus, wie eine Natter aus dem jungen Korn, und lächelte naiv und rätselhaft. Lipa aber spielte immerfort mit ihrem Kind, das vor den Fasten geboren war. Es war ein winziges, hageres, klägliches Kindchen, und es schien sonderbar, daß es schrie und um sich sah und daß man es für einen Menschen hielt und sogar Nikifor nannte. Es lag in der Wiege, und Lipa pflegte zur Tür zurückzutreten und unter Verbeugungen zu sagen: »Grüß dich Gott, Nikifor Anissimytsch!«

Er aber streckte seine roten Beinchen in die Höhe und weinte und lachte durcheinander wie der Zimmermann Jelisarow.

Endlich war der Tag der Gerichtsverhandlung festgesetzt. Der Alte fuhr etwa fünf Tage vorher fort. Dann hörte man, daß die als Zeugen vorgeladenen Bauern aus dem Dorf gezwungen wurden, sich auf den Weg zu machen; auch der alte Knecht, der eine Vorladung erhalten hatte, fuhr hin.

Die Gerichtsverhandlung fand am Donnerstag statt, aber der Sonntag war schon vergangen, und der Alte kehrte noch immer nicht zurück, hatte auch keine Nachricht gesandt. Am Dienstag gegen Abend saß Warwara am offenen Fenster und horchte, ob der Alte nicht käme. Im Nebenzimmer spielte Lipa mit ihrem Kind. Sie wiegte es in den Armen und sprach mit Entzücken: »Du wirst groß, ganz groß werden! Wirst ein Bauer werden, und dann gehen wir zusammen auf Tagelohn! Auf Tagelohn gehen wir!«

»Nun!« sagte Warwara beleidigt. »Was schwatzest du noch von Tagelohn, Dummchen? Er wird Kaufmann werden!« Lipa begann leise zu singen, nach einem Weilchen aber vergaß sie sich und begann wiederum: »Du wirst groß, ganz groß werden, wirst ein Bauer werden, und dann gehen wir zusammen auf Tagelohn!«

»Nun! Immer das alte Lied!«

Lipa blieb mit Nikifor auf den Armen in der Tür stehen und fragte: »Mamachen, warum liebe ich ihn so sehr? Warum tut er mir so leid?« fuhr sie mit zitternder Stimme fort, und Tränen glänzten in ihren Augen. »Wer ist er? Wie sieht er aus? Leicht wie ein Federchen, wie ein Krümchen, und ich liebe ihn wie einen wirklichen Menschen. Er kann ja nichts, er spricht nicht, und ich verstehe alles, was er mit seinen Äuglein will.«

Warwara horchte auf; man vernahm das Geräusch des sich der Station nähernden Abendzuges. Ob nicht der Alte mitgekommen ist? Sie hörte und verstand nicht mehr, worüber Lipa sprach, achtete nicht auf die Zeit, sondern zitterte nur, aber nicht aus Furcht, sondern vor heftiger Neugier. Sie sah, wie ein Wagen voller Bauern rasch und polternd vorüberfuhr. Das waren die Zeugen, die von der Station kamen. Als der Wagen am Laden vorüberfuhr, sprang der alte Knecht von ihm ab und ging in den Hof. Man hörte, wie man sich mit ihm begrüßte, wie man ihn nach etwas fragte ...

»Verlust aller bürgerlichen Rechte und des ganzen Vermögens«, sagte er laut, »und auf sechs Jahre nach Sibirien zur Zwangsarbeit.«

Man sah, wie aus dem Laden durch die Hintertür Aksinja herauskam; sie hatte eben Petroleum verkauft und hielt in der einen Hand die Flasche, in der andern den Trichter, und im Mund hatte sie einige Silbermünzen.

»Und wo ist Papachen?« fragte sie lispelnd.

»Auf der Station«, antwortete der Knecht. — »›Wenn es etwas dunkler sein wird‹, sagte er, ›werde ich kommen.‹«

Und als es auf dem Hofe bekannt wurde, daß Anissim zur Zwangsarbeit verurteilt war, begann in der Küche die Köchin plötzlich zu klagen wie um einen Verstorbenen, da sie dachte, daß das der Anstand erfordere.

»Wem hast du uns gelassen, Anissim Grigorjewitsch, mein lichter Falke ...«

Die erschreckten Hunde begannen laut zu bellen. Warwara lief ans Fenster, und vor Kummer sich windend, rief sie der Köchin zu, so laut sie schreien konnte: »Hör auf, Stepanida, hör auf! Quäle uns um Christi willen nicht!«

Man vergaß, den Samowar aufzustellen, und dachte schon an nichts mehr. Nur Lipa war nicht imstande, zu begreifen, worum es sich handele, und fuhr fort, sich mit ihrem Kinde abzugeben.

Als der Alte von der Station zurückgekehrt war, fragte man ihn nach nichts mehr. Er grüßte und ging schweigend durch die Zimmer; er aß nichts zu Abend.

»Niemand war da, um sich der Sache anzunehmen ...«, fing Warwara an, als sie alleingeblieben waren. »Ich sage doch, man müsse die Herren bitten — aber man hörte damals nicht ... Eine Bittschrift hätte ...«

»Ich habe mich tüchtig abgeplagt!« sagte der Alte und machte eine resignierte Handbewegung. »Als man Anissim· verurteilt hatte, ging ich zu dem Herrn, der ihn verteidigte. ›Jetzt kann man nichts mehr machen‹, sagte er, ›es ist zu spät.‹ Auch Anissim selbst sagte es: zu spät. Aber dennoch habe ich, als ich aus dem Gericht ging, einen Advokaten genommen und ihm Handgeld gegeben ... Ich warte noch eine Woche, dann fahre ich wieder hin. Wie es Gott beliebt.«

Der Alte ging wieder schweigend durch alle Zimmer, und als er wieder zu Warwara gekommen war, sagte er: »Ich bin wohl krank. Mein Kopf ist benebelt ... Die Gedanken verwirren sich.«

Er schloß die Tür, damit Lipa nichts höre, und fuhr leise fort: »Mit dem Gelde steht es bei mir nicht gut. Du erinnerst dich, Anissim brachte mir vor der Hochzeit am Thomassonntag neue Rubel- und Halbrubelstücke? Eine Rolle verwahrte ich damals besonders, die andern vermischte ich mit meinem eigenen Geld ... Als mein Onkel Dmitrij Filatytsch — Gott hab ihn selig — noch lebte, reiste er zum Wareneinkauf bald nach Moskau, bald in die Krim. Er hatte eine Frau, und ebendiese Frau trieb sich, wenn er nämlich zum Wareneinkauf wegreiste, mit andern Männern herum. Er hatte sechs Kinder. Und da nun pflegte der Onkel, wenn er etwas angetrunken war, lachend zu sagen: ›Ich kann es‹, sagte er, ›durchaus nicht herausbekommen, welches hier meine Kinder und welches die fremden sind.‹ Er nahm eben alles leicht ... So kann auch ich jetzt nicht herausbekommen, welches mein echtes und welches mein falsches Geld ist. Und es scheint mir, daß es alles falsch ist.«

»Nun, Gott behüte dich!«

»Ich kaufe mir auf dem Bahnhof ein Billett, gebe drei Rubel, und es scheint mir, daß sie falsch sind. Und ich bekomme Angst. Ich muß wohl krank sein.«

»Was soll man da sagen, wir alle stehen in Gottes

Hand ... Ei-ei-ei ...«, sagte Warwara und schüttelte den Kopf. »Man muß schon darüber nachdenken, Petrowitsch ... Zur unglücklichen Stunde könnte etwas sich ereignen ... du bist nicht mehr jung. Stirbst du, dann sieh zu, daß man ohne dich nicht den Enkel benachteilige. Ich fürchte, man wird Nikifor benachteiligen. Einen Vater, darf man sagen, hat er nicht, die Mutter ist jung und dumm ... Du solltest ihm, dem Jungen, wenigstens das Grundstück Butjokino vermachen, Petrowitsch, wirklich! Überleg es dir!« fuhr Warwara den Alten zu überreden fort. »Ein netter Junge, es wäre schade um ihn. Morgen fahr hin und setze ein Schriftstück auf. Warum willst du warten?«

»Ich hatte das Enkelchen vergessen«, sagte Zybukin. »Ich muß ihn begrüßen gehen. So meinst du also, der Junge ist nett? Nun, so mag er heranwachsen, Gott gebe es!«

Er öffnete die Tür und winkte mit gekrümmtem Finger Lipa zu sich heran. Sie trat an ihn heran, das Kind auf den Armen.

»Du, Lipynjka, wenn du etwas brauchst, so frage nur«, sagte er. »Und wenn du etwas willst, so iß es nur, uns ist's nicht leid, wenn du nur gesund bist ...« Er bekreuzigte das Kind. »Und hüte das Enkelchen gut. Habe ich keinen Sohn mehr, so blieb mir doch noch das Enkelchen.«

Tränen rannen über seine Wangen; er schluchzte auf und ging fort. Nach einem Weilchen legte er sich schlafen und schlief fest ein nach sieben schlaflosen Nächten.

7

Der Alte blieb nicht lange in der Stadt. Jemand erzählte Aksinja, daß er zum Notar gefahren sei, sein Testament zu machen, und daß er dasselbe Butjokino, auf dem sie

Ziegel brannte, dem Enkel Nikifor vermacht habe. Das teilte man ihr morgens mit, als der Alte und Warwara vor der Treppe unter der Birke saßen und Tee tranken. Sie schloß den Laden von der Straße und vom Hofe aus zu, nahm alle Schlüssel zusammen, die sie bei sich hatte, und warf sie dem Alten vor die Füße.

»Ich will nicht mehr länger für euch arbeiten!« schrie sie laut und begann plötzlich zu schluchzen. »Es kommt darauf heraus, daß ich nicht eure Schwiegertochter, sondern eure Arbeiterin bin! Alle Leute lachen schon: ›Seht‹, sagen sie, ›was die Zybukins für eine Arbeiterin gefunden haben!‹ Ich habe mich bei euch nicht verdingt! Ich bin keine Bettlerin, bin keine Magd, ich habe Vater und Mutter.«

Ohne die Tränen abzuwischen, starrte sie mit tränenerfüllten, bösen, vor Zorn schielenden Augen den Alten an; ihr Gesicht und Hals waren rot und angespannt, da sie aus allen Kräften schrie.

»Ich will nicht mehr dienen!« fuhr sie fort. »Ich habe mich genügend hier abgerackert! Wenn es um Arbeit geht, tagtäglich im Laden stehen, nachts Branntwein zu schmuggeln — da bin ich gut dazu, aber wird Land verschenkt, dann kriegt's die Zwangsarbeiterin mit ihrem Teufelsbalg! Sie ist hier Wirtin und Herrin, ich aber bin ihre Magd! Gebt ihr nur alles, der Arrestantin, mag sie dran ersticken, ich gehe nach Hause. Sucht euch eine andere Dumme, ihr verdammten Luder!«

Der Alte hatte nie im Leben seine Kinder gescholten oder gestraft und ließ nicht einmal den Gedanken zu, daß ihm irgend jemand vor seiner Familie Grobheiten sagen oder sich ihm gegenüber unehrerbietig verhalten könne, und jetzt erschrak er sehr, lief ins Haus und versteckte sich dort hinter einem Schrank. Warwara aber war so eingeschüchtert, daß sie nicht von ihrem Platz aufstehen konnte und nur mit den Armen herumfuchtelte, als wehre sie eine Biene ab.

»Ei, was ist denn das, ihr Lieben?« stammelte sie entsetzt. »Was schreit sie denn so? Ei-ei-ei ... Die Leute hören es ja! Leiser doch ... Ach, leiser doch!«

»Habt ihr der Zwangsarbeiterin Butjokino gegeben«, fuhr Aksinja zu schreien fort, »so gebt ihr jetzt alles — ich brauche von euch nichts! Der Teufel hole euch! Ihr alle seid eine einzige Bande; ich habe genug gesehen, es genügt mir! Ihr habt jedermann ausgeplündert, ihr Räuber, alt und jung! Und wer hat Branntwein ohne behördliche Genehmigung verkauft! Und das falsche Geld? Habt euch die Kisten mit falschem Geld vollgestopft — und jetzt braucht ihr mich nicht mehr!«

Vor dem weit geöffneten Tor sammelte sich bereits eine Menge an und sah in den Hof hinein.

»Sollen die Leute nur sehen!« schrie Aksinja. »Ich werde euch schon blamieren! Ihr sollt vor Scham vergehen! Ihr sollt euch mir zu Füßen wälzen! He, Stepan!« rief sie den Tauben. »Wir fahren sofort nach Hause! Wir fahren zu meinem Vater, zu meiner Mutter, mit Sträflingen will ich nicht leben! Mach dich fertig!«

Auf dem Hof hing auf ausgespannten Seilen Wäsche; sie riß ihre noch feuchten Röcke und Jacken herunter und warf sie dem Tauben in die Arme. Dann eilte sie wütend auf dem Hof um die Wäsche herum, riß alles herunter, und das, was ihr nicht gehörte, warf sie auf die Erde und trat es mit Füßen. »Ach, ihr Lieben, besänftigt sie doch!« stöhnte Warwara. »Was will sie denn? Gebt ihr doch Butjokino, um des Himmels willen gebt es ihr!«

»Nun, das ist ja ein Teufelsweib!« sprach man am Tore. »So ein Frauenzimmer! Ist die aber ins Toben gekommen!«

Aksinja lief in die Küche hinein, wo um diese Zeit

gewaschen wurde. Lipa wusch allein, die Köchin war zum Fluß gegangen, um die Wäsche zu spülen. Aus dem Trog und aus dem Kessel am Herde stieg Dampf auf, und in der Küche war es schwül und düster von Nebel. Auf dem Boden lag noch ein Haufen ungewaschener Wäsche, und neben ihr auf der Bank, seine roten Beinchen in die Höhe streckend, Nikifor, so daß er sich nicht verletzten konnte, wenn er fiele. Gerade als Aksinja hereintrat, nahm Lipa ihr Hemd aus dem Haufen und legte es in den Trog, und schon streckte sie die Hand nach dem großen Krug voll kochenden Wassers aus, der auf dem Tische stand ...

»Gib es her!« rief Aksinja, sie haßerfüllt anblickend, und riß das Hemd aus dem Trog heraus. »Es ist nicht deine Sache, meine Wäsche anzurühren! Du bist eine Sträflingsfrau und mußt wissen, wer du bist!«

Lipa sah sie ganz eingeschüchtert an und verstand zunächst nichts ... plötzlich aber fing sie den Blick auf, den Aksinja auf ihr Kind geworfen hatte, begriff auf einmal und erstarrte völlig ...

»Du nahmst mir mein Land, so nimm dir das dafür!«

Mit diesen Worten ergriff Aksinja den Krug mit siedendem Wasser und goß ihn auf Nikifor aus.

Danach hörte man einen Schrei, wie man ihn noch niemals in Uklejewo gehört hatte, und es schien kaum glaublich, daß ein kleines, schwaches Wesen wie Lipa so schreien könne. Draußen aber wurde es plötzlich still ... Aksinja ging ins Haus, schweigend, mit ihrem gewohnten naiven Lächeln ... Der Taube lief immer noch auf dem Hof umher und hielt die Wäsche in seinen Armen, dann begann er, sie von neuem aufzuhängen, schweigend und langsam.

Bis aber die Köchin vom Flusse zurückkehrte, wagte niemand, in die Küche zu gehen und nachzuschauen, was dort geschehen war.

8

Nikifor brachte man ins Landkrankenhaus, und gegen Abend starb er dort. Lipa wartete nicht, bis der Wagen sie abholen würde, sondern wickelte das tote Kindlein in ein Deckchen und trug es nach Hause.

Das neue, eben erbaute, mit großen Fenstern versehene Krankenhaus stand hoch auf einem Berg; die untergehende Sonne beleuchtete es ganz, und es schien, als stünde es in Flammen. Unten lag das Dorf. Lipa ging den Weg hinunter und setzte sich, kurz vor dem Dorfe, an einem kleinen Teich nieder. Ein Weib brachte ein Pferd zur Tränke, aber das Pferd trank nicht.

»Was willst du denn noch?« sprach das Weib leise und erstaunt. »Was willst du denn?«

Ein Junge in rotem Hemd saß hart am Wasser und wusch seines Vaters Stiefel. Und weiter war kein Mensch zu sehen, weder im Dorf noch auf dem Berge.

»Es trinkt nicht...«, sagte Lipa, das Pferd betrachtend.

Doch nun gingen das Weib und der Junge mit den Stiefeln fort, und jetzt sah man niemand mehr. Die Sonne legte sich schlafen und bedeckte sich mit purpurnem Goldbrokat, und langgestreckte Wolken, rot und lila, bewachten ihre Ruhe, sich über den Himmel ausbreitend. Irgendwo in der Ferne schrie eine Rohrdommel, wie eine im Stall eingesperrte Kuh, melancholisch und dumpf. Den Schrei dieses geheimnisvollen Vogels hörte man in jedem Frühling, doch wußte man nicht, wie er aussah und wo er lebte. Oben beim Krankenhaus, unmittelbar am Teich im Gebüsch, hinter dem Dorf und rings auf dem Felde schlugen die Nachtigallen. Der Kuckuck zählte die Jahre irgend jemandes, irrte sich immer in der Rechnung und begann wieder von neuem. Im Teich quakten mißmutig, alle ihre Kräfte anstrengend, die Frösche einander zu, und man konnte sogar Worte unterscheiden ... Was war das für ein Lärm! Es war, als schrien und sängen alle diese Geschöpfe absichtlich, damit niemand an diesem Frühlingsabend schlafe, damit alle, sogar die mißmutigen Frösche, jeden Augenblick schätzten und auskosteten: das Leben wird ja nur einmal gegeben!

Am Himmel leuchtete der silberne Halbmond, und es waren viele Sterne zu sehen. Lipa wußte nicht, wie lange sie am Teiche saß; doch als sie aufstand und weiterging, schliefen schon alle im Dorf, und kein einziges Licht brannte. Bis nach Hause waren es wahrscheinlich an die zwölf Werst, aber ihre Kräfte reichten nicht aus, und sie konnte sich nicht darüber schlüssig werden, wie sie gehen müsse; der Mond leuchtete bald von vorn, bald von rechts, immer noch rief derselbe Kuckuck, schon mit heiserer Stimme, gleichsam lachend und neckend: »Ei, sieh zu, wirst abkommen vom Weg!« Lipa ging rasch und verlor ihr Kopftuch ... Sie blickte den Himmel an und dachte darüber nach, wo jetzt die Seele ihres Söhnchens sei, ob sie ihr nachfolge oder ob sie dort oben zwischen den Sternen schwebe und schon nicht mehr an ihre Mutter denke? Oh, wie einsam ist es im Felde in der Nacht, inmitten dieses Singens, wenn man selbst nicht singen kann, inmitten der ununterbrochenen Freudenschreie, wenn man selbst sich nicht freuen kann, wenn vom Himmel der Mond schaut, der ebenfalls einsame, dem alles gleich ist — ob es jetzt Frühling ist oder Winter, ob die Menschen lebendig sind oder tot ... Wenn die Seele voll Kummer ist, ist es schwer, ohne Menschen zu sein. Wäre doch jemand bei ihr, ihre Mutter Praskowja oder Krückstock oder die Köchin oder irgendein Bauer auch nur!

»Bu-uh!« rief die Rohrdommel. »Bu-uh!«

Und plötzlich vernahm sie menschliche Rede: »Spann an, Wawila!«

Vorn, hart am Wege, brannte ein Feuer; eine Flamme sah man nicht mehr, und nur die roten Kohlen glühten noch. Man konnte hören, wie die Pferde kauten. In der Dunkelheit hoben sich zwei Wagen ab — der eine mit einem Faß, der andere etwas niedriger, mit Säcken, auch zwei Menschen konnte man sehen: der eine führte ein Pferd, um es anzuspannen, der andere stand unbeweglich am Feuer, die Hände auf den Rücken gelegt. Ein Hund begann zu knurren. Der, welcher das Pferd führte, blieb stehen und sagte: »Jemand kommt wohl des Weges.«

»Scharik, kusch!« rief der andere dem Hunde zu.

Und an der Stimme konnte man erkennen, daß dieser zweite ein alter Mann war. Lipa blieb stehen und sagte: »Gott helf!«

Der Alte trat an sie heran und antwortete nach einem Weilchen: »Grüß Gott!«

»Euer Hund wird mich nicht beißen, Großväterchen?«

»Er tut nichts, komm nur. Er rührt dich nicht an.«

»Ich war im Krankenhaus«, sagte Lipa nach einigem Schweigen. »Mein Söhnchen ist dort gestorben. Jetzt trage ich es nach Hause.«

Dem Alten war es wahrscheinlich nicht angenehm, dies zu hören; denn er ging weg und sagte hastig: »Das macht nichts, Liebe. Gottes Wille. Was trödelst du, Junge!« sagte er, zu seinem Reisegefährten gewandt. »Du könntest schneller sein.«

»Dein Krummholz ist nicht da«, sagte der Bursche. »Ich kann es nicht sehen.«

»Ein Dummkopf bist du, Wawila!«

Der Alte nahm eine Kohle auf, blies sie an — nur seine Augen und seine Nase wurden beleuchtet; als sie das Krummholz gefunden hatten, ging er mit dem Feuer zu Lipa und blickte sie an; und sein Blick drückte Mitleid und Zärtlichkeit aus.

»Du bist Mutter«, sagte er. »Einer jeden Mutter ist es leid um ihr Kind.«

Und dabei seufzte er und schüttelte den Kopf, Wawila warf etwas ins Feuer und trat darauf — und sofort wurde es sehr dunkel; alles, was zu sehen war, verschwand, und wie vorhin war nur noch das Feld und der Himmel mit den Sternen da, und es lärmten die Vögel, einander den Schlaf verscheuchend. Auch eine Schnarrwachtel schrie, wie es schien, gerade an der Stelle, wo das Feuer war.

Aber einen Augenblick später sah man wieder die Wagen und den Alten und den langen Wawila. Die Wagen knarrten, als sie auf den Weg hinausfuhren.

»Seid ihr Heilige?«

»Nein. Wir sind aus Firssanowo.«

»Du sahst mich vorhin an, da ward es mir leichter ums Herz. Auch der Bursche ist so still. So dachte ich: sind wohl Heilige.«

»Hast du es weit?«

»Bis Uklejewo.«

»Setz dich hinauf, wir bringen dich bis Kusjmjonki. Von dort gehst du geradeaus, wir fahren nach links.«

Wawila setzte sich auf den Wagen mit dem Faß, der Alte und Lipa setzten sich auf den andern. Sie fuhren im Schritt, Wawila voraus.

»Mein Söhnchen quälte sich den ganzen Tag«, sagte Lipa. »Schaut mit seinen Äuglein und schweigt, will etwas sagen und kann es nicht. Herr Gott! Himmlische Königin! Ich fiel vor Kummer nur so immer auf die Diele hin. Ich stehe und falle neben dem Bette hin. Und sagt mir doch, Großväterchen, warum muß sich so ein Kindchen vor dem Tode quälen? Wenn sich ein erwachsener Mensch abquält, Mann oder Frau, dann werden ihm die Sünden vergeben, doch warum ein Kind, wenn es keine Sünden hat? Warum?«

»Wer kann das wissen!« antwortete der Alte.

Etwa eine halbe Stunde fuhren sie schweigend.

»Man kann nicht alles wissen, warum und wie«, sagte der Alte. »Dem Vogel sind nicht vier Flügel verliehen, sondern nur zwei, weil er auch mit zweien fliegen kann; so ist auch dem Menschen nicht gegeben, alles zu wissen, sondern nur die Hälfte oder ein Viertel. Soviel er nötig hat zu wissen, um das Leben zu verbringen, soviel weiß er auch.«

»Großväterchen, er wäre für mich leichter, zu Fuß zu gehen. Jetzt bebt mein Herz.«

»Macht nichts. Bleib sitzen!«

Der Alte gähnte und bekreuzigte sich den Mund.

»Macht nichts ...«, wiederholte er. »Dein Kummer ist nur ein halber Kummer. Das Leben ist lang, es wird noch Gutes bringen und Schlimmes, alles wird es bringen. Groß ist Mütterchen Rußland!« sagte er und sah sich nach beiden Seiten um. »Ich bin in ganz Rußland gewesen und habe alles in ihm gesehen, und du glaube meinem Wort, Liebe. Es wird Gutes geben und Schlimmes. Ich bin als Landstreicher in Sibirien gewesen, war auch am Amur und am Altai, und ich siedelte nach Sibirien über, pflügte dort den Acker, sehnte mich dann nach Mütterchen Rußland und kehrte ins Heimatdorf zurück. Wir gingen zu Fuß nach Rußland zurück; und ich entsinne mich, wir schwammen auf der Fähre, und ich war ganz abgemagert, ganz zerlumpt, barfuß, halb erfroren, lutschte an einer Brotrinde, und auf der Fähre war ein Herr — wenn er gestorben ist, so habe Gott ihn selig —, er sah mich an, seine Tränen strömten. ›Ach‹, sagte er, ›schwarz ist dein Brot, deine Tage sind schwarz ...‹ Und ich kam nach Hause, wie man sagt, ohne Haus und ohne Hof; ich hatte eine Frau, die blieb in Sibirien, man beerdigte sie dort. So lebe ich hier jetzt als Knecht. Und was nun? Ich will dir sagen: Hernach gab es Schlimmes, es gab auch Gutes. Und jetzt habe ich keine Lust zu sterben, möchte noch so zwanzig Jährchen leben; Gutes gab es also doch mehr. Groß ist Mütterchen Rußland!«, sagte er und blickte sich wiederum nach allen Seiten hin im.

»Großväterchen«, fragte Lipa, »wenn ein Mensch stirbt, wieviel Tage geht dann seine Seele noch auf der Erde um?«

»Wer kann das wissen! Wir wollen Wawila fragen — er ging in die Schule. Jetzt wird ja alles gelehrt. Wawila!« rief der Alte.

»He!«

»Wawila, wenn ein Mensch stirbt, wieviel Tage geht seine Seele noch auf der Erde um?«

Wawila hielt das Pferd an und antwortete erst dann.

»Neun Tage. Als mein Onkel Kirill starb, lebte seine Seele in unserer Hütte noch dreizehn Tage.«

»Woher weißt du das?«

»Dreizehn Tage lang hat es im Ofen gepocht.«

»Nun gut. Fahr zu!« sagte der Alte, und man sah ihm an, daß er an all das nicht glaubte.

Bei Kusjmjonki bogen die Wagen auf die Chaussee, und Lipa ging weiter. Es begann schon zu dämmern. Als sie in die Schlucht hinabstieg, waren Hütten und Kirche von Uklejewo im Nebel versteckt. Es war kalt, und ihr schien, daß immer noch derselbe Kuckuck rufe.

Als Lipa nach Hause kam, war das Vieh noch nicht ausgetrieben; alle schliefen noch. Sie saß auf der Treppe und wartete. Als erster kam der Alte heraus; sofort beim ersten Blick verstand er, was geschehen war, konnte lange kein Wort hervorbringen und schmatzte nur mit den Lippen.

»Ach Lipa«, sagte er, »hast das Enkelchen nicht zu behüten gewußt . . .«

Sie weckten Warwara auf. Sie schlug die Hände zusammen und begann zu schluchzen, und sofort machte sie sich daran, das Kind aufzubahren.

»Ein nettes Knäblein war es ...«, sagte sie dabei. »Ei-ei-ei ... Ein Söhnchen hattest du, und auch das hast du nicht behütet, du dumme Lipa ...«

Morgens und abends hielt man Totenmessen ab. Am andern Tage begrub man ihn, und nach dem Begräbnis aßen die Gäste und die Geistlichkeit viel und mit solcher Gier, als hätten sie schon lange nichts gegessen. Lipa bediente bei Tisch, und der Priester sagte ihr, indem er die Gabel mit einem gesalzenen Pilz erhob: »Betrübt Euch nicht um das Knäblein. Ihrer ist das Himmelreich.«

Und erst, als alle gegangen waren, begriff Lipa vollkommen, daß Nikifor nicht mehr da war und nie mehr dasein würde, sie begriff es und brach in Schluchzen aus. Und sie wußte nicht, in welches Zimmer sie gehen solle, um zu weinen, weil sie fühlte, daß nach dem Tode des Knaben in diesem Hause für sie kein Platz mehr, daß sie hier fremd und überflüssig sei; und auch die anderen empfanden das.

»Nun, was heulst du denn hier?« schrie plötzlich Aksinja, in der Tür erscheinend; für die Beerdigung hatte sie ein ganz neues Kleid an und war gepudert. »Schweig still!«

Lipa wollte aufhören, konnte aber nicht und begann noch heftiger zu schluchzen.

»Hörst du!« schrie Aksinja und stampfte wütend mit dem Fuß. »Mit dir spreche ich! Mach, daß du aus dem Hause kommst und daß du deinen Fuß nicht mehr hersetzest, du Sträflingsfrau! Hinaus mit dir!«

»Nun, nun, nun!« versuchte der Alte sich einzumischen. »Aksjuta, beruhige dich, Liebe ... Sie weint, das ist doch verständlich ... ihr Kind ist gestorben ...«

»Das ist doch verständlich ...«, äffte Aksinja ihm nach. »Mag sie hier noch übernachten, und morgen soll sie machen, daß sie fortkommt! Das ist doch verständlich!« äffte sie nochmals nach und ging lachend in den Laden. Am andern Tage in der Frühe ging Lipa zur Mutter nach Torgujewo.

9

Heutigentags sind das Dach über dem Laden und die Tür frisch gestrichen und blitzen wie neu; an den Fenstern blühen wie früher heitere Geranien, und das, was vor drei Jahren in Zybukins Haus und Hof geschah, ist schon fast vergessen.

Wie damals gilt auch jetzt noch der alte Grigorij Petrowitsch als Besitzer, in Wirklichkeit aber ist alles in die Hände Aksinjas übergegangen; sie verkauft und kauft ein, und ohne ihre Zustimmung kann nichts geschehen. Die Ziegelei arbeitet gut; weil man Ziegel für die Eisenbahn braucht, ist ihr Preis auf vierundzwanzig Rubel das Tausend gestiegen; Weiber und Mädchen fahren die Ziegel zur Station und laden sie in die Waggons und bekommen dafür fünfundzwanzig Kopeken den Tag.

Aksinja ist Teilhaberin am Geschäft der Chrymins geworden, und ihre Fabrik heißt jetzt: ›Gebrüder Chrymin jun. und Co.‹. Bei der Station wurde ein Wirtshaus eröffnet, und auf der teuren Ziehharmonika wird nicht mehr in der Fabrik, sondern in diesem Wirtshaus gespielt; häufig kommen hierher der Postvorsteher, der auch irgendeinen Handel angefangen hat, sowie der Stationsvorsteher. Dem tauben Stepan haben Chrymins die Jüngeren eine goldene Uhr geschenkt, und jeden Augenblick zieht er sie aus der Tasche und hält sie ans Ohr.

Im Dorfe erzählt man von Aksinja, daß sie große Macht gewonnen habe; und wirklich, wenn sie morgens auf ihre

Ziegelei fährt, mit ihrem naiven Lächeln, schön und glücklich, und wenn sie dann in der Ziegelei Anordnungen trifft, so vermutet man in ihr eine starke Kraft. Alle fürchten sie, im Hause und im Dorf und auf der Ziegelei. Wenn sie auf die Post kommt, springt der Postvorsteher auf und sagt zu ihr: »Bitte, nehmen Sie Platz, Ksenija Abramowna!«

Ein bereits bejahrter, eleganter Gutsbesitzer in einem Wams aus feinem Tuch und in hohen Lackstiefeln wurde einst, als er ihr ein Pferd verkaufte, durch ein Gespräch mit ihr so hingerissen, daß er im Preise so viel abließ, als sie wünschte. Er hielt lange ihre Hand, sah ihr in ihre fröhlichen, schelmischen, naiven Augen und sagte: »Einer Frau wie Ihnen, Ksenija Abramowna, bin ich bereit, alles zum Vergnügen zu tun. Nur sagen Sie, wenn wir uns sehen können, ohne daß uns jemand stört?«

»Nun, jederzeit, wenn's Ihnen beliebt!«

Und seitdem kommt der alte Geck fast jeden Tag in den Laden, um Bier zu trinken. Und das Bier ist fürchterlich, bitter wie Wermut. Der Gutsbesitzer schüttelt den Kopf, trinkt es aber doch.

Der alte Zybukin kümmert sich schon nicht mehr um die Geschäfte. Er behält das Geld nicht bei sich, weil er echtes und falsches nicht mehr unterscheiden kann, aber er schweigt und spricht zu niemandem von dieser seiner Schwäche. Er ist seltsam vergeßlich geworden, und wenn man ihm nicht zu essen gibt, fragt er selbst nicht danach; man hat sich daran gewöhnt, ohne ihn zu Mittag zu essen, und Warwara sagt oft: »Gestern hat sich der Alte wieder ohne Essen zu Bett gelegt.«

Und sie sagt es gleichgültig, weil sie sich daran gewöhnt hat. Im Sommer und im Winter geht er gleichmäßig im Pelz, und nur an sehr heißen Tagen geht er nicht aus, sondern sitzt zu Hause. Gewöhnlich spaziert er im Dorf auf dem Wege zur Station mit angezogenem Pelz und aufgeschlagenem Kragen, ganz eingemummelt, oder er sitzt von morgens bis abends auf der Bank am Kirchentor. Sitzt da und bewegt sich nicht. Die Vorübergehenden grüßen ihn, doch antwortet er nicht, weil er wie früher die Bauern nicht liebt. Wenn man ihn nach etwas fragt, so antwortet er ganz vernünftig und höflich, aber kurz.

Im Dorf spricht man davon, daß die Schwiegertochter ihn aus dem eigenen Hause gejagt habe und ihm nichts zu essen gebe und er von Almosen lebe; die einen freuen sich, die andern bemitleiden ihn.

Warwara ist noch voller und weißer geworden und übt weiterhin gute Werke, und Aksinja stört sie dabei nicht. Warenje ist jetzt so viel vorhanden, daß man es bis zu den neuen Beeren nicht aufessen kann; es verzuckert, und Warwara weint fast, da sie nicht weiß, was sie mit ihm anfangen soll.

Anisssim begann man zu vergessen. Einmal kam von ihm ein Brief in Versen, auf ein großes Blatt Papier in Form eines Gesuches geschrieben, immer in derselben großartigen Handschrift. Offenbar büßte auch sein Freund Samorodow mit ihm zusammen die Strafe ab. Unter den Versen war in einer unschönen, kaum leserlichen Handschrift eine Zeile geschrieben: ›Ich bin hier immer krank, mir ist schwer zumute, helft um Christi willen!‹

Einmal — es war an einem klaren Herbsttage gegen Abend — saß der alte Zybukin am Kirchentor mit aufgeschlagenem Pelzkragen, so daß man nur seine Nase und den Schirm seiner Mütze sah. Am andern Ende der langen Bank saß der Polier Jelisarow und neben ihm der Schuldiener Jakow, ein zahnloser Greis von etwa siebzig Jahren. Krückstock und der Schuldiener unterhielten sich.

»Die Kinder müssen dem Alten zu essen und zu trinken geben ... Ehre deinen Vater und deine Mutter«, sagte Jakow gereizt. »Sie aber, die Schwiegertochter, hat den Schwiegervater aus dem eigenen Hause gejagt. Der Alte hat weder zu essen noch zu trinken — wohin soll er gehen? Den dritten Tag hat er nicht gegessen.«

»Den dritten Tag!« rief erstaunt Krückstock.

»So sitzt er nun da und schweigt. Ist ganz schwach geworden. Und warum soll man schweigen? Man muß es dem Gericht anzeigen — man würde bei Gericht sie nicht freisprechen.«

»Wen würde man bei Gericht freisprechen?« fragte Krückstock, der nicht recht gehört hatte.

»Was?«

»Kein übles Weib, tüchtig ist sie ... In ihrem Geschäft geht es nicht ohne das ab ... ohne Sünde nämlich ...«

»Aus dem eigenen Hause«, fuhr Jakow gereizt fort. »Erwirb dir ein eigenes Haus und treib einen hinaus. So eine, das ist schon die rechte, das Luder!«

Zybukin hörte zu und rührte sich nicht.

»Eigenes oder fremdes Haus, das ist ganz gleich, wenn's nur warm ist und die Weiber nicht keifen ...«, sagte Krückstock lachend. »Als ich jung war, liebte ich meine Nastaßja sehr. Sie war ein stilles Weib. Und immerzu sagte sie: ›Makarytsch, kauf ein Haus! Makarytsch, kauf ein Haus! Makarytsch, kauf ein Pferd!‹ Sie lag schon im Sterben und sagte immerzu: ›Makarytsch, kauf dir einen Reitwagen, damit du nicht zu Fuß zu gehen brauchst.‹ Aber ich kaufte ihr nur Pfefferkuchen, sonst nichts.«

»Ihr Mann ist taub und dumm«, fuhr Jakow fort, ohne auf Krückstock zu hören. »Ein richtiger Narr, genau wie eine Gans. Kann der denn was begreifen? Schlag eine Gans mit dem Stock auf den Kopf — auch dann begreift sie nichts.«

Krückstock erhob sich, um nach Hause in die Fabrik zu gehen. Jakow stand ebenfalls auf, und beide gingen zusammen und setzten ihre Unterhaltung fort. Als sie etwa dreißig Schritt weit gegangen waren, stand auch der alte Zybukin auf und schleppte sich ihnen nach mit unentschlossenen Schritten, als ginge er über Glatteis.

Das Dorf verschwamm schon in der Abenddämmerung, und die Sonne leuchtete nur noch oben auf dem Wege, der wie eine Schlange am Abhang von unten nach oben lief. Die alten Frauen kehrten aus dem Walde heim, mit ihnen die Kinder; sie trugen Körbe voller Reizker und Pfifferlinge. Frauen und Mädchen kehrten in Scharen von der Station zurück, wo sie Waggons mit Ziegeln beladen hatten, und ihre Nasen und Wangen unter den Augen waren mit rotem Ziegelstaub bedeckt. Sie sangen. Allen voran ging Lipa und sang mit ihrer feinen Stimme; sie sang laut und blickte zum Himmel empor, als triumphiere und jubele sie, daß gottlob der Tag zu Ende sei und man jetzt ausruhen könne. In der Schar war auch ihre Mutter, die Tagelöhnerin Praskowja, die mit einem Bündelchen in der Hand ging und wie allezeit schwer atmete.

»Guten Abend, Makarytsch«, sagte Lipa, als sie Krückstock erblickt hatte. — »Guten Abend, mein Lieber.«

»Guten Abend, Lipynjka!« sagte Krückstock erfreut. »Weiberchen, Mädchen, habt den reichen Zimmermann gern! Ho — Ho! Meine Kinderchen, Kinderchen«, Krückstock schluchzte auf. »Meine geliebten Äxtlein.«

Krückstock und Jakow gingen weiter, und man konnte hören, wie sie sich unterhielten. Nach ihnen begegnete dem Haufen der alte Zybukin, und plötzlich wurde es still, ganz still. Lipa und Praskowja bleiben ein wenig zurück, und als der Alte mit ihnen zusammentraf, grüßte Lipa ihn tief und sagte: »Guten Abend, Grigorij Petrowitsch!«

Und ihre Mutter grüßte auch. Der Alte blieb stehen und sah sie beide an, ohne ein Wort zu sprechen; seine Lippen bebten, und seine Augen waren voller Tränen. Lipa holte aus dem Bündelchen der Mutter ein Stück Grützkuchen hervor und reichte es ihm. Er nahm es und begann zu essen.

Die Sonne war schon völlig untergegangen; ihr Glanz erlosch auch oben auf dem Wege. Es wurde dunkel und kühl. Lipa und Praskowja gingen weiter und bekreuzigten sich noch lange danach.

DIE ERZÄHLUNG DES OBERGÄRTNERS

In der Orangerie des Grafen N. ging der Ausverkauf der Blumen vor sich. Es waren nur wenige Käufer da: ich, ein mir benachbarter Gutsbesitzer und ein junger Holzhändler. Während die Arbeiter unsere prächtigen Einkäufe hinaustrugen und auf die Wagen luden, saßen wir beim Eingang in die Orangerie und plauderten von diesem und jenem. Es ist außerordentlich angenehm, an einem warmen Aprilmorgen im Garten zu sitzen, den Vögeln zu lauschen und zu sehen, wie die in die Freiheit hinausgetragenen Blumen es sich in der Sonne wohl sein lassen.

Das Verladen der Pflanzen leitete der Gärtner Michail Karlowitsch selber, ein hochachtbarer alter Mann mit vollem und glattrasiertem Gesicht, in einer Pelzweste, ohne Überrock. Er schwieg die ganze Zeit über, hörte aber unserm Gespräch zu und wartete darauf, ob wir nicht irgend etwas Neues sagen würden. Es war ein kluger, sehr gütiger, von allen hochgeschätzter Mann. Alle hielten ihn aus irgendeinem Grunde für einen Deutschen, obwohl er väterlicherseits Schwede, mütterlicherseits Russe war und in die orthodoxe Kirche ging. Er konnte Russisch, Schwedisch und Deutsch, las viel in diesen Sprachen, und man konnte ihm kein größeres Vergnügen bereiten, als wenn man ihm ein neues Buch zu lesen gab oder mit ihm zum Beispiel über Ibsen sprach.

Er hatte einige, aber unschuldige Schwächen; so nannte er sich Obergärtner, obwohl es keine Untergärtner gab; sein Gesichtsausdruck war ungewöhnlich gewichtig und hochmütig; Widerspruch ließ er nicht zu, und er liebte es, daß man ihn ernsthaft und aufmerksam anhörte.

»Dieser junge Mann da ist ein entsetzlicher Taugenichts«, sagte mein Nachbar und wies auf einen Arbeiter mit braunem Zigeunergesicht, der, auf der Wassertonne sitzend, gerade vorüberkam. »In der vorigen Woche saß man in der Stadt über ihn zu Gericht wegen Raubes und sprach ihn frei. Man erklärte ihn für geisteskrank, aber sehen Sie nur seine Visage an, er ist kerngesund. In letzter Zeit spricht man in Rußland Taugenichtse schon gar zu oft frei, indem man alles aus krankhaftem Zustand und Affekten erklärt, indessen führen diese Freisprüche, diese augenfällige Nachsicht und Duldsamkeit zu nichts Gutem. Sie demoralisieren die Masse, das Gerechtigkeitsgefühl ist bei allen abgestumpft, weil man schon daran gewöhnt ist, das Laster unbestraft zu sehen, und, wissen Sie, über unsere Zeit kann man kühn mit Shakespeares Worten sagen: ›In unsrer bösen, lasterhaften Zeit muß Tugend Laster um Vergebung bitten.‹«

»Das ist ganz richtig«, stimmte der Kaufmann zu. »Wegen der Freisprüche der Gerichte haben Morde und Brandstiftungen sehr zugenommen. Fragen Sie nur die Bauern.« Der Gärtner Michail Karlowitsch wandte sich zu uns um und sagte: »Was mich betrifft, meine Herren, so begrüße ich immer begeistert jeden Freispruch. Ich fürchte nicht für die Sittlichkeit und Gerechtigkeit, wenn man das ›Unschuldig‹ verkündet, im Gegenteil, ich finde daran Gefallen. Selbst wenn mein Gewissen mir sagt, daß die Geschworenen mit der Freisprechung eines Verbrechers einen Irrtum begangen haben, triumphiere ich. Urteilen Sie selbst, meine Herren: Wenn Richter und Geschworene mehr *dem Menschen* als den materiellen Beweisstücken und den Reden glauben, steht nicht dieser *Glaube an den Menschen* an und für sich höher als alle Zweckmäßigkeitserwägungen? Dieser Glaube ist nur den wenigen zugänglich, die Christus fühlen und begreifen.«

»Ein guter Gedanke«, sagte ich.

»Aber der Gedanke ist nicht neu. Ich entsinne mich, vor

langer Zeit hörte ich über dies Thema sogar eine Legende. Eine sehr liebe Legende«, sagte der Gärtner und lächelte. »Meine verstorbene Großmutter, die Mutter meines Vaters, eine vortreffliche alte Frau, erzählte sie mir. Sie erzählte sie schwedisch, aber russisch kommt das nicht so schön, nicht so klassisch heraus.«

Aber wir baten ihn, uns die Legende zu erzählen und sich nicht durch die Grobheit der russischen Sprache beirren zu lassen. Sehr damit zufrieden, rauchte er langsam seine Pfeife an, schaute ärgerlich auf die Arbeiter und begann: »In einer kleinen Stadt ließ sich ein bejahrter, alleinstehender, äußerlich wenig anziehender Herr mit Namen Tomson oder Wilson nieder — nun, es ist gleichgültig, wie er hieß; auf den Namen kommt es nicht an. Er hatte eine edle Profession: er heilte die Menschen. Er war immer mürrisch und wenig mitteilsam und sprach nur, wenn sein Beruf es erforderte. Zu niemandem kam er zu Gast, mit niemandem knüpfte er Bekanntschaft an, die mehr gewesen wäre als ein schweigsamer Gruß, und er lebte bescheiden wie ein Mönch. Er war Gelehrter, und zu der Zeit glichen die Gelehrten nicht den gewöhnlichen Menschen. Sie verbrachten ihre Tage und Nächte in reiner Betrachtung, im Lesen von Büchern und mit Heilen von Krankheiten, alles andere sahen sie als gemein an und hatten keine Zeit zu überflüssigen Worten. Die Bürger der Stadt begriffen das sehr wohl und bemühten sich, ihm mit ihren Besuchen und leerem Geschwätz nicht lästig zu fallen. Sie waren sehr froh darüber, daß Gott ihnen endlich einen Mann geschickt hatte, der Krankheiten zu heilen verstand, und sie waren stolz, daß in ihrer Stadt ein so bedeutender Mann lebte.

›Er weiß alles‹, pflegten sie von ihm zu sagen.

Aber das genügte nicht. Man mußte noch hinzufügen: ›Er liebt alle.‹ In der Brust dieses gelehrten Mannes schlug das wunderbare Herz eines Engels. Wie das nun auch sein mochte, eigentlich waren die Bürger der Stadt für ihn Fremde, sie waren nicht seine Verwandten, aber er liebte sie wie seine Kinder und schonte für sie nicht einmal sein Leben. Er selbst hatte die Schwindsucht, er hustete, aber wenn man ihn zu einem Kranken rief, vergaß er seine Krankheit, schonte sich nicht, und schwer keuchend erstieg er die Berge, wie hoch sie auch sein mochten. Er kümmerte sich nicht um Hitze und Kälte, verachtete Hunger und Durst. Geld nahm er nicht an, und — seltsame Sache — wenn ihm ein Patient starb, so folgte er gemeinsam mit den Anverwandten dem Sarge und weinte.

Und bald wurde er für die Stadt so notwendig, daß sich die Bürger wunderten, wie sie früher ohne ihn auskommen konnten. Ihre Erkenntlichkeit kannte keine Grenzen. Erwachsene und Kinder, Gute und Böse, Ehrliche und Gauner — mit einem Worte, alle achteten ihn und kannten seinen Wert. In der Stadt und in ihrer Umgebung gab es keinen Menschen, der sich vermessen hätte, ihm etwas Unangenehmes zuzufügen oder auch nur daran zu denken. Wenn er sein Zimmer verließ, schloß er weder Türen noch Fenster, fest davon überzeugt, daß es keinen Dieb gebe, der es über sich brächte, ihn zu schädigen. In seiner Eigenschaft als Arzt mußte er häufig auf den Landstraßen durch Wälder und Berge wandern, wo es eine Menge hungriger Landstreicher gab, aber er fühlte sich vollkommen sicher. Einstmals kehrte er nachts von einem Kranken zurück, und Räuber überfielen ihn im Walde; als sie ihn aber erkannt hatten, nahmen sie ehrerbietig vor ihm ihre Hüte ab und fragten, ob er etwas essen wolle. Als er erwiderte, er sei satt, schenkten sie ihm einen warmen Mantel und begleiteten ihn unmittelbar bis zur Stadt, glücklich, daß das Schicksal ihnen Gelegenheit gegeben hatte, wenigstens mit etwas diesem hochherzigen

Mann ihre Dankbarkeit abzustatten. Nun, und weiter erzählte die Großmutter auch, was zu verstehen ist, daß sogar die Pferde, Kühe und Hunde ihn kannten und ihre Freude bezeigten, wenn sie ihm begegneten.

Und dieser Mensch, der durch seinen heiligen Lebenswandel vor allem Bösen gefeit schien, zu dessen Gönnern sich sogar Räuber und Besessene zählten — wurde eines schönen Morgens erschlagen aufgefunden. Blutüberströmt, mit durchschlagener Schädeldecke, lag er in der Schlucht, und sein bleiches Gesicht drückte Verwunderung aus. Ja, nicht Entsetzen, sondern Verwunderung war auf seinem Gesicht erstarrt, als er vor sich den Mörder gesehen hatte. Sie können sich nunmehr den Schmerz vorstellen, der die Bürger der Stadt und ihrer Umgebung ergriff. Alle waren in Verzweiflung, trauten ihren Augen nicht und fragten sich: Wer konnte diesen Mann töten? Die Richter, die die Untersuchung leiteten und den Leichnam des Doktors in Augenschein nahmen, sprachen sich dahin aus: ›Wir haben hier alle Anzeichen für einen Mord; weil es aber auf der Welt keinen Menschen gibt, der unsern Doktor hätte töten können, so liegt offensichtlich hier kein Mord vor, und sämtliche Anzeichen deuten nur auf einfache Zufälligkeit. Man muß vermuten, daß der Doktor in der Dunkelheit in die Schlucht gestürzt ist und sich zu Tode geschlagen hat.‹

Mit dieser Meinung stimmte die ganze Stadt überein. Man begrub den Doktor, und niemand sprach mehr von einem gewaltsamen Tode. Die Existenz eines Menschen, der niedrig und abscheulich genug war, den Doktor zu ermorden, schien unwahrscheinlich. Auch die Abscheulichkeit hat ja ihre Grenzen. Nicht wahr?

Plötzlich aber — können Sie sich das vorstellen? — führt ein Zufall auf die Spur des Mörders. Man sah, wie ein Strolch, der schon viele Male vor Gericht gestanden hatte und dessen Verkommenheit bekannt war, in einer Schenke Tabakdose und Uhr, die dem Doktor gehört hatten, vertrank. Als man ihn verhörte, wurde er verwirrt und sprach eine offensichtliche Lüge aus. Man hielt bei ihm Hausdurchsuchung und fand im Bett das Hemd mit blutigen Ärmeln und des Doktors Lanzette mit goldener Einfassung. Waren noch mehr Beweise nötig? Man setzte den Bösewicht ins Gefängnis. Die Bürger waren in großer Aufregung und sagten dennoch gleichzeitig: ›Es kann nicht sein! Es ist unwahrscheinlich! Schaut zu, daß hier kein Irrtum unterläuft; es kann ja geschehen, daß die Beweisstücke die Unwahrheit reden!‹

Vor Gericht leugnete der Mörder hartnäckig seine Schuld. Alles sprach gegen ihn, und von seiner Schuld nicht überzeugt zu sein war ebenso leicht wie davon, daß diese Erde schwarz ist — aber die Richter hatten anscheinend den Verstand verloren: sie legten jedes Beweisstück zehnmal sozusagen auf die Waagschale, blickten mißtrauisch die Zeugen an, erröteten und tranken Wasser ...

Frühmorgens hatte die Gerichtsverhandlung begonnen, sie endete erst am Abend.

›Angeklagter!‹ wandte sich der oberste Richter an den Mörder. ›Das Gericht hat dich des Mordes an dem Doktor für schuldig befunden und dich verurteilt zur ...‹

Der oberste Richter wollte ›zur Todesstrafe‹ sagen, aber seinen Händen entfiel das Papier, auf dem das Urteil stand, er wischte sich den kalten Schweiß von der Stirn und rief: ›Nein! Wenn ich ein ungerechtes Urteil spreche, so möge mich Gott bestrafen, aber ich schwöre, er ist unschuldig! Ich kann den Gedanken nicht zulassen, daß sich ein Mensch finden konnte, der sich erkühnt hätte, unsern Freund, den Doktor, zu ermorden! Ein Mensch ist unfähig, so tief zu fallen!‹

›Ja, einen solchen Menschen gibt es nicht‹ — stimmten die übrigen Richter zu.

›Nein!‹ antwortete auch die Menge. ›Laßt ihn frei!‹

Den Mörder ließ man vollkommen frei, und keine Seele zieh die Richter der Ungerechtigkeit. Und Gott, so sagte meine Großmutter, verzieh um dieses Glaubens an den Menschen willen allen Bürgern der Stadt ihre Sünden. Gott freut sich, wenn man glaubt, daß der Mensch sein Ebenbild sei, und er trauert, wenn man, die menschliche Würde vergessend, über Menschen schlimmer als über Hunde urteilt. Mag der Freispruch den Bürgern der Stadt Schaden bringen können, aber urteilen Sie selbst, welchen wohltätigen Einfluß mußte dieser Glaube an den Menschen auf sie haben; denn dieser Glaube bleibt ja nicht tot, er zieht hochherzige Gefühle in uns groß und regt immerdar an, jeden Menschen zu lieben und zu achten. Jeden! Und das ist wichtig.«

Michail Karlowitsch hatte seine Erzählung beendet. Mein Nachbar wollte etwas einwenden, aber der Obergärtner machte eine Geste, die besagen sollte, daß er Einwendungen nicht liebe; dann ging er zu den Wagen hin und fuhr fort, mit gewichtigem Gesichtsausdruck sich mit dem Verladen der Pflanzen zu beschäftigen.